国家出版基金项目
NATIONAL PUBLICATION FOUNDATION

2023年主题出版重点出版物

马克思主义的
中国
辉煌

顾海良 ◎ 著

中国财经出版传媒集团

经济科学出版社
Economic Science Press

·北 京·

图书在版编目（CIP）数据

马克思主义的中国辉煌／顾海良著 . -- 北京 ： 经
济科学出版社，2024.12.（2025.4 重印）
ISBN 978 - 7 - 5218 - 6518 - 9

Ⅰ . D61

中国国家版本馆 CIP 数据核字第 2024LC6264 号

责任编辑：孙丽丽
责任校对：蒋子明　郑淑艳
责任印制：范　艳

马克思主义的中国辉煌
MAKESIZHUYI DE ZHONGGUO HUIHUANG
顾海良　著

经济科学出版社出版、发行　新华书店经销
社址：北京市海淀区阜成路甲 28 号　邮编：100142
总编部电话：010 - 88191217　发行部电话：010 - 88191522
网址：www. esp. com. cn
电子邮箱：esp@ esp. com. cn
天猫网店：经济科学出版社旗舰店
网址：http：//jjkxcbs. tmall. com
北京季蜂印刷有限公司印装
710 × 1000　16 开　30 印张　400000 字
2024 年 12 月第 1 版　2025 年 4 月第 2 次印刷
ISBN 978 - 7 - 5218 - 6518 - 9　定价：118.00 元
（图书出现印装问题，本社负责调换。电话：010 - 88191545）
（版权所有　侵权必究　打击盗版　举报热线：010 - 88191661
QQ：2242791300　营销中心电话：010 - 88191537
电子邮箱：dbts@ esp. com. cn）

目　录

第八章 "两个结合"及其规律性认识的意义   **347**

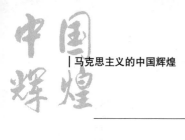

导　语

马克思主义中国化时代化，是对马克思主义在中国发展的特征和学理的深刻概括。在党的二十大《高举中国特色社会主义伟大旗帜　为全面建设社会主义现代化国家而团结奋斗》报告中，习近平在对"开辟马克思主义中国化时代化新境界"问题阐释一开始就提出："马克思主义是我们立党立国、兴党兴国的根本指导思想。实践告诉我们，中国共产党为什么能，中国特色社会主义为什么好，归根到底是马克思主义行，是中国化时代化的马克思主义行。"① 这一阐释，是习近平关于马克思主义中国化时代化理论的挈要，是马克思主义中国化时代化的根本特征和学理依循的凝练，也是马克思主义的中国辉煌的结晶。

在马克思主义中国化时代化中，"中国化"的基本涵义在于：一方面把马克思主义的基本原理运用于中国的具体实际，用以分析和解决中国的实际问题，就如毛泽东所说的，"使马克思主义在中国具体化，使之在其每一表现中带着必须有的中国的特性，即是说，按照中国的特点去应用它"②；另一方面按照马克思主义的立场、观点和方法，总结中国社会实际发展和中国共产党人独特实践的经验，使之

---

① 《习近平著作选读》第一卷，人民出版社 2023 年版，第 14 页。
② 《毛泽东选集》第 2 卷，人民出版社 1991 年版，第 534 页。

上升为马克思主义的新的思想、新的理论，形成具有中国特色的马克思主义新的内涵和形式，就如毛泽东所说的："要使中国革命丰富的实际马克思主义化"，"要把马、恩、列、斯的方法用到中国来，在中国创造出一些新的东西"①。这也就是"化中国"和"中国化"相结合的过程，前者主要是理论运用于实践的过程，后者是实践上升到理论的过程；前者主要是理论指导和运用的过程，后者主要是理论概括和升华的过程。"化中国"与"中国化"两者相辅相成、相互结合，螺旋式上升，构成马克思主义中国化的历史过程，形成了马克思主义中国辉煌的实践特色、理论特色、民族特色和时代特色。

"时代化"的基本涵义在于对马克思主义理论品格和思想特质的凝练，是对马克思主义与时俱进和守正创新理论品格的深刻概括。2018 年，在回眸《共产党宣言》发表 170 年以来马克思主义发展历程时，习近平提出："《共产党宣言》所阐释一般原理整个说来是正确的，但不能要求《共产党宣言》对一百七十年后人类社会发展提出的所有具体问题都提供现成答案。"在马克思主义发展的历史进程中，"我们要以科学的态度对待科学，以真理的精神追求真理，不断赋予马克思主义以新的时代内涵"②。马克思主义的中国辉煌，是马克思主义科学原理和科学精神相结合的实践和思想的辉煌。这一实践和思想会辉煌的逻辑线索就是："要以更加宽阔的眼界审视马克思主义在当代发展的现实基础和实践需要，坚持问题导向，坚持以我们正在做的事情为中心，聆听时代声音，更加深入地推动马克思主义同当代中国发展的具体实际相结合，不断开辟 21 世纪马克思主义发展新境界，让当代中国马克思主义放射出更加灿烂的真理光芒。"③这就是中国马克思主义时代化的根本属性和基本特征。

---

① 《毛泽东文集》第 2 卷，人民出版社 1993 年版，第 374 页、第 408 页。
② 习近平：《论党的宣传思想工作》，中央文献出版社 2020 年版，第 315 页。
③ 《十八大以来重要文献选编》下，中央文献出版社 2018 年版，第 346～347 页。

习近平指出："推进马克思主义中国化时代化是一个追求真理、揭示真理、笃行真理的过程。"① 这一论断，深刻揭示了中国化时代化马克思主义真谛之所在，阐明了马克思主义中国化时代化理论品格和思想特质之所在。马克思主义的中国化时代化，是对马克思主义科学体系及其理论特征理解和运用的结果，是对当代中国马克思主义总体上的理论创新和理论创造，是马克思主义在中国发展的道理、学理和哲理，也是马克思主义发展的中国辉煌。

"历史、现实、未来是相通的。历史是过去的现实，现实是未来的历史。"② 对马克思主义中国化时代化的理解和把握，总是同中国和世界的历史回眸与未来前瞻的探索结合在一起的。这种理论的和历史的视界，就是恩格斯提出的把握事物"过程"思想的运用。恩格斯在《路德维希·费尔巴哈和德国古典哲学的终结》中指出："世界不是既成事物的集合体，而是过程的集合体，其中各个似乎稳定的事物同它们在我们头脑中的思想映象即概念一样都处在生成和灭亡的不断变化中，在这种变化中，尽管有种种表面的偶然性，尽管有种种暂时的倒退，前进的发展终究会实现"，这是"伟大的基本思想"③。对事物"过程"的历史探索是把握事物本质和特质的必然视界。无论是历史逻辑、实践逻辑还是理论逻辑问题，抑或是历史逻辑、实践逻辑、理论逻辑相统一问题，实际上都是事物发展"过程"在思维中的再现。马克思主义在中国的辉煌，就是马克思主义中国化和时代化在这一"过程"中的理论特征和学理依循的集中体现。这其实也就是马克思主义中国化时代化探索的方法论要义。

---

① 《习近平著作选读》第一卷，人民出版社 2023 年版，第 14 页。
② 《习近平谈治国理政》，外文出版社 2014 年版，第 67 页。
③ 《马克思恩格斯文集》第 4 卷，人民出版社 2009 年版，第 298 页。

一、根本原则和整体特征

马克思主义基本原理同中国具体实际相结合，是马克思主义中国化时代化进程的根本原则和整体特征。

马克思主义的理论体系，是由一系列基本原理构成的。马克思主义基本原理"体现马克思主义的根本性质和整体特征，体现马克思主义世界观和方法论的科学性、革命性的高度统一。相对于在特定的历史环境中所作的个别理论判断和具体结论而言，基本原理是对事物本质和发展规律的概括，具有普遍和根本的指导意义。"① 马克思主义基本原理是马克思主义的理论基础和基石。把马克思主义基本原理同中国具体实际和当今时代结合起来，分析和解决中国的实际问题，推进实践基础上的理论创新，是马克思主义中国化时代化历史进程的决定性因素和根本性原则。

马克思主义基本原理在同各国具体实际的结合中，形成了具有各国特色的马克思主义，这是马克思主义历史发展多样性的生动体现。毛泽东曾经指出："马列主义的基本原理在实践中的表现形式，各国应有所不同。在中国，马列主义的基本原理要和中国的革命实际相结合。"② 在这一过程中，中国共产党破除机械地照搬马克思主义的个别词句、个别结论或外国现成经验的有害的做法和错误的思想观念，立足于中国的实际和时代的变迁，深刻理解和把握并具体分析和解决中国的和时代的变化的实际问题，使中国化时代化马克思主义始终成为国家独立和人民解放的精神支柱，成为中国社会进步和发展的指导思想，成为中国现代化进程和中华民族伟大复兴的光辉旗帜。

---

① 习近平：《中国共产党 90 年来指导思想和基本理论的与时俱进及历史启示》，载于《学习时报》2011 年 6 月 27 日。

② 《毛泽东文集》第 7 卷，人民出版社 1999 年版，第 78 页。

　　马克思主义基本原理同中国革命具体实际结合的过程，并不是一帆风顺的，而是经过了一个复杂的认识过程和长期实践的探索过程。中国共产党成立之初，曾出现过以陈独秀为代表的右倾机会主义路线，它主张放弃工人阶级在民主革命中的领导地位，由资产阶级领导资产阶级民主主义革命，把民主主义革命和社会主义革命完全地割裂开来，结果葬送了大革命的成果。后来，又发生了以王明为代表的"左"倾教条主义错误，它完全脱离中国的实际，照搬俄国革命的现成经验，反对从中国的实际出发走自己的新民主主义革命道路，混淆了民主主义革命和社会主义革命的界线，致使中国革命再次遭到严重挫折。毛泽东思想就是坚持真理、修正错误，在同这些错误思想和路线的斗争过程中，在把马克思主义基本原理与中国革命和时代变迁的具体实践结合过程中形成和发展起来的。

　　在1938年召开的党的六届六中全会上，毛泽东在题为《论新阶段》的政治报告中，首次明确提出"马克思主义的中国化"的重大命题。毛泽东指出："共产党员是国际主义的马克思主义者，但马克思主义必须通过民族形式才能实现。没有抽象的马克思主义，只有具体的马克思主义。所谓具体的马克思主义，就是通过民族形式的马克思主义，就是把马克思主义应用到中国具体环境的具体斗争中去，而不是抽象地应用它。成为伟大中华民族之一部分而与这个民族血肉相连的共产党员，离开中国特点来谈马克思主义，只是抽象的空洞的马克思主义。因此，马克思主义的中国化，使之在其每一表现中带着中国的特性，即是说，按照中国的特点去应用它，成为全党亟待了解并亟须解决的问题。洋八股必须废止，空洞抽象的调头必须少唱，教条主义必须休息，而代替之以新鲜活泼的、为中国老百姓所喜闻乐见的中国作风与中国气派。把国际主义的内容与民族形式分离起来，是一点也不懂国际主义的人们的干法，我们则要把二者紧密地结合起来。"① 这一"中国化"深刻地体现了"时代化"的意蕴，体现了中国化和时代化的内在统一性。在这之后的马克思主义中国化时代化的进程中，马克思主义基本原理同中国具体实际相结合的根本原则和整体特征得到进一步弘扬。

新中国成立后，特别是 1956 年中国社会主义制度确立之时，马克思主义基本原理同中国具体实际相结合的问题，更成为推进马克思主义中国化时代化的根本原则，显现其整体性特征。毛泽东立足于国内和国际两个大局，审时度势，从历史、理论与现实的结合上，提出了马克思主义中国化时代化的"第二次结合"的思想。

1956 年 3 月，毛泽东针对苏共二十大的问题提出："赫鲁晓夫这次揭了盖子，又捅了娄子。他破除了那种认为苏联、苏共和斯大林一切都是正确的迷信，有利于反对教条主义，不要再硬搬苏联的一切了，应该用自己的头脑思索了。应该把马列主义的基本原理同中国社会主义革命和建设的具体实际结合起来，探索在我们国家里建设社会主义的道路了。"② 毛泽东提出了三个新的观点：一是要破除迷信，反对教条主义；二是有针对性地提出不要"硬搬"苏联模式那一套，应该独立思考中国自己的社会主义建设道路问题；三是提出要把马克思主义基本原理同中国社会主义革命，也同中国社会主义建设的具体实际"结合起来"的命题。

1956 年 4 月，毛泽东在谈到苏共二十大对"我们自己从中得到什么教益"问题时提出："最重要的是要独立思考，把马列主义的基本原理同中国革命和建设的具体实际相结合。"回顾中国共产党的历史，毛泽东深有感触地谈道："民主革命时期，我们在吃了大亏之后才成功地实现了这种结合，取得了新民主主义革命的胜利。现在是社

---

① 《建党以来重要文献选编》第 15 册，中央文献出版社 2011 年版，第 651 页。
② 《毛泽东年谱》第 5 卷，中央文献出版社 2023 年版，第 550 页。

会主义革命和建设时期，我们要进行第二次结合，找出在中国怎样建设社会主义的道路。"他进一步提道："这个问题，我几年前就开始考虑。先在农业合作化问题上考虑怎样把合作社办得又多又快又好，后来又在建设上考虑能否不用或者少用苏联的拐杖，不像第一个五年计划那样搬苏联的一套，自己根据中国的国情，建设得又多又快又好又省。现在感谢赫鲁晓夫揭开了盖子，我们应该从各方面考虑如何按照中国的情况办事，不要再像过去那样迷信了。"毛泽东的结论就是："我们过去也不是完全迷信，有自己的独创。现在更要努力找到中国建设社会主义的具体道路。"①

　　毛泽东关于"第二次结合""更努力找到中国建设社会主义的具体道路"等重要思想的提出，是对中国革命和建设进行历史反思与现实思考的结果，是在中国社会主义建设道路选择的关键时期和国际共产主义运动逆转时期作出的重大战略调整，总结经验，破除迷信，不再"搬苏联的一套"，在把马克思主义基本原理同中国具体实际的"第二次结合"中，对"中国怎样建设社会主义的道路"问题做出中国共产党人的中国化和时代化的回答。

　　1982年，在党的十二大开幕词中，邓小平提出"把马克思主义的普遍真理同我国的具体实际结合起来，走自己的道路，建设有中国特色的社会主义"② 的思想，开辟了马克思主义中国化的新的历史进程。马克思主义中国化时代化的历史进程，是马克思主义基本原理同中国具体实际相结合和同时代发展新的变化相结合的过程，也是马克思主义基本原理在中国具体实践中拓展和丰富的过程，即在中国的具体环境之下运用和发展马克思主义，"化"出了新时期具有中国特色和时代特征的马克思主义。

---

① 《毛泽东年谱》第5卷，中央文献出版社2023年版，第557页。
② 《邓小平文选》第3卷，人民出版社1993年版，第3页。

2018 年，在纪念马克思诞辰 200 周年大会的讲话中，习近平在回顾中国革命、建设和改革的伟大历程时，深刻指出："马克思主义为中国革命、建设、改革提供了强大思想武器，使中国这个古老的东方大国创造了人类历史上前所未有的发展奇迹。历史和人民选择马克思主义是完全正确的，中国共产党把马克思主义写在自己的旗帜上是完全正确的，坚持马克思主义基本原理同中国具体实际相结合、不断推进马克思主义中国化时代化是完全正确的！"① 坚持马克思主义基本原理同中国具体实际相结合，是中国共产党坚持推进马克思主义中国化时代化，实现中国化时代化马克思主义历史性飞跃的根本原则和整体特征。

二、社会条件和时代背景

百余年来中国社会相继发生的历史性转变，是马克思主义中国化时代化历史进程中最为基本的社会条件和最为重要的时代背景。

马克思主义中国化时代化的历史发展是以中国社会的实际发展为基本出发点的。1941 年，毛泽东就曾指出："应确立以研究中国革命实际问题为中心，以马克思列宁主义基本原则为指导的方针，废除静止地孤立地研究马克思列宁主义的方法。"② 马克思主义中国化时代化的历史发展，就是以中国社会和时代发展为背景的，是以社会和时代发展的"实际问题为中心"而展开的。

自 1921 年中国共产党成立以来，一代又一代中国共产党人始终以实现中华民族伟大复兴为己任，团结带领全国各族人民不懈奋斗，战胜各种艰难险阻，使中国相继实现了一系列历史性转变，取得了接连相续的四次伟大成就：一是中国共产党团结带领中国人民，浴血奋

---

① 《十九大以来重要文献选编》上，中央文献出版社 2019 年版，第 427 ~ 428 页。
② 《毛泽东选集》第 3 卷，人民出版社 1991 年版，第 802 页。

战、百折不挠，创造了新民主主义革命的伟大成就；二是中国共产党团结带领中国人民，自力更生、发愤图强，创造了社会主义革命和建设的伟大成就；三是中国共产党团结带领中国人民，解放思想、锐意进取，新时期创造了改革开放和社会主义现代化建设的伟大成就；四是中国共产党团结带领中国人民，守正创新、砥砺前行，新时代实现全面建成小康社会奋斗目标，取得了向社会主义现代化强国接续奋进的伟大成就。在中国社会历史性变化中形成的这些伟大成就，是中国共产党人在认识世界和改造世界中的创举。马克思主义中国化时代化的历史发展，就是以这些"历史性变化"中的"实际问题为中心"的。

1840 年鸦片战争以后，封建专制制度日渐腐朽没落，在西方列强"坚船利炮"轰击下，中国社会危机四起、战乱频发，人民苦难深重、民生凋敝，中国社会陷入半殖民地半封建社会的黑暗深渊。为了探求救亡图存的正确道路，中国的先进分子带领中国人民坚持在苦难和挫折中求索、在如磐风雨中探寻。自此到 1919 年五四运动的 70 多年间，"中国人没有什么思想武器可以抗御帝国主义。旧的顽固的封建主义的思想武器打了败仗了，抵不住，宣告破产了。不得已，中国人被迫从帝国主义的老家即西方资产阶级革命时代的武器库中学来了进化论、天赋人权论和资产阶级共和国等思想武器和政治方案，组织过政党，举行过革命，以为可以外御列强，内建民国。但是这些东西也和封建主义的思想武器一样，软弱得很，又是抵不住，败下阵来，宣告破产了"①。

"十月革命一声炮响，给我们送来了马克思列宁主义。十月革命帮助了全世界的也帮助了中国的先进分子，用无产阶级的宇宙观作为观察国家命运的工具，重新考虑自己的问题。走俄国人的路——这

---

① 《毛泽东选集》第 4 卷，人民出版社 1991 年版，第 1514 页。

就是结论。"① 1919 年五四运动爆发前后，中国的先进分子在对当时纷至沓来的各种理论思潮和学说的反复比较鉴别中，选择了马克思主义，确立了对马克思主义的信仰，开始努力运用马克思主义基本原理来观察和思考中国社会发展问题，探求民族复兴的正确道路。

中国共产党自 1921 年成立后，坚持以马克思主义为指导思想，直面中国社会现实问题，在艰苦卓绝的斗争中，在把马克思主义基本原理同中国具体革命实践和时代变迁实际的结合中，不断推进马克思主义中国化时代化的进程。1941 年，毛泽东在对中国共产党成立20 年来的历史成就的总结中提出："中国共产党的二十年，就是马克思列宁主义的普遍真理和中国革命的具体实践日益结合的二十年。"②

在一个半殖民地半封建的东方大国进行革命，面对的是农民占人口的绝大多数，落后分散的小农经济、小生产及其社会影响根深蒂固，而且遭受着西方列强侵略和压迫，经济文化十分落后等特殊国情。对这一国情的深刻理解和把握，成为选择什么样的道路才能把中国革命引向胜利的首要问题。马克思主义中国化时代化就是以此"实际问题为中心"的。

经过 28 年浴血奋战和顽强奋斗，中国共产党带领全国各族人民历经千辛万苦、付出巨大牺牲，在战胜日本军国主义侵略者后，经过人民解放战争，以摧枯拉朽之势推翻了帝国主义、封建主义、官僚资本主义的统治，夺取了新民主主义革命胜利，实现了几代中国人梦寐以求的民族独立和人民解放。中华人民共和国的成立，使中国人民成为国家、社会和自己命运的主人，实现了中国向人民民主制度的伟大跨越，实现了中国高度统一和各民族空前团结，彻底结束了旧中国半殖民地半封建社会的历史，彻底结束了旧中国一盘散沙的局面，彻底

---

① 《毛泽东选集》第 4 卷，人民出版社 1991 年版，第 1471 页。
② 《毛泽东选集》第 3 卷，人民出版社 1991 年版，第 795～796 页。

废除了外国列强强加给中国的不平等条约和帝国主义在中国的一切特权。实践证明，"中国共产党和中国人民以英勇顽强的奋斗向世界庄严宣告，中国人民站起来了，中华民族任人宰割、饱受欺凌的时代一去不复返了！"①

新中国成立后，以毛泽东为代表的中国共产党人带领全国人民，在迅速医治战争创伤、恢复国民经济的基础上，不失时机提出了过渡时期总路线，创造性地完成了由新民主主义革命向社会主义革命的转变，使中国这个占世界四分之一人口的东方大国进入了社会主义社会，成功实现了中国历史上最深刻最伟大的社会变革。从新民主主义革命到社会主义革命和建设的历史性转变，与马克思主义中国化时代化同行，写就了人民共和国的历史新篇章。实践证明："中国共产党和中国人民以英勇顽强的奋斗向世界庄严宣告，中国人民不但善于破坏一个旧世界、也善于建设一个新世界，只有社会主义才能救中国，只有社会主义才能发展中国！"②

1978 年十一届三中全会召开，在改革开放新时期，马克思主义中国化时代化步入新的历史进程。改革开放新时期，在中国共产党的领导下，亿万人民的积极性和创造性得到充分发挥，风雨同舟、披荆斩棘、砥砺奋进，极大地改变了中国的面貌、中华民族的面貌、中国人民的面貌、中国共产党的面貌。实践证明："中国共产党和中国人民以英勇顽强的奋斗向世界庄严宣告，改革开放是决定当代中国前途命运的关键一招，中国大踏步赶上了时代！"③

党的十八大以来，中国特色社会主义进入新时代。以习近平同志为核心的党中央统筹把握中华民族伟大复兴战略全局和世界百年未有之大变局，继往开来、踔厉奋发，决战决胜全面建成小康社会，实

---

①② 《习近平著作选读》第二卷，人民出版社 2023 年版，第 478 页。
③ 《习近平著作选读》第二卷，人民出版社 2023 年版，第 479 页。

现第一个百年奋斗目标；进而推进全面建设社会主义现代化强国的新的历史进程，为实现第二个一百年的宏伟目标不懈奋斗。实践证明："中国共产党和中国人民以英勇顽强的奋斗向世界庄严宣告，中华民族迎来了从站起来、富起来到强起来的伟大飞跃，实现中华民族伟大复兴进入了不可逆转的历史进程！"①

"问题是时代的声音，回答并指导解决问题是理论的根本任务。"② 要有强烈的问题意识，以重大问题为导向，抓住关键问题进一步研究思考，着力推动解决我国发展面临的一系列突出矛盾和问题。富有之谓大业，日新之谓盛德，生生之谓易。习近平指出："我们中国共产党人干革命、搞建设、抓改革，从来都是为了解决中国的现实问题。"③ 牢牢把握社会和时代发展的基本趋势和特征，紧紧扣住中国社会历史性转变过程，以"回答并指导解决问题"为导向，着力"解决中国的现实问题"，就是马克思主义中国化时代化发展的基本前提。

三、中华文化滋养和形态特征

马克思主义基本原理同中华优秀文化的交流和交融，使中华优秀传统文化和中国先进文化成为滋养马克思主义中国化时代化的思想文化的沃土，生成了中国化时代化马克思主义独特的理论形态特征。习近平在党的二十大指出："中国共产党人深刻认识到，只有把马克思主义基本原理同中国具体实际相结合、同中华优秀传统文化相结合，坚持运用辩证唯物主义和历史唯物主义，才能正确回答时代和实践提出的重大问题，才能始终保持马克思主义的蓬勃生机和旺

---

① 《习近平著作选读》第二卷，人民出版社 2023 年版，第 470~480 页。

② 《习近平著作选读》第一卷，人民出版社 2023 年版，第 17 页。

③ 《习近平著作选读》第一卷，人民出版社 2023 年版，第 161 页。

盛活力。"① 坚持把马克思主义基本原理同中国具体实际相结合、同中华优秀传统文化相结合这"两个结合",是对马克思主义中国化时代化基本原则和实现途径的科学概括,也是对马克思主义中国化时代化学理依循和学科要义的深刻凝练。"两个结合"是用马克思主义观察时代、把握时代、引领时代,不断推进当代中国马克思主义、21世纪马克思主义发展的思想智慧和方法遵循。

在这"两个结合"中,马克思主义基本原理同中华优秀传统文化的结合是中国共产党历史自觉和理论自觉的集中体现。1938 年 10 月,毛泽东就已经深刻地指出:"今天的中国是历史的中国的一个发展;我们是马克思主义的历史主义者,我们不应当割断历史。从孔夫子到孙中山,我们应当给以总结,承继这一份珍贵的遗产。"对于中国共产党来说,"马克思主义必须和我国的具体特点相结合并通过一定的民族形式才能实现。"② 特别应该提到的是,1943 年 5 月,中国共产党在给即将解散的共产国际的信中,表达了对马克思主义基本原理要同中国革命实践、中国历史、文化相结合的思想,提出"中国共产党人是我们民族一切文化、思想、道德的最优秀传统的继承者,把这一切优秀的传统看成和自己血肉相连的东西,而且将继续加以发扬光大";对"两个结合"的初步探索中,提出"要使得马克思列宁主义这一革命科学更进一步地和中国革命实践、中国历史、中国文化深相结合起来"③ 的主张。马克思主义基本原理要同中国实践与中国历史和文化这两个方面"深相结合"的观点,成为对马克思主义中国化时代化根本原则和根本要求的初步但却是深刻的阐释。

党的十八大以来,习近平在对新时代如何继续推进马克思主义中国化时代化问题的探索中,既对马克思主义基本原理同中国实际

---

① 《习近平著作选读》第一卷,人民出版社 2023 年版,第 14 页。
② 《毛泽东选集》第 2 卷,人民出版社 1991 年版,第 534 页。
③ 《建党以来重要文献选编》第 20 册,中央文献出版社 2011 年版,第 318~319 页。

"结合"问题作出深刻探索，特别对马克思主义基本原理同中华优秀传统文化"结合"问题作出多方面的开创性探索。2016 年，在哲学社会科学工作座谈会的讲话中，习近平指出："要加强对中华优秀传统文化的挖掘和阐发，使中华民族最基本的文化基因与当代文化相适应、与现代社会相协调，把跨越时空、超越国界、富有永恒魅力、具有当代价值的文化精神弘扬起来。"① 马克思主义基本原理同中华优秀传统文化的结合，不仅是马克思主义中国化的必然过程，而且也是不断赋予马克思主义以鲜明的时代内涵的必然过程，还是不断夯实马克思主义中国化时代化的历史基础和群众基础的必然过程。

从历史主动向文化主动跃升，是习近平对马克思主义基本原理同中华优秀传统文化相结合问题探讨的根本原则。习近平指出："中华优秀传统文化有很多重要元素，共同塑造出中华文明的突出特性。中华文明具有突出的连续性，从根本上决定了中华民族必然走自己的路。如果不从源远流长的历史连续性来认识中国，就不可能理解古代中国，也不可能理解现代中国，更不可能理解未来中国。中华文明具有突出的创新性，从根本上决定了中华民族守正不守旧、尊古不复古的进取精神，决定了中华民族不惧新挑战、勇于接受新事物的无畏品格。中华文明具有突出的统一性，从根本上决定了中华民族各民族文化融为一体、即使遭遇重大挫折也牢固凝聚，决定了国土不可分、国家不可乱、民族不可散、文明不可断的共同信念，决定了国家统一永远是中国核心利益的核心，决定了一个坚强统一的国家是各族人民的命运所系。中华文明具有突出的包容性，从根本上决定了中华民族交往交流交融的历史取向，决定了中国各宗教信仰多元并存的和谐格局，决定了中华文化对世界文明兼收并蓄的开放胸怀。中华文明具有突出的和平性，从根本上决定了中国始终是世界和平的建设者、

---

① 《十八大以来重要文献选编》下，中央文献出版社 2018 年版，第 324 页。

全球发展的贡献者、国际秩序的维护者，决定了中国不断追求文明交流互鉴而不搞文化霸权，决定了中国不会把自己的价值观念与政治体制强加于人，决定了中国坚持合作、不搞对抗，决不搞'党同伐异'的小圈子。"①

中华传统文化要能在思想文化形态上融入中国化时代化马克思主义之中，必须经历"创造性转化、创新性发展"的过程；推动中华文化创造性转化、创新性发展，是激活中华优秀文化的新时代生命活力的必然过程。要激活中华优秀传统文化生命力，让中华文明同世界各国人民创造的多彩文明一道，为人类提供正确的精神文化指引。要在这一过程中，"围绕我国和世界发展面临的重大问题，着力提出能够体现中国立场、中国智慧、中国价值的理念、主张、方案"②。

在党的二十大，习近平在对历史主动向文化主动跃升的根本原则的新的阐释中指出："中华优秀传统文化源远流长、博大精深，是中华文明的智慧结晶，其中蕴含的天下为公、民为邦本、为政以德、革故鼎新、任人唯贤、天人合一、自强不息、厚德载物、讲信修睦、亲仁善邻等，是中国人民在长期生产生活中积累的宇宙观、天下观、社会观、道德观的重要体现，同科学社会主义价值观主张具有高度契合性。"③ 从历史自觉向文化自信、理论自信提升，是习近平对马克思主义基本原理同中华优秀传统文化相结合探索的根本理念。历史自觉和文化自信相融合、历史自觉和理论自信相契合，使得蕴藏在中华民族漫长历史奋进中的文化精粹和文化精华，同马克思主义科学原理结合起来，获得新时代思想理论上盎然生机。这种文化自信和理论自信的提升，就在于把中华优秀传统文化精粹和精华同马克思主

---

①《担负起新的文化使命　努力建设中华民族现代文明》，载于《人民日报》2023 年 6 月 3 日。

②《十八大以来重要文献选编》下，中央文献出版社 2018 年版，第 324 页。

③《习近平著作选读》第一卷，人民出版社 2023 年版，第 15 页。

义基本原理贯通起来，把中华优秀传统文化的思想智慧和理论力量再现为马克思主义中国化时代化的思想内涵和理论形态。

在党的二十大，习近平在对历史自觉向文化自信、理论自信提升的根本力量的新的阐释中指出："我们必须坚定历史自信、文化自信，坚持古为今用、推陈出新，把马克思主义思想精髓同中华优秀传统文化精华贯通起来、同人民群众日用而不觉的共同价值观念融通起来，不断赋予科学理论鲜明的中国特色，不断夯实马克思主义中国化时代化的历史基础和群众基础，让马克思主义在中国牢牢扎根。"①

实事求是是毛泽东思想的精髓，也是中国化时代化马克思主义的精髓。"实事求是"一词出自《汉书》，《汉书·河间献王传》曰："修学好古，实事求是。从民得善书，必为好写与之，留其真。"毛泽东对实事求是作了新的理解："'实事'就是客观存在着的一切事物，'是'就是客观事物的内部联系，即规律性，'求'就是我们去研究。"②"实事求是"这一旧典，有了中国化马克思主义的新的内涵。马克思主义的中国化不仅体现在马克思主义要和中国革命实践的结合中，而且还体现于同中国历史和文化的结合中。

马克思主义中国化时代化的这一基本方法，在改革开放时期马克思主义在中国发展历程中得到新的运用和落实。全面建设小康社会是中国特色社会主义理论体系中的重要思想，这里的"小康"一词，最早出自《诗经》。千百年来，"小康"或"小康之家"一直是中国普通老百姓对殷实而宽裕的生活的一种说法。20 世纪 70 年代末，邓小平在对我国社会主义现代化建设目标思考时，总结历史经验，立足现实国情，将中华民族复兴的梦想和百姓的民生追求融为一体，赋予浸染着深厚传统文化意蕴的"小康"一词以全新的时代内

---

① 《习近平著作选读》第一卷，人民出版社 2023 年版，第 15 页。
② 《毛泽东选集》第 3 卷，人民出版社 1991 年版，第 801 页。

涵。进入 21 世纪，社会主义和谐社会、以人为本和社会主义荣辱观等理论，都从中华民族优秀的传统文化中汲取丰富的营养，以广大人民群众耳濡目染的语言方式，生动地展现了中国化马克思主义的思想特质和理论形态。

2019 年 3 月，国外友人对习近平提出："您当选中国国家主席的时候，是一种什么样的心情？"的问题，习近平的回答是："这么大一个国家，责任非常重、工作非常艰巨。我将无我，不负人民。我愿意做到一个'无我'的状态，为中国的发展奉献自己。"① 马克思主义中国化时代化百年历程，从"实事求是"所概述的中国共产党思想路线的意蕴，到"小康""小康社会"所昭示的中国特色社会主义发展战略的夙愿，再到"我将无我，不负人民"所激发的中国共产党人理想信念的境界等，使得根植于中华大地的思想文化精粹和精华，结合进马克思主义中国化和时代化理论之中，闪射出中国化时代化马克思主义的理论光辉和思想智慧。

四、独特实践中的理论创造

中国共产党人在中国社会变革独特实践中对马克思主义的理论创新和理论创造，体现于马克思主义中国化时代化的整体过程之中，构成马克思主义在中国历史发展的显著特色。

中国共产党始终面向实际，着力在中国社会变革的独特实践中开辟马克思主义中国化的新境界。毛泽东开辟的中国武装革命斗争的道路、工农红军建设的理论、社会调查的方法，密切结合于中国的实际，是以中国特殊的国情为背景的，因而是适合于中国实际的"中国化"的问题意识。毛泽东指出："中国共产党人只有在他们善于应用马克思列宁主义的立场、观点和方法，善于应用列宁斯大林关

---

① 《习近平谈治国理政》第三卷，外文出版社 2020 年版，第 144 页。

于中国革命的学说，进一步地从中国的历史实际和革命实际的认真研究中，在各方面作出合乎中国需要的理论性的创造，才叫做理论和实际相联系。"① 正是这些基于中国社会独特实践的方法，"倒逼"了马克思主义中国化时代化的独特的理论创新。

实践出真知。在中国新民主主义革命独特的实践中，毛泽东不断地提醒全党"我们需要'本本'，但是一定要纠正脱离实际情况的本本主义"②，要懂得"从中国的历史实际和革命实际的认真研究中，在各方面作出合乎中国需要的理论性的创造"③的道理。这才成就了中国共产党对中国化马克思主义的理论创新，铸就了中国共产党在新民主主义革命时期、在社会主义革命和建设时期的开天辟地的大事变。

社会主义基本制度确立以后，面临建设社会主义的全新实践，中国共产党更是坚持走中国自己的道路。1956 年，在中国社会主义经济制度确立之初，毛泽东就提出了"照抄别国的经验是要吃亏的，照抄是一定会上当的"④ 的警示，没有照搬苏联模式，坚持不懈地探索符合中国特点的社会主义建设道路。

改革开放新时期，中国共产党在中国社会变革独特实践中理论创新的成就更为显著。在党的十二大开幕式上，邓小平在最初提出"建设有中国特色的社会主义"的论断时就强调："我们的现代化建设，必须从中国的实际出发。无论是革命还是建设，都要注意学习和借鉴外国经验。但是，照抄照搬别国经验、别国模式，从来不能得到成功。这方面我们有过不少教训。把马克思主义的普遍真理同我国的具体实际结合起来，走自己的道路，建设有中国特色的社会主义，这

---

① ③ 《毛泽东选集》第 3 卷，人民出版社 1991 年版，第 820 页。
② 《毛泽东选集》第 1 卷，人民出版社 1991 年版，第 112 页。
④ 《毛泽东文集》第 7 卷，人民出版社 1999 年版，第 64 页。

就是我们总结长期历史经验得出的基本结论。"① 邓小平提出的"照
抄照搬别国经验、别国模式""从中国的实际出发"不仅是对我们在
革命和建设中已经有过的经验教训的总结，更在于中国社会主义建
设和发展的独特的实践、中国社会主义初级阶段的独特的历史阶段
和中华民族伟大复兴的独特的背景。中国特色社会主义理论体系中
体现的独创性理论，既是关于中国革命、建设和改革探索过程的科学
反映和总结，又是对马克思主义所作的具有中国特色的理论概括和
凝练；既是马克思主义的，又是中国化时代化的。

　　中国特色社会主义的最鲜明特色，深刻地蕴涵着中国独特实践
中创立的马克思主义中国化时代化的显著成就。中国特色社会主义
是由道路、理论体系、制度、文化"四位一体"构成的。改革开放
以来，我们在坚持和发展中国特色社会主义的独特实践中，开辟了中
国特色社会主义道路，形成了中国特色社会主义理论体系，确立了中
国特色社会主义制度，发展了中国特色社会主义文化。

　　中国特色社会主义道路是实现社会主义现代化、创造人民美好
生活的必由之路，是实现中华民族伟大复兴的必由之路。这一道路就
是在中国共产党领导下，立足基本国情，以经济建设为中心，坚持四
项基本原则，坚持改革开放，解放和发展社会生产力，巩固和完善社
会主义制度，建设社会主义市场经济、社会主义民主政治、社会主义
先进文化、社会主义和谐社会、社会主义生态文明，促进人的全面发
展，逐步实现全体人民共同富裕，建设富强、民主、文明、和谐、美
丽的社会主义现代化强国。这条道路是实现社会主义现代化，指引中
国人民创造自己美好生活的必由之路。我们走自己的路，具有无比广
阔的舞台，具有无比深厚的历史底蕴，具有无比强大的前进定力，不
为任何风险所惧，不为任何干扰所惑。

----

　　① 《邓小平文选》第 3 卷，人民出版社 1993 年版，第 2～3 页。

　　中国特色社会主义理论体系是指导党和人民实现中华民族伟大复兴的正确理论，是立于时代前沿、与时俱进的科学理论。这一理论体系，写出了科学社会主义的新版本，凝结了几代中国共产党人团结带领人民不懈探索实践的智慧和心血，是改革开放以来党推进马克思主义中国化所取得的理论创新成果，是党最可宝贵的政治和精神财富，是全党全国各族人民团结奋斗的共同思想基础。

　　中国特色社会主义制度是当代中国发展进步的根本制度保障，是具有鲜明中国特色、明显制度优势、强大自我完善能力的先进制度。中国特色社会主义制度是当代中国发展进步的根本制度保障，这一制度坚持把根本政治制度、基本政治制度同基本经济制度以及各方面体制机制等具体制度有机结合起来，坚持把国家层面民主制度同基层民主制度有机结合起来，坚持把党的领导、人民当家作主、依法治国有机结合起来，符合我国国情，集中体现了中国特色社会主义的特点和优势，必须长期坚持并在实践中不断改革和完善。要坚持和完善现有制度，从实际出发，及时制定一些新的制度，构建系统完备、科学规范、运行有效的制度体系，使各方面制度更加成熟、更加定型。

　　中国特色社会主义文化积淀着中华民族最深层的精神追求，代表着中华民族独特的精神标识，是激励全党全国各族人民奋勇前进的强大精神力量。发展中国特色社会主义文化，就是以马克思主义为指导，坚守中华文化立场，立足当代中国现实，结合当今时代条件，发展面向现代化、面向世界、面向未来的，民族的科学的大众的社会主义文化，推动社会主义精神文明和物质文明协调发展。要坚持中国特色社会主义文化发展道路，激发全民族文化创新创造活力，建设社会主义文化强国。

　　中国特色社会主义道路是实现途径，中国特色社会主义理论体系是行动指南，中国特色社会主义制度是根本保障，中国特色社会主义文化是精神力量，四者统一于中国特色社会主义伟大实践。从马克思主义中国化时代化历史过程来看，习近平认为："中国特色社会主义，是科学社会主义理论逻辑和中国社会发展历史逻辑的辩证统一，是根植于中国大地、反映中国人民意愿、适应中国和时代发展进步要求的科学社会主义，是全面建成小康社会、加快推进社会主义现代化、实现中华民族伟大复兴的必由之路。"① 在中国特色社会主义的新的进程中，在经历中国特色社会主义的新的独特实践中，必将开拓21 世纪中国马克思主义的新的历史路标。

五、中国化时代化的历史性飞跃

党的十九届六中全会通过的《中共中央关于党的百年奋斗重大成就和历史经验的决议》提出：毛泽东思想是马克思列宁主义在中国的创造性运用和发展，是"马克思主义中国化的第一次历史性飞跃"；改革开放和社会主义现代化建设新时期，"中国特色社会主义理论体系，实现了马克思主义中国化新的飞跃"；中国特色社会主义进入新时代，习近平新时代中国特色社会主义思想"实现了马克思主义中国化新的飞跃"②。

毛泽东是马克思主义中国化的开拓者，他奠定了马克思主义中国化的基石。在马克思主义中国化史上，毛泽东率先冲破教条主义的藩篱，最早提出"使马克思主义在中国具体化""使中国实际马克思主义化"的科学命题和主题，开创了马克思主义同中国具体实际相结合的革命和建设的道路，探索了实现马克思主义中国化的特殊路径。1945 年 4 月，中共六届七中全会通过的《关于若干历史问题的决议》指出："毛泽东同志代表中国无产阶级和中国人民，将人类最

---

① 《习近平著作选读》第一卷，人民出版社 2023 年版，第 85 页。

② 《十九大以来重要文献选编》下，中央文献出版社 2023 年版，第 495 页、第 499 页、第 505 页。

高智慧——马克思列宁主义的科学理论，创造地应用于中国这样的以农民为主要群众、以反帝反封建为直接任务而又地广人众、情况极复杂、斗争极困难的半封建半殖民地的大国，光辉地发展了列宁斯大林关于殖民地半殖民地问题的学说和斯大林关于中国革命问题的学说。"① 这是中国共产党在党的重要文献中对毛泽东在马克思主义中国化时代化中的特殊贡献作出的第一次正式评价。党的七大通过的《中国共产党党章》明确规定："中国共产党，以马克思列宁主义的理论与中国革命的实践之统一的思想——毛泽东思想，作为自己一切工作的指针，反对任何教条主义的或经验主义的偏向。"② 这是在党的章程中第一次明确毛泽东思想的科学概念，是马克思主义中国化时代化第一次历史性飞跃的显著标志。

新中国成立后，在完成民主革命任务后，以毛泽东为代表的党中央依据中国的国情和经济社会发展的现状，不失时机地推进新民主主义向社会主义的过渡，走出了富有中国特色的社会主义过渡的新道路。1956 年，社会主义改造基本完成之后，中国确立了社会主义制度，开启了全面建设社会主义的新时期。社会主义基本制度确立以后，如何在中国建设社会主义，是党面临的崭新课题。在这一过程中，"毛泽东同志对适合中国情况的社会主义建设道路进行了艰苦探索。他以苏联的经验教训为鉴戒，提出要创造新的理论、写出新的著作，把马克思列宁主义基本原理同中国实际进行'第二次结合'，找出在中国进行社会主义革命和建设的正确道路，制定把我国建设成为一个强大的社会主义国家的战略思想。"③ 作为马克思主义中国化的第一次历史性飞跃的伟大理论成果，"毛泽东思想是马克思列宁主义在中国的运用和发展，系统回答了在一个半殖民地半封建的东方

---

① 《毛泽东选集》第 3 卷，人民出版社 1991 年版，第 952 页。
② 《建党以来重要文献选编》第 22 册，中央文献出版社 2011 年版，第 533 页。
③ 《十八大以来重要文献选编》上，中央文献出版社 2014 年版，第 691 页。

大国，如何实现新民主主义革命和社会主义革命的问题，并对建设什么样的社会主义、怎样建设社会主义进行了艰辛探索，以创造性的内容为马克思主义宝库增添了新的财富。"①

在党的十一届三中全会以后，以邓小平同志为主要代表的中国共产党人，团结带领全党全国各族人民，深刻总结新中国成立以来正反两方面经验，借鉴世界社会主义历史经验，围绕什么是社会主义、怎样建设社会主义的根本问题，创立了邓小平理论。党的十三届四中全会以后，以江泽民同志为主要代表的中国共产党人，在对什么是社会主义、怎样建设社会主义时代课题的接续探索中，深化对建设什么样的党、怎样建设党重大时代课题的新的探讨，形成了"三个代表"重要思想。"三个代表"重要思想开创全面改革开放新局面，推进党的建设新的伟大工程，把中国特色社会主义成功地推向21世纪。党的十六大以后，以胡锦涛同志为主要代表的中国共产党人，在对什么是社会主义、怎样建设社会主义和建设什么样的党、怎样建设党的重大时代课题的接续探索中，对实现什么样的发展、怎样发展重大时代课题作出新的探讨，形成了科学发展观。科学发展观在全面建设小康社会的进程中，成功地坚持和发展了中国特色社会主义。

党的十七大从总体上作出"中国特色社会主义理论体系"的概括，即"中国特色社会主义理论体系，就是包括邓小平理论、'三个代表'重要思想以及科学发展观等重大战略思想在内的科学理论体系"② 这一概括就是以邓小平理论、"三个代表"重要思想和科学发展观对新时期社会主要矛盾变化引致的这三个重大时代课题的回答为前提、为根据的；而对三个重大时代课题的回答中形成的"重大战略思想"，就成为新时期马克思主义中国化时代"新的飞跃"的思

---

① 《十七大以来重要文献选编》下，中央文献出版社2013年版，第436页。
② 《十七大以来重要文献选编》上，中央文献出版社2009年版，第9页。

想根源和理论根基之所在。党的十七大还提出："中国特色社会主义理论体系是不断发展的开放的理论体系。"①

党的十八大以后，中国社会主要矛盾发生深刻变化，党的十九大把变化了的社会主要矛盾表述为："我国社会主要矛盾已经转化为人民日益增长的美好生活需要和不平衡不充分的发展之间的矛盾。"②从新时期向新时代的跃升，就是以社会主要矛盾的变化为根据的。党的十九大在首次确立习近平新时代中国特色社会主义思想时提出："十八大以来，国内外形势变化和我国各项事业发展都给我们提出了一个重大时代课题，这就是必须从理论和实践结合上系统回答新时代坚持和发展什么样的中国特色社会主义、怎样坚持和发展中国特色社会主义。"③"坚持和发展什么样的中国特色社会主义、怎样坚持和发展中国特色社会主义"的重大时代课题，就是由社会主要矛盾转化引致的新时代首要的重大时代课题。

党的十九大以后，从统筹把握中华民族伟大复兴战略全局和世界百年未有之大变局的高度，以习近平同志为核心的党中央对社会主要矛盾转化的新特点新要求作出深入探讨，对国内和国际环境变化带来的新矛盾新挑战作出深刻把握，特别是在实现全面建成小康社会的奋斗目标，向第二个百年奋斗目标进发的关键时刻，提出了"建设什么样的社会主义现代化强国、怎样建设社会主义现代化强国"重大时代课题。

同时，中国共产党作为长期执政的马克思主义政党，在新的历史进程中，更面临着一系列深层次的矛盾和问题、风险和考验。党的十九大召开后不久，习近平就从党的自我革命问题入手，提出了中国共产党社会革命和自我革命的理论。习近平指出："勇于自我革命是中

---

① 《十七大以来重要文献选编》上，中央文献出版社 2009 年版，第 9 页。
② 《十九大以来重要文献选编》上，中央文献出版社 2019 年版，第 8 页。
③ 《十九大以来重要文献选编》上，中央文献出版社 2019 年版，第 13 页。

国共产党区别于其他政党的显著标志"，把"确保我们党在世界形势深刻变化的历史进程中始终走在时代前列，在应对国内外各种风险挑战的历史进程中始终成为全国人民的主心骨"、"确保党不变质、不变色、不变味"、"确保党在新时代坚持和发展中国特色社会主义的历史进程中始终成为坚强领导核心"① 等事关中国共产党能否始终成为长期执政的马克思主义政党的重大问题提了出来，实际地提出了"建设什么样的长期执政的马克思主义政党、怎样建设长期执政的马克思主义政党"这一重大时代课题。

　　党的十九届六中全会通过的《中共中央关于党的百年奋斗重大成就和历史经验的决议》，在对习近平新时代中国特色社会主义思想面对的重大时代课题的阐释中，把"坚持和发展什么样的中国特色社会主义、怎样坚持和发展中国特色社会主义，建设什么样的社会主义现代化强国、怎样建设社会主义现代化强国，建设什么样的长期执政的马克思主义政党、怎样建设长期执政的马克思主义政党"三个重大时代课题结为一体，升华了习近平新时代中国特色社会主义思想的科学内涵和理论境界。

　　从新时期到新时代马克思主义中国化时代化的重大时代课题的拓展，在理论内涵和核心命题上有着深刻的理论的和历史的逻辑关联。从什么是社会主义、怎样建设社会主义的时代课题，到坚持和发展什么样的中国特色社会主义、怎样坚持和发展中国特色社会主义的时代课题；从建设什么样的党、怎样建设党的时代课题，到建设什么样的长期执政的马克思主义政党、怎样建设长期执政的马克思主义政党的时代课题；再从实现什么样的发展、怎样发展的时代课题，到建设什么样的社会主义现代化强国、怎样建设社会主义现代化强国的时代课题，都是围绕着社会主义建设规律、共产党执政规律和人

---

① 《习近平著作选读》第二卷，人民出版社 2023 年版，第 487 页。

类社会发展规律展开的。

　　党的二十大部分修改的《中国共产党章程》指出："习近平新时代中国特色社会主义思想是对马克思列宁主义、毛泽东思想、邓小平理论、'三个代表'重要思想、科学发展观的继承和发展，是当代中国马克思主义、二十一世纪马克思主义，是中华文化和中国精神的时代精华，是党和人民实践经验和集体智慧的结晶，是中国特色社会主义理论体系的重要组成部分，是全党全国人民为实现中华民族伟大复兴而奋斗的行动指南，必须长期坚持并不断发展。"①

---

　　① 《中国共产党第二十次全国代表大会文件汇编》，人民出版社 2022 年版，第 73 页。

第一章

马克思主义与中国
实际的初步结合

近代中国是一个半殖民地半封建社会的国家。封建统治日益衰败，帝国主义列强对中国的侵略步步进逼，祖国山河破碎、战乱不已，人民饥寒交迫、备受奴役。在寻求救国救民出路过程中，先进的中国人千辛万苦、不畏艰难，向西方国家寻找真理。如毛泽东所指出的："那时的外国只有西方资本主义国家是进步的，它们成功地建设了资产阶级的现代国家。日本人向西方学习有成效，中国人也想向日本人学。"①

先进的中国人学习西方的态度不能不为积极且虔诚，学习的内容也不能不为全面且深入，但所有这些努力都以失败而告终。1914年第一次世界大战爆发，使中国人对西方文明和资产阶级共和国道路质疑顿生；1917年俄国十月革命爆发，给中华民族振兴提供了一条可供借鉴的道路，给中国人以巨大的思想力量和精神鼓舞。如毛泽东所概括的："十月革命一声炮响，给我们送来了马克思列宁主义。十月革命帮助了全世界的也帮助了中国的先进分子，用无产阶级的宇宙观作为观察国家命运的工具，重新考虑自己的问题。走俄国人的路——这就是结论。"②

1919年爆发的五四运动，促进了社会主义思想在中国的传播。在异彩纷呈的旨在民族复兴的各种思潮中，中国的一些先进分子为马克思主义的科学性、真理性和革命性所折服，最终选择了科学社会主义，确立了马克思主义作为中国革命和民族复兴指导思想的地位。

---

① 《毛泽东选集》第4卷，人民出版社1991年版，第1470页。
② 《毛泽东选集》第4卷，人民出版社1991年版，第1471页。

历史昭彰，"自从中国人学会了马克思列宁主义以后，中国人在精神上就由被动转入主动。从这时起，近代世界历史上那种看不起中国人，看不起中国文化的时代应当完结了。"①

1921年7月，中国共产党的诞生是近现代中国历史发展的必然产物，是中国人民在救亡图存斗争中顽强求索的必然产物。2021年7月，回顾党的百年奋斗历程，习近平指出："中国产生了共产党，这是开天辟地的大事变，深刻改变了近代以后中华民族发展的方向和进程，深刻改变了中国人民和中华民族的前途和命运，深刻改变了世界发展的趋势和格局。"②

马克思主义传入中国并成为中国革命的指导思想，就已经提出了马克思主义中国化时代化的课题。中国共产党人以马克思主义为指导，运用马克思主义立场、观点和方法来分析中国实际，解决中国革命的实际问题，在分析和解决中国革命实践问题和时代变迁实际的过程中，开启了马克思主义中国化时代化的伟大进程。

第一节　中国社会的剧变与救亡图存的顽强求索

一、中国社会的剧变与衰败

中华民族具有5000多年连绵不断的文明历史，创造了博大精深的中华文化。19世纪初以前的很长历史时期，中国曾处于世界文明的领先地位，为人类社会的进步和发展作出过不可磨灭的贡献。鸦片战争前夕，中国封建社会已经面临严重危机；鸦片战争后，中国逐步

---

① 《毛泽东选集》第4卷，人民出版社1991年版，第1516页。
② 《习近平著作选读》第二卷，人民出版社2023年版，第477页。

演变为半殖民地半封建社会。

鸦片战争前，封建的自然经济束缚并限制着社会生产力的发展，严重阻碍着新的生产方式的成长和发展。清王朝在所谓的"康乾盛世"之后，社会危机四伏，衰相尽显；孕育于封建社会内部的资本主义萌芽虽然有所显露，但发展极其缓慢，并不具备类似于当时西方资本主义生产方式变革的社会条件。马克思对此曾做过这样的评价："一个人口几乎占人类三分之一的大帝国，不顾时势，安于现状，人为地隔绝于世并因此竭力以天朝尽善尽美的幻想自欺。这样一个帝国注定最后要在一场殊死的决斗中被打垮。"①

在清王朝国势衰落之时，欧美新起的资产阶级国家先后实现了工业革命，进入资本主义机器大工业发展时期。它们倚仗着"坚船利炮"轰开了中国的大门，使中国沦为被列强恣意侵略和掠夺的对象。继 1840 年第一次鸦片战争之后，西方列强继续发动了 1856～1860 年的第二次鸦片战争、1884～1885 年的中法战争、1894～1895 年的中日甲午战争、1900 年八国联军侵华战争等。通过这些野蛮的侵略战争，西方列强迫使清政府签订了种种不平等条约，攫取控制中国经济、政治命脉的种种特权。中国在加速衰败，迅速陷入任人宰割、丧权辱国的悲惨境地，陷于空前严重的民族危亡之中。

毛泽东指出："帝国主义列强侵略中国，在一方面促使中国封建社会解体，促使中国发生了资本主义因素，把一个封建社会变成了一个半封建的社会；但是在另一方面，它们又残酷地统治了中国，把一个独立的中国变成了一个半殖民地和殖民地的中国。"② 中华民族救亡图存必然地面对两大历史任务：一是求得民族独立和人民解放；二是实现国家繁荣富强和人民共同富裕。中国人民只有奋起革命，推翻

---

① 《马克思恩格斯文集》第 2 卷，人民出版社 2009 年版，第 632 页。
② 《毛泽东选集》第 2 卷，人民出版社 1991 年版，第 630 页。

反动统治，求得民族独立和人民解放；在此基础上，进一步奠定实现国家富强、民族振兴、人民富裕的根本政治前提和制度保障。

二、挽救民族危亡的顽强抗争

鸦片战争之后，为了挽救民族危亡，实现中华民族伟大复兴的梦想，中国人民进行了长期艰苦卓绝的英勇奋斗和可歌可泣的艰辛斗争。中国社会各阶级、阶层和各种政治力量怀着强烈的民族危机感，开始了挽救民族危亡的抗争历程。其中有四次最具有代表性的抗争。这就是 1851 年由洪秀全领导的反侵略、反压迫的太平天国农民运动；1898 年由资产阶级维新派发起和领导的变法维新运动；19 世纪末华北以农民为主体的义和团运动；1911 年由孙中山为代表的资产阶级革命派发起和领导的辛亥革命。

太平天国运动前后历时 14 年，波及 18 个省，起义军攻克 600 多座城市，并一度建都南京，沉重地打击了帝国主义侵略势力和封建统治阶级。在太平天国革命进行之中，马克思就曾指出："中国的连绵不断的起义已经延续了约十年之久，现在汇合成了一场惊心动魄的革命；不管引起这些起义的社会原因是什么，也不管这些原因是通过宗教的、王朝的还是民族的形式表现出来，推动了这次大爆发的毫无疑问是英国的大炮。"① 由于农民阶级的历史局限性和内部争斗等众多原因，在封建统治者和帝国主义的共同镇压下，太平天国革命最终归于失败。

1898 年为农历戊戌年，以康有为、梁启超、谭嗣同为代表的资产阶级维新派，在这一年以"救亡图存"和"中体西用"为旗号，发起了试图按照西方资本主义的发展道路和模式，在中国建立以君主立宪为目标的资本主义制度的"变法"。"戊戌变法"前后不足百

---

① 《马克思恩格斯文集》第 2 卷，人民出版社 2009 年版，第 607 页。

日，便被以慈禧太后为代表的封建保守势力扑灭。"戊戌变法"实际断绝了中国资产阶级改良主义道路的臆想。

19世纪末，面对帝国主义列强瓜分中国的危急局面和清朝封建统治集团妥协退让的卖国行径，华北以农民为主体的下层民众发起了义和团运动。这一运动虽然带有浓厚的封建迷信色彩和盲目排外的缺点，但还是沉重打击了帝国主义侵略势力，迫使西方列强放弃瓜分中国的企图，显示了中华民族不屈不挠、反抗外来侵略的精神。义和团运动的失败再次表明，单靠农民阶级的力量，是不可能完成反帝反封建的历史任务的。

孙中山领导的辛亥革命是一场真正意义上的资产阶级民主革命，它推翻了清王朝的封建统治，结束了在中国长达两千多年的封建帝制，但并没能改变中国半殖民地半封建的社会的命运，中国人民也没有摆脱积弱积贫的悲惨境遇。辛亥革命好像在中国造就了亚洲第一个资产阶级民主共和国，但实际上民主共和制度在深厚的封建专制制度的土壤和环境中是不可能落地，更不可能成活的。"民国""共和"徒有虚名，辛亥革命的成果很快被袁世凯为首的北洋军阀窃取。孙中山不无感慨地提道：辛亥革命"不过推倒了清朝的大皇帝。但大皇帝推倒之后，便生出了无数小皇帝，这些小皇帝仍旧专制，比较从前的大皇帝还要暴虐无道"①。

以西方资产阶级共和国为蓝本，使中国实现由封建专制向民主共和转型，这是当时先进的中国人梦寐以求的"富国策""富民策"。毛泽东对这一追求的基本特征作了精辟概括，这就是：起初，鸦片战争失败后，"中国人没有什么思想武器可以抗御帝国主义。旧的顽固的封建主义的思想武器打了败仗了，抵不住，宣告破产了"②；接着，

---

① 《孙中山全集》第9卷，中华书局1985年版，第97页。
② 《毛泽东选集》第4卷，人民出版社1991年版，第1514页。

先进的中国人逐步认识到，"要救国，只有维新，要维新，只有学外国"①，洪秀全、康有为、严复和孙中山，都是那个年代向西方寻找真理的代表人物，"中国人被迫从帝国主义的老家即西方资产阶级革命时代的武器库中学来了进化论、天赋人权论和资产阶级共和国等项思想武器和政治方案，组织过政党，举行过革命，以为可以外御列强，内建民国。但是这些东西也和封建主义的思想武器一样，软弱得很，又是抵不住，败下阵来，宣告破产了"②；最后，"帝国主义的侵略打破了中国人学习的迷梦。很奇怪，为什么先生老是侵略学生呢？中国人向西方学得很不少，但是行不通，理想总是不能实现。多次奋斗，包括辛亥革命那样全国规模的运动，都失败了。国家的情况一天一天坏，环境迫使人们活不下去。怀疑产生了，增长了，发展了。"③走西方资产阶级共和国道路的梦想，在社会现实中彻底幻灭。

　　1840 年鸦片战争以后，中国人民在反侵略斗争中表现出来的爱国主义精神，铸成了中华民族自强不息的民族之魂。正是由于中国人民前仆后继、英勇顽强的抗争，才使我们的国家和民族百年沉疴，锐气犹存；历尽劫难，岿然屹立。毛泽东指出："中国人民，百年以来，不屈不挠、再接再厉的英勇斗争，使得帝国主义至今不能灭亡中国，也永远不能灭亡中国。"④

三、新文化运动中马克思主义的传播

　　辛亥革命之后到五四运动之前，先进的中国人是围绕如何实现中华民族伟大复兴的历史主题，发起了新文化运动。在纪念五四运动 100 周年之际，习近平指出："五四运动前后，我国一批先进知识分子和革命青年，在追求真理中传播新思想新文化，勇于打破封建思想

---

①③　《毛泽东选集》第 4 卷，人民出版社 1991 年版，第 1470 页。
②　《毛泽东选集》第 4 卷，人民出版社 1991 年版，第 1514 页。
④　《毛泽东选集》第 2 卷，人民出版社 1991 年版，第 632 页。

的桎梏，猛烈冲击了几千年来的封建旧礼教、旧道德、旧思想、旧文化。"① 新文化运动为各种社会思潮特别是社会主义思潮在中国的传播创造了条件，继而为先进的中国人接受和选择马克思主义奠定了基础。

1915 年 9 月，陈独秀在上海创办《青年杂志》，掀起了一场以民主和科学为旗帜，旨在向封建思想、道德、文化宣战的新文化运动。1916 年，《青年杂志》更名为《新青年》；1917 年 1 月，陈独秀受聘北京大学文科学长，《新青年》编辑部迁往北京。1918 年 1 月，《新青年》由陈独秀个人主编的刊物改为同仁刊物，主要撰稿人有陈独秀、李大钊、鲁迅、胡适、钱玄同、刘半农、高一涵、周作人、易白沙、吴虞等。《新青年》倡导的新文化运动，主张"冲决过去历史之网罗，破坏陈腐学说之囹圄"，宣扬"背黑暗而向光明，为世界进文明，为人类造幸福，以青春之我，创建青春之家庭，青春之国家，青春之民族，青春之人类"②。

新文化运动主要是以资产阶级民主主义思想为指导，是辛亥革命在思想文化领域的继续和延伸。新文化运动高举民主与科学的大旗，对封建主义思想文化进行了猛烈的冲击，形成了一场前所未有的政治启蒙运动和思想解放运动。

新文化运动倡导的民主，一是民主精神和民主思想，这包括个性解放、人格独立及自由民主权利等内容；二是指与封建君主专制制度相对立的资产阶级民主政治制度。提倡民主，就必须反对旧思想，反对封建专制制度。新文化运动主张的是："盖民与君不两立，自由与专制不并存，是故君主生则国民死，专制活则自由亡"③，"吾国欲图世界的生存，必弃数千年相传之官僚的专制的个人政治，而易以自由

---

① 《十九大以来重要文献选编》中，中央文献出版社 2021 年版，第 27 页。
② 《李大钊全集》第 1 卷，人民出版社 2013 年版，第 318 页。
③ 《李大钊全集》第 1 卷，人民出版社 2013 年版，第 287 页。

的自治的国民政治也"①。

新文化运动倡导的科学，主要是指与封建迷信、蒙昧无知相对立的科学思想、科学精神以及认识和判断事物的科学方法，同时也指具体的科学技术、科学知识。新文化运动的倡导者主张用科学态度来对待传统观念和一切社会问题以至于对待人生，国人"当以真实的合理的为标准"，打破"宗教上、政治上、道德上、自古相传的虚荣，欺人不合理的信仰"②。

新文化运动提倡的科学与民主，对以纲常伦理为核心的封建主义思想文化特别是孔学作出尖锐批判。新文化运动的倡导者认为，孔子主张的"封建时代之道德、礼教、生活、政治"，与"建设西洋式之新国家"的目标不相适应。他们以进化论观点和个性解放思想为主要武器，揭露了三纲五常是"奴隶的道德"，忠孝节义是"吃人的礼教"。他们认为："盖共和立宪制，以独立平等自由为原则，与纲常阶级制为绝对不可相容之物，存其一必废其一。"③新文化运动倡导者响亮地提出了"打倒孔家店"的口号，对封建专制的旧文化、旧道德进行了无情的批判。同时，他们还主张以新道德代替旧道德，大力提倡个性解放、妇女解放、宣扬男女平等，竭力树起新社会新国民的思想文化基础。

文学革命是新文化运动的重要内容。1918年初，陈独秀写了《文学革命论》一文，大力支持文学革命。他指出："文学革命之气运，酝酿已非一日，其首举义旗之急先锋，则为吾友胡适。余甘冒全国学究之敌，高张'文学革命军'大旗，以为吾友之声援"④。他认

---

① 《陈独秀文集》第1卷，人民出版社2013年版，第139页。
② 《陈独秀文集》第1卷，人民出版社2013年版，第314页。
③ 《陈独秀文集》第1卷，人民出版社2013年版，第140页。
④ 《陈独秀文集》第1卷，人民出版社2013年版，第202页。

为："今欲革新政治，势不得不革新盘踞于运用此政治者精神界之文学。"[1] 文学革命的实质，就是用民主主义的新文学代替封建主义的旧文学，用白话文代替文言文。1918 年后，鲁迅在《新青年》上先后发表的《狂人日记》《孔乙己》《药》等白话小说与散文，成为反对封建旧文化、旧思想"投枪"，成为实现革命内容和新的形式相结合的典范，有力地推动了新文学革命。

新文化运动是一次思想解放运动，有利于各种社会思潮在中国的传播。毛泽东指出："五四运动所进行的文化革命则是彻底地反对封建文化的运动，自有中国历史以来，还没有过这样伟大而彻底的文化革命。"[2] 正是经过新文化运动的洗礼，包括马克思主义在内的各种社会思潮在五四运动前后得到迅速传播。没有新文化运动，马克思主义在中国的广泛传播，具有初步共产主义思想的知识分子的成长和涌现，以至于中国共产党的成立，都是不可想象的。

第二节　俄国十月革命与马克思主义在中国的传播

一、俄国十月革命及其对中国的影响

第一次世界大战爆发之前，腐朽、反动的俄国沙皇专制统治已经陷入深刻的危机，俄国社会革命的热情持续高涨。大战爆发后，俄国社会矛盾愈加尖锐，革命时机迅速成熟。1917 年 3 月（俄历 2 月）二月革命爆发，工人和士兵发动武装起义，推翻了沙皇尼古拉二世的专制统治。二月革命爆发后，工人和士兵成立了工兵代表苏维埃，但

---

[1] 《陈独秀文集》第 1 卷，人民出版社 2013 年版，第 205 页。
[2] 《毛泽东选集》第 2 卷，人民出版社 1991 年版，第 700 页。

国家政权很快落入由地主和资产阶级代表人物组成的克伦斯基临时政府手中。

1917 年 4 月 16 日，列宁回到俄国，提出了"社会主义革命万岁"的号召。列宁在《四月提纲》中制定了从资产阶级民主革命向社会主义革命过渡的路线和计划，提出"全部政权归苏维埃"的革命口号。11 月 7 日，在列宁和俄国布尔什维克党的领导下，圣彼得堡的工人群众发动武装起义，推翻了资产阶级临时政府。第二天，全俄工农兵苏维埃第二次代表大会通过列宁起草的《和平法令》和《土地法令》，以及其他一系列维护工农利益的决议案。苏维埃政权旋即在俄国各地相继建立。

十月革命开启了无产阶级革命的新时代。十月革命的胜利是马克思主义与俄国革命实际相结合的产物。十月革命摧毁了俄国帝国主义的统治，建立了人类历史上崭新的人民政权，为世界各国的无产阶级，特别是为经济落后国家的无产阶级树立了光辉的榜样。十月革命激励了被压迫民族解放斗争。

十月革命的胜利，使马克思、恩格斯创立的科学社会主义由理论变为现实，极大扩大了马克思主义的国际影响力，推动了马克思主义在全世界的传播，为无产阶级和劳苦大众寻求解放展现了发展道路和光辉前景。在马克思主义与各国工人运动相结合的过程中，许多国家纷纷成立共产党，世界社会主义运动展现出蓬勃发展的新局面。

十月革命之后，新生的苏维埃以平等的态度对待中国，多次宣布放弃沙皇政府从中国掠取的满洲和其他地区，废弃俄国人在中国享有的一切特权。比如，1919 年 7 月 25 日，苏俄政府发表的《俄罗斯苏维埃联邦社会主义共和国政府对中国人民和中国南北政府的宣言》（以下简称《宣言》）提出：俄国红军越过乌拉尔山向东进发，其目的为"不但帮助本国的劳动阶级，而且也帮助中国人民"。《宣言》重申：苏维埃政府已放弃了沙皇政府从中国攫取的满洲和其他地区；

苏维埃政府拒绝接受中国因 1900 年义和团起义所负的赔款；苏维埃政府废弃一切特权，废弃俄国商人在中国境内的一切商站；苏维埃政府准备与中国人民的全权（代表）就一切其他问题达成协议，并永远结束前俄国政府与日本及协约国共同对中国采取的一切暴行和不义行为。《宣言》还提出：如果中国人民愿意像俄国人民一样获得自由，那就请中国人民了解，在争取自由的斗争中，唯一的同盟者和兄弟是俄国工人、农民及其红军。

苏维埃俄国对中国的友好态度，与西方列强"先生老是侵略学生"的恶劣形象，形成鲜明的对比。由此，先进的中国人在对十月革命的理性认识与热情讴歌中，毅然抛弃了对西方资本主义"文明"的崇拜，放弃了对资产阶级共和国方案的追求，决定以俄为师，走俄国式的社会主义道路。"就是这样，西方资产阶级的文明，资产阶级的民主主义，资产阶级共和国的方案，在中国人民的心目中，一齐破了产。资产阶级民主主义让位给工人阶级领导的人民民主主义，资产阶级共和国让位给人民共和国。"[①]

二、马克思主义在中国传播的巨变

马克思的名字和思想最初进入中国，可以追溯到 19 世纪的最后一年，1899 年 2～5 月《万国公报》第 121～124 期上连载了由李提摩太节译、蔡尔康纂述的《大同学》第一章至第四章，1899 年上海广学会出版了《大同学》第一章至第十章单行本。《大同学》第一章提道："其以百工领袖著名者。英人马克思也"；第三章提道："试稽近代学派。有讲求安民新学之一家。如德国之马客偲。主于资本者也。"[②] 这是马克思主义在中国传播史上，第一次出现中文"马克思"

---

① 《毛泽东选集》第 4 卷，人民出版社 1991 年版，第 1471 页。
② 《马藏》第一部第一卷，科学出版社 2019 年版，第 376 页、第 386 页。

及其主要著作《资本论》的名字。从一开始称"英人"马克思，之后又称"德国"马克思来看，无论是李提摩太还是蔡尔康，他们对马克思并不十分熟悉；所以，在接着的对马克思思想介绍上的陋简乃至失真也就不奇怪了。如认为"马克思之言曰。纠股办事之人。其权笼罩五洲。突过于君相之范围一国。吾侪若不早为之所。任其蔓延日广。诚恐徧地球之财币。必将尽入其手。然万一到此时势。当即系富家权尽之时。何也。穷黎既至其时。实已计无复之。不得不出其自有之权。用以安民而救世。所最苦者。当此内实偏重。外仍如中立之世。迄无讲安民新学者。以徧拯此垂尽之贫佣耳。"①

这些理解尽管较为偏颇，但还是使中国人首次知道马克思在《资本论》中的某些思想轮廓，特别是使以"安民新学""养民新学"为称谓的社会主义在思想界一时得到传播。实际上，《大同学》不仅首次提到马克思的名字及其学说，而且还首次提到恩格斯的名字及其学说。《大同学》单行本第八章"今世养民策"提道："德国讲求养民学者。有名人焉。一曰。马克思。一曰。恩格思。"② 进入20世纪，马克思思想和社会主义思想多渠道的、以不同的形式在中国得到传播。这种传播的历史路标式的转化是在俄国十月革命之后。③

以李大钊为代表，这些由激进的资产阶级民主主义者转变而成的马克思主义者，通过在报刊上发表文章、利用高等学校讲坛向青年学生宣传马克思主义，还同各种反马克思主义思潮进行不懈斗争，有力推动了五四时期马克思主义在中国的广泛传播。一大批传播和研究马克思主义的群体形成，一大批传播马克思主义的刊物涌现，在同

---

① 《马藏》第一部第一卷，科学出版社 2019 年版，第 376 页。
② 《马藏》第一部第一卷，科学出版社 2019 年版，第 410 页。
③ 参见顾海良：《马克思主义在中国传播的启程与思想取向》，载于《马克思主义与现实》2019 年第 3 期。

其他社会思潮的交流、交融、交锋中，马克思主义科学真理为越来越多的中国先进知识分子所接受，并逐渐成为中国社会革命的崭新的指导思想。

十月革命的胜利，使先进的中国人坚决地放弃资产阶级共和国方案，选择社会主义道路，增强了"走俄国人的路"信念。1917年11月10日，上海《民国日报》以《突如其来的俄国大政变》为题，对俄国十月革命作出最初报道，称"彼得格勒戍军与劳动社会已推倒克伦斯基政府"；"新政府即将提出公正之和议，并分土地与农民及召集民选国会。昨日下午，军工代表会开特别会议。会长特罗兹基氏，宣称临时政府不得存在，大员数人已逮捕，昨日国会业经解散"①。1918年上半年，中国报刊对十月革命的报道逐渐持肯定态度。《劳动》杂志发表文章指出："现在我们中国的比邻俄国，已经光明正大的做起贫富一班齐的社会革命来了。社会革命四个字，人人以为可怕，其实不过是世界的自然趋势。"②同年5月，《民国日报》发文，对俄国十月革命给予充分肯定，要求中国效法俄国，提出"俄国数千年之专制政府亦为提倡和平之列宁政府推翻，行见东亚将为民治潮流所充布，而侵强霸之主义决难实现于今日矣。俄国列宁政府之巩固，即由于和平之放任定义，中国似宜取以为法"③。1918年夏，孙中山致电列宁和苏维埃政府提出："中国革命党对贵国革命党所进行的艰苦斗争，表示十分钦佩，并愿中俄两党团结共同斗争。"④中国的先进分子对十月革命的赞同和讴歌，对十月革命道路的推崇和探讨，对后来中国人选择的社会革命的道路发生着重要的影响。

---

① 参见上海《民国日报》，1917年11月10日。
② 持平：《俄罗斯社会革命之先锋李宁事略》，载于《劳动》第1卷第2号（1918年4月）。
③ 参见上海《民国日报》，1918年5月27日。
④ 《孙中山全集》第4卷，中华书局1985年版，第500页。

三、俄国十月革命道路的启迪

十月革命后，先进的中国人在介绍和总结俄国革命的经验时，已经开始有意识地把它比对中国的实际，用于探索中国革命实践和道路问题。他们得出的最重要的也是最根本的结论就是，建立俄国共产党式的中国无产阶级政党。

十月革命之后，中国早期马克思主义的先驱陈独秀和李大钊，高度重视和密切关注俄国革命的动态和经验。1920 年 11 月，陈独秀指出："要想把我们的同胞从奴隶境遇中完全救出，非由生产劳动者全体结合起来，用革命的手段打倒本国外国一切资本阶级，跟着俄国的共产党一同试验新的生产方法不可。"① 1921 年 3 月，李大钊在《团体的训练与革新的事业》中，高度赞赏俄国共产党，认为"党员六十万人，以六十万人之大活跃，而建设了一个赤色国家。这种团体的组织与训练，真正可骇"。比较中国社会现实，"我们现在要一方注意团体的训练；一方也要鼓动民众的运动，中国社会改革，才会有点希望"。李大钊所说的"团体的训练"，就是要成立"平民的劳动家的政党"②，也就是他所推崇的俄国式的共产党。

毛泽东、蔡和森、李达极为关注俄国十月革命的经验与启示。1919 年 7 月，毛泽东指出："自去年俄罗斯以民众的大联合，和贵族的大联合资本家的大联合相抗，收了'社会改革'的胜利以来，各国如匈，如奥，如截，如德，亦随之而起了许多的社会改革"，"我们应该起而仿效，我们应该进行我们的大联合"③。在这里，"民众的大联合"，即像俄国一样，实现工人、农民、士兵、学生等各个群体的广泛联合，以对抗大地主大资本家，开展阶级斗争。

---

① 《陈独秀文集》第 2 卷，人民出版社 2013 年版，第 76 页。
② 《李大钊全集》第 3 卷，人民出版社 2013 年版，第 348~349 页。
③ 《毛泽东早期文稿》，湖南人民出版社 2008 年版，第 339 页、第 341 页。

　　1920 年，毛泽东同蔡和森频繁通信，交流对俄国革命的看法，探讨在中国建立无产阶级政党的问题。蔡和森在给毛泽东的信中指出："我近对各种主义综合审缔，觉社会主义真为改造现世界对症之方，中国也不能外此"①；"我对于中国将来的改造，以为完全适用社会主义的原理和方法"②。毛泽东在给蔡和森的回信中不仅表示赞同，而且还指出："我看俄国式的革命，是无可如何的山穷水尽诸路皆走不通了的一个变计，并不是有更好的方法弃而不采"③。中国正是在俄国十月革命示范下，选择了社会主义道路。进而在中国革命具体实践过程中，创造性运用和发展马克思列宁主义，探索出了一条经由新民主主义走向社会主义的中国式的革命道路。

　　蔡和森在给毛泽东的信中还提到，共产党是无产阶级革命运动的"利器"，是"革命运动的发动者、宣传者、先锋队和作战部"，以中国现在的情形看来，必须先组织共产党，"革命运动、劳动运动，才有神经中枢"④。他还预料，未来的中国革命"必定有个俄国的二月革命出现"，他期望毛泽东"准备做俄国的十月革命"。在建立俄国式的共产党的问题上，他主张："中国于二年内须成立一主义明确，方法得当和俄一致的党"⑤；毛泽东在当年 12 月 1 日给蔡和森的回信中，对蔡和森的主张"表示深切的赞同"⑥。

　　1920 年 9 月，毛泽东在湖南《大公报》发表文章，总结俄国革命的成功经验。他指出："列宁之以百万党员，建平民革命的空前大业，扫荡反革命党，洗刷上中阶级，有主义（布尔什委克斯姆），有时机（俄国战败），有预备，有真正可靠的党众，一呼而起，下令于

---

① 《蔡和森文集》，人民出版社 1980 年版，第 50 页。
②④ 《蔡和森文集》，人民出版社 1980 年版，第 51 页。
③ 《毛泽东书信选集》，人民出版社 1983 年版，第 5～6 页。
⑤ 《蔡和森文集》，人民出版社 1980 年版，第 52 页。
⑥ 《毛泽东书信选集》，人民出版社 1983 年版，第 8 页。

流水之原，不崇朝而占全国人数十分之八九的劳农阶级，如响斯应。俄国革命的成功，全在这些处所。"① 毛泽东对十月革命的成功经验作出了科学把握和准确表达。

1922 年，李达在论及十月革命成功经验时认为："无产阶级要实行革命，必有一个共产党从中指导，才有胜利之可言。一九一七年俄国革命之所以成功，与一八七一年巴黎共产团之所以失败，就是因为一个有共产党任指挥而一个没有"，"无产阶级若没有一个共产党来领导，决不能从有产阶级手里，从那班昏迷的领袖们手里解放出来的"，"所以无产阶级革命，应先由有阶级觉悟的工人组织一个共产党作指导人。共产党是无产阶级的柱石，是无产阶级的头脑，共产党人散布到全体中间宣传革命，实行革命"②。十月革命的经验给李达以深刻启迪，使他对中国建立无产阶级政党必要性作出清晰而科学的阐释。

俄国十月革命的经验与苏俄建设的成就在中国得到系统宣传介绍，使中国先进分子认识到了马克思主义的科学价值和指导意义，促进了马克思主义在中国的传播。《新青年》从第 8 卷第 1 号至第 9 卷第 6 号，在"马克思主义宣传""俄罗斯研究"等专栏中，发表 45 篇文章，其中 42 篇与苏俄有关；《共产党》月刊共出版 6 号，发表 45 篇文章，其中与苏俄和共产国际有关的文章达 29 篇。另据统计，仅共产国际来华代表的报告中提及的在中国印刷出版的小册子，就有《十月革命带来了什么？》《论俄国共产主义青年运动》《俄罗斯苏维埃联邦社会主义共和国宪法》《俄国共产党纲领》《劳动法令》《共产党员是些什么人》《论工会》《共产党纲领》《苏俄的教育》等 10 多本。苏维埃俄国的革命与建设的成功经验，对于身处半殖民地

① 《毛泽东早期文稿》湖南人民出版社 2008 年版，第 507～508 页。
② 《李达文集》第 1 卷，人民出版社 1980 年版，第 133～134 页。

半封建社会的中国人民来说，具有强大的吸引力和感召力，愈加增强了马克思列宁主义对中国人民的吸引力。

十月革命后，"中国的面目"的变化，既表现在中国找到了马克思主义这一救国真理，也表现在中国开始运用社会主义革命的视界来观察和思考问题。中国国情与俄国相近，对中国的先进分子的吸引力更为强烈。他们认为，中国国情"皆与俄国相近"，中国"须有同类的精神，即使用革命的社会主义"。李大钊认为："我们劳苦的民众，在二重乃至数重压迫之下，忽然听到十月革命喊出的'颠覆世界的资本主义'、'颠覆世界的帝国主义'的呼声，这种声音在我们的耳鼓里，格外沉痛，格外严重，格外有意义"，"凡是像中国这样的被压迫的民族国家的全体人民，都应该很深刻的觉悟他们自己的责任，应该赶快的不踌躇的联结一个'民主的联合阵线'，建设一个人民的政府，抵抗国际的资本主义，这也算是世界革命的一部分工作"[①]。

第三节　五四时期马克思主义在中国的传播

一、五四运动的发生及其意义

1919 年，五四反帝爱国运动爆发，成为十月革命后中国进入新的社会革命阶段的开端。习近平在纪念五四运动 100 周年时指出："五四运动，爆发于民族危难之际，是一场以先进青年知识分子为先锋、广大人民群众参加的彻底反帝反封建的伟大爱国革命运动，是一场中国人民为拯救民族危亡、捍卫民族尊严、凝聚民族力量而掀起的伟大社会革命运动，是一场传播新思想新文化新知识的伟大思想启

---

① 《李大钊全集》第 4 卷，人民出版社 2013 年版，第 124 页。

蒙运动和新文化运动，以磅礴之力鼓动了中国人民和中华民族实现民族复兴的志向和信心。"①

五四运动爆发的直接的导火线，是 1919 年第一次世界大战结束后巴黎召开的"和平会议"上中国外交的失败。这次所谓的"和平会议"，实际上是一次由帝国主义列强操纵的重新瓜分世界的会议。在会上，中国政府代表提出的取消中日"二十一条"及换文的陈述书，提出战前德国在山东攫取的各项特殊权益应直接归还中国等正义要求，都遭到"和平会议"的拒绝。中国代表对此提出强烈抗议，但北洋政府屈服于帝国主义列强的压力，准备在和约上签字。消息传到国内，在全国人民中首先是在知识分子和青年学生中激起强烈愤慨。1919 年 5 月 4 日，北京大学等北京十几所大中专学校的学生3000 余人在天安门前集会。他们提出"外争主权，内惩国贼""废除二十一条""还我青岛"等口号，强烈要求北洋政府拒绝在和约上签字，并惩办曹汝霖、章宗祥、陆宗舆等亲日派官僚。学生们在示威游行受到军警阻挠后，愤怒地冲入赵家楼胡同的曹汝霖住宅，火烧了曹宅。北洋政府出动军警镇压，逮捕学生 32 人。5 月 5 日，北京各大中专学校学生宣布实行罢课，并通电各方请求支援，营救被捕学生。次日，北京中等以上学校学生联合会成立。北京学生的爱国运动得到全国各地学生的声援和社会舆论的支持。北洋政府虽然在两天后释放了学生，但对学生的政治要求置之不理，扬言要严厉镇压学生的爱国运动。5 月 19 日，北京学生再次宣布总罢课，他们走上街头进行爱国宣传，继续坚持斗争。

6 月 1 日，北洋政府下了两道命令：一是表彰被民众斥为卖国贼的曹汝霖、章宗祥、陆宗舆；二是取缔学生的一切爱国行动。6 月 3日，爱国学生再次走上街头演讲，遭到军警镇压，当日有 170 多名学

---

① 《十九大以来重要文献选编》中，中央文献出版社 2021 年版，第 26 页。

生被捕，次日又有700多名学生被捕。为声援学生的反帝爱国运动，上海工人从6月5日起自动举行罢工，日资棉纱厂工人带头，各行各业的工人和店员纷纷加入罢工行列，高潮时达到10多万人。工人罢工推动了商人罢市、学生罢课。工人罢工浪潮席卷全国20多个省、100多个城市，中国工人阶级开始以独立的姿态登上政治舞台，以自己特有的组织性和斗争的坚定性，发挥了主力军的作用。在此期间，各地相继建立群众团体，并共同组成各界联合会，先后成立了全国性的群众性组织——全国学生联合会和全国各界联合会。五四运动由此突破学生、知识分子的狭小范围，发展成为有工人阶级、城市小资产阶级和资产阶级参加的全国范围的群众性的反帝爱国运动。慑于各界群众联合行动的威力，北洋政府被迫于6月7日释放被捕学生，10日罢免曹汝霖、章宗祥、陆宗舆的职务。6月28日，中国政府代表没有出席巴黎和会的签字仪式。五四运动的直接斗争目标得到实现。

在纪念五四运动100周年时，习近平指出："五四运动，以彻底反帝反封建的革命性、追求救国强国真理的进步性、各族各界群众积极参与的广泛性，推动了中国社会进步，促进了马克思主义在中国的传播，促进了马克思主义同中国工人运动的结合，为中国共产党成立做了思想上干部上的准备，为新的革命力量、革命文化、革命斗争登上历史舞台创造了条件，是中国旧民主主义革命走向新民主主义革命的转折点，在近代以来中华民族追求民族独立和发展进步的历史进程中具有里程碑意义。"① 五四运动也是在俄国十月革命开创的世界无产阶级革命的时代背景下发生的，虽然这一运动本身还属于民主主义革命的范畴，但客观上已成为世界无产阶级革命的一部分。五四运动的发生及其胜利，引起列宁和共产国际对中国革命的关注和

---

① 《十九大以来重要文献选编》中，中央文献出版社2021年版，第27页。

重视，并直接促使共产国际派人到中国了解情况，促进了马克思主义在中国的广泛传播，加速了中国共产党建立的进程。

二、五四时期马克思主义在中国的广泛传播

五四运动之后，中国人民有了新的觉醒。由于俄国十月革命的影响不断扩大，各种社会主义思潮一时成为中国思想界的主导潮流。被中国人当作新思潮传播的社会主义十分庞杂，无政府主义、新村主义、工读互助主义以及基尔特社会主义等，甚至一度成为主流思潮。对各种社会新思潮进行分析、比较和选择，以从中找出挽救民族危亡和改造社会的救国救民良方，成为当时先进的中国人的一项重要任务。

十月革命后，以李大钊为代表的中国先进分子开始在中国传播马克思主义。李大钊是中国第一个传播马克思主义，并主张向俄国十月革命学习的先进分子。五四运动以后，李大钊于 1919 年 10 月、11 月，分两期在《新青年》上发表《我的马克思主义观》，系统介绍了马克思主义的唯物史观、政治经济学和科学社会主义的基本原理。李大钊的这些思想，不仅是李大钊实现从民主主义者向马克思主义者的转变的重要标志，而且也是马克思主义理论在中国进入系统传播阶段的显著标识。

五四时期马克思主义在中国传播的基本队伍主要是由留日学生或旅日华人组成的。中国第一批传播者李大钊、陈独秀、李汉俊、李达、杨匏安、施存统、周恩来、沈玄庐等人，都有旅日求学或谋生的经历。由日文转译而来的马克思主义著述，成为中国早期共产主义者研究、学习、传播马克思主义的主要来源。俄国十月革命特别是1920 年 4 月共产国际代表维经斯基来中国以后，俄国逐步成为马克思主义在中国传播的主渠道，在马克思主义传播中起着主导作用。1920 年下半年刊登在上海《民国日报》上的新闻稿就有《劳农俄国

之新制度》《列宁与特洛次基史略》《劳农俄国的实业近况》《列宁小史》《布尔塞维克沿革史》等。共产国际还积极在中国出版各种宣传俄国革命的报刊书籍，支持中国共产主义者创办进步刊物和进步社团，《劳动界》《新青年》《共产党》月刊，以及中国共产党成立之后的《向导》周报、《工人周刊》等刊物都得到过支持。

欧洲渠道主要是通过赴欧勤工俭学的青年学生来实现马克思主义在中国的传播的。诸如赵世炎、蔡和森等人，到欧洲实地观察、体验了欧洲社会发展及工人运动的发展，接触欧洲社会主义著作，并通过与国内同志通信、创办《少年》杂志，向国内介绍马克思主义。

马克思主义在中国的传播，还有一个重要的渠道就是美国。维经斯基早年曾加入美国社会党，1920年下半年中共早期组织译成中文的有关俄国的出版物有从美国进口的，它们要么是维经斯基提供的，要么是他帮助订购的。《新青年》从第8卷第1号（1920年9月1日）起，对俄罗斯研究的文章，大量译自纽约《苏维埃俄国》周刊。在纽约出版的《苏维埃俄国》就是苏俄驻外机构创办的刊物，是美国社会党支持的。俄国渠道与美国渠道有密切不可分的关联。

五四时期马克思主义的传播在传播内容上，与探寻适合中国情况的救国救亡之策有着密切的联系。马克思的唯物史观，政治经济学特别是其中的剩余价值理论，科学社会主义特别是其中的阶级斗争学说、无产阶级政党理论，还有列宁主义关于社会主义革命的理论，成为当时传播的主要内容。"中国先进分子通过对马克思主义各个组成部分的观点及其相互之间联系的介绍，使人们对这一科学理论有了一个比较完整的认识，同时，他们又认真地把马克思主义和其他社会主义思潮进行比较，使人们认识到它们之间的联系和区别。他们的介绍和传播，引起了中国思想文化界特别是进步知识分子对马克思主义学说的极大兴趣。"①

通过组建马克思主义研究社团，以社团的名义进行学习、研究和宣传活动，是五四时期传播马克思主义的重要方式。五四时期的新社团如雨后春笋般涌现，在传播新思潮方面发挥了很大作用。在五四时期马克思主义传播的过程中，中国南北方分别形成了一个宣传马克思主义的中心。在北方，李大钊于1920年3月主持成立了北京大学马克思主义学说研究会，研究会的办公室和图书馆被称为"亢慕义斋"（"亢慕义"是英文Communism的音译，意为"共产主义"）。在南方，陈独秀等于1920年5月发起成立了马克思主义研究会。"这两个中心，先后同湖北、湖南、浙江、山东、广东、天津和海外一批受过五四运动深刻影响的先进分子建立联系，从北京、上海分别向各地辐射，促进了马克思主义的广泛传播。"② 此外，诸如办学、讲课、座谈、演讲等，也都是五四时期进步知识分子传播马克思主义的重要方式。

五四时期，一批先进分子经过学习、宣传马克思主义以及"与劳工为伍"的实践，经过各自的探索，相继从激进民主主义者转变为马克思主义者，形成了以李大钊为代表的中国早期马克思主义者群体。"这些有着不同经历和背景的知识分子殊途同归的事实表明，走科学社会主义指引的道路，成为那个时代先进分子的共识，也代表着那个时代人们的心声！"20世纪中国社会发展已经证明，"他们的选择不是一时冲动或者趋时行为，而是理性的选择，历史的选择，是对真理的追求！"③

五四时期，马克思主义在中国的传播者，没有躲在书斋中做空头的理论研究，而是直面中国社会现实，努力运用马克思主义立场观点

---

① 《中国共产党历史》第一卷上册，中共党史出版社2011年版，第48页。
② 《中国共产党历史》第一卷上册，中共党史出版社2011年版，第47~48页。
③ 《世界社会主义五百年》，学习出版社、党建读物出版社2014年版，第127~128页。

方法，观察和分析当时中国社会的诸多问题；他们还深入工厂、农村，走近工农群众，了解民众疾苦，宣传马克思主义，促进了马克思主义与中国工人运动的结合，为创建中国工人阶级的政党准备了条件。

三、关于社会主义是否适合中国国情的论争

五四时期，各种社会主义思潮纷至沓来，解说各异、莫衷一是，引发了关于社会主义问题的大论争。论争的核心问题就是，社会主义是否适合中国国情，什么样的社会主义适合中国国情。

对于形形色色的社会主义，尤其是那些打着社会主义旗帜却主张资本主义的各种冒牌社会主义思想中，以张东荪、梁启超大力宣传的"基尔特社会主义"最为突出。五四时期马克思主义者与基尔特社会主义者的论争，是从 1920 年 5 月李汉俊发表《浑朴的社会主义者底特别的劳动运动意见》开始的。

基尔特社会主义者以中国国情为由，名义上宣扬的是社会主义，实际上只主张在中国发展实业、发达经济，反对中国走俄国社会主义道路。基尔特社会主义主张通过协社、工会，依托资本家来发展中国经济。张东荪提出，中国是军阀当道，要发展经济就必须依靠资本家，资产阶级是发展现代生产力的唯一者。中国不能像苏俄一样实行劳动专政，因为中国缺乏真正的劳动阶级，不具备俄国劳农革命的条件。基尔特社会主义者认为，"马克思自己说产业发达的国家，即资本主义兴盛的国家，方能实行社会主义"，"中国本是农业国，产业不甚发达，有很多的地方，简直无产业可言。产业不发达，就依马克思的理论来讲，也不能实行社会主义"[①]。总之，中国如果进行直接的社会革命，只能产生伪劳农革命，这样"只能是破坏的不能是建设的，

---

① 勉人：《中国的社会主义者》，载于《合作》1922 年 10 月 2 日。

只能是假借的不能是真正的"，决"不能福民而必定是害民"①。

基尔特社会主义受到陈独秀等人的严厉批判。他们认为：基尔特社会主义所谓的发展实业，实质上就是发展资本主义。将中国实业发展寄望于资产阶级是十分可笑幼稚的。针对中国没有劳工阶级，因而不能进行劳农革命，实行劳农专政的说法，陈独秀指出："中国是劳动过剩，不能说没有劳动阶级，只不过没有组织罢了。"② 他还指出："资本是资本，资本家是资本家。劳动力是生在劳动者身上的，是拆不开的；资本不是长在资本家身上的，是拆得开的。惟是中国的实业不振兴，所以我们要求资本，惟是中国眼前没有很多的大资本家，所以更不该制造资本家。"③ 因此，即使"说中国贫穷极了，非增加富力不可，我们不反对这话；如果说增加富力非开发实业不可，我们也不反对这话；如果说开发实业非资本不可，且非资本集中不可，我们不但不反对这话而且极端赞成；但如果说开发实业非资本主义不可，集中资本非资本家不可，我们便未免发笑。"④ 因此，基尔特社会主义者"就是存心要想主张资本主义而不敢明目张胆主张资本主义的懦人，不然，就是自欺欺人的伪善者。"⑤

在论争中，追随俄国社会主义道路的早期共产主义者坚持认为，中国不能重蹈资本主义的泥潭，只能走俄国人的道路，即科学社会主义的道路。他们坚信：与其"用资本主义发展实业，还不如用社会主义为宜。因为资本主义之下，资本不能集中，劳力不能普及；社会

---

① 张东荪：《现在与将来》，载于《改造》3卷4号，1920年12月15日。

② 李达：《讨论社会主义并质梁任公》，载于《新青年》9卷1号。

③ 《独秀先生复东荪底信》，引自《社会主义讨论集》（复制版），上海三联书店2014年版，第67页。

④ 《独秀先生复东荪底信》，引自《社会主义讨论集》（复制版），上海三联书店2014年版，第446页。

⑤ 施存统：《读新凯先生〈共产主义与基尔特社会主义〉》，引自《社会主义讨论集》（复制版），上海三联书店2014年版，第446页。

主义之下，资本可以集中，劳力可以普及"①；"向资本主义的路上走下去，是逆而必败之道；向社会主义的路上走下去，是顺而必胜之道。"②

对于基尔特社会主义者反对无产阶级专政，将无产阶级专政理解为反对民主、自由的独裁专制的观点，早期共产主义者明确指出："从资本主义社会推移到社会主义社会底中间，必须经过一个革命的变形时期。同这个革命的变形时期相适应的，有一个政治上的过渡期。这个政治上的过渡期，就是无产阶级革命的独裁政治"③，这是马克思主义的基本观点。十月革命之后的无产阶级专政"是建筑在无产阶级德谟克拉西上面的"。④ 通过这场论争，促使更多的马克思主义者关注中国国情，更深入了解、分析、研究中国实际，马克思主义在中国得到进一步传播，特别是科学社会主义基本原理同中国具体实际更为紧密地相结合。

第四节　中国共产党成立与马克思主义中国化时代化启程

一、共产国际对马克思主义在中国传播的作用

1919 年 3 月，在莫斯科成立的共产国际，既是共产党和共产主

---

① 《李大钊全集》第 3 卷，人民出版社 2013 年版，第 353 页。
② 李汉俊：《我们如何使中国底混乱赶快终止?》，引自《社会主义讨论集》（复制版），上海三联书店 2014 年版，第 446 页、第 364 ~ 365 页。
③ 施存统：《马克思底共产主义》，引自《社会主义讨论集》（复制版），上海三联书店 2014 年版，第 369 页。
④ 施存统：《第四阶级独裁专政底研究》，引自《社会主义讨论集》（复制版），上海三联书店 2014 年版，第 441 页。

义组织联合的国际组织，也是世界各国共产党的领导机构。共产国际在中国传播马克思主义的最直接的途径是输送、出版各种马克思主义著作，指导、资助中共早期组织的重要刊物。共产国际几乎与中国共产党创建时期的全部重要刊物都关系密切，例如，《向导》周刊的筹备人、编辑及撰稿人之一就是马林，其他如《劳动界》《新青年》等，也有共产国际代表的身影。

共产国际在中国传播马克思主义的最生动最鲜活的方式是开展纪念活动，发动反帝运动。1920 年的五一劳动节，《星期评论》罕见地用 44 个版面刊登"劳动纪念号"，广泛宣传了马克思主义。同年 11 月 7 日，在十月革命胜利 3 周年时，《共产党》月刊第 1 期几乎全都是关于苏俄或共产国际的稿件。

共产国际的指导，进一步推动了马克思主义在中国的传播。一大批马克思主义理论著作与读物得以有计划地出版。由中国共产党人创办的人民出版社，在一年之内即出版了马克思主义经典著作与革命理论读物 16 种。此外，还有大量马克思主义书籍此前已经出版或编印，如《阶级争斗》（恽代英译，新青年社，1921 年 1 月出版）、《马克思纪念册》（中国劳动组合书记部编印，1922 年 5 月 5 日出版），以及《俄国无产阶级的十月革命》《美国共产党党纲》等。这些著作和宣传品成为马克思主义在中国传播的启蒙读物和教科书。

在共产国际的指导下，列宁的民族和殖民地问题理论迅速全面地传入中国。1922 年共产国际四大通过了《东方问题总提纲》，标志着列宁的民族和殖民地问题理论系统形成。这一理论的要点大致有：一国不能直接过渡到共产主义；必须将世界上的被压迫民族和压迫民族区别开来；东方的民族解放运动属于资产阶级民主革命，但属于世界无产阶级革命的范畴，必须置于无产阶级政党领导之下；殖民地半殖民地的无产阶级必须建立工农联盟，必须联合资产阶级民主派，同时必须保持无产阶级政党的独立性；殖民地半殖民地国家，可以不

经过资本主义阶段，逐渐过渡到共产主义；无产阶级夺取政权后，需要利用私人资本主义和国家资本主义，利用商业和市场，才能过渡到共产主义。

二、共产党早期组织的建立及其活动

俄国十月革命特别是五四运动之后，中国的先进知识分子开始认识到，俄国十月革命的道路是救国救民的正确道路，而十月革命又是在马克思主义指导下发生的，马克思主义因此而得到更为广泛的传播。

以北京为例，当时出版的数十种刊物，如《每周评论》《国民》《少年中国》《新潮》和《晨报》副刊等。这些刊物创办人的立场观点虽然不尽相同，但马克思主义经典著作的译文，或关于社会主义学说的讨论，都是重要内容。在《新青年》《星期评论》《民国日报》《每周评论》《湘江评论》等刊物的带动下，全国各大城市一大批刊物，都为马克思主义的传播作出了有益的贡献。

陈独秀、李大钊、李达、蔡和森等，运用马克思主义同各种错误思想和思潮激烈交锋，推进了马克思主义的广泛传播。从1919年6月至1921年中国共产党成立时，李达先后发表《什么叫社会主义？》《第三国际党（即国际共产党）大会的缘起》《张东荪现原形》《社会革命底商榷》《劳动者与社会主义》《马克思还原》《无政府主义之解剖》《讨论社会主义并质梁任公》《马克思派社会主义》和《共产党》月刊的前5号《短言》等文章，以参与社会主义论战为主要方式，大力推进马克思主义在中国的传播。

早期共产主义者在对马克思主义传播中，凸显了对非马克思主义、反马克思主义错误思想和思潮的批判。他们从多方面清算了假社会主义的理论体系，批判了把走资本主义道路视为中国唯一出路的观点；批判了无政府主义，阐述了马克思主义党的学说和国家观，论述了无产阶级专政的必要性和重要性；通过论述马克思主义基本原理，揭露了修正主义对马克思主义的歪曲、篡改和否定，并进一步传播了马克思主义的社会革命论，论述了坚持党的领导的必要性和重要性，阐明了马克思主义政党正确的策略思想。中国共产党创建时期，马克思主义在与上述各种非马克思主义、反马克思主义思潮的激烈交锋中，进一步划清了马克思主义同假社会主义、无政府主义的界限，对中国共产党早期组织排除这些错误思想和思潮的干扰，对于马克思主义科学原理在中国革命实际中的运用有着重要的意义。

在中国先进知识分子的努力下，马克思主义的传播与工人运动的发动开始结合起来。1919 年 10 月，李汉俊撰文评论工人运动，指出："我们自身应该从精神上打破'知识阶级'四个字的牢狱，图'脑力劳动者'与'体力劳动者'的一致团结，并且一致努力。"[①]1920 年 4 月，陈独秀、李汉俊、沈玄庐等人参加上海船务栈房工界联合会成立大会，陈独秀在大会上作了演讲，向工人宣传了社会主义革命和唯物史观，阐明了无产阶级专政的必要性。5 月，《新青年》《星期评论》都编辑出版"劳动节纪念号"，用大量篇幅关注中国工人阶级的生活和斗争，宣传劳动运动。陈独秀还参加了当年纪念"五一"劳动节的筹备活动，被选为上海筹备劳动节纪念大会的顾问。这一年，在武汉的董必武、陈潭秋等还深入工厂，贴近工人群众，在《新青年》《少年世界》等杂志上相继发表了《武汉工厂调查》《汉口苦力状况》《武汉工厂纪略》《武昌五局工人状况》等调查报告。毛泽东、彭璜等在长沙发挥新民学会的影响力，组织了以工人群众为主体的万余人参加的"双十节"请愿游行，宣传了马克思主义。

----

① 《中共一大代表早期文稿选编（1917.11－1923.7）》上册，上海人民出版社 2011 年版，第 231 页。

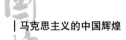

经过中国先进知识分子的努力，一大批研究和宣传马克思主义的社会团体建立起来。1920 年 2 月，恽代英、林育南等人在武汉创办了利群书社，经售各种介绍新思潮的书籍、报刊和杂志，成为当时武汉地区宣传马克思主义思潮的重要阵地。3 月，李大钊、邓中夏、高君宇等人在北京发起组织了马克思主义学说研究会，成为中国最早的一个学习与研究马克思主义的社会团体。5 月，陈独秀在上海组织了马克思主义研究会。夏秋之际，王尽美、邓恩铭在济南秘密成立了"康米尼斯特学会"（康米尼斯特即共产主义），专门收集和研究共产主义的书籍和理论。8 月，毛泽东、彭璜等人在长沙创办了文化书社，各种马克思主义书籍源源不断地传入湖南。

1920 年春维经斯基初次来华时，与李大钊及北大一些进步学生讨论了建党的问题。经李大钊介绍，维经斯基前往上海会见陈独秀。在维经斯基的帮助下，陈独秀以上海马克思主义研究会为基础，加快了建党工作的步伐。1920 年 8 月，上海的共产党早期组织正式成立，取名为"中国共产党"；1920 年底，北京的"共产党北京支部"正式成立，李大钊任书记。之后，武汉、长沙、广州、济南等地的先进分子以及旅日、旅法华人中的先进分子，相继建立了共产党早期组织。

各地共产党早期组织作为即将成立的统一的全国性无产阶级政党的地方性组织，严格吸收信仰马克思主义的进步知识分子，忠实履行传播马克思主义的历史使命，努力与工人群众、工人运动相结合，为中国共产党成立准备了思想上、组织上的条件。

1921 年 6 月，受共产国际派遣，马林到达了上海，接替维经斯基工作的尼柯尔斯基也来到上海。在马林的指导和帮助下，李达作为中共上海发起组的代理书记，担负了中共一大的筹备和组织工作。经过上海发起组和各地共产党早期组织的积极准备，成立具有全国性意义的无产阶级政党的条件已经成熟。

三、中国共产党的成立及其意义

1921 年 7 月 23 日，中国共产党第一次全国代表大会在上海法租界秘密召开，参加大会的代表有：李达、李汉俊、张国焘、刘仁静、何叔衡、毛泽东、董必武、陈潭秋、王尽美、邓恩铭、包惠僧、陈公博、周佛海等 13 人，代表全国近 60 名党员。共产国际代表马林和尼柯尔斯基也出席了会议。大会的最后一天，因法租界巡捕搜查，转移至浙江嘉兴南湖的一只游船上举行。

大会通过了《中国共产党第一个纲领》，明确规定党的奋斗目标是推翻资本家阶级的政权，消灭资本家私有制，承认无产阶级专政，直至消灭人类社会的阶级差别。党纲还规定了党员条件及入党手续，强调了民主集中制的组织原则与党的纪律。纲领表明中国共产党从一开始就旗帜鲜明地坚持用革命的手段来实现社会主义和共产主义。纲领本质和核心的内容是：中国共产党始终"承认无产阶级专政"和"承认苏维埃管理制度"①，把工农兵组织起来。

中国共产党的成立，标志着在中国大地上诞生了一个以马克思主义为指导思想和行动指南，以社会主义和共产主义的实现为奋斗目标，以高度的组织性和纪律性为行为特征的无产阶级先进政党。这个党代表最广大中国人民的根本利益，成为中国工人阶级的先锋队，成为中国人民和中华民族的先锋队。"其作始也简，其将毕也必巨"。虽然中国共产党在其成立之初的力量还十分弱小，但它坚持把为最广大人民群众谋利益作为己任，为了民族独立和人民解放、国家富强和人民幸福，毅然踏上了艰苦卓绝的征程，其事业必将胜利，其成就必定辉煌。"自从有了中国共产党，中国革命的面目就焕然一新了"，

---

① 《建党以来重要文献选编（1921—1949）》第 1 册，中央文献出版社 2011 年版，第 1 页。

"中国产生了共产党，这是开天辟地的大事变"①。

中国共产党的成立，标志着马克思主义成为中国革命的指导思想，成为观察、分析中国革命问题的科学世界观和方法论。中国共产党成立后，首要任务是运用马克思主义理论来观察和分析中国革命问题。1922 年 1 月，中国社会主义青年团机关刊物《先驱》的《发刊词》宣告："本刊的第一任务是努力研究中国的客观的实际情形，而求得一最合宜的实际的解决中国问题的方案。"② 马克思主义在中国传播和发展的根本取向，就在于同"中国的客观的实际"的结合，而且是表变化和发展中的"最合宜的实际"的结合。在马克思主义与中国实际结合的中国化的启程，已经具有与中国实际变化相联系的时代化的意蕴。探索马克思主义中国化和时代化，是中国社会主义青年团的历史使命，更是中国共产党的历史使命。

中国共产党从一开始就是马克思主义中国化时代化的最有力的组织者、领导者和践行者。党成立后的一年间，集中力量传播马克思主义理论，从事党的组织建设，发展工人运动、妇女运动、农民运动，取得了显著成绩。这既为党二大的召开作了充分的准备，又在自己的实际工作中逐步确立起了马克思主义理论的指导地位。

四、中国共产党民主革命纲领的制定

党的一大召开时，确立了直接进行社会主义革命，建立无产阶级劳工专政，以达到共产主义社会的战略构想。这符合马克思主义暴力革命和无产阶级专政学说，表明中国共产党自创建之时起，就是一个用马克思主义理论武装起来的政党。但是，党的一大还没有能够根据中国的实际，探寻到"最合宜的实际的解决中国问题的方案"，即适

---

① 《毛泽东选集》第 4 卷，人民出版社 1991 年版，第 1357 页、第 1514 页。
② 《中共一大代表早期文稿选编（1917.11 – 1923.7）》下册，上海人民出版社 2011 年版，第 1137 页。

合于当时中国民主革命阶段的革命纲领。

中国共产党成立以后，注意研究中国国情，解决实际问题。1921年8月，《新青年》刊载的《马克思底共产主义》一文，就提出要将马克思主义的精髓应用于中国。党成立的一年时间里，在实践斗争中努力运用马克思主义来观察和分析中国国情，对国际国内形势和中国革命的基本问题，开始有了新的认识。中国共产党把自己在革命斗争中的实践探索与列宁的民族殖民地问题的理论结合起来，提升了对中国民主革命的目标和阶段性任务的认识。

1922年7月，中国共产党在上海召开第二次全国代表大会。大会发表了具有重大历史意义的《中国共产党第二次全国代表大会宣言》。党的二大宣言依据马克思主义的基本原理和列宁东方民族革命理论，分析了国际形势，阐明了中国革命的时代特征，初步阐述了现阶段中国革命的性质、对象、动力、策略、目标，指明了中国革命的前途。它明确：革命的性质是民主主义革命；革命的对象是帝国主义和封建军阀；革命的动力是工人、农民、小资产阶级，民族资产阶级也是革命的力量之一；革命的策略是建立各革命阶级的民主主义联合战线；革命的目标是打倒国际帝国主义和封建军阀，实现民族独立和人民解放；革命的前途是向社会主义革命转变。

为了加强革命理论的研究和宣传，党于1922年9月创办《向导》周报。通过《向导》这一重要阵地，大力宣传党的反帝反封建的民主革命纲领，批判封建军阀提出的反动主张，以及资产阶级提出的各种改良主义方案，使"打倒帝国主义""打倒军阀"的口号很快深入人心。9月20日，陈独秀在《向导》第2期发表了《造国论》，阐释了党的民主革命纲领，提出"组织真正的国民军，创造真正的中华民国"的主张。他提出的"造国"的程序，总括起来说，"第一步组织国民军；第二步以国民革命解除国内国外的一切压迫；第三步建设

民主的全国统一政府；第四步采用国家社会主义开发实业"①。陈独秀在这篇文章中首次用"国民革命"的概念代替"民主革命"的口号。其原因，陈独秀后来解释说，国民革命是一种"特殊形式的革命"，"含有对内的民主革命和对外的民族革命两个意义"②。孙中山曾把他领导的革命称为国民革命，但含义不明确。陈独秀重提"国民革命"，并赋予它"解除国内外一切压迫"的新含义。这个口号更易为人们所理解和接受，因而很快就"成了全国普遍的口号"③。

中国共产党的成立，标志着马克思主义中国化时代化有了积极倡导者、实践者、推动者和主体力量。党的一大、二大先后确定了党的最高纲领和最低纲领，这为波澜壮阔的新民主主义革命的展开提供了现实的可能，从而为反映和指导这一革命实践的新民主主义革命理论的产生提供了现实的可能。新民主主义革命理论成为毛泽东思想的基石，也成为马克思主义中国化时代化的一个伟大成果。

---

① 《陈独秀文集》第 2 卷，人民出版社 2013 年版，第 284~285 页。
② 《陈独秀文集》第 2 卷，人民出版社 2013 年版，第 491 页。
③ 《陈独秀文集》第 3 卷，人民出版社 2013 年版，第 297 页。

第二章

新民主主义革命与马克思主义在中国的历史性飞跃

中国共产党人在领导中国革命的实践中，把马克思主义基本原理同中国实际和时代变化相结合，在新民主主义革命时期，创立了毛泽东思想，实现了马克思主义中国化时代化的第一次历史性飞跃。

毛泽东是马克思主义中国化时代化的伟大开拓者，是毛泽东思想的创立者。毛泽东思想以独创性理论丰富和发展了马克思列宁主义。2021 年，正值中国共产党成立一百周年之际，十九届六中全会在对党的百年奋斗重大成就和历史经验阐释时提出："毛泽东思想是马克思列宁主义在中国的创造性运用和发展，是被实践证明了的关于中国革命和建设的正确的理论原则和经验总结，是马克思主义中国化的第一次历史性飞跃。毛泽东思想的活的灵魂是贯穿于各个组成部分的立场、观点、方法，体现为实事求是、群众路线、独立自主三个基本方面，为党和人民事业发展提供了科学指引。"①

第一节　中国革命与马克思主义中国化时代化的初步成果

一、适合中国国情的革命道路的探索

如何把马克思主义基本原理同中国革命实际相结合，如何同时代变化的实际相结合，在五四时期就已经成为中国马克思主义者探

---

① 《十九大以来重要文献选编》下，人民出版社 2023 年版，第 495～496 页。

索的问题。1919 年，李大钊在《再论问题与主义》一文中指出："我们只要把这个那个的主义，拿来作工具，用以为实际的运动，他会因时、因所、因事的性质情形生一种适应环境的变化"；因此，对于社会主义者来说，"为使他的主义在世界上发生一些影响，必须要研究怎么可以把他的理想尽量应用于环绕着他的实境"①。1920 年，李大钊在《社会主义与社会运动》一文中进一步指出：社会主义理想"因各地、各时之情形不同，务求其适合者行之，遂发生共性与特性结合的一种新制度（共性是普遍者，特性是随时随地不同者），故中国将来发生之时，必与英、德、俄……有异。"② 李大钊已经意识到，社会主义"新制度"在世界各国的实践，会由于"各地"和"各时"即由于社会历史的时间和空间的变化而发生变化。

毛泽东同中国共产党第一代领导集体的其他无产阶级革命家一样，他们"都是从近代以来中国历史发展的时势中产生的伟大人物，都是从近代以来中国人民抵御外敌入侵、反抗民族压迫和阶级压迫的艰苦卓绝斗争中产生的伟大人物，都是走在中华民族和世界进步潮流前列的伟大人物"③。毛泽东青年时期就以追寻"书生意气，挥斥方遒"的浩然正气、"到中流击水，浪遏飞舟"的无畏精神，树立了"问苍茫大地，谁主沉浮"的鸿鹄壮志。

十月革命一声炮响，给中国送来了马克思列宁主义。从纷至沓来的各种社会思潮和理论观点中，毛泽东经过反复比较和鉴别，毅然选择了马克思列宁主义。青年毛泽东在论及"世界解决社会问题的方法"时，提到当时流行于中国思想界"社会政策""社会民主主义""激烈方法的共产主义（列宁的主义）""温和方法的共产主义（罗素的主义）"和"无政府主义"各种思潮和方法时，就深信"激烈方

---

① 《李大钊全集》第 3 卷，人民出版社 2013 年版，第 51 页。
② 《李大钊全集》第 4 卷，人民出版社 2013 年版，第 248 页。
③ 《十八大以来重要文献选编》上，人民出版社 2014 年版，第 687 页。

法的共产主义，即所谓劳农主义，用阶级专政的方法，是可以预计效果的，故最易采用。"①

五四时期，毛泽东就提出："主义譬如一面旗子，旗子立起了，大家才有所指望，才知所趋赴。"② 1919 年 7 月，毛泽东在《湘江评论》的"创刊宣言"中写道："时机到了！世界的大潮卷得更急了！洞庭湖的闸门动了，且开了！浩浩荡荡的新思潮业已奔腾澎湃于湘江两岸了！顺他的生，逆他的死。"③ 在《湘江评论》第二期至第四期上，连载了毛泽东论"民众的大联合"的系列文章，提出"我们中华民族原有伟大的能力！压迫愈深，反抗愈大，蓄之既久，其发必速，我敢说一怪话，他日中华民族的改革，将较任何民族为彻底，中华民族的社会，将较任何民族为光明。中华民族的大联合，将较任何地域任何民族而先告成功。"④ 1920 年，毛泽东在送别友人赴欧洲勤工俭学时曾提出："吾人如果要在现今的世界稍为尽一点力，当然脱不开'中国'这个地盘。关于这地盘内的情形，似不可不加以实地的调查，及研究。"⑤ 在中国共产党成立之前，毛泽东就对中华民族的"原有伟大的能力"作出的历史评价，对中华民族现实境遇所作的深刻阐释，对中国这个"地盘"研究的自觉，充分彰显了中国共产党创立者们具有的寻求适合中国发展和时代变迁实际的科学理论的历史自觉和理论自觉。

1920 年，毛泽东在北京第一次读到《共产党宣言》时，"初步地得到了认识问题的方法论"。他后来追忆："这些书上，并没有中国的湖南、湖北，也没有中国的蒋介石和陈独秀。我只取了它四个字：

---

① 《毛泽东文集》第 1 卷，人民出版社 1993 年版，第 1~2 页。
② 《毛泽东早期文稿》，湖南出版社 1990 年版，第 498 页。
③ 毛泽东：《创刊宣言》，载于《湘江评论》（创刊号），1919 年 7 月 14 日。
④ 毛泽东：《民众的大联合（三）》，载于《湘江评论》第 4 期，1919 年 8 月 4 日。
⑤ 《毛泽东早期文稿》，湖南出版社 1990 年版，第 474 页。

'阶级斗争'，老老实实地来开始研究实际的阶级斗争。"① 毛泽东一开始接受马克思主义，就把学习马克思主义与运用马克思主义与中国实际密切地结合在一起，就把运用马克思主义立场、观点和方法分析和解决中国的实际问题放在最重要的位置。

中国共产党成立后，一直努力把马克思主义理论运用于中国革命的具体实际，取得了相当的成效。其中，突出的就是制定了彻底的反帝反封建的民主革命纲领，提出了新民主主义革命的基本思想，建立了国共合作的统一战线，发动了轰轰烈烈的国民大革命。但是，由于党还处在幼年时期，对中国国情和中国革命还处在最初的认识过程中，这一时期在对待统一战线、武装斗争和党的建设等方面的实践和理论上还很不成熟；更是由于党在思想路线上的重大偏误，最后在1927 年，使轰轰烈烈的大革命遭到失败。

1927 年大革命失败后，以毛泽东为主要代表的中国共产党人不改初心、矢志不移，在坚持把马克思主义基本原理同中国革命实际的结合中，立足中国国情，对怎样以马克思主义为指导，走出中国自己的社会革命的道路作出深入思考和探索。在回顾这一重要的转折时期马克思主义中国化时代化的历史特征时，习近平指出："在一个半殖民地半封建的东方大国进行革命，面对的特殊国情是农民占人口的绝大多数，落后分散的小农经济、小生产及其社会影响根深蒂固，又遭受着西方列强侵略和压迫，经济文化十分落后，选择一条什么样的道路才能把中国革命引向胜利成为首要问题，也是马克思主义发展史上前所未有过的难题。年轻的中国共产党，一度简单套用马克思列宁主义关于无产阶级革命的一般原理和照搬俄国十月革命城市武装起义的经验，中国革命遭受到严重挫折。"② 正是在对这一"首要

---

① 《毛泽东文集》第 2 卷，人民出版社 1993 年版，第 379 页。
② 《十八大以来重要文献选编》上，人民出版社 2014 年版，第 688～689 页。

问题"的回答中，毛泽东开辟了一条适合中国国情的社会革命的道路，在把实践中积累的经验上升到理论高度的过程中，逐步形成以"农村包围城市、武装夺取政权"的中国社会革命道路的崭新理论。

二、"农村包围城市、武装夺取政权"理论的形成

在对中国新民主主义革命道路的探索中，以毛泽东为代表的中国共产党人从中国是一个半殖民地半封建社会的农业大国的国情出发，在对马克思主义关于武装夺取政权理论运用的基础上，创造性地提出了"农村包围城市、武装夺取政权"革命道路的理论。

"工农武装割据"思想是中国共产党人探索中国特色革命道路的艰辛起步，也是中国革命道路理论的重要开端。从 1927 年秋收起义后湘赣边界割据斗争的实际出发，毛泽东 1928 年 10 月在《中国的红色政权为什么能够存在？》一文中，科学分析了大革命失败后国内的政治状况，精辟论述了中国红色政权存在和发展的条件，第一次明确提出工农武装割据思想。毛泽东认为，工农武装割据是共产党和割据地方的工农群众必须充分具备的重要思想，相信"以宁冈为中心的湘赣边界工农武装割据……使边界土地革命和民众政权的影响远及于湘赣两省的下游乃至于湖北……将来能够保全边界政权"①。1928年 11 月，毛泽东以井冈山前委书记的名义，给党中央写了题为《井冈山的斗争》的报告，进一步系统阐明了工农武装割据思想。毛泽东在总结湘赣边界的割据经验时指出："我们分析它发生的原因之一，在于中国有买办豪绅阶级间的不断的分裂和战争。只要买办豪绅阶级间的分裂和战争是继续的，则工农武装割据的存在和发展也将是能够继续的。此外，工农武装割据的存在和发展，还需要具备下列的条件：（1）有很好的群众；（2）有很好的党；（3）有相当力量

---

① 《毛泽东选集》第 1 卷，人民出版社 1991 年版，第 52 页。

的红军；（4）有便利于作战的地势；（5）有足够给养的经济力。"①

工农武装割据思想的基本内容就是，在中国共产党领导下，以武装斗争为主要形式、以土地革命为主要内容、以农村革命根据地为依托，三者互为条件、缺一不可。它是马克思主义的基本原理和中国革命实际相结合的产物，也是之后"农村包围城市、武装夺取政权"革命道路形成的重要环节和必然过程，成为中国特色革命道路理论探索的重要组成部分。

1928年10月至1930年1月，在坚持井冈山革命根据地的武装斗争过程中，毛泽东在《中国的红色政权为什么能够存在？》《井冈山的斗争》《星星之火，可以燎原》等著作中，进一步形成了"以农村为中心，农村包围城市，武装夺取政权"革命道路的理论。毛泽东认为，这一革命道路的必然性与可能性，主要表现在以下三个方面。

一是在近代中国半殖民地半封建社会中，无产阶级根本不可能像在资本主义国家那样，先在城市经过长期的、公开的合法斗争，然后再组织武装起义，夺取政权。无产阶级及其政党要战胜强大的敌人，必须建立革命军队，以革命的武装消灭反革命的武装。

二是近代中国是一个政治、经济、文化发展极不平衡的国家。中国革命的敌人虽然建立了庞大的军队，并长期占据着中心城市，但广大农村是其统治的薄弱环节，这是农村革命根据地能够存在和发展的根本原因。由于帝国主义国家的间接统治及其相互之间的矛盾和斗争，造成军阀割据和连绵不断的军阀混战，使红色政权获得存在和发展的缝隙，为中国革命走"农村包围城市、武装夺取政权"的道路提供了可能性。

三是中国农民占全国人口的绝大多数，农民是无产阶级可靠的

---

① 《毛泽东选集》第1卷，人民出版社1991年版，第57页。

同盟军和革命的主力军。无产阶级要想夺取革命的胜利，就必须派遣自己的先锋队深入农村，从解决农民的土地问题入手，组织、发动和武装农民，使革命战争获得广大农民的支持和参加，只有把农村建设成先进的、巩固的革命根据地，才能与占据着中心城市的敌人进行长期有效的斗争，为最后夺取全国胜利奠定基础。中国革命必须把工作重心放在农村，先占乡村，后取城市，最后夺取全国政权。

以武装革命的农村包围被反革命占据的城市以便最后夺取这些城市，这是 1927 年以后复兴中国革命并争取革命胜利的唯一可行的道路。1930 年 1 月，毛泽东指出：红军、游击队和红色区域的最高形式，是"半殖民地农民斗争发展的必然结果，并且无疑是促进全国革命高潮的最重要因素"①。毛泽东已将农村包围城市、武装夺取政权视为中国革命取得胜利的必由之路，视为中国革命的基本内容、主要形式和基本途径。

三、"农村包围城市、武装夺取政权"道路理论的意义

中国革命道路的理论，反映了中国革命发展的客观规律，是指导革命取得胜利的唯一正确的理论。邓小平指出："马克思、列宁从来没有说过农村包围城市，这个原理在当时世界上还是没有的。但是毛泽东同志根据中国的具体条件指明了革命的具体道路，在军阀割据的时候，在敌人控制薄弱的地区，领导人民建立革命根据地，用农村包围城市，最后夺取了政权。"② "农村包围城市、武装夺取政权"革命道路的开拓，无论在中国革命史上，还是在马克思主义中国化时代化史上，都具有十分重要的意义。

首先，中国革命实现了由城市向农村的历史性转变。受共产国际

---

① 《毛泽东选集》第 1 卷，人民出版社 1991 年版，第 98 页。
② 《邓小平文选》第 2 卷，人民出版社 1994 年版，第 126 页。

和十月革命经验的影响，中国共产党成立后，把工作重心放在领导城市工人运动上，忽视农村和建立革命军队的工作。大革命失败后，党的"左"倾错误领导者继续坚持"城市中心论"，盲目发动攻打大城市的暴动，使革命力量再次遭受不应有的损失。随着井冈山革命根据地等各地根据地的相继建立，中国革命力量从最初的星星之火，逐渐发展成燎原之势，使敌人占领的中心城市处于广大农村革命根据地熊熊烈火的四面包围中，给国民党的反动统治造成了巨大威胁。农村革命根据地的建立和发展，也使中国共产党由过去没有自己的一兵一卒和立足之地，发展到拥有一支强大的人民军队和巩固的战略基地，为中国共产党领导中国革命取得彻底胜利奠定了坚实的基础。

其次，立足中国国情出发，指出中国革命胜利的正确道路，揭示了中国革命发展的规律。中国是一个半殖民地半封建国家，又是一个政治经济发展不平衡的农业国家，强大的敌人长期占领着经济发达的城市，落后的农村是敌人力量相对薄弱的地方，加上中国人口的大多数是农民，所以中国革命的中心不能放在城市，而只能放在农村；中国革命的道路不能是先城市后农村，而只能是先农村后城市，以农村包围城市，最后夺取城市。在这种革命新道路理论的指导下，不仅在土地革命战争期间保存和发展了革命力量，而且取得了抗日民族战争和全国解放战争的最后胜利。

再次，丰富和发展了马克思主义关于暴力革命的学说，为殖民地半殖民地国家的人民解放斗争提供了重要经验。以毛泽东为主要代表的中国共产党人开辟的农村包围城市、武装夺取政权的革命道路，既坚持马克思主义关于暴力革命的基本原则，又根据中国的具体国情和无产阶级革命的基本情况丰富和发展了这一原则，特别是在革命道路问题上，是以城市为中心还是以农村为中心，是先占领城市后夺取农村还是先建立农村革命根据地，以农村包围城市，最后夺取城市的问题上，对马克思主义关于暴力革命学说作出新的实践探索，实

现了理论创新。这一革命道路理论，不仅指导中国革命取得彻底的胜利，而且也为同中国实际类似的殖民地半殖民地国家的人民解放运动提供了重要的经验和启示。

最后，马克思主义不是教条而是行动的指南，马克思主义的基本原理只有同各国的具体实践相结合才能产生巨大的精神力量和物质力量。在 20 世纪 30 年代前后国际共产主义运动中盛行照搬照抄马克思列宁主义个别结论和十月革命经验的风气时，以毛泽东为代表的中国共产党人，以"独立地探讨马克思主义理论"的科学态度和勇气，冲破党内外教条主义的束缚，成功地开辟了这条具有鲜明中国特色的革命新道路。中国革命新道路的开辟，是马克思主义基本原理与中国革命具体实践相结合的光辉典范，也是毛泽东思想形成的重要标志。毛泽东思想作为一种科学的思想理论体系，包含多方面的内容，而农村包围城市、武装夺取政权的革命道路理论是其中的核心内容。因为这条革命道路的理论涉及党的领导和党的工作重心问题、革命军队建设及其战略策略问题，土地革命、武装斗争和根据地建设问题、党的自身建设问题等有关新民主主义革命的一系列重要理论问题。

第二节　革命道路探索历史性转折与马克思主义 中国化时代化进路

一、中国革命道路探索的严重挫折

1927 年八七会议以后，中国共产党领导武装起义，积极开展武装斗争，逐渐恢复和发展了革命力量。与此同时，党的"左"倾情绪却不断滋长和积累，党的临时中央政治局错误估计了形势，没有认识到中国革命已经转入低潮，盲目地要求各地发动武装起义和工人暴动，出现了指导思想上"左"倾盲动主义的错误。

1928 年 6 月 18 日，中共六大在莫斯科召开。这次会议提出，中国仍然是半殖民地半封建社会，中国现阶段的革命是资产阶级民主革命；中国革命处于低潮时期，党的中心工作是做艰苦的群众工作，积蓄力量。瞿秋白在会议上作了较为深刻的自我批评，承担了盲动主义错误的责任。党的六大的观点有利于克服党内的"左"倾盲动主义思想，但没有从思想根源上认识到这种"左"倾思想的危害，还错误地认为党的工作仍然要以城市为重心。

1930 年 9 月，党的六届三中全会以后，瞿秋白、周恩来实际上成为中央的主要负责人，"左"倾冒险错误得到局部纠正，各项工作得以正常开展。但几个月以后，风云又起，共产国际推翻了先前对李立三错误的定性，中共党内掀起反"调和主义"浪潮。借此机会，王明借助共产国际的支持上台，由此开始了一直到遵义会议的长达 4年多的王明"左"倾教条主义在中央的统治。王明的"左"倾错误理论主要在于：口头上承认现在阶段的革命是资产阶级民主革命，但实际上认为只有坚决进行反对资产阶级的斗争才能取得彻底胜利，提出将反对资产阶级与反帝反封建并列为三大任务；认为从全国形势来看，革命运动日益高涨是不可争辩的事实，可以争取一省与几省的首先胜利，并在此基础上争取全国革命胜利，坚持中心城市革命论，主张占领中心城市。王明还在党内大规模开展两条路线的斗争，集中火力去反右倾，使"左"倾错误进一步发展。

王明"左"倾教条主义统治中央期间，不顾敌强我弱的基本态势，战略策略失当，使苏区反"围剿"遭受挫折，最终致使第五次反"围剿"失败，中共中央和中央红军被迫长征。

二、遵义会议召开及其伟大意义

第五次反"围剿"失败后，为保存革命力量，1934 年 10 月 10 日，中央红军正式开始战略转移，开始了著名的长征之路。1935 年 1 月 7 日，红军攻占遵义，红军得到暂时休整。1 月 15 日至 17 日，中央政治局扩大会议在遵义召开。

遵义会议是党的历史上在生死攸关的转折点上召开的一次会议。会议主要议题是总结第五次反"围剿"的经验教训毛泽东在长篇发言中，批评"左"倾军事路线，阐述了战略战术上的正确方针。会议认为："政治局扩大会更认为这种军事上的单纯防御路线，是一种具体的右倾机会主义的表现。他的来源是由于对于敌人的力量估计不足，是由于对客观的困难，特别是持久战堡垒主义的困难，有了过分的估计，是由于对于自己主观的力量特别是苏区与红军的力量估计不足，是由于对于中国革命战争的特点不了解。"① 会议比较详细地阐述了红军应该采取的战略战术原则，指出"我们的战略路线当然是决战防御，即是我们的防御不是单纯的防御，而是为了寻求决战的防御，为了转入反攻与进攻的防御。"② 决议还具体阐述了持久战与速决战的关系。从大的局势来看，"必须明白中国国内战争不是一个短时期的战争，而是长期的持久的战争"③；在具体战役中，要发挥红军的特长，在运动战中打速决战。决议还对统一战线问题作了阐释，对"关门主义"错误作了批判。决议认为："利用反革命内部的每一冲突，从积极方面扩大他们内部的裂痕，使我们转入反攻与进攻，是我们粉碎敌人'围剿'的重要战略之一。"④

① 《建党以来重要文献选编》第 12 册，中央文献出版社 2011 年版，第 62～63 页。
② 《建党以来重要文献选编》第 12 册，中央文献出版社 2011 年版，第 51 页。
③ 《建党以来重要文献选编》第 12 册，中央文献出版社 2011 年版，第 56 页。
④ 《建党以来重要文献选编》第 12 册，中央文献出版社 2011 年版，第 58 页。

遵义会议改组了中央领导机构，选举毛泽东为中央政治局常委；之后，根据战场形势和军事指挥的需要，成立由周恩来、毛泽东、王稼祥组成的新的军事指挥"三人团"负责军事。毛泽东在遵义会议上能够得到支持，既与毛泽东的努力争取分不开，更是毛泽东的战略战术合乎中国革命实际的当然结果。作为红军和根据地最主要的开创者，毛泽东对苏区和红军的创建和发展作出了重大贡献。毛泽东的战略战术思想，植根于对中国革命实际的深刻了解，一切从实际出发，不唯上、不唯书、不唯权威，是适合中国国情的正确主张。在第五次反"围剿"中，红军英勇顽强、浴血奋战，但最终还是失败了，这不得不使中央领导人以及广大的红军指战员进行深刻反思。遵义会议在党和红军极端危机的历史关头，挽救了党、挽救了红军，挽救了中国革命，实现了中国革命历史性的转折，对中国革命产生了深远的影响。

会议确立了毛泽东在党和红军中的领导地位，在极其危急的状况下挽救了党，挽救了红军，挽救了中国革命。遵义会议之后，开始形成以毛泽东为核心的党中央领导集体，为毛泽东运用马克思主义基本原理，独立自主地解决当时最为紧要的军事问题和组织问题，并从军事路线角度总结马克思主义基本原理与中国具体结合的经验教训，开拓了马克思主义在中国运用和发展的新境界；遵义会议体现的实事求是、群众路线、独立自主、坚定信念、民主团结、敢于担当、务求必胜等革命精神，为进一步推进马克思主义在中国的科学运用和发展提供了精神动力和基本遵循，从而为之后明确提出和自觉推进马克思主义中国化提供了思想上的指导和组织上的保证。

以遵义会议为转折点，中国共产党开始了党的建设历史上第一次空前持久的思想解放运动。毛泽东站在这场思想解放运动的最前沿，系统地总结了党的历史上正反两方面的经验，进行了一系列富有中国特色的理论创造工作。1938年10月，毛泽东在中共六届六中全会上，向全党明确地提出了马克思主义中国化的问题。他指出：马克思主义必须和我国的具体特点相结合并通过一定的民族形式才能实现。马克思列宁主义的伟大力量，就在于它是和各个国家具体的革命实践相联系的。对于中国共产党说来，就是要学会把马克思列宁主义的理论应用于中国的具体环境。成为伟大中华民族的一部分而和这个民族血肉相连的共产党员，"离开中国的特点来谈马克思主义，只是抽象的空洞的马克思主义。因此，马克思主义的中国化，使之在其每一表现中带着中国的特性，即是说，按照中国的特点去应用它，成为全党亟待了解并亟须解决的问题。"[①] "马克思主义的中国化"命题的明确提出，表明中国共产党在对马克思主义与中国实际相结合问题的认识高度。

遵义会议以后，中央改变关门主义的错误做法，基于对中国革命性质的准确把握，深化了对革命对象、革命动力的认识，正确区分敌友，重视和发展统一战线。在日本帝国主义妄图灭亡中国，全国抗日情绪高涨的背景下，中国共产党逐渐调整革命斗争的政策，最后建立了广泛的抗日民族统一战线，成为扭转时局的关键。

三、红军长征的胜利及其意义

遵义会议解决了中央和红军的领导问题，同时改变了先前错误的军事路线，但红军面临的严峻形势不会立刻消除，长征之路充满艰辛和磨难。

1936 年 10 月，红四、红二方面军先后与红一方面军会师，至此，三大主力会师，长征顺利结束。红军长征的胜利，成为中国革命转危为安的关键。红军三大主力会师，将中国革命的大本营奠基于西北，翻开了中国革命的新篇章。正如毛泽东所指出的："长征是历史

---

① 《建党以来重要文献选编》第 15 册，中央文献出版社 2011 年版，第 651 页。

记录上的第一次，长征是宣言书，长征是宣传队，长征是播种机。"①
长征宣告国民党反动派围剿红军、扼杀中国革命的企图归于失败；长
征向广大民众宣传了中国共产党救国救民的理论、政策，展现了共产
党人大无畏的革命精神；长征播撒了革命的种子，为中国革命积蓄了
力量。

长征翻开了马克思主义基本原理同中国革命具体实践相结合的
新篇章。在长征途中，以毛泽东为代表的中国共产党人坚持把马克思
列宁主义基本原理同中国革命实际相结合，在深入分析中国的国情
和革命性质的基础上，提出了正确的革命方略，实现了红军往何处去
的战略方向转移，摆脱了极为被动的军事形势；独立自主地解决了中
央和红军主要领导人的调整，确立了正确的军事路线和组织路线，结
束了"左"倾教条主义在中央的统治；更为重要的是，长征在血的
教训中走出一条适合中国国情的革命道路，对中国革命产生了深远
影响。

长征的胜利开创了中国革命的新局面。长征以后，中国革命大本
营奠基于西北，为党和红军的发展创造了必要的条件。一方面，红军
面临的环境得到改善，战争压力减轻。正如毛泽东指出的那样，"红
军转移到了西北，不是如同在南方那样处在威胁国内敌人的最重要
地位了，'围剿'的规模、情况和战斗，就比较小些"②。另一方面，
西北地域开阔，联系苏联方便，战略空间大，有利于革命力量的发
展。红军长征的磨难和考验，锻炼了中国革命力量，党员和红军质量
显著提高，为党的队伍和革命力量的壮大、为革命事业的发展培养了
基本骨干。红军长征的胜利，推动了抗日民族统一战线的形成，鼓舞
了全民族团结抗战的信心和勇气，为中国人民夺取抗日战争胜利、进

---

① 《毛泽东选集》第 1 卷，人民出版社 1991 年版，第 149～150 页。
② 《毛泽东选集》第 1 卷，人民出版社 1991 年版，第 193 页。

而夺取新民主主义革命胜利打下了坚实基础。

伟大的红军长征，培育了中国共产党和人民军队的革命精神。红军长征的胜利，是中国共产党人和红军将士弘扬伟大革命精神的胜利。红军长征不仅创造了可歌可泣的战争史诗，而且谱写了豪情万丈的精神史诗，铸就了伟大的长征精神。长征精神，就是把全国人民和中华民族的根本利益看得高于一切，坚定革命的理想和信念，坚信正义事业必然胜利的精神；就是为了救国救民，不怕任何艰难险阻，不惜付出一切牺牲的精神；就是坚持独立自主、实事求是，一切从实际出发的精神；就是顾全大局、严守纪律、紧密团结的精神；就是紧紧依靠人民群众，同人民群众生死相依、患难与共、艰苦奋斗的精神。

伟大的红军长征，形成了中国革命成熟的坚强领导核心。长征途中的遵义会议挽救了党和红军，挽救了中国革命，实现了中国革命伟大的历史性转折，开始形成以毛泽东为核心的第一代稳固的中央集体。一个实事求是、坚持正确路线方针，忠于祖国、忠于人民、忠于革命，善于将马克思列宁主义同中国实践相结合的中央领导集体是中国革命得以成功的坚实保障。毛泽东带领一代中国共产党人不断总结经验、艰苦奋斗，实现了全党思想上、政治上、组织上的统一和团结，使中国共产党成为了国家独立、民族解放的坚强领导核心。

四、左翼文化运动与马克思主义的传播和研究

大革命失败以后，郭沫若、茅盾、成仿吾、李初梨、朱镜我、冯乃超等汇集上海，开始用马克思主义的基本观点论述文艺与革命的关系，并将马克思主义基本原理贯穿于自己的创作之中。文学团体创造社和太阳社的成员也不断和中国共产党接近，并在事实上逐渐接受了中国共产党的指导。1928年以后，上海、北京等地革命文学社团纷纷成立，仅上海就先后建立了我们社、战旗社、戈壁社、洪荒社、血潮社、无轨列车社等文艺社团。伴随着革命文艺社团的建立，

各种宣传无产阶级革命文学的刊物纷纷出刊，一时之间，革命文学蓬勃发展，成为文坛主潮。

1930 年 3 月 2 日，中国左翼作家联盟（简称"左联"）在上海成立。鲁迅、夏衍、冯乃超、钱杏邨、田汉、郑伯奇、洪灵菲被选为执行委员。左联建立了中国共产党的党团组织，在中央文委的领导之下，保证党的方针、政策和决定的贯彻实施。左联成立了专门的马克思主义文艺理论研究会，研究和宣传马克思主义文艺理论。1930 年 5 月，中国社会科学家联盟在上海成立。大会通过《中国社会科学家联盟纲领》，明确社联的主要任务是以马克思主义理论促进中国革命、宣传马克思主义理论、批驳非马克思主义思想、参加无产阶级解放斗争。

党的六大以后，中国共产党加强了对马克思主义理论研究和宣传的领导，提出了发行马克思、恩格斯、列宁、斯大林等的马克思列宁主义的主要著作的任务。1928 年到 1930 年出现了翻译出版的高潮，有近 60 种马列主义著作翻译出版，从多方面扩大了马克思主义的影响。左翼文化团体在国统区起着马克思主义研究和传播的主力作用。

20 世纪 20 年代末 30 年代初，有关马列主义的著作大多是在左联等团体的筹划下在上海出版的，主要有《辩证法经典》《马克思论文选译》《马克思主义的民族革命论》《恩格斯论文学》《家族私有财产及国家之起源》《费尔巴哈论》《费尔巴哈与德国古典哲学的终末》《哲学之贫困》《唯物论与经验批判论》《反杜林论》《自然辩证法》《唯物辩证法与自然科学》《辩证法唯物论教程》《唯物论纲要》以及《资本论》第一卷和第三卷等数十种。

这一时期，中国学者撰写的论著也日益增多，相继出版的有《唯物辩证法入门》《无产阶级底哲学》《苏俄哲学潮流概论》《辩证法学说概论》《哲学概论》《辩证法研究》《马克思主义世界观》《唯

物辩证法》《史的唯物论之伦理哲学》《社会哲学概论》《现代哲学
概论》《辩证法之理论的研究》《通俗辩证法讲话》《新哲学体系讲
话》《新哲学世界观》《现代哲学的基本问题》《大众哲学》《社会学
大纲》等著作。这些著作的作者根据自己对马克思主义基本原理的
理解作出的学术研究，促进了马克思主义基本理论在哲学社会科学
领域的传播，扩大了马克思主义学术话语的影响力，培育了一批优秀
的马克思主义理论研究者。

以上海为中心，左翼文化工作者先后组织了中国社会性质问题
论战、关于辩证唯物主义的论战、文学战线的论战。大革命失败以
后，中国还要不要革命？如何进行革命？这是摆在理论工作者、革命
者面前的重大理论和实践问题。正确分析这个问题的关键，在于如何
看待中国的社会性质。中国社会性质问题涉及革命性质、对象、动力
等一系列中国革命的基本问题。因此，中国社会性质问题成为各种观
点交锋和论证的焦点，并衍生出关于社会史问题的论战和中国农村
社会性质的论战。中国共产党及信奉马克思主义的学者发表了大量
文章，有力地批驳了国民党右派、改组派、陈独秀"取消革命"派
的观点，鲜明地提出中国的性质是半殖民地半封建社会，中国的革命
是资产阶级民主革命，革命的任务是反帝反封建。此后，中国共产党
又成功组织力量，批判了否定马克思主义哲学和无产阶级文艺理论
的错误思想。尽管受到当时认识水平和党内外"左"的思潮影响，
论战的部分观点值得商榷，有部分甚至是不正确的，但是，论战深化
了马克思主义者自身的理论水平，同时，也极大地巩固和扩大了马克
思主义思想阵地，从多方面扩大了中国学者阐释的马克思主义的理
论影响力。

在中国学者对马克思主义理论研究和阐释中，20 世纪 30 年代上
海左翼文化工作者同各种非马克思主义、反马克思主义派别的论战，
是十分重要的一环。大革命失败以后，中国革命转入低潮，各派政治

力量和学术界开始重新思考和探索中国的出路问题。在中国社会性质论战展开之后，又出现有关社会史问题的论战。争论的焦点主要集中于以下三个问题：一是亚细亚生产方式的内涵以及中国是否出现过这样的生产方式问题；二是中国是否存在奴隶社会及其与希腊罗马社会是否完全相同的问题；三是中国封建社会的特性及其发生发展及其没落的问题。

马克思主义者认为，马克思主义关于社会发展规律的学说适用于中国的国情，中国反帝反封建的革命是必要的，也是必然的。在他们的相关论述中，郭沫若的《中国古代社会研究》一书的研究和阐述最为深刻。郭沫若将马克思的社会经济形态理论和中国历史相结合，第一次把鸦片战争前的中国历史依次阐述为原始社会、奴隶社会、封建社会等几种社会形态的有规律演进过程，并认为中国历史已经历了殷周之际的奴隶制革命、周秦之际的封建制革命、清末的资本制革命。1934年6月，吕振羽出版《史前期中国社会研究》，该书同样论证了马克思主义社会形态说在中国适用的历史根据。郭沫若等用大量的史料阐释了中国社会历史的演进过程，证实了马克思主义的正确性，有力地回击了各种错误观点。

中国共产党在其他思想领域也组织了论战。钱俊瑞、薛暮桥等以《中国农村》杂志为基地，在大量分析材料的基础上，反驳了中国农村已经是资本主义性质的错误观点。在哲学方面，艾思奇、邓拓阐述马克思辩证唯物主义和历史唯物主义的原理，回击了张东荪、叶青对马克思哲学原理的攻击。在文学战线，左翼作家对新月派及资产阶级的文艺思想进行了批判，主张文艺为无产阶级服务。

以中国共产党人和左翼理论家为主体，在全国的思想中心上海进行的这些论战，对推进马克思主义中国化发挥了重要作用。它体现了中国马克思主义理论工作者已经比较自觉地走上马克思主义中国化的道路。在论战中，他们广泛收集资料并科学分析，紧密结合中国

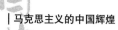

实际，尝试用马克思主义的基本观念解读中国革命，体现了将马克思主义中国化的集体自觉，使论战成为推进马克思主义中国化的重要环节。

20世纪30年代国统区出版了许多通俗流畅、便于普及的马克思主义理论读物。如艾思奇的《大众哲学》，语言通俗流畅，以诸多实例深入浅出地讲述了辩证唯物主义的原理，对马克思主义哲学普及性作用极大，两年之内出版10次。其他诸如沈志远、胡绳、范文澜等，都大力推进马克思主义的大众普及工作。这一时期，出版的通俗类读物有：《新经济学大纲》《〈资本论〉解说》《怎样研究〈资本论〉》《救国通俗小丛书》《各国革命史讲话》《中国通史简编》《新哲学的人生观》《哲学漫谈》《辩证法唯物论入门》等，极大地推进了马克思主义中国化和大众化的进程。

第三节　马克思主义中国化的哲学基础及理论发展

一、《实践论》《矛盾论》与马克思主义哲学中国化

抗日战争时期，中国共产党在总结建党以来正反两方面经验教训基础上，结合中国社会发展变化的新的实际和历史任务，在推进马克思主义中国化中率先实现了马克思主义哲学中国化。1937年，毛泽东发表的《实践论》和《矛盾论》（简称为"两论"），奠定了马克思主义中国化的哲学基础。1938年，党的六届六中全会正式提出"马克思主义的中国化"的命题，是推进马克思主义中国化的显著标志，也是中国共产党在马克思主义中国化时代化中理论自觉彰显的显著标志。

《矛盾论》与《实践论》是毛泽东于1937年7月至8月在陕北

延安窑洞里撰写的。"两论"是毛泽东撰写的《辩证法唯物论（讲授提纲）》的部分内容。作为毛泽东在抗日军政大学讲授马克思主义哲学的讲稿，《辩证法唯物论（讲授提纲）》的写作时间约在 1937 年 4 月至 8 月。后来，毛泽东在回忆当年讲课的情景时说："写《实践论》、《矛盾论》，是为了给抗大讲课。他们请我讲课，我也愿意去当教员。去讲课，可以总结革命的经验。讲一次课，整整要花一个星期的时间做准备，而且其中还要有两个通宵不能睡觉。准备了一个星期，讲上两个钟头的课，就'卖'完了。课不能照书本去讲。那样讲，听的人要打瞌睡。自己做准备，结合实际讲，总结革命经验，听的人就有劲头了。"① 20 世纪 50 年代初，毛泽东把《辩证法唯物论（讲授提纲）》中的两节抽出来，经过整理，以《实践论》和《矛盾论》的名称重新发表。

《实践论》以马克思主义的实践观点为基础，紧紧抓住了主观和客观、认识和实践、知和行的辩证关系及其矛盾运动这个认识论的基本问题，紧密结合中国革命的经验，全面系统地论述和发挥了能动的革命和反映论的基本原理，揭露了中国共产党内主观主义，特别是教条主义错误的认识论根源，深刻揭示了人类认识发展的总规律，丰富和发展了马克思主义的认识论。

《矛盾论》继承了马克思列宁主义的辩证法思想，吸收了苏联 30 年代哲学教科书的成果和中国哲学辩证法的精华，总结了中国革命的丰富经验，在人类哲学发展史上第一次系统地、深刻地论述了辩证法的核心——对立统一规律的丰富内容，呈现了辩证法发展的历史必然性。这是《矛盾论》对唯物辩证法的重大贡献，也奠定了《矛盾论》在中国哲学史和马克思主义哲学发展史上的地位。

《实践论》《矛盾论》是毛泽东对此前形成的认识论和辩证法思

---

① 《建国以来毛泽东军事文稿》下卷，军事科学出版社 2010 年版，第 114 页。

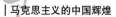

想的系统总结，也是毛泽东以往哲学思想、政治思想、军事理论和实践经验的总结和升华，标志着毛泽东哲学思想的形成。《实践论》《矛盾论》不仅在于对中国革命实践中理论探索提升的哲学思维的高度，在于提出和说明了一些重要的哲学范畴和原理，还在于融入了中国哲学思想的优秀资源，使之实现了马克思主义中国化。《实践论》《矛盾论》不仅在毛泽东思想发展史上占有重要地位，而且在马克思主义中国化史上也具有重要地位。

二、"马克思主义的中国化"的提出及其探索

中国共产党人关于马克思主义中国化的思想，直到 20 世纪 30 年代中期才明确提出来的；1938 年 9 月至 11 月召开的党的六届六中全会才完整地表达为"马克思主义的中国化"重大命题。

为了总结全国抗战以来的经验教训，确定党在抗战新阶段的基本方针和任务，解决党内一度出现的右倾错误，统一全党思想，使全党更加清楚地认识到党在民族战争中的地位和作用，切实肩负起领导抗日战争的重任，1938 年 9 月底，中国共产党在延安召开了扩大的六届六中全会。毛泽东代表党中央在会上作了《论新阶段》的政治报告，首次明确提出"马克思主义的中国化"的重大命题。

毛泽东在报告中强调："共产党员是国际主义的马克思主义者，但马克思主义必须通过民族形式才能实现。没有抽象的马克思主义，只有具体的马克思主义。所谓具体的马克思主义，就是通过民族形式的马克思主义，就是把马克思主义应用到中国具体环境的具体斗争中去，而不是抽象地应用它。成为伟大中华民族之一部分而与这个民族血肉相连的共产党员，离开中国特点来谈马克思主义，只是抽象的空洞的马克思主义。因此，马克思主义的中国化，使之在其每一表现中带着中国的特性，即是说，按照中国的特点去应用它，成为全党亟待了解并亟须解决的问题。洋八股必须废止，空洞抽象的调头必须少

唱，教条主义必须休息，而代替之以新鲜活泼的、为中国老百姓所喜闻乐见的中国作风与中国气派。把国际主义的内容与民族形式分离起来，是一点也不懂国际主义的人们的干法，我们则要把二者紧密地结合起来。"①"马克思主义的中国化"这一重大命题和重大任务正式提出，表明以毛泽东为主要代表的中国共产党人，对马克思主义中国化的思想认识达到的新的高度，是马克思主义中国化进入一个新的认识阶段的重要标志。"中国化"重要标志一开始就包含深刻的"时代化"的蕴意，在这里是以相对于"民族形式"的"国际主义的内容"的话语加以呈现的。党的六届六中全会后，毛泽东在不同场合多次对"马克思主义的中国化"或"马克思主义中国化"的命题进行阐释。1939 年 12 月 13 日，中央政治局在听取艾思奇关于准备陕甘宁边区文代会报告内容的汇报时，毛泽东提出："马克思主义中国化问题，不能说马克思主义早已中国化了。马克思主义是普遍的东西，中国有特殊情况，不能一下子就完全中国化。"②

　　"马克思主义的中国化"命题的提出，是中国共产党一次大的思想解放，增强了对马克思主义中国化的理论认同，为马克思主义中国化时代化开辟了广阔的道路。党的六届六中全会之后，在毛泽东的倡导和极力推动下，党的一些高级干部致力于马克思主义中国化的解释和实践。1939 年 1 月中旬至 2 月初，彭真在晋察冀边区第二次党代表大会上提出："马克思主义中国化的意义，就是把马克思主义的原则和方法应用于中国的具体问题上，就是要根据当时当地的具体情况，灵活地运用马克思主义的原则和方法来具体解决中国的问题。"③ 1939 年 5 月，陈云发表了《怎样做一个共产党员》一文，根据毛泽东所阐发的马克思主义中国化原则，强调"我们的学习是学

---

①　《建党以来重要文献选编》第 15 册，中央文献出版社 2011 年版，第 651 页。

②　《毛泽东年谱》第 2 卷，中央文献出版社 2023 年版，第 151 页。

③　《彭真生平大事年表》，中共党史出版社 1992 年版，第 10 页。

习马克思列宁主义的精神，学习他们观察问题的立场、观点和方法，而不是背诵教条。"① 1940 年 1 月 5 日，张闻天在《抗战以来中华民族的新文化运动与今后任务》中提出："尽量编译介绍马列主义的原著；使马列主义中国化，创造中国的马列主义作品。"②

1945 年，在党的七大，刘少奇在《论党》一文中两次使用"马克思主义中国化"概念，提出"由于中国社会、历史的发展有其极大的特殊性，以及中国的科学还不发达等条件，要使马克思主义系统地中国化，要使马克思主义从欧洲形式变为中国形式，就是说，要用马克思主义的立场与方法来解决现代中国革命中的各种问题，其中有许多是在世界马克思主义者面前从来没有提出过与解决过的问题"，这不但需要丰富的历史知识、社会知识及指导革命斗争的经验，还要运用马克思主义的立场观点方法，"依据历史进程每个特殊时期和中国具体的经济、政治环境及条件，对于马克思列宁主义作独立的光辉的补充，并用中国人民通俗语言的形式表达出来，使之适合于新的历史环境和中国的特殊条件，成为中国无产阶级群众与全体劳动人民群众战斗的武器。不是别人，正是我们的毛泽东同志，出色地成功地进行了这件特殊困难的马克思主义中国化的事业。"③ 刘少奇对马克思主义中国化内涵的阐释，也呈现了"历史进程""历史环境"等方面取向和特征，涵盖了马克思主义时代化的意蕴。

除了上面提到党的领导人之外，还有一些党的理论家如艾思奇、杨松等在不同场合对"马克思主义中国化"的概念作了多方面的阐释。艾思奇指出，马克思主义中国化"就是在于把马克思主义的真正精神，马克思主义的基本原则，应用到中国的具体问题上来，就是在中国的现实地盘上来把马克思主义加以具体化加以发展。"这就是

---

① 《陈云文选》第 1 卷，人民出版社 1995 年版，第 95 页。
② 《张闻天文集》第 3 卷，中共党史出版社 1994 年版，第 57 页。
③ 《刘少奇选集》上卷，人民出版社 1985 年版，第 335～336 页。

说，马克思主义中国化就是既要在中国坚持马克思主义的基本原理，同时又要在中国的"现实地盘"上来运用和发展马克思主义，要"化"出结果即中国化的马克思主义。他以当时已经出版的一大批中国马克思主义著作，特别是毛泽东的著作为例，证明当时中国"已经产生了一些发展马克思主义的理论"，已经"有了自己的马克思主义"。艾思奇这里提出的"有了自己的马克思主义"的论断，完全可以认为是其后进一步提出"中国化的马克思主义"概念的先声。艾思奇进一步指出，尽管马克思主义中国化已成为时代的必要，但如何进一步推进"马克思主义中国化"仍然是一个急需解决和亟待解决的重大理论问题。他认为，毛泽东提出"马克思主义的中国化"这个号召，已经过去几年了，"但我们在理论的学习研究上还很少注意。我们怎样来响应这一个号召，来掌握具体的，中国化的，带着中国民族特性，按照中国的特点来应用的马克思主义理论呢？"[①] 艾思奇提出的这些问题，引起了当时理论界包括毛泽东的重视，对马克思主义中国化命题之可能性和必要性的深度阐释起了极大的推动作用。

杨松也撰文指出："五四运动"之后的 20 年间，"马列主义的中国化确实已收到了很大的成绩"，中国的马克思列宁主义者"把马列主义中国化了和中国化着"[②]。此后，张如心第一次提出"毛泽东同志的思想"的概念，王稼祥第一次使用"毛泽东思想"这一概念，其实都是在这一理路上合乎逻辑的拓展。体现在最初的逻辑路向就是由"马克思主义中国化"至"中国化的马克思主义"，即不仅要把马克思主义与中国实际相结合，而且要产生马克思主义中国化的理论成果——中国化的马克思主义。这种认识上的扩展，意味着中国共产党人已经把"运用"马克思主义同"发展"马克思主义紧密结合

---

①　《艾思奇文集》第 1 卷，人民出版社 1981 年版，第 553 页、第 485 页、第 592 页。

②　杨松：《关于马列主义中国化的问题》，引自《中国文化》第 1 卷（1940 年 7 月 15 日），第 5 页。

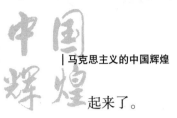
起来了。

中国共产党主要领导干部和党的理论家对"马克思主义中国化"命题的阐释和实践，促进了马克思主义在中国的传播与应用，有力地推动了马克思主义中国化时代化的发展，为马克思主义在与中国实际相结合的历史进程中形成丰硕的理论成果奠定了思想基础。

三、"马克思主义的中国化"的理论意义

"马克思主义的中国化"命题的提出，在马克思主义发展史和国际共运史上有着重大的理论价值和实践意义。在延安时期，"马克思主义的中国化"命题的提出已经显示其重要意义。

1941 年 9 月，在中央政治局会议上，毛泽东又谈道："能使马克思主义中国化的教员，才算好教员，要多给津贴"；"要使中国革命丰富的实际马克思主义化"，"只有用马克思主义观点来研究实际问题、能解决实际问题的，才算实际的理论家。"① "马克思主义中国化"命题的提出，正是以毛泽东为代表的中国共产党人对马克思主义本质属性深刻认识的思想结晶，也是对中国革命的历史经验及教训进行了深刻反思的必然结果。

马克思主义中国化命题的提出，为中国共产党克服教条主义，自觉进行思维转换和理论创造，确立实事求是的思想路线，实现马克思主义中国化的第一次历史飞跃奠定了思想基础。党的六届六中全会虽然基本纠正了王明的右倾主张，但是由于当时历史条件不是很成熟，对王明的错误和教条主义没有正面批评。在这次会议后，王明对于毛泽东所提出的"马克思主义中国化"的口号及其实践表示强烈不满，"把马克思主义中国化的口号是错误的。这样提出的问题，本身就是非马克思主义的。民族的马克思主义是没有而且也不可能有

---

① 《毛泽东文集》第 2 卷，人民出版社 1993 年版，第 374 页。

的。马克思主义现在只能是，将来也永远只能是国际主义的学说"①。同时，王明仍然坚持"一切经过统一战线""一切服从统一战线"的错误观点，也不承认自己是教条主义者，而认为自己是贯彻共产国际"新政策"的使者，为此还再版了他的"左"倾教条主义政治纲领《为中共更加布尔什维克化而斗争》。面对这些情形，毛泽东审时度势，认识到在全党总结历史经验、分析教条主义对中国革命所造成的危害、加强马克思主义与中国具体实际相结合教育的重要性。他认为，一定要改变党内理论脱离实际的状况，一定要学习如何使马克思主义同中国革命实际相结合。1941 年 5 月，毛泽东在延安干部会议上作的《改造我们的学习》的报告指出："我们学的是马克思主义，但是我们中的许多人，他们学马克思主义的方法是直接违反马克思主义的。这就是说，他们违背了马克思、恩格斯、列宁、斯大林所谆谆告诫人们的一条基本原则：理论和实际统一。他们既然违背了这条原则，于是就自己造出了一条相反的原则：理论和实际分离"，并强调这种反科学反马克思列宁主义的主观主义的方法，是共产党的大敌，是工人阶级的大敌，是人民的大敌，是民族的大敌，是党性不纯的一种表现。因此，"大敌当前，我们有打倒它的必要。只有打倒了主观主义，马克思列宁主义的真理才会抬头，党性才会巩固，革命才会胜利。我们应当说，没有科学的态度，即没有马克思列宁主义的理论和实践统一的态度，就叫做没有党性，或叫做党性不完全。"② 在这一报告中，毛泽东还强调了共产党人树立实事求是态度的重要性，认为实事求是的态度才是真正的马克思列宁主义的态度，并对实事求是作了精辟阐述。

马克思主义的中国化命题的提出，推动了中国共产党人自觉地

---

① 王明：《中共五十年》，东方出版社 2004 年版，第 17 页。
② 《毛泽东选集》第 3 卷，人民出版社 1991 年版，第 798 页、第 800 页。

将马克思主义与中国革命实际相结合的探索和努力，使得马克思主义中国化时代化过程所积累的历史经验上升为规律性认识，为进一步推进马克思主义在中国的深入发展奠定了坚实的思想基础和历史基础。

第四节　马克思主义中国化的第一次历史性飞跃

以毛泽东为代表的中国共产党人在长期探索和艰苦斗争的实践中，坚持把马克思主义与中国的具体实际相结合，逐步形成了毛泽东思想的科学概念。中共六届七中全会通过的《关于若干历史问题的决议》，初步概括毛泽东思想的主要内容。党的七大系统阐述了毛泽东思想并确立了其在全党的指导地位，实现了马克思主义中国化的第一次历史性飞跃。

一、毛泽东思想科学概念的形成

毛泽东思想作为一个科学概念的提出，是党结合中国革命实践，在确立毛泽东作为党的领导核心地位的过程中，在论述毛泽东的思想及评价毛泽东对中国革命做出伟大贡献的过程中逐步形成的。

1935 年召开的遵义会议集中力量解决了当时最为紧迫的军事问题和组织问题，结束了王明"左"倾教条主义在中央的统治，实际上确立了毛泽东在红军和党中央的主要领导地位，毛泽东的军事思想首次得到全党的明确肯定，党的路线也开始转到马克思主义基本原理同中国革命实际相结合的正确轨道上来，同时也标志着中国共产党由幼稚走向成熟。根据 1936 年 12 月的中华苏维埃中央政府命令，毛泽东为中央革命军事委员会主席团主席。

1943 年 3 月 16 日至 20 日，中共中央政治局会议在延安召开。会议通过了《关于中央机构调整及精简的决定》。会议决定：毛泽东、刘少奇、任弼时组成中央书记处；毛泽东为中央政治局主席和中央书记处主席。1945 年 6 月，中共七大及其随后召开的中共七届一中全会选举产生了新的中央领导机构，毛泽东担任中央委员会主席、中央政治局主席、中央书记处主席。这标志着毛泽东成为中国共产党领导集体的核心，毛泽东的思想在全党得到高度认同。

1943 年 3 月，中央政治局会议召开之前，对毛泽东思想的探索已经有显著发展。1940 年 5 月，在延安"泽东青年干部学校"开学典礼上，该校副校长冯文彬就要求全体学生必须"努力学习毛泽东同志的理论"[①]。1941 年 3 月至 1942 年 2 月，党的理论工作者张如心发表多篇文章，相继使用"毛泽东同志的思想""毛泽东同志的理论""毛泽东主义"等概念。1942 年 2 月，他在延安《解放日报》上发表了《学习和掌握毛泽东的理论和策略》一文，使用了"毛泽东同志的理论"这一提法。文中提出"毛泽东同志的理论就是中国的马克思列宁主义"[②]。1942 年 7 月 1 日，陈毅在纪念中国共产党成立 21 周年而写的《伟大的二十一年》文章中，提出了毛泽东的"思想体系"问题："毛泽东同志领导秋收暴动，进行苏维埃的红军建设，进行实地的中国社会调查，主张以科学头脑、科学方法对待马列主义中国化问题，主张世界革命的一般理论与中国革命的具体实践相结合，有了更具体完整的创获。正确的思想体系开始创立。"[③] 1942 年 7 月 1 日，《晋察冀日报》刊出由社长兼总编辑邓拓亲自撰写的《纪念"七一"，全党学习掌握毛泽东主义》的社论指出："中国共产党所以能够领导二十世纪中国的民族解放与社会解放的伟大革命斗争，所以能够成为政治上、组织上、思想上全面巩固的广大群众性的坚强有

---

① 《泽东青年干部学校正式举行开学典礼》，载于《新中华报》1940 年 5 月 7 日。

② 沈宝祥：《毛泽东思想科学概念的形成和确立》，载于《江南论坛》2001 年第 7 期。

③ 陈毅：《伟大的二十一年》，载于《解放日报》1942 年 7 月 1 日。

力的布尔什维克党，就因为有了毛泽东主义。""毛泽东主义，就是中国马克思列宁主义。"①

1943年3月中央政治局会议召开之后，对"毛泽东思想"的探索有了新的发展。1943年7月6日，刘少奇在《解放日报》上发表的《清算党内的孟什维主义思想》一文中，使用了"毛泽东同志的思想"的提法，认为"一切干部，一切党员，应该用心研究二十二年来中国党的历史经验，应该用心研究与学习毛泽东同志关于中国革命的及其他方面的学说，应该用毛泽东同志的思想来武装自己，并以毛泽东同志的思想体系去清算党内的孟什维主义思想。"②

1943年7月8日，王稼祥在《解放日报》上发表了题为《中国共产党与中国民族解放的道路——纪念共产党二十二周年与抗战六周年》的文章，明确提出了"毛泽东思想"这一概念，指出："中华民族整个解放过程中——过去现在和未来——的正确道路就是毛泽东同志的思想，就是毛泽东同志在其著作中和实践中所指出的道路。毛泽东思想就是中国的马克思列宁主义，中国的布尔什维主义，中国的共产主义"，毛泽东思想"是马克思列宁主义与中国革命运动实际经验相结合的结果"③。这是党的历史上首次提出毛泽东思想这个概念。这一界定，标志着"毛泽东思想"作为反映毛泽东理论著作本质特征的科学概念，经过较长时间的酝酿以后终于形成。此后，毛泽东思想这个概念逐步得到党内同志的普遍认同与接受。

1943年8月2日，周恩来在演说中提出"我们党二十二年的历史证明：毛泽东同志的意见，是贯串着整个党的历史时期，发展成为一条马列主义中国化，也就是中国共产主义的路线！"中国共产党的历史就证明："毛泽东同志的方向，就是中国共产党的方向。"同时也

---

① 《邓拓文集》第1卷，北京出版社1986年版，第42页、第46页。
② 《刘少奇选集》上卷，人民出版社1981年版，第300页。
③ 《王稼祥选集》，人民出版社1989年版，第334页。

证明："共产主义不但适用于中国，而且它经过我们党的领袖毛泽东同志的运用和发展，已经和中国民族的解放运动、中国人民的实际利益结合起来，而成为在中国土地上生根的共产主义了。"①

1945 年 3 月 15 日，邓小平在一次关于形势问题的报告里提出，每个党员要"更加学习马列主义与毛泽东思想"②，这是在中国共产党内第一次把毛泽东思想和马列主义两个概念并列使用。

1945 年 3 月 31 日，刘少奇在中共六届七中全会讨论准备提交七大的党章草案时说："总纲是党的基本纲领，作为党章的前提与组成部分，可以更加促进党内的一致。党章以毛泽东思想来贯串，这是一个前所未有的历史特点。"③

1945 年 4 月 20 日，中共六届七中全会通过《关于若干历史问题的决议》。指出："毛泽东同志代表中国无产阶级和中国人民，将人类最高智慧——马克思列宁主义的科学理论，创造性地应用于中国这样的以农民为主要群众、以反帝反封建为直接任务而又地广人众、情况极复杂、斗争极困难的半封建半殖民地的大国，光辉地发展了列宁斯大林关于殖民地半殖民地问题的学说和斯大林关于中国革命问题的学说。"④ 决议从政治、军事、组织、思想等方面对毛泽东思想进行了更系统精辟的概括，批驳了党内错误路线，揭示了毛泽东为首的正确路线和政策。同时，也对毛泽东思想概念进行了较为完整准确的定义。

1945 年 5 月 14 日，刘少奇在党的七大上所作的《关于修改党章的报告》中，阐述了毛泽东思想的内涵，从九个方面论述了毛泽东思想的主要内容。他指出："毛泽东思想，就是马克思列宁主义的理

---

① 《周恩来选集》上卷，人民出版社 1980 年版，第 138～139 页。
② 《建党以来重要文献选编》第 23 册，中央文献出版社 2011 年版，第 106 页。
③ 《刘少奇年谱（1898－1969）》上卷，中央文献出版社 1996 年版，第 463 页。
④ 《毛泽东选集》第 3 卷，人民出版社 1991 年版，第 952～953 页。

论与中国革命的实践之统一的思想，就是中国的共产主义，中国的马克思主义。毛泽东思想，就是马克思主义在目前时代的殖民地、半殖民地、半封建国家民族民主革命中的继续发展，就是马克思主义民族化的优秀典型……它是中国的东西，又是完全马克思主义的东西。……毛泽东思想——中国共产主义的理论与实践……毛泽东思想，从他的宇宙观以至他的工作作风，乃是发展着与完善着的中国化的马克思主义，乃是中国人民完整的革命建国理论。"① 毛泽东思想既是"马克思列宁主义的理论与中国革命的实践之统一的思想"，也是"马克思主义在目前时代的……的继续发展"，在根本上就是中国化和时代化的统一。

党的七大通过的党章明确规定："中国共产党，以马克思列宁主义的理论与中国革命的实践之统一的思想——毛泽东思想，作为自己一切工作的指针，反对任何教条主义的或经验主义的偏向。"② 毛泽东思想作为一个科学概念在全党范围内正式确定下来，马克思主义中国化第一次历史性飞跃所产生的重大理论成果也正式确立为"毛泽东思想"。

二、《关于若干历史问题的决议》对中国革命经验的总结

1942 年 2 月至 1945 年 4 月，全党范围内开展了一次以反对主观主义特别是教条主义为主要内容的马克思列宁主义的思想教育活动，即延安整风运动，内容包括反对主观主义以整顿学风，反对宗派主义以整顿党风，反对党八股以整顿文风，以树立马克思主义的作风。学习党史，总结党的历史经验，这是延安整风运动的重要主题。

1943 年 10 月，中共中央决定党的高级干部重新学习和研究党的

---

① 《刘少奇选集》上卷，人民出版社 1981 年版，第 333～335 页。
② 《建党以来重要文献选编》第 23 册，中央文献出版社 2011 年版，第 106 页。

历史和路线是非问题，使整风运动进入总结提高阶段。1944 年 2 月，中共中央书记处会议讨论党的历史问题，在基本问题上已经形成统一认识。1944 年 3 月至 5 月，毛泽东作了两个有关中共党史的报告——《关于路线学习工作作风和时局问题》和《学习和时局》。这两个报告为后来《关于若干历史问题的决议》的起草提供了原则性指导。1944 年 5 月 21 日至 1945 年 4 月 20 日，中共六届七中全会在延安召开。毛泽东在第一次全体会议上代表中央政治局作工作报告，提出关于处理党的历史问题的六条原则和指导性意见。中央书记处决定成立"党内历史问题决议准备委员会"，决定以毛泽东 1942 年写的《历史问题草案》为蓝本，开始起草《关于若干历史问题的决议》（以下简称《决议》）。1945 年 4 月 20 日，中国共产党六届七中全会第八次全体会议讨论并通过了《决议》。《决议》作为中国共产党历史上第一个历史决议，全面而客观地回顾了中国共产党自成立到 1945 年的历史，是对中国共产党这一时期所进行的社会革命和自我革命的深刻的历史性总结，也是对中国共产党这一时期所实现的马克思主义中国化历史总结的纲领性文件。

《决议》高度评价了毛泽东运用马克思主义基本原理解决中国革命实践问题的杰出贡献，指出"中国共产党自一九二一年产生以来，就以马克思列宁主义的普遍真理和中国革命的具体实践相结合为自己一切工作的指针，毛泽东同志关于中国革命的理论和实践便是此种结合的代表。"[①]《决议》特别对毛泽东在党的历史上的地位和作用给予充分肯定，认为"党在奋斗的过程中产生了自己的领袖毛泽东同志。毛泽东同志代表中国无产阶级和中国人民，将人类最高智慧——马克思列宁主义的科学理论，创造地应用于中国这样的以农民为主要群众、以反帝反封建为直接任务而又地广人众、情况极复

---

① 《毛泽东选集》第 3 卷，人民出版社 1991 年版，第 952 页。

杂、斗争极困难的半封建半殖民地的大国，光辉地发展了列宁斯大林关于殖民地半殖民地问题的学说和斯大林关于中国革命问题的学说。"尤其重要的是，"我们党以毛泽东同志为代表，创造性地把马克思、恩格斯、列宁、斯大林的革命学说应用于中国条件的工作，在这十年内有了很大的发展。我党终于在土地革命战争的最后时期，确立了毛泽东同志在中央和全党的领导。这是中国共产党在这一时期的最大成就，是中国人民获得解放的最大保证。"由此可以认为，"以毛泽东同志为代表的马克思列宁主义的思想更普遍地更深入地掌握干部、党员和人民群众的结果，必将给党和中国革命带来伟大的进步和不可战胜的力量。"①

《决议》在对 1921 年至 1927 年，特别是在对 1924 年至 1927 年的反帝反封建的大革命历史及其基本经验问题概述中指出：这场大革命，"曾在共产国际的正确指导之下，在中国共产党的正确领导的影响、推动和组织之下"②得以迅速发展并取得革命的胜利，然而在革命后期由于党内以陈独秀为代表的右倾投降主义占统治地位，在国民党叛变革命之时无法抵抗，最终革命失败。

《决议》对 1927 年大革命失败后至 1937 年抗日战争爆发前的 10 年内战时期党的历史及其基本经验作了系统阐释。在土地革命战争的 10 年间，中国共产党在马克思列宁主义总原则下团结一致地进行反帝反封建的英勇战斗，创造了红军，建立了革命根据地；抗击了当时国民党反动政府的进攻，以及 1931 年"9.18"以来日本帝国主义的侵略，使中国人民的新民主主义的民族解放和社会解放的事业取得了伟大成绩。在这一过程中，确立了毛泽东在中央和全党的领导。《决议》对这一期间三次"左"倾错误，特别是第三次"左"倾错

---

① 《毛泽东选集》第 3 卷，人民出版社 1991 年版，第 952～953 页、第 955 页、第 999 页。
② 《毛泽东选集》第 3 卷，人民出版社 1991 年版，第 953 页。

误的主要内容、表现及其危害，作了全面深入的揭露和剖析，详尽地指出了其在政治上、军事上、组织上、思想上同以毛泽东为代表的正确主张的根本分歧和对立，并从政治、军事、组织、思想四个方面，对毛泽东关于中国革命基本理论和基本策略问题上的主要观点，作了全面系统的论述和阐发。

《决议》深刻论述了克服"左"倾和右倾错误思想的方针和方法，指出全党整风和党史学习应采取"惩前毖后，治病救人""既要弄清思想又要团结同志"的方针，关于党内历史问题的一切分析、批判、争论，应该从团结出发，而又达到团结的。因此，全党今后的任务就是"在马克思列宁主义思想一致的基础上，团结全党同志如同一个和睦的家庭一样，如同一块坚固的钢铁一样，为着获得抗日战争的彻底胜利和中国人民的完全解放而奋斗"；为实现这一任务，"全党必须加强马克思列宁主义的思想教育，并着重联系中国革命的实践，以达到进一步地养成正确的党风，彻底地克服教条主义、经验主义、宗派主义、山头主义等项倾向之目的。"①

《决议》的通过标志着整风运动的胜利结束，是党的六届七中全会的主要内容和最重要成果。《决议》增强了全党在毛泽东思想基础上的团结，为党的七大的召开在思想上和政治上作了充分准备。《决议》在中国共产党历史上、在马克思主义中国化历史上都是极其重要的文献。

三、党的七大与毛泽东思想的系统阐述

世界反法西斯战争胜利的前夜，为系统总结中国革命的基本经验，彻底打败日本侵略者，建设一个光明的、独立的、自由的、民主的、统一的、富强的新中国做准备，经过长期充分的准备，1945 年 4

---

① 《毛泽东选集》第 3 卷，人民出版社 1991 年版，第 955 页、第 998 页。

月 23 日至 6 月 11 日，中国共产党第七次全国代表大会在延安召开。毛泽东在会上致了《两个中国之命运》的开幕词和《愚公移山》的闭幕词，并作了《论联合政府》的书面政治报告、关于形势和思想政治问题的报告、关于讨论政治报告的结论和关于选举问题的讲话。刘少奇作了《关于修改党的章程的报告》和关于讨论组织问题的结论。朱德作了《论解放区战场》的军事报告和关于讨论军事问题的结论。周恩来作了《论统一战线》的重要讲话。党的七大最大特点是将毛泽东思想载入党章。

刘少奇在关于修改党章的报告中，对毛泽东思想作的系统阐述。在对毛泽东思想产生的历史条件问题的阐释中，提出毛泽东思想是中国半殖民地半封建社会各族人民英勇斗争的历史产物。刘少奇指出："百余年来，灾难深重的中国民族和中国人民，为了自己的解放而流血斗争，积有无数丰富的经验，这些实际斗争及其经验，不可避免地要形成自己的伟大的理论，使中国这个民族，不但是能够战斗的民族，而且是一个有近代科学的革命理论的民族"；毛泽东思想"是从中国民族与中国人民长期革命斗争中，在中国伟大的三次革命战争——北伐战争、土地革命战争和现在的抗日战争中，生长和发展起来的"；"不只是在和国内国外各种敌人进行革命的斗争中，同时又是在和党内各种错误的机会主义思想——陈独秀主义，李立三路线，以及后来的左倾路线、投降路线、教条主义、经验主义等进行原则的斗争中，生长和发展起来的"①。

在对毛泽东思想产生的历史条件问题的阐释中，还提出毛泽东思想的产生是同毛泽东本人的杰出领导才能和高度的理论修养分不开的。刘少奇站在党和人民的立场上，从历史高度，郑重指出"毛泽东是我们党和现代中国革命的组织者和领导者"，"是我国英勇

---

① 《刘少奇选集》上卷，人民出版社 1981 年版，第 332～334 页。

无产阶级的杰出代表，是我们伟大民族的优秀传统的杰出代表"，是全党和全国人民审慎选择的"伟大领袖"，他是中国有史以来最伟大的革命家、政治家、理论家和科学家，"他不但敢于率领全党和全体人民进行翻天覆地的战斗，而且具有最高的理论上的修养和最大的理论上的勇气"，他"使马克思列宁主义的普遍真理与中国革命具体实践的结合得到了高度发展"①，由此而创立了中国化的马克思列宁主义理论即毛泽东思想。

刘少奇在关于修改党章的报告中指出：毛泽东思想"用马克思主义的立场与方法来解决现代中国革命中的各种问题，——其中有许多是在世界马克思主义者面前从来没有提出过与解决过的问题"，是"对于马克思列宁主义作独立的光辉的补充，并用中国人民通俗语言的形式表达出来，使之适合于新的历史环境和中国的特殊条件，成为中国无产阶级群众与全体劳动人民群众战斗的武器"。在对中国革命的指导意义上，毛泽东思想是"我们这个民族的特出的、完整的关于中国人民革命建国的正确理论"，是"中国无产阶级与全体劳动人民用以解放自己的唯一正确的理论与政策"，也是"我们党的唯一正确的指导思想，唯一正确的总路线"、"唯一正确的救中国的理论与政策"②。由此突出体现了毛泽东思想的革命与建国的统一性以及唯一的正确性，这也是确定毛泽东思想为党的指导思想的最根本的理论依据所在。

党的七大对毛泽东思想的主要内容作了全面概括，把毛泽东思想的内容分作：关于现代世界情况及中国国情的分析、关于新民主主义理论与政策、关于解放农民的理论与政策、关于革命统一战线的理论与政策、关于革命战争的理论与政策、关于革命根据地的理论与政策、关于建设新民主主义共和国的理论与政策、关于建设党的理论与

---

① 《刘少奇选集》上卷，人民出版社1981年版，第319页、第336页、第323页。

② 《刘少奇选集》上卷，人民出版社1981年版，第332~336页。

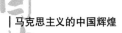

政策、关于文化的理论与政策。这些内容系统回答了中国革命的社会历史环境、经济文化基础，以及革命性质、基本动力、斗争形式、发展道路、奋斗目标和领导力量等一系列基本问题。它们"是中国的东西，又是完全马克思主义的东西"，"是中国民族智慧的最高表现和理论上的最高概括"①，这是党的代表大会上首次对毛泽东思想体系主要内容的完整论述。

刘少奇在关于修改党章的报告中，还对毛泽东思想的历史地位和指导意义作了深入阐释，其要点在两个方面：一是提出毛泽东思想是马克思主义中国化的重大理论成果，毛泽东"以马克思列宁主义的理论与中国革命的实践相结合"，目的就是"要使马克思主义系统地中国化，要使马克思主义从欧洲形式变为中国形式"，形成中国的马克思主义——毛泽东思想；二是提出毛泽东思想是指导中国革命取得胜利的行动指南，毛泽东思想"已经指导我们党与我国人民得到了极大的胜利，并将继续指导我们党和我国人民得到最后的、彻底的胜利和解放"，毛泽东思想"指导了与正在指导着中国人民去获得彻底的解放，并对各国人民的解放事业，特别是东方各民族的解放事业，作了有益的贡献"，毛泽东思想是中国共产党和中国人民宝贵的精神财富，"是我们党和我国人民在长期奋斗中最大的收获与最大的光荣，它将造福于我国民族至遥远的后代。"②

确立毛泽东思想指导地位，是党的七大的光辉成就和七大党章最突出的历史新特点，是全党对马克思主义中国化时代化历史性飞跃理论成果的确认。

四、马克思主义经典著作的翻译和研究

马克思主义中国化时代化第一次历史性飞跃之时，也是马克思

---

① ② 《刘少奇选集》上卷，人民出版社 1981 年版，第 333 页、第 335 页。

恩格斯著作在延安翻译出版、马克思主义著作学习的重要时期。在这一时期，毛泽东和党中央十分重视马列著作的翻译出版和马克思主义著作的学习和研究。1938 年 5 月 5 日，在马克思诞辰 120 周年纪念日，中国共产党在延安成立了马克思列宁学院，对马克思主义经典著作的翻译和学习有着极其重要的意义。

马克思列宁学院作为中国共产党创建的第一所比较正规的学习和研究马列主义理论的学校。为推进全党的马列主义理论水平，学院坚持用马克思主义的基本理论和中国革命的实践经验来教育干部，开设的课程包括政治经济学、哲学、马列主义基本问题、党的建设等。党的主要领导大力支持马列学院的工作，毛泽东、张闻天、周恩来、朱德、刘少奇、陈云等中央领导同志经常来学院授课或作专题讲演。刘少奇的《论共产党员的修养》、陈云的《怎样做一个共产党员》就是为马列学院学员作的报告。通过学习和研究，学员们受到了马列主义基础知识的教育，提高了思想理论水平，加强了党性锻炼和修养。1941 年 5 月，马列学院改组为马列研究院。7 月，改组为中共中央研究院。1943 年 5 月，研究院并入中共中央党校。

马列学院设立编译部，专门负责翻译和编辑马列主义经典著作。从 1938 年 6 月至 1942 年 7 月，马列学院编译部翻译了 10 部马克思恩格斯著作和马克思主义基本理论研究著作，由延安解放社以"马克思恩格斯丛书"集中出版，其中有《社会主义从空想到科学的发展》《共产党宣言》《法兰西内战》《政治经济学论丛》《马恩通信选集》《德国的革命和反革命》《〈资本论〉提纲》《哥达纲领批判》《拿破仑第三政变记》《法兰西阶级斗争》等。

吴黎平 1930 年在上海克服各种困难译出《反杜林论》，到延安后，在毛泽东鼓励督促下，他重新校订了《反杜林论》。1940 年《反杜林论》第一次校订本在纪念抗战三周年之际由解放社出版，1941年这一校订本在国民党统治区再次出版发行。1938 年，成仿吾和徐冰翻译的《共产党宣言》，是由中共公开组织翻译的第一个《共产党宣言》全译本。该译本收入了《宣言》的正文和三篇德文版序言，是首次根据德文原文译出的新本子，更准确地传达《宣言》的思想。1938 年 8 月该译本首次在延安解放社出版，9 月在武汉和上海由我党领导的中国出版社、新中国出版社、新文化书店等出版。1942 年 10 月，为配合延安整风运动，中宣部成立了翻译校阅委员会，博古根据俄文版《共产党宣言》对成、徐译本作了重新校译，并增译了该书1882 年俄文版序言。博古译本出版后，被中共中央指定为五本"干部必读书"之一。延安时期马克思著作的编译和出版，满足了党员干部和各层次群众学习马克思主义的需要，对中国共产党和中国人民学习和掌握马克思主义的基本理论，发挥了重要作用。

1942 年，为了进一步强调肃清教条主义对于中国共产党发展的重要意义，毛泽东决定编辑《马恩列斯论思想方法》一书。中央政治研究室和中央研究院文化思想研究室承担了主编这本书的工作。据当年参加编辑会议的张仲实回忆，"大家分头找材料，由一个人整理编辑，最后送毛泽东审阅。后来毛泽东看了这份整理的初稿，认为不适用。他自己重新编辑最后成书。"① 由毛泽东亲自编辑的《马恩列斯思想方法论》出版后，作为整风的学习材料在各解放区大量翻印出版。

《马克思恩格斯列宁论艺术》是鲁迅艺术文学院出版的"鲁艺丛书"之一。该书的译者是曹葆华和天蓝（即王名衡），重点介绍了马克思、恩格斯和列宁对文艺评论中历史唯物主义和革命现实主义的论述，包括马克思恩格斯关于艺术的五封书信。1944 年周扬编辑了《马克思主义与文艺》一书，选辑了马克思、恩格斯、普列汉诺

---

① 中央编译局马恩室编：《马克思恩格斯著作在中国的传播》，人民出版社 1983 年版，第 95 页。

夫、列宁、斯大林、高尔基、鲁迅和毛泽东的有关论述，在配合《延安文艺座谈会上的讲话》的学习和宣传马列主义文艺理论方面起了重要的作用。

为了加强对马克思主义理论的专题研究，还编译了一些专题集，如李达等译的《马克思主义经济学基础理论》，王学文、王思华、何思敬译《政治经济学大纲（初稿)》，柯柏年译、吴黎平校《马克思恩格斯列宁论艺术》，李达、雷仲坚译《辩证法唯物论教程》，沈志远译《辩证唯物论与历史唯物论》（上册）及吴文焘、成仿吾译《马恩列斯思想方法论》等。这些著作满足了党中央大量培养干部的迫切需要，在党内外引起强烈反响。

《马克思恩格斯论中国》是第一本中文版的马恩关于中国的论文集。这本论文集最早由莫斯科外国工人出版社于 1937 年出版。1938年以解放社的名义和中国出版社的名义在延安和汉口出版。这本论文集开头部分是关于古代东方与中国的马恩著作摘译，还有包括《鸦片战争》等论文在内的 17 篇有关中国的论文，以及关于世界贸易与中国的摘录。

马克思主义理论一系列专题文集的编写和出版，对传播和学习马克思主义理论发挥着重要作用，对马克思主义中国化起到了重要的推进作用，成为马克思主义中国化第一次历史性飞跃的重要理论推动力量。

第五节　毛泽东思想的理论体系与科学内涵

一、毛泽东思想的理论体系

毛泽东思想是马克思主义中国化历史性飞跃的重大理论成果，

毛泽东是毛泽东思想的主要创立者。"毛泽东同志是伟大的马克思主义者，伟大的无产阶级革命家、战略家、理论家，是马克思主义中国化的伟大开拓者，是近代以来中国伟大的爱国者和民族英雄，是党的第一代中央领导集体的核心，是领导中国人民彻底改变自己命运和国家面貌的一代伟人。"①

在领导中国革命的长期实践中，以毛泽东为代表的中国共产党人，坚持把马克思主义基本原理同中国革命的具体实际相结合，使马克思主义系统地中国化，科学揭示了中国革命的客观规律，正确回答了中国革命的一系列基本问题，创立了毛泽东思想。这一思想在新中国成立以后继续发展，增添了社会主义革命和社会主义建设的内容。

在纪念毛泽东诞辰120周年座谈会的讲话中，习近平对毛泽东思想关于新民主主义革命的理论要义上作了阐释，从五个方面的"创造性"理论高度，对毛泽东思想的理论体系作出科学概括。这五个方面的"创造性"理论，一是创造性地解决了马克思列宁主义基本原理同中国实际相结合的一系列重大问题，深刻分析中国社会形态和阶级状况，经过不懈探索，弄清了中国革命的性质、对象、任务、动力，提出通过新民主主义革命走向社会主义的两步走战略，制定了新民主主义革命总路线，开辟了以农村包围城市、最后夺取全国胜利的革命道路；二是创造性地解决了在中国这种特殊的社会历史条件下建设马克思主义政党的一系列重大问题，把党建设成为用科学理论和革命精神武装起来的、同人民群众有着血肉联系的、思想上政治上组织上完全巩固的马克思主义政党；三是创造性地解决了缔造一个在党的绝对领导下的人民武装力量的一系列重大问题，建成一支具有一往无前精神、能压倒一切敌人而决不被敌人所屈服的新型人民军队；四是创造性地解决了团结全民族最大多数人共同奋斗的革

---

① 《十八大以来重要文献选编》上，中央文献出版社2014年版，第687页。

命统一战线的一系列重大问题，为党和人民事业凝聚了一支最广大的同盟军；五是创造性地提出和实施了一系列正确的战略策略，及时解决了中国革命进程中一道道极为复杂的难题，引导中国革命航船不断乘风破浪前进。①

毛泽东从中国的历史状况和社会状况出发，深入研究了中国革命的特点，深刻揭示了中国革命的规律，发展了马克思列宁主义关于无产阶级在民主革命中的领导权的思想，创立了无产阶级领导的，工农联盟为基础的，人民大众的，反对帝国主义、封建主义和官僚资本主义的新民主主义革命的理论。这方面的主要著作有：《中国社会各阶级的分析》《湖南农民运动考察报告》《星星之火，可以燎原》《〈共产党人〉发刊词》《新民主主义论》《论联合政府》和《目前形势和我们的任务》等。

新民主主义革命理论的要点：一是认为中国资产阶级有两个部分，一部分是依附于帝国主义的大资产阶级（即买办资产阶级、官僚资产阶级），另一部分是既有革命要求又有动摇性的民族资产阶级。无产阶级领导的统一战线要争取民族资产阶级参加，并且在特殊条件下把一部分大资产阶级也包括在内，以求最大限度地孤立最主要的敌人。在同资产阶级结成统一战线时，要保持无产阶级的独立性，实行又团结又斗争、以斗争求团结的政策；在被迫同资产阶级、主要是同大资产阶级分裂时，要敢于并善于同大资产阶级进行坚决的武装斗争，同时要继续争取民族资产阶级的同情或中立。二是认为由于中国没有资产阶级民主，反动统治阶级凭借武装力量对人民实行独裁恐怖统治，革命只能以长期的武装斗争为主要形式。中国的武装斗争，是无产阶级领导的以农民为主体的革命战争。农民是无产阶级的最可靠的同盟军。无产阶级有可能和必要通过自己的先锋队用

---

① 参见《十八大以来重要文献选编》上，中央文献出版社 2014 年版，第 689~690 页。

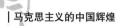

先进思想、组织性和纪律性来提高农民群众的觉悟水平，建立农村根据地，长期进行革命战争，发展和壮大革命力量。毛泽东指出，统一战线和武装斗争，是战胜敌人的两个基本武器，加上党本身的建设，就成为革命的"三个法宝"。以上这些，就是中国共产党所以能成为全民族的领导核心，并且创造出一条以农村包围城市，最后夺取全国胜利的道路的基本依据。在中国革命胜利前夕，毛泽东又提出和阐述了人民民主专政的理论，从新民主主义到社会主义的转变理论等。它们既是新民主主义革命理论的延伸，也是社会主义革命理论的重要组成部分。

在新民主主义革命理论的两个要点基础上，毛泽东系统阐述了革命军队建设和军事战略理论、政策和策略理论、思想政治工作和文化工作理论、党的建设理论等。

在革命军队的建设和军事战略上，毛泽东系统地解决了以农民为主要成分的革命军队如何建设成为一支无产阶级性质的、具有严格纪律的、同人民群众保持亲密联系的新型人民军队的问题。他规定了全心全意为人民服务是人民军队的唯一宗旨，规定了党指挥枪而不是枪指挥党的原则，制定了三大纪律八项注意，强调实行政治、经济、军事三大民主，实行官兵一致、军民一致和瓦解敌军的原则，提出和总结了一套军队政治工作的方针和方法。他在《关于纠正党内的错误思想》《中国革命战争的战略问题》《抗日游击战争的战略问题》《论持久战》《战争和战略问题》等军事著作中，总结了中国长期革命战争的经验，系统地提出了建设人民军队的思想，提出了以人民军队为骨干，依靠广大人民群众，建立农村根据地，进行人民战争的思想。他把游击战争提到了战略的地位，认为中国革命战争在长时期内的主要作战形式是游击战和带游击性的运动战。他论述了要随着敌我力量对比的变化和战争发展的进程，正确地实行军事战略的转变。他为革命军队制定了在敌强我弱的形势下实行战略的持久战和战役、战斗的速决战，把战略上的劣势转变为战役、战斗上的优势，集中优势兵力、各个歼灭敌人等一系列人民战争的战略战术。他在解放战争中总结出著名的十大军事原则。这些是毛泽东对马克思列宁主义的军事理论的极为杰出的贡献。

在政策和策略方面，毛泽东精辟地论证了革命斗争中政策和策略问题的极端重要性，指出政策和策略是党的生命，是革命政党一切实际行动的出发点和归宿，必须根据政治形势、阶级关系和实际情况及其变化制定党的政策，把原则性和灵活性结合起来。他在对敌斗争和统一战线等方面，提出了许多重要的政策和策略思想。他指出：弱小的革命力量在变化着的主客观条件下能够最终战胜强大的反动力量；战略上要藐视敌人，战术上要重视敌人；要掌握斗争的主要方向，不要四面出击；对敌人要区别对待、分化瓦解，实行利用矛盾、争取多数、反对少数、各个击破的策略；在反动统治地区，把合法斗争和非法斗争结合起来，在组织上采取隐蔽精干的方针；对被打倒的反动阶级成员和反动分子，只要他们不造反、不捣乱，都给以生活出路，让他们在劳动中改造成为自食其力的劳动者；无产阶级及其政党要实现自己对同盟者的领导，必须具备两个条件：一是率领被领导者向着共同的敌人作坚决斗争并取得胜利；二是对被领导者给以物质利益，至少不损害其利益，同时给以政治教育，等等。毛泽东的这些政策和策略思想，表现在他的许多著作中，特别是集中表现在《目前抗日统一战线中的策略问题》《论政策》《关于打退第二次反共高潮的总结》《关于目前党的政策中的几个重要问题》，以及新中国成立后的《不要四面出击》《关于帝国主义和一切反动派是不是真老虎的问题》等著作中。

在关于思想政治工作和文化工作方面，毛泽东在《新民主主义论》中指出：一定的文化（当作观念形态的文化）是一定社会的政治和经济的反映，又给予伟大影响和作用于一定社会的政治和经济；

而经济是基础，政治则是经济的集中表现。他根据这个基本观点，在这方面提出过许多具有长远意义的重要思想。例如：关于思想政治工作是经济工作和其他一切工作的生命线，要实行政治和经济的统一、政治和技术的统一、又红又专的方针；关于发展民族的、科学的、大众的文化，实行百花齐放、推陈出新、古为今用、洋为中用的方针；关于知识分子在革命和建设中具有重要作用，知识分子要同工农相结合，通过学习马克思列宁主义、学习社会和工作实践树立无产阶级世界观的思想，等等。他指出："为什么人的问题，是一个根本的问题，原则的问题"①，强调要全心全意为人民服务，对革命工作要极端负责，要艰苦奋斗和不怕牺牲。毛泽东关于思想政治文化的许多著名的著作，例如《青年运动的方向》《大量吸收知识分子》《在延安文艺座谈会上的讲话》《纪念白求恩》《为人民服务》《愚公移山》等，至今仍有重要意义。②

在党的建设方面，毛泽东深感在无产阶级人数很少而战斗力很强，农民和其他小资产阶级占人口大多数的国家，建设一个具有广大群众性的、马克思主义的无产阶级政党，是极其艰巨的任务。而毛泽东建党学说成功地解决了这个问题。这方面的主要著作有：《反对自由主义》《中国共产党在民族战争中的地位》《改造我们的学习》《整顿党的作风》《反对党八股》《学习和时局》《关于健全党委制》《党委会的工作方法》等。他特别着重于从思想上建设党，提出党员不但要在组织上入党，而且要在思想上入党，经常注意以无产阶级思想改造和克服各种非无产阶级思想。他指出，理论和实践相结合的作风，和人民群众紧密地联系在一起的作风，以及自我批评的作风，是中国共产党区别于其他任何政党的显著标志。他针对历史上党内斗

---

① 《毛泽东选集》第3卷，人民出版社1991年版，第857页。
② 《三中全会以来重要文献选编》下，中央文献出版社2008年版，第331页。

争中存在过的"残酷斗争、无情打击"的"左"倾错误，提出"惩前毖后、治病救人"的正确方针，强调在党内斗争中要达到既弄清思想又团结同志的目的。他创造了在全党通过批评与自我批评进行马克思列宁主义思想教育的整风形式。建国前夕和建国以后，鉴于中国共产党成为领导全国政权的党，毛泽东多次提出：要继续保持谦虚谨慎、戒骄戒躁、艰苦奋斗的作风，警惕资产阶级思想的侵蚀，反对脱离群众的官僚主义。

二、毛泽东思想的活的灵魂

毛泽东把辩证唯物主义和历史唯物主义世界观运用于无产阶级政党的全部工作之中，在中国革命的长期艰苦斗争中形成了具有中国共产党人特色的立场、观点和方法，其中最为突出的就是实事求是、群众路线、独立自主三个基本方面。这三个方面是贯穿毛泽东思想各个组成部分的世界观方法论，是毛泽东思想的活的灵魂，也是毛泽东思想的立场、观点和方法的结晶。1981 年党的十一届六中全会通过的《关于建国以来党的若干重大历史问题的决定》，从毛泽东思想"活的灵魂"的高度，对这三个基本方面作了集中阐述。

实事求是是毛泽东思想的精髓，也是中国共产党思想路线的实质与核心。在 1941 年《改造我们的学习》一文中，毛泽东指出："'实事'就是客观存在着的一切事物，'是'就是客观事物的内部联系，即规律性，'求'就是我们去研究。我们要从国内外、省内外、县内外、区内外的实际情况出发，从其中引出其固有的而不是臆造的规律性，即找出周围事变的内部联系，作为我们行动的向导。"[①] 实事求是，就是从实际出发，理论联系实际，就是要把马克思列宁主义普遍原理同中国革命具体实践相结合。早在 1930 年，毛泽东就提出

---

① 《毛泽东选集》第 3 卷，人民出版社 1991 年版，第 801 页。

反对本本主义，强调调查研究是一切工作的第一步，没有调查就没有发言权。毛泽东着重阐明辩证唯物主义认识论是能动的革命的反映论，特别强调充分发扬根据和符合客观实际的自觉的能动性。

毛泽东以社会实践为基础，全面地系统地论述了辩证唯物主义关于认识的源泉、认识的发展过程、认识的目的、真理的标准的理论；指出正确认识的形成和发展，往往需要经过由物质到精神，由精神到物质，即由实践到认识，由认识到实践多次的反复；指出真理是同谬误相比较而存在、相斗争而发展的，真理是不可穷尽的，认识的是非即认识是否符合客观实际，最终只能通过社会实践来解决。毛泽东阐述和发挥了辩证法的核心——对立统一规律。他指出，不仅要研究客观事物的矛盾的普遍性，也要研究它的特殊性，毛泽东使哲学真正成为无产阶级和人民群众认识世界和改造世界的锐利武器。习近平指出："实事求是，是马克思主义的根本观点，是中国共产党人认识世界、改造世界的根本要求，是我们党的基本思想方法、工作方法、领导方法。不论过去、现在和将来，我们都要坚持一切从实际出发，理论联系实际，在实践中检验真理和发展真理。"①

群众路线，就是一切为了群众，一切依靠群众，从群众中来，到群众中去，把党的正确主张变为群众的自觉行动。把马克思列宁主义关于人民群众是历史的创造者的原理系统地运用在党的全部活动中，形成党在一切工作中的群众路线，这是中国共产党长时期在敌我力量悬殊的艰难环境里进行革命活动的历史经验的总结。毛泽东强调："应该使每个同志明了，共产党人的一切言论行动，必须以合乎最广大人民群众的最大利益，为最广大人民群众所拥护为最高标准。应该使每一个同志懂得，只要我们依靠人民，坚决地相信人民群众的创造力是无穷无尽的，因而信任人民，和人民打成一片，那就任何困难也

---

① 《十八大以来重要文献选编》上，中央文献出版社 2014 年版，第 695 页。

能克服，任何敌人也不能压倒我们，而只会被我们所压倒。"①

毛泽东还指出，领导群众进行一切实际工作时，要取得正确的领导意见，必须从群众中来、到群众中去，实行领导和群众相结合，一般号召和个别指导相结合。党是工人阶级的先进部队，党是为人民的利益而存在和奋斗的，但是党永远只是人民的一小部分；离开人民，党的一切斗争和理想不但都会落空，而且都要变得毫无意义。党要担当起历史赋予的使命，就必须坚持群众路线。习近平指出："群众路线本质上体现的是马克思主义关于人民群众是历史的创造者这一基本原理。只有坚持这一基本原理，我们才能把握历史前进的基本规律。只有按历史规律办事，我们才能无往而不胜。历史反复证明，人民群众是历史发展和社会进步的主体力量。"②

独立自主，自力更生，是从中国实际出发、依靠群众进行革命和建设的必然结论，是中国革命和建设的基本立足点。无产阶级革命是国际性的事业，需要各国无产阶级互相支援。但是完成这个事业，首先需要各国无产阶级立足于本国，依靠本国革命力量和人民群众的努力，使马克思列宁主义的普遍原理同本国革命的具体实践相结合，把本国的革命事业做好。毛泽东指出："我们中华民族有同自己的敌人血战到底的气概，有在自力更生的基础上光复旧物的决心，有自立于世界民族之林的能力。"③ 毛泽东一贯强调，我们的方针要放在自己力量的基点上，自己找出适合我国情况的前进道路。如习近平指出的："独立自主是我们党从中国实际出发、依靠党和人民力量进行革命、建设、改革的必然结论。不论过去、现在和将来，我们都要把国家和民族发展放在自己力量的基点上，坚持民族自尊心和自信心，坚

---

① 《毛泽东选集》第 3 卷，人民出版社 1991 年版，第 1096 页。
② 《十八大以来重要文献选编》上，中央文献出版社 2014 年版，第 697 页。
③ 《毛泽东选集》第 1 卷，人民出版社 1991 年版，第 161 页。

定不移走自己的路。"①

在我们这样一个大国，尤其必须主要依靠自己的力量发展革命和建设事业。我们一定要有自己奋斗到底的决心，要信任和依靠本国亿万人民的智慧和力量，否则，无论革命和建设都不可能取得胜利，胜利了也不可能巩固。当然，我国的革命和建设不是也不可能孤立于世界之外，我们在任何时候都需要争取外援，特别需要学习外国一切对我们有益的先进事物。闭关自守、盲目排外以及任何大国主义的思想行为都是完全错误的。我们对待世界上任何大国、强国和富国，都必须坚持自己的民族自尊心和自信心，决不允许有任何奴颜婢膝、卑躬屈节的表现。无论遇到什么样的困难，我们都不能动摇独立自主、自力更生的决心，都不能在任何外来的压力面前屈服，始终坚守中国共产党、中国各族人民的大无畏的英雄气概。

三、新民主主义革命胜利的根本指导思想

中国共产党作为工人阶级的先锋队登上中国政治舞台以后，中国革命进入到新民主主义革命的历史阶段。为了推翻帝国主义、封建主义和官僚资本主义，中国共产党领导中国人民进行了艰苦卓绝的斗争，谱写了气壮山河的历史篇章。

在革命的洪流中，中国共产党成为中国政治舞台上最有活力的新生力量，通过第一次国共合作领导了轰轰烈烈的工农运动。大革命失败后，党在极端困难的情势下创建了人民军队和革命根据地，掀起了土地革命的风暴，并在长征途中召开遵义会议，成为党的历史上一个生死攸关的转折点。

抗日战争时期，中国共产党所领导的人民力量空前壮大，成为反抗日本帝国主义侵略的中流砥柱。在决定中国命运的关键时刻，中国

---

① 《十八大以来重要文献选编》上，中央文献出版社 2014 年版，第 697 页。

共产党领导中国人民进行了三年多的解放战争，推翻了国民党统治，结束了旧中国一盘散沙的局面，建立了中华人民共和国，使人民成为国家、社会和自己命运的主人，实现了中国从几千年封建专制制度向人民民主制度的伟大跨越，实现了中国高度统一和各民族空前团结。中国人民从此站立起来了，中华民族发展进步从此开启了新的历史纪元。

中国共产党之所以能够把中国革命引向胜利，在于它坚持了马克思主义基本原理同中国革命的具体实践相结合的正确方向。马克思主义在中国的实现程度，不仅取决于当时的中国对于它的需要程度，而且取决于中国共产党人对它的运用程度，取决于这一理论与中国实际相结合的程度。在一个半殖民地半封建的东方大国进行革命，中国共产党遇到过许多特殊的复杂问题，但始终坚信马克思主义基本原理是颠扑不破的科学真理，坚信马克思主义必须随着实践发展而不断丰富和发展。正是毛泽东以实事求是的科学态度，深刻把握国情，善于集中集体智慧，创造性地解决了马克思列宁主义基本原理同中国实际相结合的一系列重大问题。毛泽东思想的形成和发展，使马克思列宁主义深深地植根于中国大地，并被中国共产党和中国人民转化为对中国社会进行革命改造的伟大物质力量。在毛泽东思想指引下，中国共产党领导全国人民完成了民族独立和人民解放的历史任务。

毛泽东在总结中国新民主主义革命的历史经验时指出："一个有纪律的，有马克思列宁主义的理论武装的，采取自我批评方法的，联系人民群众的党。一个由这样的党领导的军队。一个由这样的党领导的各革命阶级各革命派别的统一战线。这三件是我们战胜敌人的主要武器。"[1]

---

① 《毛泽东选集》第 4 卷，人民出版社 1991 年版，第 1480 页。

中国共产党是用科学理论武装起来的先进社会力量，始终坚持以科学态度对待马克思主义，坚持解放思想、实事求是的思想路线，坚持用发展着的中国马克思主义——毛泽东思想指导中国革命实践，坚定不移走适合中国国情的民主革命道路，善于把握客观情况的变化和总结人民群众的实践经验，把来自人民、植根人民和服务人民作为党立于不败之地的根本，始终保持党同人民群众的血肉联系，把被人称作"一盘散沙"的中国人凝聚成万众一心的深厚伟力，取得了人民战争的胜利。

在经济文化落后的中国农村长期进行艰苦革命斗争的环境下，中国共产党把自身建设作为一项"伟大工程"，高度重视党的思想建设、组织建设和作风建设，密切联系党的政治路线，联系党领导的武装斗争和统一战线的实践，独创性地解决了党的建设的一系列特殊矛盾和复杂问题，培育和形成了理论联系实际、密切联系群众以及批评与自我批评的优良作风，成功地保持了党的工人阶级先锋队性质，把党建设成为用科学理论和革命精神武装起来的、同人民群众有着血肉联系的、思想上政治上组织上完全巩固的马克思主义政党，使党在领导中国革命的过程中获得了最广泛最可靠最牢固的群众基础和力量源泉，可以说，中国共产党是保证中国革命胜利的最先进和最强大的领导力量。

中国革命的主要形式是武装斗争。"在中国，离开了武装斗争，就没有无产阶级和共产党的地位，就不能完成任何的革命任务。"[1]中国共产党面临的主要任务，是联合尽可能多的同盟军，组织武装斗争反对武装的反革命。中国是一个以农业经济为主的大国，政治经济发展不平衡，帝国主义势力之间的争夺造成中国反动统治集团之间的分裂和战争。这些国情特点决定了农民是无产阶级最可靠的同盟

---

[1] 《毛泽东选集》第2卷，人民出版社1991年版，第544页。

军和中国革命的主力军，决定了中国的武装斗争主要是无产阶级领导的新式农民战争，决定了革命的根本内容首先是领导农民进行土地革命。党坚持以农村革命根据地为依托，坚持土地革命、武装斗争和根据地建设三者的紧密结合，坚持党对军队的绝对领导，建设一支具有高度政治觉悟和严格纪律、同群众保持密切联系的新型人民军队，创造性地提出了一整套建军理论和原则。毛泽东在指导中国革命战争的长期实践中，创立了一整套具有中国特色的人民战争的战略战术，成为人民军队在战争力量敌强我弱、武器装备敌优我劣的条件下克敌制胜的法宝。

　　"中国新民主主义的革命要胜利，没有一个包括全民族绝大多数人口的最广泛的统一战线，是不可能的。"[①] 中国革命的对象是强大、残暴而凶恶的，无产阶级只占人口的少数，最广大的人民是农民、小资产阶级和民族资产阶级，以及其他中间阶级。因此，无产阶级如果要取得革命的胜利，就必须争取和联合广大的中间阶级，组织革命的统一战线。在新民主主义革命过程中，中国共产党坚持在革命统一战线中以无产阶级为领导，以工农联盟为基础的原则，始终保持对农民的领导，紧紧地依靠和团结广大农民，为坚持无产阶级在统一战线中的领导权提供了根本保证。同时，坚持统一战线中的独立自主原则，注重处理好与资产阶级的关系问题，对他们实行又团结又斗争、以斗争求团结的革命政策，并根据统一战线中各种社会力量的不同特性，以及他们在革命发展某一阶段的不同状况，制定和实行发展进步势力、争取中间势力、孤立顽固势力的策略。就这样，以毛泽东为代表的中国共产党人创造性地解决了团结全民族最大多数人共同奋斗的革命统一战线的一系列重大问题，为党和人民事业凝聚了一支最广大的同盟军，保证了革命在全国范围的历史性胜利，建立了工人阶级

---

　　① 《毛泽东选集》第4卷，人民出版社1991年版，第1257页。

领导的、以工农联盟为基础的人民民主专政的新中国，保证了中国社会经过新民主主义走向社会主义，从落后的农业国转向现代化国家。这是中国革命胜利的又一条重要的经验。

新民主主义革命的胜利，是马克思主义在中国的胜利，是马克思列宁主义的普遍原理和中国革命具体实践相结合的毛泽东思想的胜利。中华人民共和国的成立，标志着帝国主义、封建主义和官僚资本主义在中国的统治的终结，不仅开辟了中国历史的新纪元，从根本上改变了中国社会的发展方向，也极大地改变了世界政治格局，是社会主义和民族解放具有世界意义的伟大胜利。这一伟大胜利为实现中华民族伟大复兴扫清了障碍，创造了根本前提，开启了当代中国一切发展进步的历史新纪元。

第三章

"第二次结合"的启程 与艰辛探索

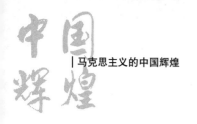

1949 年 10 月 1 日，中华人民共和国成立，向世界庄严宣告，中国人民从此站起来了，中华民族任人宰割、饱受欺凌的时代一去不复返了，中国发展从此开启了新纪元。

新中国实现民族独立、人民解放，彻底结束了旧中国半殖民地半封建社会的历史，彻底结束了极少数剥削者统治广大劳动人民的历史，彻底结束了旧中国一盘散沙的局面，彻底废除了列强强加给中国的不平等条约和帝国主义在中国的一切特权，实现了中国从几千年封建专制政治向人民民主的伟大飞跃。

新中国成立，中国社会进入由新民主主义向社会主义过渡和社会主义建设的新的历史时期。面对经济文化相对落后的国情，如何实现由新民主主义社会向社会主义社会的过渡，走出一条适合中国社会发展实际的社会主义改造道路，成为刚取得执政地位的中国共产党的最重大的时代课题。以毛泽东同志为主要代表的中国共产党人，创造性地运用马克思主义关于社会主义革命的理论，结合中国社会发展实际，成功地走出了一条中国共产党独创的社会主义过渡的道路，走上了中国自己的社会主义建设的新道路。这一时期，"党面临的主要任务是，实现从新民主主义到社会主义的转变，进行社会主义革命，推进社会主义建设，为实现中华民族伟大复兴奠定根本政治前提和制度基础。"① 在这一时期，毛泽东思想得到新的发展，续写了马克思主义关于社会主义过渡理论和社会主义建设理论的新篇章，实现了马克思主义中国化时代化的新的跃升。

---

① 《十九大以来重要文献选编》下，中央文献出版社 2023 年版，第 492～493 页。

第一节 中国社会主义过渡时期的独特探索

一、马克思主义关于过渡时期的基本理论

马克思恩格斯虽然没有经历过从资本主义向社会主义过渡的历史时期,但他们对这一时期的基本性质和主要特征还是作过科学预言。在写于 1875 年、发表于 1891 年的《哥达纲领批判》中,马克思指出:共产主义社会制度的实现是一个历史的过程,它是从资本主义社会脱胎而来的,它自身必然要经历一个发展变化的过程。马克思指出:"在资本主义社会和共产主义社会之间,有一个从前者变为后者的革命转变时期。同这个时期相适应的也有一个政治上的过渡时期,这个时期的国家只能是无产阶级的革命专政。"① 这里所说的"转变时期",指的是共产主义社会的第一阶段,即社会主义社会。马克思和恩格斯多次强调,无产阶级在经过社会革命夺取政权后,总会存在一个向新社会过渡的问题,而如何实现这一过渡则将取决于夺取政权时的情况,将取决于这一过渡发生的时机和这一过渡所要达到目的的方式。

在 1894 年 11 月撰写《法德农民问题》一文,恩格斯对马克思所指出的"转变时期",社会主义政党应该怎样制定和制定什么样的关于农民和土地纲领和策略问题的探索。恩格斯提到,从革命胜利后小农的发展趋向和长远利益的角度来看,"当我们掌握了国家政权的时候,我们决不会考虑用暴力去剥夺小农(不论有无赔偿,都是一样)";对于小农,"首先是把他们的私人生产和私人占有变为合作社

---

① 《马克思恩格斯文集》第 3 卷,人民出版社 2009 年版,第 445 页。

的生产和占有，不是采用暴力，而是通过示范和为此提供社会帮助。"在这一过程中，要运用"足够的手段"，向小农许诺"他们将得到现在就必须让他们明了的好处"①。对大土地所有者的剥夺及其方式，"我们党一旦掌握了国家政权，就应该干脆地剥夺大土地占有者，就像剥夺工厂主一样"；被"剥夺"后的大土地所有者的这些土地，"在社会监督下，在社会监督下，转交给现在就已经耕种着这些土地并将组织成合作社的农业工人使用"。但是，这种"剥夺"采取什么样的方式，如是否能采用赎买的方式进行，恩格斯认为，"这大半不取决于我们，而取决于我们取得政权时的情况，尤其是也取决于大土地占有者先生们自己的态度。"恩格斯强调："我们决不认为，赎买在任何情况下都是不容许的；马克思曾向我讲过（并且讲过好多次！）他的意见：假如我们能赎买下这整个匪帮，那对于我们最便宜不过了。"②马克思恩格斯关于过渡时期的理论，尽管是根据西欧资本主义国家的特点作出的结论，但是在一般意义上，这一理论对于西欧之外各国无产阶级夺取政权后怎样走向社会主义，同样有着重要的指导意义的。

列宁在领导俄国社会主义革命过程中，继承和发展了马克思主义关于过渡时期的理论，他在推进俄国革命实践过程中，特别强调过渡时期"无产阶级的目的是建成社会主义，消灭社会的阶级划分，使社会全体成员成为劳动者，消灭一切人剥削人现象的基础。这个目的不是一下子可以实现的，这需要一个相当长的从资本主义到社会主义的过渡时期"③。十月革命后的开初半年，列宁坚持认为，新生的苏维埃政权要经历一个"一系列渐进的改变"的、需要"比较慎

---

① 《马克思恩格斯文集》第 4 卷，人民出版社 2009 年版，第 524~525 页。
② 《马克思恩格斯文集》第 4 卷，人民出版社 2009 年版，第 529 页。
③ 《列宁专题文集　论社会主义》，人民出版社 2009 年版，第 139 页。

重地向新制度过渡"① 的过程；提出"国家资本主义"作为"社会主义的前阶，是社会主义取得可靠的胜利的条件"② 的思想。列宁认为，经济落后国家在从资本主义向社会主义过渡中存在的种种复杂情况和具体困难，使得"我们不知道，而且也不可能知道，过渡到社会主义还要经过多少阶段"；在"过渡"的一般性和特殊性上，"我们还没有超出从资本主义向社会主义过渡的最初几个阶段，俄国的特点使这一过渡更加复杂，这些特点在大多数文明国家内是没有的"，俄国实际存在的是不同于西欧发达国家的"带民族特色的过渡阶段"③。1918 年 5 月之后，苏维埃政权面临国际帝国主义军事威胁的严峻局面，列宁不得不转向以战时统制经济为特征的"战时共产主义"，但列宁并没有放弃"比较慎重地向新制度过渡"的战略和策略思想。1920 年末，列宁已经意识到，"用最简单、迅速、直接的办法来实行社会主义的生产和分配原则的尝试已告失败……必须退到国家资本主义的阵地上去"④。在对新经济政策理论和实践的探索中，列宁提出"我们对社会主义的整个看法根本改变了"的观点。这种"根本的改变"的核心问题在于把党的工作"重心"从以前政治斗争、革命、夺取政权等方面，转到"文化变革"方面来。列宁认为："我们的政治和社会变革成了我们目前正面临的文化变革，文化革命的先导。现在，只要实现了这个文化革命，我们的国家就能成为完全社会主义的国家了。但是这个文化革命，无论在纯粹文化方面（因为我们是文盲）或物质方面（因为要成为有文化的人，就要有相当发达的物质生产资料的生产，要有相当的物质基础），对于我们说

---

① 《列宁专题文集　论社会主义》，人民出版社 2009 年版，第 279 页。
② 《列宁专题文集　论社会主义》，人民出版社 2009 年版，第 134 页。
③ 《列宁专题文集　论社会主义》，人民出版社 2009 年版，第 68~69 页。
④ 《列宁专题文集　论社会主义》，人民出版社 2009 年版，第 279~280 页。

来，都是异常困难的。"① 列宁的这些探索，不仅坚持了马克思主义关于过渡时期的理论，而且还根据苏维埃俄国的具体的实践经验，进一步丰富和发展了这一理论，为后来取得无产阶级革命胜利的经济落后国家向社会主义过渡提供了重要的启示。

二、向社会主义过渡问题的提出及其意义

毛泽东和中国共产党的主要领导人曾经设想，在新中国成立后的一个时期，首要任务不是立即向社会主义转变，而是迅速地恢复和发展国民经济，开始大规模的国家工业化建设，使新民主主义的政治、经济、文化形态有相当程度的发展，从而为中国稳步地由农业国转变为工业国，由新民主主义国家转变为社会主义国家奠定基础。毛泽东提出："我们的国家就是这样地稳步前进，经过战争，经过新民主主义的改革，而在将来，在国家经济事业和文化事业大为兴盛了以后，在各种条件具备了以后，在全国人民考虑成熟并在大家同意了以后，就可以从容地和妥善地走进社会主义的新时期。"②

1950 年 6 月，在党的七届三中全会上，毛泽东在题为《不要四面出击》的讲话中指出，我们党和人民军队要集中力量打击国民党残余势力、封建地主阶级和帝国主义势力，保护人民革命的胜利成果。会议提出的全党全国人民的中心任务是，努力在三年左右时间使国家财政经济状况实现基本好转。

新中国成立开初三年，我们肃清了国民党反动派在大陆的残余武装力量和土匪，实现了西藏的和平解放，建立了各地各级的人民政府，没收了官僚资本企业并把它们改造成为社会主义国营企业，统一了全国财政经济工作，稳定了物价，完成了新解放区土地制度的改

---

① 《列宁专题文集　论社会主义》，人民出版社 2009 年版，第 354～355 页。
② 《毛泽东文集》第 6 卷，人民出版社 1999 年版，第 80 页。

革,镇压了反革命,开展了反贪污、反浪费、反官僚主义的"三反"运动,开展了打退资产阶级进攻的反行贿、反偷税漏税、反盗骗国家财产、反偷工减料、反盗窃国家经济情报的"五反"运动。对旧中国的教育科学文化事业,进行了很有成效的改造。我们迅速恢复了在旧中国遭到严重破坏的国民经济,全国工农业生产1952年底已经达到历史的最高水平。在胜利完成繁重的社会改革和发展任务的同时,赢得了伟大的抗美援朝、保家卫国战争的胜利,中国人民志愿军雄赳赳、气昂昂跨过鸭绿江,同朝鲜人民和军队并肩战斗,战胜武装到牙齿的强敌,打出了国威军威,打出了中国人民的精气神,捍卫了新中国安全,彰显了新中国大国地位。

1952年,中国社会经济生活发生了新的变化。原先估计要用三年到五年的时间恢复国民经济的任务提前完成;在三年经济恢复时期,国营工商业和私营工商业的比重发生了根本性的变化,国营工商业比重占据三分之二,私营工商业也开始纳入接受国营经济领导的轨道;在土地改革以后,农村中的互助合作普遍地发展起来,以土地入股为主要特点的农业生产合作社和少数集体农庄已经出现。与此同时,新中国成立后展开的民主改革和社会政治斗争,巩固了人民民主专政的国家政权,为进行社会主义改造奠定了良好的政治基础。

事情已经发生新的变化。根据这些变化的新情况,毛泽东和党中央审时度势,对向社会主义过渡问题做出理论上和实践上的探索,提出了新社会主义过渡的设想。1952年9月,毛泽东提出了过渡时期总路线的问题,提出要在一个相当长的时期内,逐步实现国家的社会主义工业化,并逐步实现国家对农业、对手工业和对资本主义工商业的社会主义改造。毛泽东明确提出,用10年到15年的时间基本上实现向社会主义过渡的设想,得到了刘少奇、周恩来等中央其他领导人的赞同和进一步阐述。

这个总路线反映了中国社会发展的必然性,也是中国道路选择

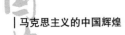

的必要性。国家的社会主义工业化，是国家独立和富强的当然要求和必要条件。新民主主义革命在全国胜利和土地制度改革在全国完成以后，国内的主要矛盾已经转为工人阶级和资产阶级之间、社会主义道路和资本主义道路之间的矛盾。国家需要有利于国计民生的资本主义工商业有一定的发展，但资本主义工商业的发展也必然出现不利于国计民生的一面，这就不能不发生限制和反限制的斗争。在资本主义企业和国家的各项经济政策之间，在它们和社会主义国营经济之间，在它们和本企业职工、全国各族人民之间，利益冲突越来越明显。打击投机倒把、调整和改组工商业、进行"五反"运动、工人监督生产、粮棉统购统销等一系列必要的措施和步骤，必然地把原来落后、混乱、畸形发展、唯利是图的资本主义工商业逐步引上社会主义改造的道路。

同时，我国个体农民，特别是在土地改革中新获得土地而缺少其他生产资料的贫农下中农，为了避免重新借高利贷甚至典让和出卖土地，产生两极分化，为了发展生产，兴修水利，抗御自然灾害，采用农业机械和其他新技术，确有走互助合作道路的要求。随着工业化的发展，一方面对农产品的需要日益增大，一方面对农业技术改造的支援日益增强，这也是促进个体农业向合作化方向发展的一个动力。

三、过渡时期总路线的提出及其实施

1953 年 6 月，毛泽东在中央政治局会议上对过渡时期总路线和总任务的内容第一次作了比较完整的阐释。他认为："从中华人民共和国成立，到社会主义改造基本完成，这是一个过渡时期。党在过渡时期的总路线和总任务，是要在十年到十五年或者更多一些时间内，基本上完成国家工业化和对农业、手工业、资本主义工商业的社会主

义改造。"① 两个月后，1953 年 8 月，毛泽东对过渡时期总路线再次作出表述，提出"从中华人民共和国成立，到社会主义改造基本完成，这是一个过渡时期。党在这个过渡时期的总路线和总任务，是要在一个相当长的时期内，基本上实现国家工业化和对农业、手工业、资本主义工商业的社会主义改造。这条总路线，应是照耀我们各项工作的灯塔，各项工作离开它，就要犯右倾或'左'倾的错误。"② 1953 年 12 月，毛泽东在审阅中共中央宣传部编写的《为动员一切力量把我国建设成为一个伟大的社会主义国家而斗争——关于党在过渡时期总路线的学习和宣传提纲》时，对这个提纲中关于党在过渡时期总路线作出完整的表述，提出"从中华人民共和国成立，到社会主义改造基本完成，这是一个过渡时期。党在过渡时期的总路线和总任务，是要在一个相当长的时期内，逐步实现国家的社会主义工业化，并逐步实现国家对农业、对手工业和对资本主义工商业的社会主义改造。"③ 1954 年 2 月，党的七届四中全会正式批准了这条总路线。1954 年 9 月，刚公布的《中华人民共和国宪法》指出，从中华人民共和国成立到社会主义社会建成，这是一个过渡时期。

党在过渡时期总路线的提出，是以毛泽东同志为主要代表的中国共产党人根据马克思列宁主义关于社会主义过渡的理论，结合中国社会发展的具体实际，以及总结新中国开初三年在国民经济恢复时期的实践经验的基础上逐步发展起来的。过渡时期总路线的提出，集中地反映了我国由新民主主义社会向社会主义社会顺利过渡的历史必然，是以毛泽东同志为主要代表的中国共产党人对中国社会主义革命和建设问题的重大理论贡献，是毛泽东思想关于社会主义革命和建设理论的独创性贡献。

---

① 《毛泽东年谱》第 5 卷，中央文献出版社 2023 年版，第 115～116 页。
② 《毛泽东年谱》第 5 卷，中央文献出版社 2023 年版，第 146～147 页。
③ 《毛泽东文集》第 6 卷，人民出版社 1999 年版，第 316 页。

按照过渡时期总路线提出的"一化、三改造"的任务，社会主义改造的伟大实践蓬勃展开。

一是个体农业的社会主义改造。在对农业的社会主义改造方面，中国既借鉴列宁的农业合作化思想，同时又依据中国的国情，走了一条同苏联不同的道路。

从 1949 年 10 月到 1953 年底，主要是积极引导个体农民走互助合作的道路，同时也试办初级社。农民在土地改革基础上所发挥出来的生产积极性，是迅速恢复和发展国民经济、促进国家工业化的基本因素之一。因此，党对于农村生产的正确领导具有重大的意义。为了使广大农民迅速地增加生产，使国家得到比现在多得多的商品粮食及其工业原料，使农民购买力提高和国家工业品市场扩大，中央提出必须提倡"组织起来"，按照自愿和互利的原则，发展农民互助合作的积极性。

从 1954 年到 1955 年上半年，在全国普遍建立起初级社。在农业生产合作社即初级社中，农民有土地私有权和其他生产资料的私有权、并按入股的土地分配一定的收获量，保存着私有的性质；同时，农民以土地入股后，就统一使用土地、合理使用工具、共同劳动、实行计工取酬、按劳分红、并有某些公共的财产这些特点来说，具有了更多的社会主义的因素，成为走向社会主义农业的过渡的形式。

从 1955 年下半年到 1956 年，在基本实现初级合作化的基础上，进入大办高级社阶段。在农业合作化的过程中，毛泽东和党中央及时引导，多次强调"积极领导、稳步发展"；"要典型示范、不能冒进"，采取示范而逐步推广的方法。到 1955 年底，入社农户已占总农户的 63.3%，1956 年已达 96.3%。全国提前实现了农业合作化，基本上完成了农业的社会主义改造。

二是个体手工业的社会主义改造。手工业在我国国民经济中占有极其重要地位。手工业的改造同农业的社会主义改造一样，坚持说服教育、典型示范、国家援助等项原则，采取由手工业生产小组到手工业供销合作社再到完全社会主义的手工业生产合作社等逐步过渡形式。到 1956 年底，全国 91.7% 的手工业已经组织起来，基本上实现了手工业的社会主义改造。

就农业和手工业社会主义改造的整体过程来说，"在一个几亿人口的大国中比较顺利地实现了如此复杂、困难和深刻的社会变革，促进了工农业和整个国民经济的发展，这的确是伟大的历史性胜利。"①以毛泽东为代表的中共领导人提出的关于农业和手工业社会主义改造的理论，是对马克思主义的重大发展。马克思和恩格斯提出对于农民的生产和占有，不能采取剥夺的方法，只能采取典型示范、国家帮助等方法，逐步把小农经济改造成为集体经济的思想。列宁提出合作制是改造小农经济的唯一道路的观点。毛泽东和党中央根据马列主义这些原理，结合我国实际，提出了对个体农业和个体手工业，遵循自愿互利、典型示范和国家帮助的原则，实行从低级到高级的过渡形式。这些都是对马克思主义基本原理在中国的运用和发展。

三是资本主义工商业的社会主义改造。毛泽东从中国的实际出发，提出中国社会主义革命要走和平改造之路，在世界社会主义历史上第一次实现了对资产阶级"和平赎买"的设想。

在过渡时期，通过国家资本主义对私营资本主义工商业进行改造，使其逐步过渡到社会主义。从 1949 年到 1952 年下半年，是启动阶段。这时对私人资本主义已经开始实行国家资本主义的措施。这里所说的"国家资本主义"，在性质上已经不是一般意义上的资本主义，而是特殊的新式的资本主义，即在工人阶级领导下的资本主义，已带有若干社会主义的性质。从 1953 年到 1955 年上半年，是全面实施阶段。在一整套有关资本主义工商业改造的方针政策的感召和各

---

① 《改革开放三十年重要文献选编》上，中央文献出版社 2008 年版，第 189 页。

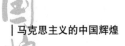
级党委大量实际工作的推动下，我国各种形式的国家资本主义有了长足的发展。在上海、北京等地已出现了整个行业几十家、几百家工厂一起实行全行业公私合营的新情况。从 1955 年下半年到 1956 年春，是全行业公私合营的高潮阶段。在工商业改造全面推进过程中出现的新的矛盾和农村社会主义高潮的推动下，为解决行业和地区之间在生产安排和企业改组中遇到的问题，推动经济的进一步发展，也为使我国资本主义工商业改造的步伐与农业社会主义改造的步伐相适应，迅速掀起全行业公私合营的高潮。

从 1949 年到 1956 年短短的七年内，中国基本上实现了对农业、手工业和资本主义工商业的社会主义改造，基本上结束了长达几千年的阶级剥削制度的历史。在一个经济文化比较落后的东方大国中顺利实现从新民主主义到社会主义的转变，建立社会主义的基本制度，是马克思列宁主义关于社会主义革命理论在中国正确运用和创造性发展的结果。社会主义基本制度在中国的确立，不仅再次证明了马克思主义的真理性，而且"我们党创造性地开辟了一条适合中国特点的社会主义改造的道路。"① 中国共产党以其独创性的理论原则和实践经验，推进了马克思主义中国化时代化的新发展。

第二节 "第二次结合"的提出及社会主义建设的理论探索

一、"第二次结合"的提出

1956 年初，在中国社会主义基本制度确立这一历史时刻到来之

---

① 《改革开放三十年重要文献选编》上，中央文献出版社 2008 年版，第 189 页。

际，毛泽东已经把如何选择中国自己的社会主义建设道路问题提上了重要议程。对于从半殖民地半封建社会脱胎而来的经济文化比较落后的中国如何建设社会主义的问题，成为以毛泽东为主要代表的中国共产党领导集体当时面对的最为重要而紧迫的课题。

在对中国社会主义建设道路选择问题探索中，毛泽东立足于国内和国际两个大局，审时度势，从历史、理论与现实的结合上，提出了马克思主义中国化时代化的"第二次结合"的思想。

1956年2月14日到4月24日，为准备《论十大关系》讲话，毛泽东作了长达43天的调查研究。调查研究一开始，毛泽东就点明主题，提出苏联的经验和道路哪些该学哪些不该学的问题。2月25日，他强调"要打破迷信"，提出我们完全应该比苏联少走弯路，"不应该被苏联前几个五年计划的发展速度所束缚"[①]。就在毛泽东提出这一问题时，莫斯科时间24日深夜，赫鲁晓夫向参加苏共二十大代表作了《关于个人崇拜及其后果》的秘密报告。毛泽东敏锐地抓住国际共产主义运动初见端倪的这一重大转折，高瞻远瞩，对中国社会主义建设道路的选择问题作了新的战略思考。

1956年3月12日，中共中央政治局扩大会议在讨论苏共二十大问题时，毛泽东指出，赫鲁晓夫秘密报告值得认真研究，"现在看来，至少可以指出两点：一是它揭了盖子，一是它捅了娄子。说揭了盖子，就是讲，他的秘密报告表明，苏联、苏共、斯大林并不是一切都是正确的，这就破除了迷信。说捅了娄子，就是讲，他作的这个秘密报告，无论在内容上或方法上，都有严重错误。"[②] 毛泽东这一透彻分析，既揭示了赫鲁晓夫秘密报告的根本错误，也明确破除对苏联模式的迷信，阐明探寻中国自己的社会主义建设道路的必然性和必

---

① 《毛泽东年谱》第5卷，中央文献出版社2023年版，第536~537页。
② 《毛泽东年谱》第5卷，中央文献出版社2023年版，第545页。

要性。十天之后，毛泽东在主持召开中共中央书记处扩大会议时，再次谈到"揭了盖子"和"捅了娄子"的问题。他指出："赫鲁晓夫这次揭了盖子，又捅了娄子。他破除了那种认为苏联、苏共和斯大林一切都是正确的迷信，有利于反对教条主义。不要再硬搬苏联的一切了，应该用自己的头脑思索了。应该把马列主义的基本原理同中国社会主义革命和建设的具体实际结合起来，探索在我们国家里建设社会主义的道路了。"① 要把马克思主义基本原理同中国社会主义革命，也同中国社会主义建设的具体实际"结合起来"。

为了应对国际共产主义运动大局的变化，这次中央书记处扩大会议提出撰写《关于无产阶级专政的历史经验》文章，以表明中国共产党的基本立场和观点。4 月 4 日，在最后一次讨论这篇文章的修改稿时，毛泽东谈道："发表这篇文章，我们对苏共二十大表示了明确的但也是初步的态度。议论以后还会有，问题在于我们自己从中得到什么教益。"毛泽东"对我们自己从中得到什么教益"问题的回答就是："最重要的是要独立思考，把马列主义的基本原理同中国革命和建设的具体实际相结合。"在社会主义革命和建设时期，要进行第二次结合，"找出在中国怎样建设社会主义的道路"②。毛泽东关于"第二次结合"重要思想的提出，是对中国革命和建设历史反思和现实思考的结果，是中国共产党人在国际共产主义运动急剧变化时，对"中国怎样建设社会主义的道路"问题作出的回答。

4 月 25 日下午，毛泽东在中共中央政治局扩大会议上，发表了《论十大关系》的讲话。毛泽东后来肯定，《论十大关系》"开始提出我们自己的建设路线，原则和苏联相同，但方法有所不同，有我们自己的一套内容。"③ 也就是说，"从一九五六年提出十大关系起，开始

① 《毛泽东年谱》第 5 卷，中央文献出版社 2023 年版，第 550 页。
② 《毛泽东年谱》第 5 卷，中央文献出版社 2023 年版，第 557 页。
③ 《毛泽东文集》第 7 卷，人民出版社 1999 年版，第 369～370 页。

找到自己的一条适合中国的路线。"①《论十大关系》实际上是毛泽东提出"第二次结合"思想后,对中国社会主义建设道路探索的最初的重要成果,也是社会主义建设过程马克思主义中国化时代化探索的最初的重要成果。

自《论十大关系》到《关于正确处理人民内部矛盾的问题》的一年间,毛泽东对"第二次结合"作了进一步思考。"第二次结合"是中国共产党在新民主主义革命时期和社会主义过渡时期的马克思主义中国化过程的继续。毛泽东同中国音乐家协会负责人谈道:"社会主义的内容,民族的形式,在政治方面是如此,在艺术方面也是如此"。毛泽东强调:"要向外国学习科学的原理。学了这些原理,用来研究中国的东西,把学的东西中国化。中国的和外国的东西要有机地结合,而不是套用外国的东西。要用外国有用的东西来改进和发扬中国的东西,创造中国独特的新东西。"毛泽东还提道:"应该越搞越中国化,而不是越搞越洋化。要反对教条主义,也要反对保守主义,这两个东西对中国都是不利的。"②

1956年8月,毛泽东在对党的八大政治报告修改稿中提到的社会主义制度在各国的具体发展过程和表现形式不可能有千篇一律的格式问题作了修改,提出"我国是一个东方国家,因此,我们不但在民主革命过程中有自己的许多特点,在社会主义改造和社会主义建设的过程中也带有自己的许多特点,而且在将来建成社会主义社会以后还会继续存在自己的许多特点。"③ 8月底,在党的八大的预备会议上,毛泽东提出:"马克思主义的普遍真理一定要同中国革命的具体实践相结合,就是说,理论与实践要统一。理论与实践的统一,是马克思主义的一个最基本的原则。思想必须反映客观实际,而且在

---

① 《毛泽东年谱》第7卷,中央文献出版社2023年版,第419页。
② 《毛泽东年谱》第5卷,中央文献出版社2023年版,第607页。
③ 《毛泽东年谱》第5卷,中央文献出版社2023年版,第603页。

客观实践中得到检验，证明是真理，这才算是真理，不然就不算。"①
9月15日，在党的八大的开幕词中，毛泽东再次对这一思想作了概括。毛泽东提出："我国的革命和建设的胜利，都是马克思列宁主义的胜利。把马克思列宁主义的理论和中国革命的实践密切地联系起来，这是我们党的一贯的思想原则。"② 毛泽东特别强调了社会主义建设中"有自己的许多特点"的必然性，凸显了社会主义建设道路作为一个"过程"的重要性。对有中国"许多特点"的社会主义建设道路和过程的探索，成为"第二次结合"的根本原则，也成为马克思主义中国化的基本立场和根本遵循。

二、关于社会主义社会矛盾思想

1956年3月，在准备《论十大关系》讲话过程中，毛泽东就指出："社会主义社会，仍然存在着矛盾。否认存在矛盾就是否认唯物辩证法。斯大林的错误正证明了这一点。矛盾无时不在，无所不在。有矛盾就有斗争，只不过斗争的性质和形式不同于阶级社会而已。"③ 在《论十大关系》讲话的结束语中，毛泽东更为清晰地指出："没有矛盾就没有世界。我们的任务，是要正确处理这些矛盾。这些矛盾在实践中是否能完全处理好，也要准备两种可能性，而且在处理这些矛盾的过程中，一定还会遇到新的矛盾，新的问题。"④

在苏联社会主义建设中，斯大林对社会主义社会矛盾问题作过探索，他在1938年的《辩证唯物主义和历史唯物主义》中提出："苏联的社会主义国民经济是生产关系完全适合生产力性质的例子，这里的生产资料的公有制同生产过程的社会性完全适合，因此在苏

---

① 《毛泽东文集》第7卷，人民出版社1999年版，第90页。
② 《毛泽东文集》第7卷，人民出版社1999年版，第116页。
③ 《毛泽东年谱》第6卷，中央文献出版社2023年版，第549页。
④ 《毛泽东文集》第7卷，人民出版社1999年版，第44页。

联没有经济危机，也没有生产力破坏的情形"，他断言社会主义制度中"生产关系同生产力状况完全适合，因为生产过程的社会性是由生产资料的公有制所巩固的。"① 在 1952 年《苏联社会主义经济问题》一书中，斯大林对先前的说法有所改变，认为"生产关系同生产力状况完全适合"的说法，"是不能在绝对的意义上来理解的"，"应该理解为在社会主义制度下，通常不会弄到生产关系和生产力发生冲突，社会有可能及时使落后了的生产关系去适合生产力的性质。社会主义社会有可能做到这点，是因为在这个社会中没有那些能够组织反抗的衰朽的阶级。"② 但斯大林终究没有能够认识到生产力和生产关系之间、经济基础和上层建筑之间的矛盾作为社会主义社会的基本矛盾，是推动社会主义社会发展的根本力量，也是正确理解社会主义社会性质及其规律的基本理论。

面对 1956 年发生在东欧国家特别是波兰和匈牙利的一系列事件，毛泽东提出："根据波匈事件的教训，好好总结一下社会主义究竟如何搞法。矛盾总是有的，如何处理这些矛盾，就成为我们需要认真研究的问题。"③ 反思波匈事件的教训，毛泽东认为："我们要从这些事情中得到教育。将来全世界的帝国主义都打倒了，阶级没有了，那个时候还有生产关系同生产力的矛盾，上层建筑同经济基础的矛盾。生产关系搞得不对头，就要把它推翻。上层建筑（其中包括思想、舆论）要是保护人民不喜欢的那种生产关系，人民就要改革它。"④ 对社会主义社会基本矛盾及其性质的理解，是关系社会主义"如何搞法"的重大问题，是理解社会主义经济关系"改革"的关键问题，更是认识和把握社会主义发展规律的根本问题。

---

① 《斯大林文集》，人民出版社 1985 年版，第 221 页、第 226 页。
② 《斯大林文集》，人民出版社 1985 年版，第 637 页。
③ 《毛泽东年谱》第 6 卷，中央文献出版社 2023 年版，第 23 页。
④ 《毛泽东年谱》第 6 卷，中央文献出版社 2023 年版，第 33 页。

在《关于正确处理人民内部矛盾的问题》中，毛泽东指出："在社会主义社会中，基本的矛盾仍然是生产关系和生产力之间的矛盾，上层建筑和经济基础之间的矛盾。不过社会主义社会的这些矛盾，同旧社会的生产关系和生产力的矛盾、上层建筑和经济基础的矛盾，具有根本不同的性质和情况罢了。"因此，"我们今后必须按照具体的情况，继续解决上述的各种矛盾。当然，在解决这些矛盾以后，又会出现新的问题，新的矛盾，又需要人们去解决。"① 毛泽东提出的社会主义社会基本矛盾的理论，是对"第二次结合"中马克思主义中国化时代化的最为重要的理论建树。

在对社会主义社会的矛盾问题的认识上，毛泽东在马克思主义发展史上第一次系统地阐释了社会主义社会两类不同性质矛盾，即人民内部矛盾和敌我矛盾的问题。

在对社会主义社会两类矛盾问题分析中，毛泽东首先对社会主义社会中"人民"和"敌人"范畴作了深刻阐释。"人民"是一个政治的又是一个历史的范畴，是指在人口中占大多数、顺应历史发展、推动历史进步的阶级、阶层和社会集团。这个范畴在不同国家和各个国家不同的历史时期，有着不同的内容。在中国，土地革命和社会主义改造的基本完成后，地主阶级和民族资产阶级都被改造成为自食其力的劳动者，中国社会进入社会主义社会的历史时期。毛泽东指出："在建设社会主义的时期，一切赞成、拥护和参加社会主义建设事业的阶级、阶层和社会集团，都属于人民的范围；一切反抗社会主义革命和敌视、破坏社会主义建设的社会势力和社会集团，都是人民的敌人。"②

毛泽东进一步认为，敌我之间的矛盾和人民内部的矛盾，是社会

---

① 《毛泽东文集》第 7 卷，人民出版社 1999 年版，第 214~215 页。
② 《毛泽东文集》第 7 卷，人民出版社 1999 年版，第 205 页。

主义社会中存在的性质完全不同的两类矛盾。敌我矛盾是根本利益对立基础上的矛盾，因而是对抗性的矛盾；人民内部矛盾，包括工人阶级内部的矛盾、农民阶级内部的矛盾、知识分子内部的矛盾、民族资产阶级内部的矛盾、工农两个阶级之间的矛盾、工农与知识分子之间的矛盾、工人阶级和其他劳动人民与民族资产阶级之间的矛盾、政府与群众之间的矛盾等，是在人民利益根本一致基础上的矛盾。两类不同性质的矛盾是客观存在的，但又不是固定不变的，在一定的条件下可以互相转化。一般情况下，人民内部矛盾是非对抗性的，但如果处理得不适当，或者麻痹大意，也可能发生对抗。我们的任务是严格区分和正确处理两类不同性质的矛盾，特别是要以极大的精力正确处理好已经居于主导地位的大量的人民内部矛盾，要创造主客观条件促使矛盾向好的方面转化，而不是相反。

敌我之间和人民内部这两类矛盾的性质不同，解决的方法也不同。毛泽东指出："我们历来就主张，在人民民主专政下面，解决敌我之间的和人民内部的这两类不同性质的矛盾，采用专政和民主这样两种不同的方法。"① 所谓用专政的办法解决敌我矛盾，就是对人民的敌人实行专政，在必要的时期内，不让他们参与政治活动，强迫他们服从人民政府的法律，强迫他们从事劳动并在劳动中改造他们成为新人。而用民主的方法解决人民内部矛盾，就是必须让人民参与政治活动，是用民主的方法向他们进行教育和说服的工作。这种教育工作是人民内部的自我教育工作，批评与自我批评的方法就是自我教育的基本方法。

针对我国人民内部矛盾在不同领域的具体表现，毛泽东提出了一系列具体的方针、原则和方法：在政治思想领域，实行团结批评团结的方针，采取说服教育、讨论的方法；在经济方面，实行统筹兼

---

① 《毛泽东文集》第7卷，人民出版社1999年版，第211~212页。

顾、适当安排的方针,兼顾国家、集体和个人三方面的利益;在人民群众与政府的关系问题上,坚持民主集中制的原则,努力克服官僚主义,同时也要加强对群众的思想教育;在科学文化领域,实行"百花齐放、百家争鸣"的方针,通过自由讨论和科学实践、艺术实践去解决;在党与民主党派的关系上,实行"长期共存、互相监督"的方针;在汉族与少数民族的关系上,实行民主平等、团结互助的方针,着重反对大汉族主义,也要反对地方民族主义,等等。所有这些方针,都是用民主的方法解决人民内部矛盾这个总方针的具体体现,为解决我国社会主义社会中大量存在的不同形式的人民内部矛盾,提供了正确的途径和思路。

三、社会主义建设的关系和矛盾探索

在《论十大关系》和《关于正确处理人民内部矛盾的问题》中,毛泽东从中国社会主义建设道路全局的高度,抓住"关系""矛盾""问题"等关键,对社会主义建设的基本问题作出了多方面的探索和富有特色的整体思考。这些探索和思考呈现出三个基本特征。

第一,对社会主义建设道路的总体关系和全面布局的深刻理解。在解决重点关系中引导全局关系发展,在全局关系统筹中把握重点关系,在辩证地理解和解决各方面"关系"或"问题"中推进社会主义建设的全面发展。毛泽东提出的"十大关系",经济关系是主要的、重点的关系,是解决和处理好其他方面关系的基础和前提。毛泽东提出的"一定要首先加强经济建设"①,是《论十大关系》得出的一个极其重要的结论。

在《论十大关系》讲话中,毛泽东先对重工业和轻工业、农业的关系,沿海工业和内地工业的关系,经济建设和国防建设的关系,

---

① 《毛泽东文集》第7卷,人民出版社1999年版,第28页。

国家、生产单位和生产者个人的关系等五大关系作出探讨，然后逐次展开对中央和地方的关系，党和非党的关系，革命和反革命的关系，是非关系，中国和外国的关系五大关系的探讨。显然，以经济建设和经济关系问题为出发点和中心论题，融社会主义社会生产力和生产关系、经济基础和上层建筑为一体，对中国社会主义建设道路中涵盖的经济建设、政治建设、文化建设、国防建设、党的建设、外交政策和国际战略等方面问题作出全面探索，说明毛泽东已经深刻地理解经济建设在社会主义建设全局中的基础作用，也已经科学地把握经济建设在社会主义建设道路探索中的重要地位，这也是毛泽东在《论十大关系》中形成的社会主义建设道路探索的基本思路。

在《关于正确处理人民内部矛盾的问题》讲话中，毛泽东一开始就提出："我国的六亿人民正在工人阶级和共产党的领导下，团结一致地进行着伟大的社会主义建设。国家的统一，人民的团结，国内各民族的团结，这是我们的事业必定要胜利的基本保证。但是，这并不是说在我们的社会里已经没有任何的矛盾了。没有矛盾的想法是不符合客观实际的天真的想法。在我们的面前有两类社会矛盾，这就是敌我之间的矛盾和人民内部的矛盾。这是性质完全不同的两类矛盾。"[1] 毛泽东从社会主义事业发展大局的高度，以社会主义社会存在两类不同性质的矛盾问题的全面论述为基础，依次对肃反问题，农业合作化问题，工商业者问题，知识分子问题，少数民族问题，统筹兼顾、适当安排，关于百花齐放、百家争鸣、长期共存、互相监督，关于少数人闹事问题，坏事能否变成好事，关于节约、中国工业化的道路等展开论述。《关于正确处理人民内部矛盾的问题》是从社会主义建设道路总体布局的高度，展开关于正确处理政治、经济、文化、社会发展中矛盾和关系等方面问题的论述；对经济关系问题，主要如

---

① 《毛泽东文集》第7卷，人民出版社1999年版，第204～205页。

农业合作化问题、工商业者问题和中国工业化道路问题的论述，是以中国社会主义建设道路发展的总体布局为根本前提的。

从社会主义建设道路发展的总体布局来看，毛泽东强调了处理好经济建设问题的政治经济学意蕴，那就是："社会主义社会经济发展的客观规律和我们主观认识之间的矛盾，这需要在实践中去解决。这个矛盾，也将表现为人同人之间的矛盾，即比较正确地反映客观规律的一些人同比较不正确地反映客观规律的一些人之间的矛盾，因此也是人民内部的矛盾。一切矛盾都是客观存在的，我们的任务在于尽可能正确地反映它和解决它。"① 毛泽东在准备《论十大关系》讲话的调研中反复思考的问题也是："我们的头脑、思想对客观实际的反映，是一个由不完全到更完全、不很明确到更明确、不深入到更深入的发展变化过程，同时还要随客观实际的发展变化而发展变化。"思想认识的发展变化是这样，经济实际的发展变化也是如此，在这一过程中，在毛泽东看来，最根本的就是要从"本国的实际出发"。②

第二，对中国社会主义建设道路的探索，在根本上就是走出一条中国自己的社会主义工业化道路。

"十大关系"是围绕中国社会主义建设道路，特别是围绕中国社会主义工业化道路问题展开的。在工业化过程产业结构调整问题上，毛泽东提出："这里就发生一个问题，你对发展重工业究竟是真想还是假想，想得厉害一点，还是差一点？你如果是假想，或者想得差一点，那就打击农业、轻工业，对它们少投点资。你如果是真想，或者想得厉害，那你就要注重农业、轻工业，使粮食和轻工业原料更多些，积累更多些，投到重工业方面的资金将来也会更多些。"在工业化过程的区域经济布局问题上，毛泽东提出："好好地利用和发展沿

---

① 《毛泽东文集》第 7 卷，人民出版社 1999 年版，第 242 页。
② 《毛泽东文集》第 7 卷，人民出版社 1999 年版，第 17 页。

海的工业老底子,可以使我们更有力量来发展和支持内地工业。"①
在《关于正确处理人民内部矛盾的问题》讲话中,毛泽东最后论述
的问题是"中国工业化的道路",他提到,"这里所讲的工业化道路
的问题,主要是指重工业、轻工业和农业的发展关系问题。我国的经
济建设是以重工业为中心,这一点必须肯定。但是同时必须充分注意
发展农业和轻工业。"② 在《论十大关系》和《关于正确处理人民内
部矛盾的问题》中,毛泽东对社会主义建设探索的中心论题,就是
"把一个落后的农业的中国改变成为一个先进的工业化的中国"③
问题。

第三,坚持"从发展的观点看"④ 社会主义建设问题的理念。

在《论十大关系》中,毛泽东提出"从发展的观点看"的理念。
"关系"就是"问题"、就是"矛盾",解决矛盾的出路就在于坚持
"从发展的观点看"的思想方法,在于树立适合于经济建设实际要求
的发展理念。

一是要打破迷信,解放思想,走出中国自己的发展道路的问题。
对中国社会主义建设道路的探索,重要的是"要打破迷信,不管中
国的迷信,外国的迷信。我们的后代也要打破我们的迷信。我国工业
化,工业建设,完全应该比苏联少走弯路。"⑤ "打破迷信",就要破
除旧有思想的束缚,重要的是要"解放思想"。《论十大关系》讲话
之后,毛泽东在反思波匈事件时提道:"苏共二十大有个好处,就是
揭开盖子,解放思想,使人们不再认为,苏联所做的一切都是绝对真
理,不可改变,一定要照搬。"这里讲的"解放思想",在根本上就

---

① 《毛泽东文集》第7卷,人民出版社1999年版,第25~26页。
② 《毛泽东文集》第7卷,人民出版社1999年版,第240~241页。
③ 《毛泽东文集》第7卷,人民出版社1999年版,第117页。
④ 《毛泽东文集》第7卷,人民出版社1999年版,第44页。
⑤ 《毛泽东年谱》第5卷,中央文献出版社2023年版,第537页。

是，"要自己开动脑筋，解决本国革命和建设的实际问题。"① 在党的八届二中全会的讲话中，毛泽东提出："中国和苏联两个国家都叫社会主义，但苏联和中国的民族不同。至于所做的事，那有很多不同。"就经济建设道路和方法而言，"我们的农业合作化经过三个步骤，跟他们不同；我们对待资本家的政策，跟他们不同；我们的市场物价政策，跟他们不同；我们处理农业、轻工业同重工业的关系，跟他们不同。"但是，"有些同志就是不讲辩证法，不分析，凡是苏联的东西都说是好的，硬搬苏联的一切东西。"②

二是要坚持全局地、长远地、辩证地看待发展问题。在《论十大关系》讲话中，基于当时中国区域经济布局的世纪，毛泽东认为，沿海和内地的工业经济布局，还处在"历史上形成的一种不合理的状况"之中，因此，一方面"沿海的工业基地必须充分利用"，另一方面"为了平衡工业发展的布局，内地工业必须大力发展"。从区域经济布局整体上看，"新的工业大部分应当摆在内地，使工业布局逐步平衡"；在这一"逐步平衡"的过程中，依然要坚持"好好地利用和发展沿海的工业老底子，可以使我们更有力量来发展和支持内地工业。如果采取消极态度，就会妨碍内地工业的迅速发展。"③ 以全面的、辩证的观点看待发展问题，是实现"大力发展""迅速发展"的基本思想方法。在经济"发展速度"上，毛泽东认为："限制发展是错误的，不能限制发展"，但是"要采取积极合理发展的方针"。④显然，在毛泽东的心目中，"积极合理发展的方针"在根本上要适合于"自然发展规律"和"社会发展规律"。

三是要坚持发展的系统性和制度化问题。在准备《论十大关系》

---

① 《毛泽东年谱》第6卷，中央文献出版社2023年版，第23页。
② 《毛泽东年谱》第3卷，中央文献出版社2023年版，第33页。
③ 《毛泽东文集》第7卷，人民出版社1999年版，第25~26页。
④ 《毛泽东年谱》第5卷，中央文献出版社2023年版，第539~540页。

讲话的调研中,毛泽东提道:"基本建设多搞了,生产也发展了,结果利润会更大。基本建设发展了,工人也增加了,消费性的、服务性的市场也扩大了。"① 毛泽东以发展为中心线索,对生产、积累、就业、消费和市场等关系作了阐释,突出了发展的系统性以及发展在经济建设过程中的关键作用。他还强调,对于发展中出现的矛盾和问题,"光从思想上解决问题不行,还要解决制度问题。人是生活在制度中的,同样是那些人,实行这种制度,人们就不积极,实行另外一种制度,人们就积极起来了。解决生产关系问题,要解决生产的诸种关系,也就是各种制度问题,不单是要解决一个所有制问题。"② 在事关发展的根本问题上,不能"还是按老章程办事"③。把发展问题同调动劳动者的积极性和创造性、同生产关系的变革、同制度建设结合在一起作出系统性探索,反映了毛泽东对社会主义发展问题理解的洞察力。

四是要关注世界各国和各民族发展的长处,学习适合的东西、吸取有益的经验。1956年初,毛泽东就提出:"凡是外国的好东西,我们就要学,并把它变成我们自己的东西。"④ 在《论十大关系》中,毛泽东提出:"每个民族都有它的长处,不然它为什么能存在?为什么能发展"的问题。他认为:"我们的方针是,一切民族、一切国家的长处都要学",但是"必须有分析有批判地学,不能盲目地学,不能一切照抄,机械搬用。"毛泽东特别提道:"外国资产阶级的一切腐败制度和思想作风,我们要坚决抵制和批判。但是,这并不妨碍我们去学习资本主义国家的先进的科学技术和企业管理方法中合乎科学的方面。"⑤ 好好地学习国外的先进技术、管理方法和经营方式,

---

① ② 《毛泽东年谱》第5卷,中央文献出版社2023年版,第529页。
③ 《毛泽东文集》第7卷,人民出版社1999年版,第28页。
④ 《毛泽东年谱》第5卷,中央文献出版社2023年版,第514页。
⑤ 《毛泽东文集》第7卷,人民出版社1999年版,第41页、第43页。

是推进中国经济发展的必要的手段和路径。在《关于正确处理人民内部矛盾的问题》中，毛泽东提出："学习有两种态度。一种是教条主义的态度，不管我国情况，适用的和不适用的，一起搬来。这种态度不好。另一种态度，学习的时候用脑筋想一下，学那些和我国情况相适合的东西，即吸取对我们有益的经验，我们需要的是这样一种态度。"①

第四，统筹兼顾、注意综合平衡的根本方法。

在《论十大关系》中，毛泽东提出，对于中国社会主义建设发展中出现的各种"矛盾"和"问题"，要用"兼顾"和"统筹"的原则和方法来解决和处理。毛泽东提出："必须兼顾国家、集体和个人三个方面，也就是我们过去常说的'军民兼顾'、'公私兼顾'。鉴于苏联和我们自己的经验，今后务必更好地解决这个问题。"前车之覆，后车之鉴。"我们对农民的政策不是苏联的那种政策，而是兼顾国家和农民的利益。"特别在经济利益分配问题上，毛泽东提出："国家和工厂，国家和工人，工厂和工人，国家和合作社，国家和农民，合作社和农民，都必须兼顾，不能只顾一头。无论只顾哪一头，都是不利于社会主义，不利于无产阶级专政的。"②《论十大关系》讲话之后，毛泽东还指出："统筹兼顾，各得其所"，在根本上"就是调动一切积极力量，为了建设社会主义。这是一个战略方针"③。"统筹兼顾"是与"各得其所"联系在一起的，是实现调动一切积极力量的重要方针。

在《关于正确处理人民内部矛盾的问题》中，毛泽东对"统筹兼顾、适当安排"作了专题阐释，认为"这里所说的统筹兼顾，是指对于六亿人口的统筹兼顾。我们作计划、办事、想问题，都要从我国

---

① 《毛泽东文集》第 7 卷，人民出版社 1999 年版，第 242 页。
② 《毛泽东文集》第 7 卷，人民出版社 1999 年版，第 28 页、第 30～31 页。
③ 《毛泽东年谱》第 6 卷，中央文献出版社 2023 年版，第 69 页。

有六亿人口这一点出发，千万不要忘记这一点。"① 显然，在毛泽东看来，"统筹兼顾"作为社会主义经济建设的方法和原则，是心系全国人民、情怀广大群众，是党和政府"作计划、办事、想问题"的基本立场，深刻蕴含了中国共产党治国理政的根本理念和方法。

毛泽东在《论十大关系》中提出的"要把国内外一切积极因素调动起来，为社会主义事业服务"的"基本方针"，在《关于正确处理人民内部矛盾的问题》中以"统筹兼顾"的方法和原则得以落实和实现。毛泽东指出："无论粮食问题，灾荒问题，就业问题，教育问题，知识分子问题，各种爱国力量的统一战线问题，少数民族问题，以及其他各项问题，都要从对全体人民的统筹兼顾这个观点出发，就当时当地的实际可能条件，同各方面的人协商，作出各种适当的安排。"包括经济建设在内的许多事情，"可以由社会团体想办法，可以由群众直接想办法，他们是能够想出很多好的办法来的"，这在根本上也"包括在统筹兼顾、适当安排的方针之内"②。

第三节　社会主义现代化道路的现实探索

一、以现代化为指向的中国革命和建设道路

1921 年，中国共产党的成立，是中国社会历史发展的必然，也是中国人民在救亡图存斗争中顽强奋进的必然。从 20 年代初开始，一直到新中国成立前，面对中华民族危亡和经济衰败的现实，中国思想界几度围绕"以农立国"和"以工立国"及其关系进行论争，希

---

① 《毛泽东文集》第 7 卷，人民出版社 1999 年版，第 227～228 页。
② 《毛泽东文集》第 7 卷，人民出版社 1999 年版，第 228 页。

冀找到国家富强、民族振兴的道路。"以农立国"论者认为，"工国运命，已濒厄境。若尚趋赴，何异自蹈陷阱中乎"，"以农立国"可以避免西方工业化国家生产过剩等诸多弊疾；加上"中国有长远之农史，广大之农地，良善之农民"[1]。"以农立国"论出现伊始，中国共产党的理论家就提出质疑，对此作出严厉批判。

在这一批判中，表达了中国共产党对中国工业化—现代化问题的最初的见解，实际上也是新民主主义革命时期关于"工业立国"和现代化问题的基本主张。在对资本主义工业化弊端和社会主义工业化道路问题认识上，杨明斋提出，欧洲各工业国中出现的贫富悬殊现象，使得"劳资两阶级相对如寇仇"，但这"并不是工业生产的病，而是分配和财产权制度的病"[2]。恽代英提出："国家握大工业之权，自能吸收小工业而完成共产，用交通及其他如电化之类，则可联络各种独立事业，使成为互相倚赖，而同时使工人集中，且加增其经济地位上的重要。"[3] 在对中国工业化道路选择问题上，瞿秋白针对当时中国社会现状分析中指出："中国的经济没有一个独立的前途，而只是在变成帝国主义的完完全全的附庸。只有工农革命的胜利，方才能够解放中国，使他在无产阶级的统治之下，用极快的速度，实行社会主义的工业化。"[4] 在旧中国腐败的政治社会制度下，根本不可能实现真正的工业化和现代化，甚至连启动工业化和现代化道路的可能性都不存在。

值得一提的是，1933 年《申报月刊》发起的关于中国现代化问题的探讨，成为中国思想界对这一问题认识的缩影。1933 年 7 月，《申报月刊》出版"中国现代化问题"特辑，中国对"现代化"及

---

① 罗荣渠主编：《从"西化"到现代化》下，黄山书社 2008 年版，第 769 ~ 770 页。
② 杨明斋：《评中西文化观》，上海三联书店 2014 年版，第 197 页。
③ 《恽代英全集》第 5 卷，人民出版社 2014 年版，第 84 页。
④ 《瞿秋白文集 政治理论编》第六卷，人民出版社 2013 年版，第 764 页。

"工业化"意义作出专门探讨。这一探讨中更多的观点，显然受到中国共产党相关思想的间接的或者直接的影响。

在对中国现代化"先决问题"的探讨中，有撰稿者依据唯物史观的基本思想提出："中国现代化的困难和障碍，并不如一般人所说的是缺乏资本与新式技术，而很明显的是国际帝国主义者，帝国主义的依生者，封建势力的余孽以及那些'佛乘飞机'之西学为用的中西文化融合论者。"其中特别提道："帝国主义的依生者，为军阀官僚，买办阶级之类，因为是寄生于帝国主义之上的，所以也随着帝国主义者为中国现代化的障碍物。隐蔽于残存封建势力如下的土豪劣绅，甘地之'手摇纺机'的崇拜者以及'佛乘飞机'的中西文化调和论者，也都是在中国现代化路上所该铲除的障碍物。"① 显然，这些深受中国共产党相关思想和理论影响的观点，成为这次探索的最为显著的话语特征。

"社会主义式的'中国现代化'"的主张，是这次讨论的重要话题。有撰稿者鲜明地提出："中国现代化的方式应当采取社会主义的。要在有组织的生产，很公允的分配，使'劳力'与'资本'站在平等的地位。'资本阶级'合'劳力阶级'的划分，须积渐划除；私有财产制度亦应逐渐改革。于不破坏社会秩序之范围内，推进社会主义式的'中国现代化'。"② 甚至还提出，选择"社会主义式"现代化方式和道路，就要"真正使中国的经济结构成为社会主义的，那它的先决条件也就不得不是：（一）排斥帝国主义在华一切势力，取消一切不平等条约；（二）消灭帝国主义在华的工具。"在这两个条件未能达到之前来谈中国现代化问题，只能是"纸上谈兵了"③。

---

① 《申报月刊》第二部第七号（1933年7月15日），第3~4页。
② 《申报月刊》第二部第七号（1933年7月15日），第6~7页。
③ 《申报月刊》第二部第七号（1933年7月15日），第10页。

在《申报月刊》"中国现代化问题"特辑的众多探索中，可以看到中国共产党在新民主主义革命时期对工业化和现代化思想观念和话语特征的影响。无论是"中国现代化"，还是之后中国共产党的"四个现代化"、"中国式的现代化"等，都植根于中国国情这一丰润的思想沃土之中。当时有的撰稿者深有感触地提出："中国问题是世界问题的枢纽，中国问题而得解决，世界破晓之期当亦即在目前。那末，为了自己，为了民族，为了世界，为了历史的前途，中国人应该怎样地努力呵！"①

中国共产党始终坚信，只有在取得新民主主义革命胜利、社会主义制度建立之后，中国的工业化和现代化才可能变为现实。1949年3月，在党的七届二中全会上，毛泽东在分析工业化向现代化进展的条件与基础时认为，在"中国已经有大约百分之十左右的现代性的工业经济"的基础上，是能够"取得使我们的农业和手工业逐步地向着现代化发展的可能性。"同时，"占国民经济总产值百分之九十的分散的个体的农业经济和手工业经济，是可能和必须谨慎地、逐步地而又积极地引导它们向着现代化和集体化的方向发展的"②。毛泽东提出的"使中国稳步地由农业国转变为工业国，把中国建设成一个伟大的社会主义国家"③的思想，绘制了中国现代化道路的最初的路线图。

新中国成立后，中国共产党创造性地走过了由新民主主义向社会主义过渡的道路，开辟了一条适合中国特点的社会主义改造道路。在这一伟大而深刻的社会变革中，以实现工业化和现代化为标志的探索正式启程。1954年9月，在中华人民共和国第一届全国人民代表大会第一次会议开幕词中，毛泽东提出了"准备在几个五年计划

---

① 《申报月刊》第二部第七号（1933年7月15日），第73页。
② 《毛泽东选集》第4卷，人民出版社1991年版，第1430页。
③ 《毛泽东选集》第4卷，人民出版社1991年版，第1437页。

之内，将我们现在这样一个经济上文化上落后的国家，建设成为一个工业化的具有高度现代文化程度的伟大的国家"①的发展道路的构想。实现中国的现代化，是中国共产党肩负的历史使命，也是中国共产党对社会主义道路作出的居于首要位置的战略擘画。

在这次全国人大会议上，周恩来在《政府工作报告》中提出"把我国建设为强大的社会主义的现代化的工业国家"问题，强调"如果我们不建设起强大的现代化的工业、现代化的农业、现代化的交通运输业和现代化的国防，我们就不能摆脱落后和贫困，我们的革命就不能达到目的。"② 在这里，中国共产党提出的四个方面的"现代化"，是全国各族人民认同的中国"摆脱落后和贫困"的必由之路，也是实现中国革命"目的"的牢固基础。

1964年12月，在全国人大三届一次会议的《政府工作报告》中，周恩来正式宣告："在不太长的历史时期内，把我国建设成为一个具有现代农业、现代工业、现代国防和现代科学技术的社会主义强国，赶上和超过世界先进水平。"③ 实现"四个现代化"体现了中国共产党对社会主义现代化道路理论和实践的深刻把握，反映了全国各族人民的共同愿望。1975年1月，在全国人大四届一次会议上，周恩来再次宣告："在本世纪末，全面实现农业、工业、国防和科学技术的现代化，使我国国民经济走在世界的前列。"④ 中国共产党为实现社会主义现代化的奋斗目标矢志不移，从来没有动摇过。

二、符合中国国情的工业化道路探索

为了迅速实现工业化，1953年我国开始执行发展国民经济的第

---

① 《毛泽东文集》第6卷，人民出版社1999年版，第349～350页。
② 《周恩来选集》下卷，人民出版社1984年版，第132页。
③ 《周恩来选集》下卷，人民出版社1984年版，第439页。
④ 《周恩来选集》下卷，人民出版社1984年版，第479页。

一个五年计划，确定了优先发展重工业的指导方针。但发展工业时还必须处理好农业、轻工业和重工业的关系。毛泽东在《论十大关系》中，详细阐述了重工业和轻工业、农业的关系。他指出重工业是中国建设的重点，必须优先发展生产资料的生产。当然指出这一点并不是可以因此忽视生活资料尤其是粮食的生产。如果没有足够的粮食和其他生活必需品，首先就不能养活工人，还谈什么发展重工业？所以，在十大关系中，他首要论述的就是重工业和轻工业、农业的关系。说明了关于中国工业化道路问题，实际上就是正确处理重工业和轻工业、农业的关系问题。在处理好上述关系的同时，还要处理好其他一些关系，包括沿海工业和内地工业的关系，经济建设和国防建设的关系，国家、生产单位和生产者个人的关系，中央和地方的关系等。这些关系处理好了，有利于中国工业化的发展。中共八大继续坚持了这一指导思想，指出农业是工业发展以至整个国民经济发展必不可少的条件，必须努力发展农业，并在农业和工业相互配合发展的基础上，使国民经济各个部门、各个方面按比例地协调发展。

重视农业的基础作用，是毛泽东关于国民经济中农轻重协调发展理论的核心内容。进入 1956 年，毛泽东把制定《一九五六年到一九六七年全国农业发展纲要》提到重要议程。1 月 17 日，他在讨论修改这一发展纲要草案时就提出："农业发展纲要必须放在可靠的基础上，不能凭一时的想法，也不能把生产品增产后的出路放在出口的希望上，而应当以国内市场为主。"他特别提醒："这个纲要主要是动员农民来实行，是依靠群众，国家只是给以一定的帮助，因此是个群众行动的纲领。"[1]

在《论十大关系》中，毛泽东提出了以正确处理农、轻、重关

---

① 《毛泽东年谱》第 5 卷，中央文献出版社 2023 年版，第 512 页。

系为主要内容的国民经济协调发展和综合平衡的思想。在1957年1月召开的中央省市自治区党委书记会议上,毛泽东还是强调农业在国民经济中的基础作用问题,提出"全党一定要重视农业,农业关系国计民生极大。要注意,不抓粮食很危险。不抓粮食,总有一天要天下大乱";从国民经济整体上看,"农业发展起来了,就可以为发展工业提供更多的原料、资金和更广阔的市场。因此,在一定意义上可以说,农业就是工业。"在这一问题上,毛泽东提醒大家,"全党都要学习辩证法,提倡照辩证法办事。"① 这时,毛泽东已经实际地表达了"以农业为基础、工业为主导"的思想。

在《论十大关系》讲话之后,鉴于苏联和东欧国家的经验教训,毛泽东在强调农业的基础作用的同时,对农轻重协调发展提出了两个重要的观点:

一是更加注重处理好重工业同轻工业和农业的关系。毛泽东提出:"苏联牺牲轻工业和农业来搞重工业这条路,恐怕不那么合适。过去,批评资本主义国家,说他们是先搞轻工业后搞重工业。结果,社会主义国家重工业搞起来了,轻工业很差,人民不满意,农民不满意。"在斯大林错误中,"恐怕也要算进这一条。"立足中国经济发展实际,"适当地(不是太多地)增加轻工业方面的投资、农业方面的投资,从长远来看(五年、十年),既可以搞积累,又满足了人民的需要,反而对于重工业的发展有利。这样一来,就跟苏联走的那条道路有点区别,不完全抄它那条路。"从发展道路上来看,"轻工业、农业当然是最低限度的,必要的,重工业在投资里头总是居最大多数。"②

二是更加注重把提高人民物质生活水平作为经济发展重要目标。

---

① 《毛泽东年谱》第6卷,中央文献出版社2023年版,第71页。
② 《毛泽东年谱》第6卷,中央文献出版社2023年版,第65~66页。

以东欧一些国家发展教训为鉴，毛泽东提出："加强民主、独立、平等以及在发展生产的基础上提高人民物质福利的要求，这些要求是完全正当的。"① 在之后主持省市自治区党委书记会议时，毛泽东再次谈到要吸取苏联经济建设的教训，认为"他们是有了重工业，丧失了人民"，对于中国来讲，"我们是不是可以又有重工业，又得了人民？这个问题没有解决，要靠以后找出一条道路来。"在这一条道路的探索中，要把"民生"问题摆在重要的位置，"保证必要的民生，无非是使轻工业发展起来，这是增加积累的道路。"②

农轻重之间的比例关系，是事关社会主义建设道路发展的重大问题。在《关于正确处理人民内部矛盾的问题》中，毛泽东指出："我国有五亿多农业人口，农民的情况如何，对于我国经济的发展和政权的巩固，关系极大。"中国作为一个农业大国，"发展工业必须和发展农业同时并举，工业才有原料和市场，才有可能为建立强大的重工业积累较多的资金。大家知道，轻工业和农业有极密切的关系。没有农业，就没有轻工业。重工业要以农业为重要市场这一点，目前还没有使人们看得很清楚。但是随着农业的技术改革逐步发展，农业的日益现代化，为农业服务的机械、肥料、水利建设、电力建设、运输建设、民用燃料、民用建筑材料等等将日益增多，重工业以农业为重要市场的情况，将会易于为人们所理解。"③

三、管理制度和经济体制改革

从 1953 年开始，在苏联的帮助下，中国开展了大规模的经济建设，取得了一些成就。但是，由于管理制度和经济体制方面，过多地照搬了苏联的模式，所以苏共二十大暴露的苏联在管理体制方面的

---

① 《毛泽东年谱》第 6 卷，中央文献出版社 2023 年版，第 20～21 页。
② 《毛泽东年谱》第 6 卷，中央文献出版社 2023 年版，第 65～66 页。
③ 《毛泽东文集》第 7 卷，人民出版社 1999 年版，第 219 页、第 241 页。

问题直接促使了中国共产党对中国自己的发展模式进行思考，并在对已有经验总结的基础上取得了一些显著成绩。在《论十大关系》中，毛泽东提出了正确处理中央同地方的关系和企业自主权的问题，在中央和地方关系上，他主张在巩固中央统一领导的前提下，扩大一点地方的权力，给地方更多的独立性，让地方办更多的事情；在企业自主权方面，他主张工厂和其他生产单位都要有一个与统一性相联系的独立性，才会发展得更加活泼。中共八大根据毛泽东讲话的精神，提出了正确调整中央同地方的关系和给企业以适当的自主权利的任务。刘少奇在政治报告中强调要适当地调整中央和地方的行政管理权，把一部分行政管理职权分给地方，既能够发挥中央机关的积极性，也能够发挥地方的积极性，使中央和地方都有必要的机动，又便于实行相互的监督。周恩来在中共八大政治报告中也提出改革的原则是要有利于国家统一，因地制宜，有利于充分调动人民群众的积极性，并提出要运用价值规律来影响那些不必要由国家统购包销、产值不大的、品种繁多的工农业产品的生产，以满足人民多样的生活需要的思想。1957年召开的党的八届三中全会，还通过了关于改进工业管理体制、商业管理体制和财政体制的三个文件，进一步作出了扩大地方和企业权力的一些具体规定。毛泽东还就企业民主管理方面，提出了"两参一改三结合"的设想，"两参"即干部参加生产劳动，工人参加企业管理；"一改"即改革企业中不合理的规章制度；"三结合"即企业领导干部、技术人员、工人相结合。在经济体制改革方面，陈云也创造性地提出了"三个主体、三个补充"的思想，即"我们的社会主义经济的情况将是这样：在工商业经营方面，国家经营和集体经营是工商业的主体，但是附有一定数量的个体经营。这种个体经营是国家经营和集体经营的补充"；"生产计划方面，全国工农业产品的主要部分是按照计划生产的，但是同时有一部分产品是按照市场变化而在国家计划许可范围内自由生产的。计划生产是工农业生产的主体，按照市场变化而在国家计划许可范围内的自由生产是计划生产的补充"；"在社会主义的统一市场里，国家市场是它的主体，但是附有一定范围内国家领导的自由市场。这种自由市场，是在国家领导之下，作为国家市场的补充，因此它是社会主义统一市场的组成部分"①。中共八大政治报告结合陈云的这一思想，明确指出社会主义经济的主体是实行集中经营，而一定范围的分散经营是必要补充。刘少奇也于 1957 年提出了社会主义经济既要有计划性，又要有多样性和灵活性的问题。尽管这些思想并没能最终引导中国走出一条适合中国国情的社会主义建设道路，但是这些探索还是对后来的社会主义经济体制改革和发展有着重要的启迪。

四、社会主义商品生产与价值规律的认识

毛泽东一直关注苏联关于社会主义经济理论的讨论，特别重视斯大林的《苏联社会主义经济问题》和苏联 20 世纪 50 年代编写的《政治经济学教科书》中有关社会主义商品生产和价值规律的理论观点。在关于《政治经济学教科书》的谈话中，毛泽东在对社会主义发展阶段问题的探索中认为："社会主义这个阶段，又可能分为两个阶段，第一个阶段是不发达的社会主义，第二个阶段是比较发达的社会主义。后一阶段可能比前一阶段需要更长的时间。经过后一阶段，到了物质产品、精神财富都极为丰富和人们的共产主义觉悟极大提高的时候，就可以进入共产主义社会了。"② 在"不发达的社会主义"阶段，毛泽东认为，商品、货币、价值规律在社会主义时期有积极意义。在这一阶段废除商品经济是违背经济规律的，不能抛弃一切还有积极意义的诸如商品、价值规律等经济范畴，而必须用它们来为社会

---

① 《陈云文选》第 3 卷，人民出版社 1995 年版，第 13 页。
② 《毛泽东文集》第 8 卷，人民出版社 1999 年版，第 116 页。

主义服务。中国是商品生产很不发达的国家，商品生产不应被消灭，而是要大大发展。为了团结几亿农民，必须发展商品交换；废除商业和对农产品实行调拨，就是剥夺农民。毛泽东指出，必须区别资本主义和社会主义两种不同性质的商品，不应害怕商品生产，不能认为它一定会导致资本主义。我国现在的情况是，已经把生产资料的资本主义所有制变成了全民所有制，已经把资本家从商品生产和商品流通中排挤出去，现在商品生产和商品流通领域占统治地位的是国家和人民公社，这同资本主义的商品生产和商品流通是有本质差别的。

毛泽东等领导人还论述了价值规律在社会主义社会中的作用，对价值规律的作用给予很高评价。毛泽东指出："这个法则是一个伟大的学校，只有利用它，才有可能教会我们的几千万干部和几万万人民，才有可能建设我们的社会主义和共产主义。否则一切都不可能。"① 价值规律还与经济核算具有紧密联系。价值规律之所以能起生产调节者的作用或者说合理配置资源的作用，主要是因为它本身包含着商品关系中的一种利益关系。只要承认商品关系中特殊利益关系的存在，那么价值规律就必然要作为生产调节者而发生作用，也正因为价值规律起着调节生产的作用，实现着商品生产者的经济利益要求，所以生产者才必须严格进行经济核算，降低成本，将价值规律作为经济核算工具来加以利用。

以毛泽东为代表的中国共产党人主张在一定程度上发展商品生产和利用价值规律的思想，是从中国社会主义经济实践的一些教训中得出的，尽管后来未能完全坚持和实践这种认识，也尚未深刻认识到发展商品生产、利用价值规律对发展社会生产力的巨大推动作用，但这些初步探索在马克思主义中国化的发展史上仍然具有重要而独特的价值。

---

① 《毛泽东文集》第 8 卷，人民出版社 1999 年版，第 34 页。

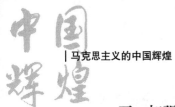

五、加强社会主义民主政治建设

在关于民主法制方面，中共八大借鉴苏联的经验教训，强调了充分发扬民主、加强法制建设和执政党建设以及反对官僚主义、反对个人崇拜的重要意义。刘少奇在中共八大的报告中提出了在国家工作中要进一步扩大民主生活，开展反对官僚主义的斗争的重要任务，刘少奇还主张：民主最主要的问题是保证人民群众能参加国家的管理，国家必须建立和完善与之相适应的人民代表大会的政治制度，必须坚决贯彻民主集中制原则，必须坚持人民群众对国家机关及其工作人员的批评和监督的制度。而要实现这些，当前国家工作中的迫切任务之一，是着手系统地制定比较完备的法律，健全我们国家的法制。必须使全国每一个人都明了并且确信，只要他没有违反法律，他的公民权利就是有保障的，我们的一切国家机关都必须严格地遵守法律。周恩来提出："现在我们的人民民主专政应该是：专政要继续，民主要扩大。"[1] 董必武在八大大会发言中也强调要依法办事，他认为依法办事离不开两点：一是有法可依，为此要赶快把国家尚不完备的几种重要的法规制定出来；二是有法必依，即对于那些故意违反法律的人，不管他现在地位多高，过去功劳多大，必须一律追究法律责任。

在关于中国共产党与各民主党派关系方面，毛泽东在《论十大关系》中第一次阐述了中国共产党和各民主党派"长期共存、互相监督"的方针。在关于《正确处理人民内部矛盾的问题》中，毛泽东进一步阐述了这个方针，他认为让资产阶级和小资产阶级的民主党派同工人阶级政党长期共存是因为他们都属一切确实致力于团结人民从事社会主义事业的、得到人民信任的党派，同时，毛泽东指出让民主党派长期共存也是为了发挥他们长期监督共产党的作用。这些

---

[1] 《周恩来选集》下卷，人民出版社1984年版，第207页。

思想对推进中国共产党自身建设显然都有着极为重要的指导作用。刘少奇在八大政治报告中也进一步肯定了民族资产阶级和上层小资产阶级成员的政治地位，认为他们在社会主义改造完成以后，已变成社会主义劳动者的一部分。周恩来也提出要在坚持为社会主义服务的前提下，使民主党派和共产党长期共存，起到互相监督的作用。总之各民主党派同中国共产党亲密合作、团结战斗的政党制度模式，既不同于苏联的一党制模式，又不同于许多资本主义国家的多党制模式，是适合我国国情的新型政党关系的生动体现，是中国特色社会主义民主政治建设的一个创造，是对马克思主义国家理论的丰富和发展。

六、社会主义教育、科学和文化的发展与建设

早在 1956 年初，周恩来在中共中央召开的关于知识分子问题会议的报告中，就指出："在社会主义时代，比以前任何时代都更加需要充分地提高生产技术，更加需要充分地发展科学和利用科学知识。"① 对科学、文化重要性及与此相关的知识分子问题作了阐释。中国的知识分子的绝大部分已经是工人阶级的一部分，所以社会主义建设必须依靠体力劳动和脑力劳动的密切合作，依靠工人、农民、知识分子的兄弟联盟。周恩来还提出，要"向科学进军"，科学技术是关系到国防、经济和文化各方面的具有决定性的因素，要大力发展科学技术。毛泽东也在提出：中国的社会主义建设没有知识分子是不行的，单靠老粗是不行的。中国应该有大批的知识分子。他号召全党努力学习科学知识，同党外知识分子团结一致，为迅速赶上世界先进科学水平而奋斗。

1956 年 4 月，毛泽东在关于十大关系的讲话中提出了"百花齐

---

① 《周恩来选集》下卷，人民出版社 1984 年版，第 159～160 页。

放，百家争鸣"的方针。在 5 月 2 日的最高国务会议上，毛泽东正式宣布了这一方针，他指出："艺术问题上的百花齐放，学术问题上的百家争鸣，我看应该成为我们的方针。"① 之后，毛泽东在《关于正确处理人民内部矛盾的问题》中对这个方针作了详尽的论述。他说："百花齐放、百家争鸣的方针，是促进艺术发展和科学进步的方针，是促进我国的社会主义文化繁荣的方针。艺术上不同的形式和风格可以自由发展，科学上不同的学派可以自由争论。利用行政力量，强制推行一种风格，一种学派，禁止另一种风格，另一种学派，我们认为会有害于艺术和科学的发展。艺术和科学中的是非问题，应当通过艺术界科学界的自由讨论去解决，通过艺术和科学的实践去解决，而不应当采取简单的方法去解决。"毛泽东强调："对于科学上、艺术上的是非，应当保持慎重的态度，提倡自由讨论，不要轻率地作结论。我们认为，采取这种态度可以帮助科学和艺术得到比较顺利的发展。"② 这一思想显然是符合科学文化发展客观规律的。

科学文化的发展离不开教育和教育目标的实现。在由刘少奇所作的中共八大政治报告中，明确指出了文化教育事业在整个社会主义建设事业中的重要地位。认为党和政府必须大力帮助科学院和政府各部、各高等学校、各大企业的科学研究机关，使全国的科学家有必要的条件实现科学发展的十二年规划，争取许多最重要的科学和技术部门尽快地接近世界先进水平。毛泽东还结合马克思主义关于人的全面发展思想，提出了使受教育者在德育、智育、体育几方面都得到发展，成为有社会主义觉悟的有文化的劳动者这一社会主义的教育方针。

新中国成立伊始，刘少奇在全国宣传工作会议上就指出："用马

---

① 《毛泽东文集》第 7 卷，人民出版社 1999 年版，第 54 页。
② 《毛泽东文集》第 7 卷，人民出版社 1999 年版，第 229～230 页。

列主义的思想原则在全国范围内和全体规模上教育人民,是我们党的一项最基本的政治任务。我们要向社会主义、共产主义前进,首先就要在思想上打底子,用马列主义的立场、观点和方法来教育自己和全国的人民。这就是今天在新形势、新条件下,党的宣传工作的任务。"① 这就为新中国的意识形态宣传工作指明了方向,更为马克思主义理论学习提出了目标。

1953 年 1 月,毛泽东亲自批示,成立中共中央马恩列斯著作编译局(简称中央编译局),开启了新中国有计划、有组织系统地翻译马克思主义著作的理论工程。经过半个多世纪的不懈奋斗,砥砺前行,我国的马克思主义经典著作编译事业取得了举世瞩目的成就。这50 多年间,《马克思恩格斯全集》中文第一版 50 卷、《列宁全集》中文第一版 39 卷、《列宁全集》中文第二版 60 卷等相继翻译出版。同时,《马克思恩格斯文集》10 卷、《列宁专题文集》5 卷、《马克思恩格斯选集》四卷第一版和第二版、《列宁选集》四卷第一版至第三版等编辑出版。《马克思恩格斯全集》中文第二版各卷陆续推出。社会主义中国已经成为世界上翻译出版马克思主义经典著作最多、最齐全的国家。

新中国成立后,学习中国化时代化马克思主义理论和著作,成为马克思主义中国化时代化新的进程的必然要求。中共中央于 1950 年5 月决定成立毛泽东选集出版委员会,以中央名义编辑一部具有权威性的《毛泽东选集》,在全国发行出版。1951 年 10 月,《毛泽东选集》第一卷正式出版发行,第一批总发行量超出 60 万册。1952 年 4月、1953 年 4 月,《毛泽东选集》第二、第三卷又相继出版发行。《毛泽东选集》的出版进一步推动了全国学习毛泽东思想运动,提高了广大党员干部和人民群众的马克思主义理论水平,对全面系统地

---

① 《刘少奇选集》下卷,人民出版社 1985 年版,第 82 页。

学习和研究毛泽东思想，接续推进马克思主义中国化时代化有着极其重要的意义。

2018 年，在纪念《共产党宣言》发表 170 周年之际，习近平在谈到"学习马克思主义基本理论是共产党人的必修课"问题时，对加强马克思主义经典著作学习研究的重要意义作出阐释。习近平指出："广大党员、干部特别是高级干部要学好用好《共产党宣言》等马克思主义经典著作，坚持学以致用、用以促学，原原本本学，熟读精思、学深悟透，熟练掌握马克思主义立场、观点、方法，不断提高马克思主义理论素养。要加大经典著作编译力度，坚持既出成果又出人才，培养一支新时代马克思主义经典著作编译骨干队伍。要深化经典著作研究阐释，推进经典著作宣传普及，不断推出群众喜闻乐见、贴近大众生活的形式多样的理论宣传作品，让理论为亿万人民所了解所接受，画出最大的思想同心圆。"[①]

第四节　艰辛探索的曲折和教训

一、探索中的偏误

党的八大前后提出的一些正确思想和方针政策没有能够在实践中全面地坚持下去。自 1957 年以后，由于国际国内形势估计得过于严重，对社会主义改造基本完成后国内的主要矛盾判断错误，背离了党的八大正确的方针政策。从 1957 年夏反右派斗争严重扩大化，到 1960 年底"大跃进"运动结束，对社会主义建设道路的探索出现了局部偏误。

---

① 习近平：《论党的宣传思想工作》，中央文献出版社 2020 年版，第 316 页。

一是反右派斗争的严重扩大化。1957 年春天发动的整风运动，是加强执政党建设和社会主义民主政治建设的重要尝试。但是，在整风的过程中，极少数右派分子乘机向共产党和社会主义发起了进攻。在一段时间的"大鸣""大放"后，中共中央发动了全国范围的反右派斗争，这当然是必要的。但是，反右派斗争严重扩大化，使一大批党员干部和爱国知识分子受到了不公正的对待，还导致了对中共八大关于中国社会主要矛盾判断的错误。1957 年 10 月，毛泽东在中共八届三中全会上明确指出："无产阶级和资产阶级的矛盾，社会主义道路和资本主义道路的矛盾，毫无疑问，这是当前我国社会的主要矛盾。"① 1958 年 5 月召开的中共八大二次会议正式肯定了这一观点，并将这一主要矛盾存在的时间拉长为整个过渡时期。

二是急于求成和急于过渡的思想。本来，毛泽东在 1954 年、1955 年曾讲过，要把中国建成为一个强大的高度社会主义工业化的国家，需要五十年的时间。1956 年又说过，要使中国变成富强的社会主义国家，大概需要五十到一百年的时光。但中共八大二次会议改变了原有的认识，并对先前提出的反冒进思想得出了完全否定的结论，急于求成、忽视客观规律，提出了工业、农业和教育等方面的一系列高指标，发动了"大跃进"运动。1958 年"大跃进"高潮和公社化运动兴起后，毛泽东一度认为，中国在三四年、五六年内就可以完成由集体所有制向全民所有制的过渡，十年左右就可以过渡到共产主义社会。同年 12 月，八届六中全会通过的《关于人民公社若干问题的决议》提出："建成具有高度发展的现代工业、现代农业和现代科学文化的社会主义国家，尽管我们前进的速度较快，需要的时间还将很长；全部完成这个过程，从现在起，将需要经历十五年、二十

---

① 《毛泽东选集》第 5 卷，人民出版社 1977 年版，第 475 页。

年或者更多一些的时间。"①

在这一时期，对中国社会主义建设道路上存在着两种明显的倾向。从 1961 年 1 月中共八届九中全会确定对国民经济进行调整，到 1966 年 5 月"文化大革命"爆发，这一时期中国共产党对社会主义建设道路的探索，呈现出正确与错误交织的复杂情况，经济建设方面的发展趋向基本上是正确的，而政治思想方面的发展趋向则基本上是"左"的、错误的。最终，后一种发展趋向压倒了前一种发展趋向，导致了"文化大革命"的爆发。

一方面，从 1960 年下半年起，由于暴露出的问题越来越多，中央领导人开始对 1958 年以来的工作进行认真的反思，检讨错误，总结经验教训，纠正不切实际的想法和做法。在力图纠正党的"左"的错误的过程中，毛泽东和党的中央领导集体的其他成员，提出了不少精辟、独到的见解，继续丰富着探索的成果。1959 年春至 1960 年上半年，毛泽东相继提出了价值法则是一个伟大的学校；中国这样一个经济不发达的大国要提高经济文化水平不可能很快；搞社会主义建设，要综合平衡，要按农、轻、重的次序安排国民经济等相关思想。并在读苏联《政治经济学教科书》的谈话中提出，社会主义可能分为"不发达的社会主义"和"比较发达的社会主义"两个阶段，"后一阶段可能比前一阶段需要更长的时间"②。这为认识社会主义的长期性跨进了一大步。

1960 年 12 月，毛泽东在中央工作会议期间听取汇报时明确指出："这几年我们有些东西搞多了，搞快了，自己挨整是必要的。现在看来，建设只能逐步搞，恐怕要搞半个世纪。"③ 1961 年 6 月 12 日毛泽东在北京中央工作会议上批评了各级干部，指出许多人

---

① 《建国以来重要文献选编》第 11 册，中央文献出版社 1995 年版，第 602 页。
② 《毛泽东文集》第 8 卷，人民出版社 1999 年版，第 116 页。
③ 《毛泽东文集》第 8 卷，人民出版社 1999 年版，第 228 页。

不懂得社会主义是什么东西，什么叫按劳付酬，什么叫等价交换。由于1959年和1960年这两年碰了钉子。现在对于社会主义的认识，对于怎样建设社会主义的认识，大为深入了。为此针对当时以平均主义等同于社会主义乃至于共产主义的错误，毛泽东指出剥夺农民是马列主义完全不许可的，要坚决反对"共产风"和"一平二调"。

在七千人大会上，毛泽东再次强调，由于对社会主义革命和建设规律的把握要经过一个"由必然王国到自由王国"的"长期认识过程"，再加上中国人口多、底子薄，经济落后，所以在中国建设强大的社会主义经济，可能需要一百年，或者更多的时间。上述对社会主义建设长期性、艰巨性的正确认识，可以说是60年代初期中国共产党领导人非常重要的理论上的收获。

但是，另一方面，1962年9月，毛泽东在中共八届十中全会作了关于阶级、形势、矛盾和如何对待党内修正主义问题的讲话，把社会主义社会中一定范围内存在的阶级斗争扩大化和绝对化，断言在整个社会主义历史阶段资产阶级都将存在和企图复辟，并成为党内产生修正主义的根源。毛泽东提出：从现在起，阶级斗争必须年年讲、月月讲、天天讲。全会接受和肯定了这一提法，将其写进了公开发表的全会公报。这些论断，后来被概括为所谓党在社会主义历史阶段的基本路线。它表明中国共产党在阶级斗争问题上的"左"倾错误观点更加系统化、理论化，实际上提出了以阶级斗争为纲的思想。这样，党对社会主义探索的主题已由社会主义建设转为如何把社会主义时期的阶级斗争进行到底。与此相联系，一些有益的探索，也被看作是资本主义复辟的表现，而遭到批判和制止。到"四清"中提出"以阶级斗争为纲"和整"党内走资本主义道路的当权派"，特别是"文化大革命"发动以后，社会主义的探索走上了更曲折的道路。

二、探索中的歧途和曲折

从 1966 年 5 月 "文化大革命" 爆发，到 1976 年 10 月 "文化大革命" 结束，毛泽东对社会主义建设道路的探索走入歧途，中国的社会主义事业遭受了最严重的挫折。

"文化大革命" 的过程分为三个时段。一是从 "文化大革命" 的发动到 1969 年 4 月党的第九次全国代表大会。1966 年 5 月中央政治局扩大会议和同年 8 月八届十一中全会的召开，是 "文化大革命" 全面发动的标志。这两次会议相继通过了《五·一六通知》和《关于无产阶级文化大革命的决定》，对所谓 "彭真、罗瑞卿、陆定一、杨尚昆反党集团" 和对所谓 "刘少奇、邓小平司令部" 进行了错误的斗争，林彪、江青、康生、张春桥等主要利用所谓 "中央文革小组" 的名义，乘机煽动 "打倒一切、全面内战"。1967 年 2 月前后，一批中央领导同志在不同的会议上对 "文化大革命" 的错误做法提出的强烈批评，被诬为 "二月逆流" 而受到压制和打击。之后，各部门各地方的党政领导机构几乎都被夺权或改组。党的九大使 "文化大革命" 的错误理论和实践合法化，九大在思想上、政治上和组织上的指导方针都是错误的。

二是从党的九大到 1973 年 8 月党的第十次全国代表大会。1970 年至 1971 年发生了林彪反革命集团阴谋夺取最高权力、策动反革命武装政变的事件。这是 "文化大革命" 推翻党的一系列基本原则的结果，客观上宣告了 "文化大革命" 的理论和实践的失败。毛泽东、周恩来同志机智地粉碎了这次叛变。周恩来同志在毛泽东同志支持下主持中央日常工作，使各方面的工作有了转机。但是，党的十大继续了九大的 "左" 倾错误，并且使中央政治局内结成 "四人帮"，江青反革命集团的势力又得到加强。

三是从党的十大到 1976 年 10 月。1974 年初，江青、王洪文等提出开展所谓"批林批孔"运动，把矛头指向周恩来等无产阶级革命家。1975 年，周恩来病重期间，在毛泽东支持下，邓小平主持中央日常工作，着手对许多方面的工作进行整顿，使形势有了明显好转，但之后出现的所谓"批邓、反击右倾翻案风"运动，使全国再度陷入混乱。1976 年 4 月间，在全国范围内掀起了以天安门事件为代表的悼念周总理、反对"四人帮"的强大抗议运动。这个运动实际上是拥护以邓小平同志为代表的党的正确领导，它为后来粉碎江青反革命集团奠定了伟大的群众基础。1976 年 9 月毛泽东主席逝世，江青反革命集团加紧夺取党和国家最高领导权的阴谋活动。同年 10 月上旬，中央政治局执行党和人民的意志，毅然粉碎了江青反革命集团，结束了"文化大革命"这场灾难。

党和人民在"文化大革命"中同"左"倾错误和林彪、江青反革命集团的斗争是艰难曲折的，是一直没有停止的。由于全党和广大工人、农民、解放军指战员、知识分子、知识青年和干部的共同斗争，使"文化大革命"的破坏受到了一定程度的限制。我国国民经济虽然遭到巨大损失，仍然取得了进展。粮食生产保持了比较稳定的增长。工业交通、基本建设和科学技术方面取得了一批重要成就，其中包括一些新铁路和南京长江大桥的建成，一些技术先进的大型企业的投产，氢弹试验和人造卫星发射回收的成功，籼型杂交水稻的育成和推广，等等。在国家动乱的情况下，人民解放军仍然英勇地保卫着祖国的安全。对外工作也打开了新的局面。当然，这一切决不是"文化大革命"的成果，如果没有"文化大革命"，我们的事业会取得大得多的成就。在"文化大革命"中，我们尽管遭到林彪、江青两个反革命集团的破坏，但终于战胜了他们。党、人民政权、人民军队和整个社会的性质都没有改变。历史再一次表明，我们的人民是伟大的人民，我们的党和社会主义制度具有伟大而顽强的生命力。

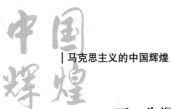

三、失误和错误的深刻教训

党的十一届三中全会以后，我们党已经逐步确立了一条适合我国情况的社会主义现代化建设的正确道路。这条道路还将在实践中不断充实和发展，但是它的主要点，已经可以从新中国成立以来正反两方面的经验特别是"文化大革命"的教训中得到基本的总结。

在马克思主义中国化时代化进程中，1945 年党的六届七中全会通过的《关于若干历史问题的决议》，曾经统一了全党的认识，加强了全党的团结，促进了人民革命事业的迅猛前进和伟大胜利。1981年十一届六中全会通过的《关于建国以来党的若干历史问题的决议》，是在探索和建设中国特色社会主义的重要转折时期提出的，它必将在新时期新起点上，对于统一全党认识、促进社会主义现代化事业的发展起到同样的重要的历史作用。

毛泽东思想是我们党的宝贵的精神财富，毛泽东思想为马克思列宁主义的理论宝库增添了许多新的内容，它将长期指导我们的行动。我们不能因为毛泽东晚年的错误，就企图否认毛泽东思想的科学价值，否认毛泽东思想对我国革命和建设的指导作用。对毛泽东同志的言论采取教条主义态度，以为凡是毛泽东说过的话都是不可移易的真理，只能照抄照搬，甚至不愿实事求是地承认毛泽东晚年犯了错误，并且还企图在新的实践中坚持这些错误，这种态度也是完全错误的。这两种态度都是没有把经过长期历史考验形成为科学理论的毛泽东思想，同毛泽东晚年所犯的错误区别开来，而这种区别是十分必要的。我们必须珍视半个多世纪以来在中国革命和建设过程中把马克思列宁主义普遍原理和中国实际相结合的一切积极成果，在新的实践中运用和发展这些成果，以符合实际的新原理和新结论丰富和发展我们党的理论，保证我们的事业沿着马克思列宁主义、毛泽东思想的科学轨道继续前进。

回顾"文化大革命"的历史，不能否认，毛泽东晚年特别是在"文化大革命"中犯了严重错误；但是，同样不能否认的是，对毛泽东的历史功过要作出全面评价。毛泽东的功绩是第一位的，他的错误是第二位的，"他的错误在于违反了他自己正确的东西，是一个伟大的革命家、伟大的马克思主义者所犯的错误。"我们不难看到，"在中国这样的社会历史条件下建设社会主义，没有先例，犹如攀登一座人迹未至的高山，一切攀登者都要披荆斩棘、开通道路。毛泽东同志晚年的错误有其主观因素和个人责任，还在于复杂的国内国际的社会历史原因，应该全面、历史、辩证地看待和分析"①。

对历史人物的评价，应该放在其所处时代和社会的历史条件下去分析，不能离开对历史条件、历史过程的全面认识和对历史规律的科学把握，不能忽略历史必然性和历史偶然性的关系。不能把历史顺境中的成功简单归功于个人，也不能把历史逆境中的挫折简单归咎于个人。不能用今天的时代条件、发展水平、认识水平去衡量和要求前人，不能苛求前人干出只有后人才能干出的业绩来。即如习近平在纪念毛泽东主席诞生 120 周年时所指出的："革命领袖是人不是神。尽管他们拥有很高的理论水平、丰富的斗争经验、卓越的领导才能，但这并不意味着他们的认识和行动可以不受时代条件限制。不能因为他们伟大就把他们像神那样顶礼膜拜，不容许提出并纠正他们的失误和错误；也不能因为他们有失误和错误就全盘否定，抹杀他们的历史功绩，陷入虚无主义的泥潭。"②

在马克思主义中国化的历史进程中，应该秉持"前事不忘，后事之师"的精神，应该记取的是："一个马克思主义政党对自己的错误所抱的态度，是衡量这个党是否真正履行对人民群众所负责任的

---

① ② 《十八大以来重要文献选编》上，人民出版社 2014 年版，第 693 页。

一个最重要最可靠的尺度。我们党对自己包括领袖人物的失误和错误历来采取郑重的态度，一是敢于承认，二是正确分析，三是坚决纠正，从而使失误和错误连同党的成功经验一起成为宝贵的历史教材。"①

---

① 《十八大以来重要文献选编》上，人民出版社 2014 年版，第 693～694 页。

第四章

邓小平理论与马克思主义
中国化时代化的新飞跃

毛泽东是马克思主义中国化的开拓者和奠基人，他在理论上和实践上为马克思主义中国化时代化作出了开创性的贡献，奠定了马克思主义中国化时代化的基石。邓小平继承毛泽东开辟的马克思主义中国化时代化的历史伟业，把马克思主义基本原理与中国特色社会主义建设的具体实际和时代特征相结合，实现了改革开放新时期马克思主义中国化时代化的新的飞跃。

从马克思主义中国化时代化的历史进程看，特别是从改革开放的历史进程看，如习近平指出的，"党的十一届三中全会以后，以邓小平同志为主要代表的中国共产党人，团结带领全党全国各族人民，深刻总结我国社会主义建设正反两方面经验，借鉴世界社会主义历史经验，创立了邓小平理论，作出把党和国家工作重心转移到经济建设上来、实行改革开放的历史性决策，深刻揭示社会主义本质，确立社会主义初级阶段基本路线，明确提出走自己的路、建设中国特色社会主义，科学回答了建设中国特色社会主义的一系列基本问题，制定了到 21 世纪中叶分三步走、基本实现社会主义现代化的发展战略，成功开创了中国特色社会主义"①。

第一节　对中国社会主义建设道路的重新认识

一、解放思想、实事求是思想路线的重新确立

党的十一届三中全会前后，邓小平反复强调："对马克思列宁主

---

① 《十九大以来重要文献选编》上，中央文献出版社 2019 年版，第 722 页。

义，应该准确地完整地理解它的体系"，"要对毛泽东思想有一个完整的准确的认识"①。对于马克思主义既要坚持又要发展，只有在发展中才能真正坚持。"不以新的思想、观点去继承、发展马克思主义，不是真正的马克思主义者。"② 要把马克思主义基本原理同中国具体实际结合起来，"只有结合中国实际的马克思主义，才是我们所需要的真正的马克思主义"③。

"文化大革命"十年，在党和国家事业发展中留下的深刻的历史记忆之一就是，如何正确认识中国国情问题。1976 年，"文化大革命"虽然已经结束，但"文化大革命"留下的一些错误思想和观念，特别是"两个凡是"的观念，仍然束缚着人们的思想，阻碍着党和国家事业的发展。拨乱反正、回到正确的发展方向，解放思想、恢复实事求是的思想路线，成为这一代中国共产党人的时代担当和历史责任。

面对这一情势，邓小平率先对"两个凡是"的观念作出批判。1977 年 5 月 24 日，他在同中央两位领导同志的谈话中明确指出："'两个凡是'不行，按照'两个凡是'，就说不通为我平反的问题，也说不通肯定一九七六年广大群众在天安门广场的活动'合乎情理'的问题。"同时，他还鲜明地指出："两个凡是"不符合马克思主义，"马克思、恩格斯没有说过'凡是'，列宁、斯大林没有说过'凡是'，毛泽东同志自己也没有说过'凡是'"④。邓小平对"两个凡是"观念的批判，实际上拉开了接着而来的有关真理标准讨论的序幕。

既然马克思主义经典作家都没有说过"两个凡是"，那么判断事

---

① 《邓小平文选》第 2 卷，人民出版社 1994 年版，第 67 页、第 42 页。
② 《邓小平文选》第 3 卷，人民出版社 1993 年版，第 291～292 页。
③ 《邓小平文选》第 3 卷，人民出版社 1993 年版，第 213 页。
④ 《邓小平文选》第 2 卷，人民出版社 1994 年版，第 39 页。

物的标准就不是教条化的语句、就不是现存的"本本",那应该是什么呢?这个答案,实际上早就存在于马克思主义理论之中,长期以来就是马克思主义基本道理之一。在当时汇编的一份《马克思、恩格斯、列宁、斯大林、毛泽东关于理论和实践统一的部分论述》中,可以读到马克思主义经典作家的有关论述。其中,给人以最深刻印象的就是马克思在《关于费尔巴哈的提纲》中的那段名言:"全部社会生活在本质上是实践的。凡是把理论引向神秘主义的神秘东西,都能在人的实践中以及对这种实践的理解中得到合理的解决。"① 马克思主义经典作家关于"实践"问题的诸多论述回到现实之中,使人们对实践是检验真理标准有了一个新的感悟。这一期间,《人民日报》发表了多篇文章强调实事求是思想作风的重要性,在这些文章中都把"实践"这一马克思主义的基本道理,提到新的学理高度,赋予其新的实践意义。

在马克思主义关于实践是检验真理唯一标准这一思想回归理论界的背景下,1978 年 5 月 10 日,《理论动态》刊登了胡福明等起草修改的《实践是检验真理的唯一标准》一文。第二天,《光明日报》以特约评论员的署名公开发表,新华社于当天转发了此文。5 月 12 日,《人民日报》《解放军报》予以全文转载。随后,全国绝大多数省、市、自治区的报纸也予以转载。《实践是检验真理的唯一标准》一文,以更为清晰的语言表达了马克思主义的这一基本道理。1845 年,是年 27 岁的马克思,正处于发现唯物史观的根本转折时期。马克思提出的检验真理的标准要以就在于:"人的思维是否具有客观的 [gegenständlich] 真理性,这不是一个理论的问题,而是一个实践的问题。人应该在实践中证明自己思维的真理性,即自己思维的现实性和力量,自己思维的此岸性。关于思维——离开实践的思维——的

---

① 《马克思恩格斯选集》第 1 卷,人民出版社 2012 年版,第 135～136 页。

现实性或非现实性的争论，是一个纯粹经院哲学的问题。"①《实践是检验真理的唯一标准》一文据此强调："这就非常清楚地告诉我们，一个理论，是否正确反映了客观实际，是不是真理，只能靠社会实践来检验……革命导师们不仅提出了实践是检验真理的唯一标准，而且亲自作出了用实践去检验一切理论包括自己所提出的理论的光辉榜样……他们并不认为自己提出的理论是已经完成了的绝对真理或'顶峰'，可以不受实践检验的；并不认为只要是他们作出的结论不管实际情况如何都不能改变；更不要说那些根据个别情况作出的个别论断了……他们从不容许别人把他们的言论当作'圣经'来崇拜。"这篇文章的发表，引起了震撼中国的一场思想理论上的大讨论。

1978 年 5 月 19 日，邓小平在接见文化部核心领导小组负责人时指出，《实践是检验真理的唯一标准》符合马克思列宁主义，是"扳不倒"的。6 月 2 日，邓小平在全军政治工作会议上发表的重要讲话中再次强调，一切从实际出发、理论与实践相结合是马克思主义的根本观点。之后，邓小平在多次讲话中都反复强调，实践是检验真理唯一标准的马克思主义的理论要义。

1978 年 12 月，在为党的十一届三中全会作准备的中央工作会议上，邓小平作了主题为《解放思想，实事求是，团结一致向前看》的重要讲话。邓小平指出："一个党，一个国家，一个民族，如果一切从本本出发，思想僵化，迷信盛行，那它就不能前进，它的生机就停止了，就要亡党灭国。"邓小平强调："实事求是，是无产阶级世界观的基础，是马克思主义的思想基础。过去我们搞革命所取得的一切胜利，是靠实事求是；现在我们要实现四个现代化，同样要靠实事

---

① 《马克思恩格斯选集》第 1 卷，人民出版社 2012 年版，第 134 页。

求是。"① 在接着召开的三中全会上，党中央冲破长期"左"的错误的严重束缚，批评"两个凡是"的错误方针，高度评价关于真理标准问题的讨论，果断结束"以阶级斗争为纲"，重新确立了马克思主义的思想路线、政治路线、组织路线。我国改革开放拉开了大幕。

二、"基本结论"的提出和接续探索

"文化大革命"十年内乱，使党、国家、人民遭到新中国成立以来最严重的挫折和损失，教训极其惨痛。"文化大革命"结束以后，在党和国家面临何去何从的重大历史关头，党的十一届三中全会召开。党深刻认识到，只有确立解放思想、实事求是的思想路线，只有实行改革开放，才是中国社会主义现代化道路向前发展的唯一出路。

党的十一届三中全会以后，邓小平一再告诫全党：要根据我国的实际情况，确定实现四个现代化的具体道路、方针、政策和措施。1979年3月，他首次提出"中国式的现代化道路"的问题，强调"过去搞民主革命，要适合中国情况，走毛泽东开辟的农村包围城市的道路。现在搞建设，也要适合中国情况，走出一条中国式的现代化道路"②。"适合中国国情"和"中国式"的思想内涵，就是他在1980年1月进一步强调的，在发展经济方面，要"寻求一条合乎中国实际的，能够快一点、省一点的道路"的根据③。

1982年9月，在党的十二大开幕词中，邓小平在深刻总结我国革命和建设正反两方面历史经验的基础上提出："我们的现代化建设，必须从中国的实际出发。无论是革命还是建设，都要注意学习和借鉴外国经验。但是，照抄照搬别国经验、别国模式，从来不能得到成功。这方面我们有过不少教训。把马克思主义的普遍真理同我国的

---

① 《邓小平文选》第2卷，人民出版社1994年版，第143页。
② 《邓小平文选》第2卷，人民出版社1994年版，第163页。
③ 《邓小平文选》第2卷，人民出版社1994年版，第246页。

具体实际结合起来，走自己的道路，建设有中国特色的社会主义，这就是我们总结长期历史经验得出的基本结论。"①

邓小平提出的"建设有中国特色的社会主义"的"基本结论"，与党的十一届三中全会以后对中国自己的社会主义的道路选择、制度和体制改革，以及思想路线的恢复有着直接的联系。邓小平在提出"基本结论"时，首先阐明的就是道路选择的问题，邓小平既提出了道路选择要坚持"从中国实际出发"的思想路线问题，也提出了怎样对待"别国经验""别国模式"的问题。同时，邓小平还强调了道路选择、思想理论建设与制度体制改革之间的关系问题。他认为："今后一个长时期，至少是到本世纪末的近二十年内，我们要抓紧四件工作：进行机构改革和经济体制改革，实现干部队伍的革命化、年轻化、知识化、专业化；建设社会主义精神文明；打击经济领域和其他领域内破坏社会主义的犯罪活动；在认真学习新党章的基础上，整顿党的作风和组织。"② 这里提到的"四件工作"包含了经济体制和政治体制改革、社会主义法制建设和健全，以及党的组织制度改革和作风建设问题，牢牢贴近于当时中国发展的实践和时代变化的实际。邓小平肯定，正是这些面向新世纪的制度体制改革发展的重大问题，是"我们坚持社会主义道路，集中力量进行现代化建设的最重要的保证"③。道路选择开辟了制度体制改革的基本方向，制度体制改革又提供了道路实践的根本保障。这两个方面集为一体，遵循毛泽东提出的"第二次结合"中"把马克思主义的普遍真理同我国的具体实际结合起来"的思想原则，才得出了"走自己的道路，建设有中国特色的社会主义"这一"我们长期历史经验得出的基本结论"。

"建设有中国特色的社会主义"，是总结我们党长期革命和建设

---

① 《邓小平文选》第3卷，人民出版社1993年版，第2~3页。
② 《邓小平文选》第3卷，人民出版社1993年版，第3页。
③ 《改革开放三十年重要文献选编》上，中央文献出版社2008年版，第261页。

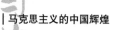

历史经验的"基本结论"，是党在改革开放和社会主义现代化建设新时期的理论和实践的"基本结论"，是马克思主义中国化时代化的理论结晶，也是实现马克思主义中国化第二次历史性飞跃的最重要的标识。

"建设有中国特色的社会主义"的基本结论，确立了改革开放和社会主义现代化建设的指导原则和根本方向，是毛泽东提出的"第二次结合"在改革开放新时期最重要的体现。在这之后，邓小平在改革开放过程中的一系列实践探索，都可以归在"建设有中国特色的社会主义"的总的命题之下；在这一过程中的一系列理论创新，也都可以汇聚在"邓小平建设有中国特色的社会主义"的总的标题之下。

邓小平对建设有中国特色的社会主义理论和实践的探索，大体分作三个历史阶段。第一阶段，从1978年党的十一届三中全会前后到1982年党的十二大，这是之前提到的邓小平在拨乱反正和改革开放起步过程中形成和提出这一"基本结论"的阶段。十一届三中全会作出了把党和国家的工作重点转移到以经济建设为中心的社会主义现代化建设的轨道上的战略决策，标志着我们党重新确立了马克思主义的思想路线、政治路线和组织路线，为成功探索中国特色社会主义道路奠定了思想理论基础，提供了政治保证和组织保证。随后，针对拨乱反正过程中出现的资产阶级自由化思潮，邓小平旗帜鲜明地指出必须坚持四项基本原则。"一个中心，两个基本点"思想的提出，奠定了党在社会主义初级阶段基本路线的基础。在党的十二大开幕词中，邓小平首次提出"建设有中国特色的社会主义"这个马克思主义中国化时代化的科学命题。

第二阶段，从1982年党的十二大到1987年党的十三大，邓小平提出的建设有中国特色社会主义的"基本结论"，在全面改革开放进程中在理论和实践上的逐次展开。这一阶段，以邓小平为主要代表的中国共产党人，勇于实践、锐意开拓，不断总结改革开放的经验，集中探索了"什么是社会主义，怎样建设社会主义"这一马克思主义中国化时代化的新课题，创造性地提出了和平和发展是时代的主题、社会主义的根本任务是发展生产力、改革是中国的第二次革命并且是解放和发展生产力的必由之路、党在社会主义初级阶段的基本路线、社会主义和市场经济不存在根本矛盾、加强社会主义民主和法制建设、社会主义物质文明和精神文明两手抓、"一国两制"等一系列思想，丰富了中国特色社会主义理论的内涵。这些理论观点使邓小平开初提出的"基本结论"，上升到内涵丰富的理论体系框架，标志着邓小平建设有中国特色的社会主义理论的基本形成。

第三阶段，从 1987 年党的十三大到 1992 年邓小平南方谈话和党的十四大，邓小平建设有中国特色的社会主义理论，在改革开放深入发展过程中日益完善。1987 年，党的十三大正式提出党在社会主义初级阶段的基本路线，明确"在社会主义初级阶段，我们党的建设有中国特色的社会主义的基本路线是：领导和团结全国各族人民，以经济建设为中心，坚持四项基本原则，坚持改革开放，自力更生，艰苦创业，为把我国建设成为富强、民主、文明的社会主义现代化国家而奋斗"①。统揽中国社会主义建设的全部过程，总结其中的经验和教训，也遵循"第二次结合"的思想原则，党的十三大提出："在中国这样落后的东方大国中建设社会主义，是马克思主义发展史上的新课题。我们面对的情况，既不是马克思主义创始人设想的在资本主义高度发展的基础上建设社会主义，也不完全相同于其他社会主义国家。照搬书本不行，照搬外国也不行，必须从国情出发，把马克思主义基本原理同中国实际结合起来，在实践中开辟有中国特色的社

---

① 《十三大以来重要文献选编》上，人民出版社 1991 年版，第 15 页。

会主义道路。"① 这里，实际上已经提出了马克思主义中国化的新的历史性飞跃的思想实质和理论要义。

三、邓小平理论的科学体系和核心要义

邓小平视察南方发表的重要谈话，是邓小平建设有中国特色的社会主义理论成熟的标志。在这一重要谈话中，邓小平精辟分析了国内外形势，科学而系统地总结了中国特色社会主义建设的基本经验和发展的规律性趋势，全面而深刻地结合当代世界和国际社会主义运动急剧变化的实际，明确回答了长期困惑人们思想的许多重大理论和实际问题，对中国特色社会主义理论和实践的重大时代课题作出新的阐释。

党的十四大对邓小平开辟中国特色社会主义建设道路、创立中国特色社会主义理论体系的历史功绩作出高度评价，提出"邓小平同志是我国社会主义改革开放和现代化建设的总设计师。他尊重实践，尊重群众，时刻关注最广大人民的利益和愿望，善于概括群众的经验和创造，敏锐地把握时代发展的脉搏和契机，既继承前人又突破陈规，表现出了开辟社会主义建设新道路的巨大政治勇气和开拓马克思主义新境界的巨大理论勇气，对建设有中国特色社会主义理论的创立做出了历史性的重大贡献"②。

党的十四大根据邓小平改革开放以来关于建设中国特色社会主义的系列讲话特别是视察南方重要谈话的精神，将这一理论的主要内容作出系统概述，其主要方面的内容在于：

一是在社会主义的发展道路问题上，强调走自己的路，不把书本当教条，不照搬外国模式，以马克思主义为指导，以实践作为检验真

---

① 《十三大以来重要文献选编》上，人民出版社 1991 年版，第 11 页。
② 《十四大以来重要文献选编》上，人民出版社 1996 年版，第 13～14 页。

理的唯一标准，解放思想，实事求是，尊重群众的首创精神，建设有中国特色的社会主义。

二是在社会主义的发展阶段问题上，作出了我国还处在社会主义初级阶段的科学论断，强调这是一个至少上百年的很长的历史阶段，制定一切方针政策都必须以这个基本国情为依据，不能脱离实际，超越阶段。

三是在社会主义的根本任务问题上，指出社会主义的本质是解放生产力，发展生产力，消灭剥削，消除两极分化，最终达到共同富裕。强调现阶段我国社会的主要矛盾是人民日益增长的物质文化需要同落后的社会生产之间的矛盾，必须把发展生产力摆在首要位置，以经济建设为中心，推动社会全面进步。判断各方面工作的是非得失，归根到底，要以是否有利于发展社会主义社会的生产力，是否有利于增强社会主义国家的综合国力，是否有利于提高人民的生活水平为标准。科学技术是第一生产力，经济建设必须依靠科技进步和劳动者素质的提高。

四是在社会主义的发展动力问题上，强调改革也是一场革命，也是解放生产力，是中国现代化的必由之路，僵化停滞是没有出路的。经济体制改革的目标，是在坚持公有制和按劳分配为主体、其他经济成分和分配方式为补充的基础上，建立和完善社会主义市场经济体制。政治体制改革的目标，是以完善人民代表大会制度、共产党领导的多党合作和政治协商制度为主要内容，发展社会主义民主政治。同经济、政治的改革和发展相适应，以"有理想、有道德、有文化、有纪律"为目标，建设社会主义精神文明。

五是在社会主义建设的外部条件问题上，指出和平与发展是当代世界两大主题，必须坚持独立自主的和平外交政策，为我国现代化建设争取有利的国际环境。强调实行对外开放是改革和建设必不可少的，应当吸收和利用世界各国包括资本主义发达国家所创造的一

切先进文明成果来发展社会主义，封闭只能导致落后。

六是在社会主义建设的政治保证问题上，强调坚持社会主义道路、坚持人民民主专政、坚持中国共产党的领导、坚持马克思列宁主义毛泽东思想。这四项基本原则是立国之本，是改革开放和现代化建设健康发展的保证，又从改革开放和现代化建设获得新的时代内容。

七是在社会主义建设的战略步骤问题上，提出基本实现现代化分三步走。在现代化建设的长过程中要抓住时机，争取出现若干个发展速度比较快、效益又比较好的阶段，每隔几年上一个台阶。贫穷不是社会主义，同步富裕又是不可能的，必须允许和鼓励一部分地区一部分人先富起来，以带动越来越多的地区和人们逐步达到共同富裕。

八是在社会主义的领导力量和依靠力量问题上，强调作为工人阶级先锋队的共产党是社会主义事业的领导核心，党必须适应改革开放和现代化建设的需要，不断改善和加强对各方面工作的领导，改善和加强自身建设。执政党的党风，党同人民群众的联系，是关系党生死存亡的问题。必须依靠广大工人、农民、知识分子，必须依靠各民族人民的团结，必须依靠全体社会主义劳动者、拥护社会主义的爱国者和拥护祖国统一的爱国者的最广泛的统一战线。党领导的人民军队是社会主义祖国的保卫者和建设社会主义的重要力量。

九是在祖国统一的问题上，提出"一个国家、两种制度"的创造性构想。在一个中国的前提下，国家的主体坚持社会主义制度，香港、澳门、台湾保持原有的资本主义制度长期不变，按照这个原则来推进祖国和平统一大业的完成。

这九个方面内容，从科学体系上可以分为三个逻辑层次。

一是马克思主义哲学思想基础，即辩证唯物主义、历史唯物主义的世界观和方法论。其中，突出的是，坚持解放思想、实事求是马克思列宁主义、毛泽东思想的精髓。坚持这个精髓，也就是坚持了马克思主义最本质的东西，坚持了马克思主义、列宁主义、毛泽东思想同邓小平理论的历史联系。正是依靠和运用这个精髓，才有马克思列宁主义的创立和发展，才有毛泽东思想的创立和发展，才有邓小平理论的创立和发展。正是依靠和运用这个精髓，一代一代的马克思主义者在实现和发展社会主义事业的历史过程中，才能不断地解决新课题、开拓新境界、实现新飞跃，使马克思列宁主义、毛泽东思想、邓小平理论一脉相承。从这个意义上说，在当代中国，高举邓小平理论的旗帜，就是高举马克思列宁主义、毛泽东思想的旗帜。

二是邓小平依据马克思主义基本原理，针对中国国情，结合时代特征，围绕着"什么是社会主义、怎样建设社会主义"这个主题，所得出的一系列新结论即基本理论。这些基本理论构成了邓小平理论的主干部分，包含了许多新思想、新观点，表现出对马克思列宁主义、毛泽东思想的新贡献、新发展。特别是深刻揭示了社会主义本质，把对社会主义的认识提高到了新的科学水平，成为科学社会主义发展史上划时代的标志。在这些基本理论中，社会主义本质理论、社会主义初级阶段理论、社会主义改革开放理论、社会主义市场经济理论，这几大理论处于核心地位，构成了这一理论科学体系的基石。

三是"基本结论"在基本路线、基本战略、基本纲领等方面的展开，这是邓小平理论的实践形态。改革开放和社会主义建设的实践是通过路线、纲领、战略、方针政策这些"中介"，不断升华为理论，而理论一旦形成，又极大地推动实践的发展，这是通过指导路线、纲领、战略、方针政策不断完善来实现的。因此，这些具有实践形态的理论，同样是这一科学体系的重要内容。

党的十五大，把邓小平建设有中国特色的社会主义理论，正式命名为邓小平理论，确立为党的指导思想。十五大修改的新党章指出："邓小平理论是马克思列宁主义的基本原理同当代中国实践和时代特征相结合的产物，是毛泽东思想在新的历史条件下的继承和发展，是马克思主义在中国发展的新阶段，是当代中国的马克思主义，是中国共产党集体智慧的结晶，引导着我国社会主义现代化事业不断前进。"① 邓小平理论中体现的"当代中国实践"和"时代特征"，是这一理论彰显的马克思主义中国化时代化的根本所在。

在对邓小平理论的历史地位和指导意义上作了高度评价和系统总结，提出了马克思主义中国化两次历史性飞跃的重要思想："马克思列宁主义同中国实际相结合有两次历史性飞跃，产生了两大理论成果。第一次飞跃的理论成果是被实践证明了的关于中国革命和建设的正确的理论原则和经验总结，它的主要创立者是毛泽东，我们党把它称为毛泽东思想。第二次飞跃的理论成果是建设有中国特色社会主义理论，它的主要创立者是邓小平，我们党把它称为邓小平理论。"②

第二节　社会主义初级阶段和社会主义本质理论

一、社会主义初级阶段理论

"我国正处在社会主义的初级阶段"，是党的十一届三中全会后，邓小平以中国社会主义道路探索的历史经验教训为借鉴，以改革开放中的新经验为基础，逐步形成和发展起来的。社会主义初级阶段理论是邓小平理论，也是马克思主义中国化时代化的新的飞跃的理论基础。

社会主义初级阶段的理论基础在于对我国国情的实事求是的分析和判断。1981 年 6 月，党的十一届六中全会通过的《关于建国以

---

① 《十五大以来重要文献选编》上，人民出版社 2000 年版，第 53 页。
② 《十五大以来重要文献选编》上，人民出版社 2000 年版，第 9 页。

来党的若干历史问题的决议》，总结了建国以来我们党在认识社会主义发展阶段问题上的经验教训，提出"我们的社会主义制度还是处于初级的阶段"，它"由比较不完善到比较完善，必然要经历一个长久的过程"。这是第一次提出社会主义初级阶段这一概念。次年9月，党的十二大在论及我国社会主义发展阶段问题时，把物质文明不发达作为初级阶段的基本特征，肯定我国的社会主义"还处在初级发展阶段"。

1987年4月，邓小平在会见外国领导人时，对我国社会主义的历史经验和现实状况作了分析。他提出："搞社会主义，一定要使生产力发达，贫穷不是社会主义，我们坚持社会主义，要建设对资本主义具有优越性的社会主义，首先必须摆脱贫穷。现在虽说我们也在搞社会主义，但事实上不够格。只有到了下个世纪中叶，达到了中等发达国家的水平，才能说真的搞了社会主义，才能理直气壮地说社会主义优于资本主义，现在我们正在向这个路上走。"对社会主义发展阶段的判断，使我们清醒地认识到："社会主义就是要发展生产力，这是一个很长的历史阶段。"① 当年8月，邓小平更为明确地提出，我国的社会主义"就是处在初级阶段，是初级阶段的社会主义"②。邓小平的这些观点，为党的十三大提出社会主义初级阶段理论奠定了重要基础。

党的十三大第一次科学界定了社会主义初级阶段的特定涵义；全面分析了当代中国的基本国情，明确提出我国正处在社会主义初级阶段；揭示了社会主义初级阶段的不可逾越性和长期性；阐明了社会主义初级阶段的主要矛盾及其解决途径；提出了党在社会主义初级阶段的基本路线表明社会主义初级阶段理论已经形成。党的十三

---

① 《邓小平文选》第3卷，人民出版社1993年版，第22页、第225页、第228页。
② 《邓小平文选》第3卷，人民出版社1993年版，第252页。

大之后，邓小平对社会主义初级阶段理论作出新的探索，强调社会主义初级阶段至少需要一百年时间，强调一切方针政策的制定都要从社会主义初级阶段这个最大的国情、最大的实际出发，强调社会主义初级阶段两个方面涵义即我国社会已经是社会主义社会和我国的社会主义社会还处在初级阶段这两个方面涵义的统一性。在邓小平看来，"中国不搞社会主义不行，不坚持社会主义不行。如果没有共产党的领导，不搞社会主义，不搞改革开放，就呜呼哀哉了，哪里能有现在的中国？"① 他反复强调 "只有社会主义才能救中国，只有社会主义才能发展中国"②。离开中国已经是社会主义社会这样一个客观事实，来讨论中国的发展和建设问题，是错误的，是有害的。社会主义初级阶段，是生产力发展水平比较低的落后国家进入共产主义的第一个阶段的起始阶段，"社会主义本身是共产主义的初级阶段，而我们中国又处在社会主义的初级阶段，就是不发达的阶段"③。社会主义初级阶段理论是建设中国特色社会主义中提出其他一切思想、观点和理论的基本前提。

二、党在社会主义初级阶段的基本路线

党的基本路线是党在一定历史时期为解决社会主要矛盾、完成党的主要任务而制定的总方针、总政策，是制定各项具体方针、政策的根本指南。我们党从我国社会主义初级阶段的基本国情出发，在科学认识我国社会的主要矛盾的基础上，制定了党在社会主义初级阶段的基本路线。1987 年 10 月，党的十三大对这一基本路线做了科学概括。这就是，"领导和团结全国各族人民，以经济建设为中心，坚持四项基本原则，坚持改革开放，自力更生，艰苦创业，为把我国建

---

① 《邓小平文选》第 3 卷，人民出版社 1993 年版，第 326 页。
② 《邓小平文选》第 3 卷，人民出版社 1993 年版，第 311 页。
③ 《邓小平文选》第 3 卷，人民出版社 1993 年版，第 252 页。

设成为富强、民主、文明的社会主义现代化国家而奋斗。"

"一个中心、两个基本点"是党在社会主义初级阶段基本路线的核心内容的概括。"一个中心"即以经济建设为中心；"两个基本点"即坚持四项基本原则，坚持改革开放。以经济建设为中心，是这条基本路线的根本和关键点。毫不动摇地坚持党的基本路线，是由社会主义初级阶段的性质、任务决定的，这是我们党总结实践经验得出的基本结论。坚持党的基本路线不动摇，关键就是要坚持以经济建设为中心不动摇，必须把"一个中心、两个基本点"统一于建设中国特色社会主义的伟大实践。

党的基本路线的提出，来自我们党对我国社会主义初级阶段主要矛盾的正确分析和认识，来自我们党对社会主义建设历史经验的深刻思考和总结。随着社会主义改造任务的胜利完成，毛泽东和我们党正确地认识到，社会主义社会的主要矛盾已经是人民对于经济文化迅速发展的需要同当前经济文化不能满足人民需要的状况之间的矛盾。但是，由于各种原因，我们后来背离了这一正确认识。在领导拨乱反正的过程中，邓小平于1979年3月指出，"我们的生产力发展水平很低，远远不能满足人民和国家的需要，这就是我们目前时期的主要矛盾，解决这个主要矛盾就是我们的中心任务。"[1] 1981年，在《关于建国以来党的若干历史问题的决议》中，对我国社会主义改造完成以后的社会主要矛盾作出了科学表述。这就是：人民日益增长的物质文化需要同落后的社会生产之间的矛盾。这一矛盾决定了我们必须把经济建设作为全党全国工作的中心，各项工作都要服从和服务于这个中心。

要解决社会主义的主要矛盾，关键就是要大力发展社会生产力，把经济建设作为一切工作的中心。在整个社会主义初级阶段，除非出

---

[1] 《邓小平文选》第2卷，人民出版社1994年版，第182页。

现大规模的侵略战争，都要大力发展社会生产力，扭住经济建设这个中心不放。离开经济建设这个中心，就有丧失物质基础的危险。经济建设搞不好，其他建设也不可能搞好，实现现代化就要完全落空。社会主义的根本任务是发展生产力。在生产力不发达的社会主义初级阶段，更要把集中力量发展社会生产力摆在首要位置。一切有利于生产力发展的东西，都是符合人民根本利益的，因而是社会主义所要求或允许的；一切不利于生产力发展的东西，都是违反人民根本利益的，因而是社会主义所不允许的。总之，发展是硬道理，是党执政兴国的第一要务，中国解决所有问题的关键在于依靠自己的发展。改革开放以来我们之所以能够取得的一系列的巨大成就，就在于我们正确地认识到了社会主义的主要矛盾，将经济建设作为我们一切工作的中心。

坚持四项基本原则是邓小平对我党长期以来积累的经验所作的科学概括，体现了亿万中国人民的共同意志，是不可动摇的立国之本。在我国社会主义现代化的整个过程中，都必须始终坚持四项基本原则。一是在于坚持四项基本原则是中国历史发展的必然结论。中国的历史与现实雄辩地说明，只有社会主义才能救中国，也只有社会主义才能发展中国。而我们的社会主义是在共产党的领导下的、以马列主义毛泽东思想为指导思想的人民民主专政的国家。二是在于四项基本原则是社会主义中国的主要标志。四项基本原则从根本上回答和规定了我国走什么样的道路，实行什么样的国体，由谁来领导以及以什么作为指导思想等一系列最为根本的原则问题，决定着我国的性质和发展方向，关系着全国各族人民的利益和前途。三是在于四项基本原则是我们事业健康发展的根本前提与政治保障。四项基本原则对改革开放和现代化建设主要起着三方面的政治保证作用：其一，保证有一个坚定的政治方向；其二，保证有一个团结稳定的环境；其三，保证有统一的意志和统一的行动。四是在于坚持四项基本原则才能有一个稳定的社会环境。中国的问题，压倒一切的是稳定。没有稳定的环境，什么都搞不成，已经取得的成果也会失掉。这是治理中国的大道理，别的小道理都要服从这个大道理。发展中国特色社会主义的经济、政治和文化都需要稳定的环境。中国不允许乱。而坚持四项基本原则就可以起到这样的作用。

改革开放的实践证明，在党的基本路线中，以经济建设为中心与坚持四项基本原则和改革开放，是相互贯通、相互依存、不可分割的统一整体。以经济建设为中心，是以四项基本原则为政治保证、以改革开放为强大动力的；坚持改革开放，是以进一步解放和发展生产力、巩固和发展社会主义制度为目的的；坚持四项基本原则，是保证改革开放和经济建设沿着正确的方向前进，同时又从新的实践中不断吸取新的经验来丰富和发展的。离开经济建设这个中心任务，社会主义社会的一切发展和进步就会失去物质基础；离开四项基本原则和改革开放，经济建设就会迷失方向和丧失动力。因此，"全面把握党的基本路线的全部内容，把经济建设这个中心同四项基本原则、改革开放这两个基本点，统一于建设有中国特色社会主义的伟大实践，贯穿于现代化建设的整个过程，我们就会不断地从胜利走向胜利。"①

三、社会主义本质理论

"社会主义是一个很好的名词，但是如果搞不好，不能正确理解，不能采取正确的政策，那就体现不出社会主义的本质。"② 社会主义本质，是对建设中国特色社会主义中关于什么是社会主义，怎样建设社会主义这个首要的基本理论问题的回答，蕴涵着丰富的科学内容，体现出鲜明的特点，具有重大的理论与实践意义。

---

① 《十五大以来重要文献选编》上，人民出版社 2000 年版，第 682 页。
② 《邓小平文选》第 2 卷，人民出版社 1994 年版，第 313 页。

1992 年初，邓小平在视察南方的谈话中论及资本主义与社会主义的本质区别时指出："社会主义的本质，是解放生产力，发展生产力，消灭剥削，消除两极分化，最终达到共同富裕。"① 这一科学概括，全面阐释了社会主义本质内涵及其理论上的内在逻辑。

一是解放和发展生产力是社会主义革命、建设与改革的根本目的和任务。生产力是一切社会存在和发展的基础，是推动人类社会历史发展的决定性力量。过去，进行社会主义革命，建立社会主义制度，根本目的是解放和发展生产力。在社会主义条件下，进行社会主义改革与建设，同样也是为了解放和发展生产力。邓小平指出："革命是解放生产力，改革也是解放生产力。推翻帝国主义、封建主义、官僚资本主义的反动统治，使中国人民的生产力获得解放，这是革命，所以革命是解放生产力。社会主义基本制度确立以后，还要从根本上改变束缚生产力发展的经济体制，建立起充满生机和活力的社会主义经济体制，促进生产力的发展，这是改革，所以改革也是解放生产力。过去，只讲在社会主义条件下发展生产力，没有讲还要通过改革解放生产力，不完全。应该把解放生产力和发展生产力两个讲全了。"②

二是"讲全"解放生产力和解放生产力，从两者的有机结合上才能深刻把握和理解社会主义本质。改革开放 20 多年来社会主义建设的辉煌成就，尤其是 90 年代以来的发展，使我们的社会主义制度在国内外政治动荡的局面中，不但岿然屹立，捍卫了社会主义基本制度，而且顶住了西方的经济"制裁"的压力和"和平演变"攻势。因此说，解放生产力、发展生产力是社会主义赖以生存和发展的根本，是社会主义本质的重要内容。

三是消灭剥削，消除两极分化，是社会主义发展的根本要求。

---

①② 《邓小平文选》第 3 卷，人民出版社 1993 年版，第 370 页。

邓小平把消灭剥削、消除两极分化规定为社会主义本质的基本内容，是从生产关系的角度对社会主义本质的界定，指的是社会主义发展的根本方向、根本要求，也体现了社会主义与资本主义以及一切剥削社会的质的区别。在这个问题上，邓小平既坚持社会主义应把消灭剥削、消除两极分化、实现共同富裕作为一个奋斗目标，又把实现这一目标作为一个历史过程。这就既坚持了马克思主义普遍原理，又突出了中国社会主义初级阶段的实际。他指出："我们的政策是不使社会导致两极分化，就是说，不会导致富的越富，贫的越贫。"①

四是达到共同富裕，是社会主义发展的重要目标。作为社会主义的本质，共同富裕包含这样几层含义：贫穷不是社会主义，社会主义要消灭贫穷，实现富裕；社会主义的富裕是全体人民的共同富裕，不是少数人的富裕，不能搞两极分化；共同富裕是社会主义的奋斗目标，需要一个逐步实现的过程，要通过一部分人、一部分地区先富起来，最终达到共同富裕，不能搞平均主义；实现共同富裕的基础是生产力的持续发展与发达，其途径就是壮大和发展社会主义公有制，消灭剥削，消除两极分化。共同富裕是社会主义本质的核心，是社会主义社会最终要达到的目标。邓小平坚持人民利益至上标准与社会主义价值标准的统一，把提高人民的生活水平作为社会主义的应有之义，把共同富裕作为社会主义的本质，这不仅表明了社会主义在经济制度方面的本质特征，而且体现了邓小平把发展生产力与提高人民生活水平紧密结合起来的坚定思想。

社会主义本质的整体论述包含着深刻的辩证法思想，其理论概括显示出鲜明的时代特点。

一是生产力与生产关系的辩证统一。任何社会形态都是生产力与生产关系的辩证统一。在社会主义本质论上，"解放生产力，发展

---

① 《邓小平文选》第 3 卷，人民出版社 1993 年版，第 172 页。

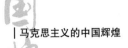

生产力"是生产力方面的规定性,而"消灭剥削、消除两极分化,最终达到共同富裕",则是生产关系方面的属性,寓含着不同于其他社会制度的特点。如果将这两个方面的某一个方面抽取出来,或片面地强调某一个方面,都不能全面准确地反映社会主义的本质。正因为如此,邓小平针对只强调生产力而忽视生产关系的片面倾向,特别强调社会主义与资本主义不同的特点就是共同富裕,不搞两极分化。

二是目标与手段的辩证统一。共同富裕是目标,只有通过采用解放生产力、发展生产力的这个根本手段,才能在消灭剥削、消除两极分化的基础上最终得到实现;而解放生产力、发展生产力是手段,只有同消灭剥削、消除两极分化结合起来,才能体现出制度特征,才能真正发挥其价值。解放生产力、发展生产力,与消灭剥削、消除两极分化,最终达到共同富裕,是一个手段与目标相统一的有机整体。

三是目标的确定性与过程的动态性的辩证统一。社会主义本质的最终目标是确定的,但实现它却是一个动态的历史过程。需要通过努力来完成一系列的阶段性任务。现实社会主义是在落后国家建立的,其首要任务是解放和发展生产力,建立与社会主义社会相适应的物质基础、经济基础。在这个过程中,继续进行生产关系的变革,消灭剥削、消除两极分化。只有这些阶段性目标逐步实现后,社会主义的最终目标才能根本实现。这是一个漫长的动态过程。"解放""发展""消灭""消除""最终达到",这些动词的准确使用,充分体现了实现这个最终目标的过程特点。

四是社会主义本质规定与社会主义基本制度的辩证统一。社会主义的本质特征离不开作为社会主义具体特征的基本制度。社会主义基本制度是社会主义本质的具体体现,是实现社会主义本质的前提和基础。基本制度与本质特征从不同方面,共同构筑了完整的社会主义大厦。离开了基本制度的社会主义本质,就成为一个抽象而空洞的东西;不坚持社会主义基本制度,也就无法实现社会主义本质。

邓小平是在坚持社会主义基本制度的前提下，提出社会主义本质论的。他在论及社会主义本质问题的时候，也总是把它与社会主义根本原则联系在一起，比如公有制占主体等。从基本制度、本质特征等层次把握社会主义本质，是邓小平社会主义观的重要特点。

第三节　经济体制改革和对外开放理论

一、改革是第二次革命

恩格斯晚年针对德国党内存在的把唯物史观庸俗化和机械化的倾向曾经指出："我认为，所谓'社会主义'不是一成不变的东西，它应当和任何其他社会制度一样，把它看成是经常变化和改革的社会"。① 恩格斯在这里对未来社会主义社会发展提出了"改变""改革"的科学预见。生产资料社会主义改造完成之后，毛泽东在《关于正确处理人民内部矛盾的问题》等著作中，对"社会主义社会的基本矛盾"作了深刻论述，认为"在社会主义社会中，基本的矛盾仍然是生产关系和生产力之间的矛盾，上层建筑和经济基础之间的矛盾"②，这些矛盾是社会运动发展的动力。解决社会主义社会基本矛盾，"可以经过社会主义制度本身，不断地得到解决"③。在社会主义基本矛盾中，生产力仍然是最革命的因素，是社会变革和发展的根本动力和基础。这就是说，在社会主义社会基本矛盾的系统中，应当牢牢地抓住生产力这个最革命、最决定的因素和最关键性的环节。毛泽东的社会主义社会矛盾学说，为社会主义的根本任务和全面改

---

① 《马克思恩格斯全集》第 37 卷，人民出版社 1971 年版，第 443 页。
② 《毛泽东文集》第 7 卷，人民出版社 1999 年版，第 214 页。
③ 《毛泽东文集》第 7 卷，人民出版社 1999 年版，第 213～214 页。

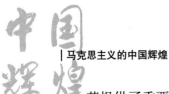

革提供了重要的哲学基础或方法论原则。

建设中国特色社会主义的关键，是找到社会主义发展的内在动力。在生产资料的社会主义改造基本完成之后，剥削阶级作为一个阶级已经被消灭，阶级对立与阶级对抗已不复存在。社会主义社会基本矛盾的性质和内容发生了根本性的变化。人民日益增长的物质文化需要同落后的社会生产之间的矛盾，已经成为社会主义社会的主要矛盾。因此，从根本上解决这一主要矛盾的运动，就成为社会主义社会发展的根本动力和直接动力。

二、经济体制改革的重要性

邓小平强调，建设、发展社会主义只能通过改革，改革是中国的第二次革命，"如果现在再不实行改革，我们的现代化事业和社会主义事业就会被葬送"。① 改革包括经济体制、政治体制、科技体制、文化体制、教育体制的全面改革。改革是对传统的旧体制的根本性变革，是中国的第二次革命，是为了解放和发展生产力。改革是社会主义制度的自我完善和发展，而不是改变社会主义的根本制度，改革必须坚持公有制为主体和共同富裕两个重要原则。

改革作为社会主义发展的根本动力，本身应是全面的社会变革过程。邓小平在设计和领导中国社会主义改革的过程中，始终贯穿着全面改革的思路，他指出："改革开放以来，我们立的章程并不少，而且是全方位的。经济、政治、科技、教育、文化、军事、外交等各个方面都有明确的方针和政策，而且有准确的表述语言。"② 全面改革是有中国特色社会主义的实践中带有战略意义的概念。它指社会主义改革是全面性的社会变革过程，不仅要进行经济体制改革，而且要

---

① 《邓小平文选》第 2 卷，人民出版社 1994 年版，第 150 页。
② 《邓小平文选》第 3 卷，人民出版社 1993 年版，第 371 页。

在经济体制改革的基础上大力推进政治体制改革以及文化、教育、科技等领域的改革，要使各项改革相互配套、相互补充。全面改革是社会主义全面发展的客观要求和强大动力。全面发展是指社会主义发展不是社会某个组成部分的孤立发展，而是社会经济、政治、文化以及其他相关系统的综合协调的整体性的发展。改革开放以来，全面发展一直是建设中国特色社会主义的发展目标和党的努力方向。早在1979年，邓小平就指出："我们的国家已经进入社会主义现代化建设的新时期。我们要在大幅度提高社会生产力的同时，改革和完善社会主义的经济制度和政治制度，发展高度的社会主义民主和完备的社会主义法制。我们要在建设高度物质文明的同时，提高全民族的科学文化水平，发展高尚的丰富多彩的文化生活，建设高度的社会主义精神文明。"[①]

三、对外开放的基本国策

列宁是对社会主义国家对外开放问题做出重要论述的第一人。1918年，十月革命胜利后不久，列宁就提出："社会主义能否实现，就取决于我们把苏维埃政权和苏维埃管理组织同资本主义最新的进步的东西结合得好坏。"他提出了一个著名的公式："苏维埃政权＋普鲁士的铁路秩序＋美国的技术和托拉斯组织＋美国的国民教育等等等等＋＋＝总和＝社会主义。"[②] 1921年，在新经济政策实施时，列宁指出："社会主义共和国不同世界发生联系是不能生存下去的，在目前情况下应当把自己的生存同资本主义的关系联系起来。"[③]

在党的十二届三中全会通过的《中共中央关于经济体制改革的决定》（以下简称《决定》）中，我们党第一次明确提出把对外开放作为我们必须长期坚持的基本国策。改革和开放相辅相成。没有改革，就

---

① 《邓小平文选》第3卷，人民出版社1993年版，第136页。
② 《列宁专题文集　论社会主义》，人民出版社2009年版，第381～382页。
③ 《列宁专题文集　论社会主义》，人民出版社2009年版，第387页。

没有开放；同样，没有开放，也不会有改革。社会主义改革的过程，就是由封闭、半封闭向开放、全面开放的转化过程。《决定》指出："十一届三中全会以来，我们把对外开放作为长期的基本国策，作为加快社会主义现代化建设的战略措施，在实践中已经取得显著成效。"[①]《决定》对如何长期坚持这一基本国策作出了具体的战略部署，提出要通过对外贸体制的改革，积极扩大对外经济技术交流和合作的规模，大胆利用外资和吸引外商来我国举办合资经营企业、合作经营企业和独资企业，充分利用国内和国外两种资源，开拓国内和国外两个市场，学会组织国内建设和发展对外经济关系两套本领。当今世界是开放的世界，在经济全球化日益向纵深发展的态势下，世界各国在经济、政治和文化等各方面的联系愈益紧密。这就要求我们必须以更加开放的姿态积极投身到国际一体化的体系之中去，进一步拓展对外开放的广度和深度，提高对外开放的层次和水平，以此促进我国改革的深化和社会主义现代化建设的发展。胡锦涛在十七大报告中强调指出：拓展对外开放广度和深度，提高开放型经济水平。坚持对外开放的基本国策，把"引进来"和"走出去"更好结合起来，扩大开放领域，优化开放结构，提高开放质量，完善内外联动、互利共赢、安全高效的开放型经济体系，形成经济全球化条件下参与国际经济合作和竞争新优势。

党的十一届三中全会以后，随着"文化大革命"的结束，现代化建设的任务日益迫切地提上日程。纵观人类历史，它既是由野蛮走向文明的历史，也是由封闭、隔绝日益趋于开放、融通的历史。邓小平以宽广的眼光观察世界，指出："现在的世界是开放的世界"，"中国的发展离不开世界"，"任何一个国家要发展，孤立起来，闭关自守是不可能的"[②]。考察我国的历史可知，我国作为文明古国在近代的掉队落

---

① 《十二大以来重要文献选编》中，人民出版社1986年版，第581页。
② 《邓小平文选》第3卷，人民出版社1993年版，第64页、第78页、第117页。

伍，一个重要原因就是盲目排外，闭关自守，以"夏夷之防"为名排拒一切先进的东西，实行自我孤立，对一个正在形成的全球化的开放世界一无所知。邓小平在谈到这个问题时曾指出："我们吃过这个苦头，我们的老祖宗吃过这个苦头。恐怕明朝明成祖的时候，郑和下西洋还算是开放的。明成祖死后，明朝逐渐衰落。以后清朝康乾时代，不能说是开放。如果从明朝中叶算起，到鸦片战争，有三百多年的闭关自守，如果从康熙算起，也有近二百年。长期闭关自守，把中国搞的贫穷落后，愚昧无知。"① 历史的教训值得吸取，历史的经验值得借鉴。总结封闭就要落后，落后就要挨打的教训，邓小平果敢地指出"中国要谋求发展，摆脱贫穷和落后，必须开放"，"中国不开放不改革没有出路，国家现代化建设就没有希望"②。在对外开放上，邓小平的最大贡献是彻底冲破了传统的理论禁区，不是从本本上、从政治思维上，而是从经济发展的客观规律上、从生产力发展的内在要求上来思考问题。

中国共产党人认为，中国的发展离不开世界，中国要发展、要进步、要自强，就必须实行对外开放，吸收和借鉴世界各国资本主义发达国家的一切先进技术和管理经验，充分利用人类社会创造的一切文明成果，以增强我国经济社会发展的自力更生能力和在国际社会的竞争能力，逐步使我们的社会主义赢得与资本主义相比较的优势。对外开放已成为我国一项长期的基本国策。

第四节　经济发展和发展战略理论

一、发展才是硬道理

"发展才是硬道理"，这是邓小平对中国特色社会主义发展观的

---

① 《邓小平文选》第3卷，人民出版社1993年版，第90页。
② 《邓小平文选》第3卷，人民出版社1993年版，第266页、第219页。

高度概括。这一发展观是在继承马克思主义发展理论、借鉴世界发展理论的有益成果，深入研究世界发展趋势和当代中国实际的基础上形成的，这一发展观对当代中国和世界的发展具有重大的理论和现实意义。

这一发展观强调的是要抓住机遇，加快发展。能不能抓住机遇，加快发展，是一个国家，一个民族赢得主动，赢得优势的关键所在。回顾中国的历史，在15世纪以前，出现过汉唐盛世，中国的经济技术在世界上一直处于领先地位。15世纪以后，中国的经济技术落后了，很重要的原因是丧失了一些重要的机遇。错失机遇，经济发展就受到阻滞。邓小平科学地分析了国内外经济发展的经验，认为"我们国内条件具备，国际环境有利，再加上发挥社会主义制度能够集中力量办大事的优势，在今后的现代化建设过程中，出现若干发展速度比较快、效益比较好的阶段，是必要的，也是能够办到的。我们就是要有这个雄心壮志"①。深刻指出经济高速发展的可能性和现实性。

这一发展观强调发展必须以经济建设为中心，集中力量把经济搞上去。国家的昌盛，人民的富裕说到底是经济实力问题。国际竞争，说到底也是经济实力问题。增强我国的综合国力，实现中华民族的伟大复兴，要靠发展；实现国家的完全统一，要靠发展；促进世界和平与发展的崇高事业，要靠发展；解决人民的思想认识问题，说服那些不相信社会主义的人，坚定对社会主义和祖国未来前途的信念和信心，最终也要靠发展。一个国家没有一定的经济实力，不仅谈不到国际舞台去竞争，而且还被人家欺负。只有经济大大发展了，经济实力和综合国力大大增强了，人民的生活才能改善，国家才能长治久安，我们的腰杆子才能硬，在国际上说话才有分量，支持我们的朋友才会更多。"发展才是硬道理"，硬就硬在这里。

---

① 《邓小平文选》第3卷，人民出版社1993年版，第377页。

这一发展观强调的是人与社会、自然的和谐协调发展。20 世纪五六十年代，一些发展中国家采取经济增长战略，片面追求 GDP 的量的增长，以为只要 GDP 增加了，其他一切问题都可迎刃而解。但经过一段时间，人们发现这些国家虽然经济有所增长，但是农业落后，城乡差距拉大，资源破坏，环境恶化，贫富差别拉大，社会治安、社会风气恶化。这使人们逐渐认识到，片面追求经济增长不可能真正实现经济、社会的全面进步。邓小平认为，发展不是一个单纯的经济问题，而是一个在经济发展基础上的经济、政治、文化相互作用、协调发展的过程，发展不仅包括经济增长，而且包括社会结构、人民生活、教育科技、社会保障、社会秩序等各方面的综合协调发展。不仅要注重经济增长，而且要注重解决人口、就业、保健、教育、环境保护、道德观念、政治体制、分配制度等方面的问题。中国的发展不仅是生产力的发展，物质生活水平的改善和提高，而且是政治民主和精神文明的全面发展。他指出，发展是硬道理，社会主义的根本任务是发展生产力，必须以经济建设为中心，"发展国民经济，发展社会生产力。这件事情一定要死扭住不放，一天也不能耽误"①。强调经济建设和发展生产力的目的是使人民不断增长的物质文化生活需要能够逐步得到满足。他把人作为发展的目的，强调经济发展的最终目的是提高人的生活质量，提高人类自身素质，指出："我们要在建设高度物质文明的同时，提高全民族的科学文化水平，发展高尚的丰富多彩的文化生活，建设高度的社会主义精神文明。"不加强精神文明的建设，物质文明的建设也要受破坏，走弯路。光靠物质条件，我们的革命和建设都不可能胜利。他还十分重视人口、资源和环境问题，认为人口问题是一个战略问题，要很好控制，经济发展后劲的大小，越来越取决于劳动者的素质，多次强调要合理利用资源，保

①《邓小平文选》第 2 卷，人民出版社 1994 年版，第 276 页。

护资源环境，"要采取有力的步骤，使我们的发展能够持续、有后劲"。① 邓小平的发展观，把经济的增长同人口的控制、劳动者素质的提高、资源的合理利用、生态环境的保护有机统一起来，是一种人与社会、自然全面协调的发展观。

这一发展观强调的是一种非均衡的发展。西方发展经济学重视的是人类和国家的整体发展问题，对于一个资源贫乏、内部条件差异较大的国家如何发展的问题研究不多。我国幅员辽阔，各地区之间资源、交通、人才、技术、信息等条件差异很大，地区经济发展不平衡。根据这一实际，邓小平提出"让一部分地区、一部分人先富起来，逐步实现共同富裕"的阶梯式发展的战略思想。他认为，我国东部沿海地区经济基础较好，交通和地理环境也较优越，"沿海地区要加快对外开放，使这个拥有两亿人口的广大地带较快地先发展起来，从而带动内地更好地发展，这是一个事关大局的问题。内地要顾全这个大局。反过来，发展到一定的时候，又要求沿海拿出更多力量来帮助内地发展，这也是个大局。那时沿海也要服从这个大局。"② 共同富裕是社会主义的目标。但由于我国各地经济条件的差异和劳动者之间的差别，在政策上"要允许一部分地区、一部分企业、一部分工人农民，由于辛勤努力成绩大而收入先多一些，生活先好起来。一部分人生活先好起来，就必然产生极大的示范力量……使整个国民经济不断地波浪式地向前发展，使全国各族人民都能比较快地富裕起来。"③

根据非均衡发展观，邓小平提出了中国的经济发展要每隔几年上一个新台阶的"台阶式"发展思想。台阶式发展思想的主要内容包括三个方面：首先，机遇是台阶式发展的起点。一切事物的发展过

---

① 《邓小平文选》第 3 卷，人民出版社 1993 年版，第 312 页。
② 《邓小平文选》第 3 卷，人民出版社 1993 年版，第 277～278 页。
③ 《邓小平文选》第 2 卷，人民出版社 1994 年版，第 152 页。

程，不均衡总是绝对的，均衡则是相对的。邓小平同志认为，经济的发展和其他一切事物的发展一样，是一个波浪式前进的过程。"可能我们的经济发展还是波浪式前进。过几年有一个飞跃，跳一个台阶，跳了以后，发现问题及时纠正一下，再前进。"①其次，速度是台阶式发展的关键。能发展就不要阻挡，有条件的地方要尽可能搞快点，只要是讲效益、讲质量，搞外向型经济，就没有什么可担心的。从我国的实际看，广东、江苏、上海等地的条件比较好，这些地方应比全国平均速度快。正如邓小平指出的："从我们自己这些年的经验来看，经济发展隔几年上一个台阶，是能够办得到的。"②最后，效益是台阶式发展的实质。他说："我国的经济发展，总要力争隔几年上一个台阶。当然，不是鼓励不切实际的高速度，还是要扎扎实实，讲求效益，稳步协调地发展。"③

　　这一发展观注重内源性发展和开放性发展的统一。所谓内源性发展，是指立足于本国人民独立自主、自力更生的基点上的发展模式。所谓开放性发展，是指积极向世界敞开大门、吸收人类先进科技知识和经验以加快自身发展的发展观。我国是社会主义国家，不能像资本主义国家那样靠掠夺发展中国家来获取不平等利益，只能在平等互利的基础上，同一切国家发展经济关系。我国又是一个拥有12亿多人口的大国，任何依赖国外资金、技术和设备来实现现代化的想法，都是不切实际的幻想。"中国的事情要按照中国的情况来办，要依靠中国人自己的力量来办。独立自主，自力更生，无论过去、现在和将来，都是我们的立足点。"④我们要引进技术，但必须把引进和开发、创新结合起来，要利用外资，但同时更要注重自己的资金积

---

① 《邓小平文选》第3卷，人民出版社1993年版，第368页。
② 《邓小平文选》第3卷，人民出版社1993年版，第376页。
③ 《邓小平文选》第3卷，人民出版社1993年版，第375页。
④ 《邓小平文选》第3卷，人民出版社1993年版，第3页。

累。另外，当今的世界是开放的世界，任何一个国家要发展，孤立起来，闭关自守是不可能的，不加强国际交往，不引进发达国家的先进经验、先进科学技术和资金，是不可能的。正因为当今世界是开放的世界，所以邓小平反复强调中国的发展离不开世界，要"大胆吸收和借鉴人类社会创造的一切文明成果，吸收和借鉴当今世界各国包括资本主义发达国家一切反映现代社会化生产规律的先进经营方式、管理方法"①。在邓小平同志看来，坚持独立自主、自力更生方针和实行全方位对外开放政策是可以而且能够统一的。

二、教育和科技发展的战略地位

科教兴国战略，是指全面落实科学技术是第一生产力的思想，把科技和教育摆在经济、社会发展的重要位置，增强国家的科技实力及向现实生产力转化的能力，提高全民族的科技文化素质，把经济建设转移到依靠科技进步和提高劳动者素质的轨道上来，加速实现国家的繁荣富强。

1975 年，邓小平就对"科技是生产力"这一马克思经济思想的重要观点作出阐释。1978 年 3 月，在全国科学技术大会开幕式的讲话中，邓小平在谈到社会生产力的巨大发展及劳动生产率的提高，最主要的就是靠科学的力量、技术的力量，并进而提出"四个现代化，关键是科学技术的现代化"② 的主张。1988 年 9 月，邓小平明确提出"科学技术是第一生产力"的论断。他说"马克思讲过科学技术是生产力，这是非常正确的，现在看来这样说可能不够，恐怕是第一生产力。"③ 1992 年春，邓小平视察南方时重申了"科学技术是第一生产力"的观点。根据邓小平"科学技术是第一生产力"的论断，党的

---

① 《邓小平文选》第 3 卷，人民出版社 1993 年版，第 373 页。
② 《邓小平文选》第 2 卷，人民出版社 1994 年版，第 86 页。
③ 《邓小平文选》第 3 卷，人民出版社 1993 年版，第 275 页。

十三大报告强调了要把发展科学技术和教育事业放在首要位置；党的十四大报告指出"振兴经济首先要振兴科技"。

在 1995 年召开的全国科技大会上第一次正式提出科教兴国战略。在此之后，中共中央在《关于制定国民经济和社会发展"九五"计划和 2010 年远景目标的建议》中指出要"实施科教兴国战略，促进科技、教育与经济紧密结合"；1996 年，《国民经济和社会发展"九五"计划和 2010 年远景目标纲要》则把"科教兴国战略"作为中国的一项基本国策。

科教兴国战略提出的客观依据主要有两个方面：一是科学技术是先进生产力的集中体现和主要标志。科技进步和创新是发展生产力的决定因素。科学技术的突飞猛进给世界生产力和人类经济社会的发展带来了极大的推动。未来的科技发展还将产生重大飞跃，必须把握这个客观趋势，把发挥我国社会主义制度的优越性同掌握、运用先进的科学技术紧密联合起来，大力推动科技进步和创新，不断用先进科学技术改造和提高国民经济，努力实现我国生产力发展的跨越。二是科学技术推动经济发展，教育对经济和社会发展则具有先导性和全局性的作用。科技进步与经济发展是相互促进、相互制约的。一方面，科技进步对经济发展起着巨大的推动作用，已成为经济发展的强大动力；另一方面，科学技术的发展也要适应经济发展的需要。只有把科学技术与经济有机地结合起来，使它们协调发展，才能促进经济的高速增长。教育对经济和社会发展则具有先导性和全局性的作用。经济要发展，教育是基础。我国现代化建设必须依靠教育，应该把教育看作是一项最迫切、最重要的工作。因为教育不仅起到基础作用，而且起到了把潜在的生产力转化为直接的生产力的作用。这就要培养出一支数量多、质量高、知识结构合理的人才队伍。

科教兴国战略是"科学技术是第一生产力"这一论断的直接推广和应用。它的实施，对促进我国社会主义现代化建设具有重大

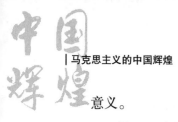
意义。

第一，实施科教兴国战略是我国在激烈的国际竞争中立于不败之地的重要保证。当今世界，国际竞争的焦点越来越表现为经济实力的竞争，而经济实力的竞争又集中在科技、教育的竞争。我国目前的科技、教育水平与发达国家相比还有一定差距。必须在转换经济体制、优化经济结构、发展科技教育以及提高对外开放水平等方面取得突破性进展，坚定不移地实施科教兴国战略。

第二，实施科教兴国战略是促进我国经济发展，提高我国综合国力的根本性措施。科教兴国战略既为全面提高我国生产力和综合国力打下坚实基础，又为提高我国综合国力找到了正确的路子。综合国力所包含的各种要素如资源、经济、科技、国防等方面的实力都与科学教育技术的发展程度直接有关。所以，必须把发展科学技术和教育放在重要的地位。

第三，实施科教兴国战略是提高民族素质、实现中华民族振兴的必由之路。现代科学技术的发展，促进了人类智能状况的提高和智力资源的开发，从而促进了人类自身的发展。科学技术在全民族中的普及程度，将决定着我国社会主义现代化建设的进程。

科教兴国战略是推动我国经济和社会发展的一项基本国策，是实现社会主义现代化建设的根本保证。为全面贯彻落实科教兴国战略方针，必须努力提高全民族的科学文化素质，深化科教体制改革，进一步加大科技、教育的投资力度，加速我国科技进步的步伐。

三、"小康社会"与"中国式的现代化道路"的定位

邓小平"小康社会"思想的明确表达，是与"中国式的现代化道路"的科学阐释联系在一起的。1984年3月25日，邓小平在会见日本首相中曾根康弘时提出，"翻两番，国民生产总值人均达到八百美元，就是到本世纪末在中国建立一个小康社会。这个小康社会，叫

做中国式的现代化。翻两番、小康社会、中国式的现代化，这些都是我们的新概念。"① 在这里，邓小平明确了以下基本观点：一是"小康社会"是中国社会到 20 世纪末的发展目标；二是"小康社会"是以"中国式的现代化道路"为其基本内涵的；三是"小康社会"是以中国经济的一定发展速度和人民生活水平一定提高为主要目标的，"翻两番"和"国民生产总值人均达到八百美元"是其中的主要指标；四是"小康社会"和"中国式的现代化"都是具有中国话语特色的"新概念"。

在这之前的五年间，邓小平持续地使用"小康之家""小康的状态""小康水平""小康的国家"等用语，表达他对"我们要实现的四个现代化""中国式的现代化"内涵的深刻理解。1979 年 12 月，邓小平在同日本首相大平正芳谈话中提道："我们要实现的四个现代化，是中国式的现代化。我们的四个现代化的概念，不是像你们那样的现代化的概念，而是'小康之家'"；在邓小平看来，即使到那时，"就算达到那样的水平，同西方来比，也还是落后的。所以，我只能说，中国到那时也还是一个小康的状态"，或者说，到那时"中国只是一个小康的国家"②。

新中国成立后，建设现代化强国就成为中国共产党为实现中华民族伟大复兴的奋斗目标，特别是在对中国社会主义建设目标和战略思考中，不断地丰富和完善现代化建设的思想。

党的十一届三中全会后，以邓小平同志为主要代表的中国共产党人，从中华民族复兴和社会主义前途命运的高度，再次阐明现代化建设的战略意义和奋斗目标，确立了新时期社会主义现代化建设的战略思想。1979 年 3 月 21 日，邓小平在会见英中文化协会执委会代

---

① 《邓小平文选》第 3 卷，人民出版社 1993 年版，第 54 页。
② 《邓小平文选》第 2 卷，人民出版社 1994 年版，第 237～238 页。

表团时提道："我们定的目标是在本世纪末实现四个现代化。我们的概念与西方不同，我姑且用个新说法，叫做中国式的四个现代化。"①3月23日，在中共中央政治局讨论1979年国民经济计划和国民经济调整问题的会议上，邓小平提道："我同外国人谈话，用了一个新名词：中国式的现代化。到本世纪末，我们大概只能达到发达国家七十年代的水平，人均收入不可能很高。"② 几天后，3月30日，邓小平在题为"坚持四项基本原则"的讲话中谈道："能否实现四个现代化，决定着我们国家的命运、民族的命运"，"社会主义现代化建设是我们当前最大的政治，因为它代表着人民的最大的利益、最根本的利益。"③ 他指出："要在本世纪内实现四个现代化，把我国建设成一个社会主义强国，这是一个非常艰巨的任务。过去搞民主革命，要适合中国国情，走毛泽东同志开辟的农村包围城市的道路。现在搞建设，也要适合中国情况，走出一条中国式的现代化道路。"④

"中国式的现代化道路"的探索，成为邓小平提出"小康社会"重要思想基础；而"小康社会"的提出，也极大地丰富了"中国式的现代化道路"的思想内涵和精神实质。1979年7月，邓小平指出："搞现代化就是要加快步伐，搞富的社会主义，不是搞穷的社会主义。""如果我们人均收入达到一千美元，就很不错，可以吃得好，穿得好，用得好，还可以增加外援。"⑤ 1979年12月，在会见新加坡政府代表团时，邓小平谈道："所谓四个现代化，只能搞个'小康之家'，比如说国民生产总值人均一千美元。虽然是'小康之家'，肯定日子比较好过，社会存在的问题能比较顺利地解决。即使我们总的

---

① 《邓小平年谱（1995—1997）》上，中央文献出版社2004年版，第496页。
② 《邓小平年谱（1995—1997）》上，中央文献出版社2004年版，第497页。
③ 《邓小平文选》第2卷，人民出版社1994年版，第162页、第163页。
④ 《邓小平文选》第2卷，人民出版社1994年版，第276页。
⑤ 《邓小平年谱（1995—1997）》上，中央文献出版社2004年版，第540页。

经济指标超过所有国家，人均收入仍不会很大。总之，既要有雄心壮志，也要脚踏实地。也许目标放低一点好，可以超过它。"① 1980 年底，邓小平在中央工作会议上明确提出："经过二十年的时间，使我国现代化经济建设的发展达到小康水平，然后继续前进，逐步达到更高程度的现代化"② 的战略设想。

在改革开放新时期之初，邓小平在探索中国四个现代化的新的历史进程时，立足现实国情，反思历史经验，将"中国式的现代化道路"的宏伟事业，同"小康"这一富有中华传统文化而又包含了全新的时代意蕴的话语结合在一起，将中华民族伟大复兴的梦想同亿万人民群众对美好生活的追求融为一体，形成较为系统的"小康社会"思想，并将其确立为 20 世纪末中国社会主义现代化发展的战略目标，这无疑是邓小平理论中最富有活力而又最具特色的思想精华。

四、"三步走"战略的确定

1982 年 9 月，党的十二大在题为"全面开创社会主义现代化建设的新局面"的报告中，对我国经济建设作出"两步走"的战略部署，提出从 1981 年到 20 世纪末的 20 年，实现我国经济建设总的奋斗目标，"在战略部署上要分两步走：前十年主要是打好基础，积蓄力量，创造条件，后十年要进入一个新的经济振兴时期。"党的十二大强调："这是党中央全面分析了我国经济情况和发展趋势之后作出的重要决策。"③ "两步走"为 20 世纪最后 20 年"中国式的现代化"发展确立了战略目标和战略步骤。

党的十二大后，邓小平对"两步走"战略作了新的阐释。1984

---

① 《邓小平年谱（1995—1997）》上，中央文献出版社 2004 年版，第 586 页。
② 《邓小平文选》第 2 卷，人民出版社 1994 年版，第 356 页。
③ 《改革开放三十年重要文献选编》上，中央文献出版社 2008 年版，第 266 页、第 268 页。

年 10 月，他在会见中外经济合作问题讨论会的代表时指出："我们确定了一个政治目标：发展经济，到本世纪末翻两番，国民生产总值按人口平均达到八百美元，人民生活达到小康水平。这个目标对发达国家来说是微不足道的，但对中国来说，是一个雄心壮志，是一个宏伟的目标。更为重要的是，在这个基础上，再发展三十年到五十年，力争接近世界发达国家的水平。"他明确指出："我们第一步是实现翻两番，需要二十年，还有第二步，需要三十年到五十年，恐怕是要五十年，接近发达国家的水平。两步加起来，正好五十年至七十年。"①

1985 年 3 月，邓小平再次表达了这一思想，他在全国科技工作会议上指出："我们奋斗了几十年，就是为了消灭贫困。第一步，本世纪末，达到小康水平，就是不穷不富，日子比较好过的水平。第二步，再用三五十年的时间，在经济上接近发达国家的水平，使人民生活比较富裕。"② 邓小平对 20 世纪最后 20 年"翻两番"之后的发展战略作了展望，在实现党的十二大提出的"两步走"的战略目标后，在 21 世纪继续奋斗，再有"三五十年的时间"，达到"在经济上接近发达国家的水平"的战略目标，在"不穷不富"的"小康水平"之后再有大的发展。

在党的十二大提出的"两步走"战略思想的基础上，邓小平进一步规划了到 21 世纪中叶的"三步走"战略思想。1987 年 4 月，在会见西班牙客人时，邓小平对"三步走"的战略思想作了系统表述，这就是："我们原定的目标是，第一步在八十年代翻一番。以一九八〇年为基数，当时国民生产总值人均只有二百五十美元，翻一番，达到五百美元。第二步是到本世纪末，再翻一番，人均达到一千美元。实现这个目标意味着我们进入小康社会，把贫困的中国变成小康的中

---

① 《邓小平文选》第 3 卷，人民出版社 1993 年版，第 77 页、第 79 页。
② 《邓小平文选》第 3 卷，人民出版社 1993 年版，第 109 页。

国。那时国民生产总值超过一万亿美元，虽然人均数还很低，但是国家的力量有很大增加。我们制定的目标更重要的还是第三步，在下世纪用三十到五十年再翻两番，大体上达到人均四千美元。做到这一步，中国就达到中等发达的水平。这是我们的雄心壮志。目标不高，但做起来可不容易。"① "三步走"战略是对党的十二大提出的"两步走"战略的延伸，也是邓小平"小康社会"思想的拓展；邓小平"小康社会"思想成为"三步走"战略的主要根据和基本依据。

邓小平提出的"小康社会"思想和"三步走"战略，在1987年召开的党的十三大上正式得到确认。党的十三大在题为"沿着中国特色的社会主义道路前进"的报告中指出："党的十一届三中全会以后，我国经济建设的战略部署大体分三步走。第一步，实现国民生产总值比一九八○年翻一番，解决人民的温饱问题。这个任务已经基本实现。第二步，到本世纪末，使国民生产总值再增长一倍，人民生活达到小康水平。第三步，到下世纪中叶，人均国民生产总值达到中等发达国家水平，人民生活比较富裕，基本实现现代化。然后，在这个基础上继续前进。"② 邓小平"三步走"战略思想不仅得到党的代表大会的确认，同时也成为国家制定经济社会发展长远规划的重要指导思想。

1990年，党的十三届七中全会通过的《中共中央关于制定国民经济和社会发展十年规划和"八五"计划的建议》提出："党的十一届三中全会以后，中央确定的我国现代化建设分三步走的战略部署是正确的。第一步战略目标，即国民生产总值比1980年翻一番，解决人民温饱问题，已经基本实现。""从1991年到2000年，我们要实现现代化建设的第二步战略目标，把国民经济的整体素质提高到一

---

① 《邓小平文选》第3卷，人民出版社1993年版，第226页。
② 《改革开放三十年重要文献选编》上，中央文献出版社2008年版，第478页。

个新水平。"① 回顾整个 80 年代的发展成就，建议指出，这是"全国人民生活水平提高最快的十年。全国绝大多数地区基本解决温饱问题，部分地区开始向小康水平过渡。"90 年代这 10 年发展的目标，将使"人民生活从温饱达到小康"，"人民生活逐步达到小康水平，是九十年代经济发展的重要目标"②。

按照"三步走"的战略，1995 年提前五年实现了翻两番的目标，我国的国民生产总值达到 57600 亿元，到 2000 年国内生产总值超过 8.9 万亿元人民币，人均国内生产总值达到了 848 美元，从总体上看，"三步走"的前两步已经基本实现。1997 年，党的十五大在题为"高举邓小平理论伟大旗帜，把建设有中国特色社会主义事业全面推向二十一世纪"的报告中宣布："现在完全可以有把握地说，我们党在改革开放初期提出的本世纪末达到小康的目标，能够如期实现。在中国这样一个十多亿人口的国度里，进入和建设小康社会，是一件有伟大意义的事情。这将为国家长治久安打下新的基础，为更加有力地推进社会主义现代化创造新的起点。""进入和建设小康社会"，不仅成为 20 世纪最后 20 年中国社会变迁的最深刻的表述，也成为走向 21 世纪中国社会发展的最鼓舞人心、凝聚人心的战略目标。党的十五大不失时机地提出了 21 世纪新的"三步走"的战略构想。这就是："展望下世纪，我们的目标是，第一个十年实现国民生产总值比二〇〇〇年翻一番，使人民的小康生活更加宽裕，形成比较完善的社会主义市场经济体制；再经过十年的努力，到建党 100 周年时，使国民经济更加发展，各项制度更加完善；到世纪中叶建国一百周年时，基本实现现代化，建成富强民主文明社会主义国家。"③

邓小平"小康社会"思想，在 21 世纪中国特色社会主义的新的

---

① 《改革开放三十年重要文献选编》上，中央文献出版社 2008 年版，第 587 页。
② 《改革开放三十年重要文献选编》上，中央文献出版社 2008 年版，第 587～589 页。
③ 《改革开放三十年重要文献选编》下，中央文献出版社 2008 年版，第 918 页、第 891 页。

历史进程中，发生着更为重大的影响，这种影响显著地体现于之后从党的十六大到党的十八大工作报告的主题之中：2002 年，党的十六大报告题为："全面建设小康社会，开创中国特色社会主义事业新局面"；2007 年，党的十七大报告题为："高举中国特色社会主义伟大旗帜，为夺取全面建设小康社会新胜利而奋斗"；2012 年，党的十八大报告题为："坚定不移沿着中国特色社会主义道路前进，为全面建成小康社会而奋斗"。"中国特色社会主义"和"小康社会"这两个邓小平"思想词典"中最具特色的话语，成为 21 世纪以来连续三次党的代表大会的"关键词"。

五、经济社会全面发展战略的部署

在邓小平理论中，"小康社会"不是以单一的经济增长来衡量的，而是包含一系列的综合性发展内涵的概念。1983 年 2 月 6 日至 27 日，邓小平在江苏、浙江、上海等地的视察中，对"小康社会"建设问题和党的十二大提出的翻两番问题给予高度关注。一路走来，从邓小平询问、调查和思考的问题中可以看到，他提出的"小康社会"是一个全面发展的概念，是一个涵盖物质文明和精神文明建设，集经济建设、政治建设和文化建设为一体的综合性概念。邓小平这次视察虽然已经过去了 30 多年，但他关心和关注的"小康社会"发展的一列问题，至今仍然给我们以深刻启示。

1983 年 2 月，邓小平同中共江苏省委负责人和苏州地委负责人座谈中问到：到 2000 年，江苏能不能实现翻两番？苏州有没有信心，有没有可能？人均收入 800 美元，达到这样的水平，社会上是一个什么面貌？发展前景是什么样子？在听了江苏经济发展带来的物质和文化生活的巨大变化，苏州已有不少社、队人均超过了 800 美元的汇报后，邓小平进一步问到：苏州农村的发展采取的是什么方法？走的是什么路子?① 显然，物质文明和精神文明建设的发展，成为实现翻两番的基本要求，也是邓小平认为的"小康水平"的基本内涵和要求。

也在这一年的2月，在无锡视察时，邓小平深表关切的是太湖的保护问题。在谈到"文化大革命"中无锡在太湖"围湖造田"一事时，邓小平指出："围湖造田，湖面缩小，影响了平衡"；在谈到太湖周围的工业对太湖水质影响问题时指出："太湖水要注意保护好，不要弄坏了"。第二天，邓小平在游览苏州园林时再三提道："苏州作为风景旅游城市，一定要重视绿化工作，要制定绿化规划，扩大绿地面积"，"要保护好这座古城，不要破坏古城风貌，否则，它的优势也就消失了。要处理好保护和改造的关系，做到既保护古城，又搞好市政建设。"② 邓小平极为关注实现"小康水平"中的人与自然之间的"平衡"问题，"绿化""绿地"作为"优势"的发展理念，渗透着对"小康社会"中的生态环境建设问题的关注。

在这次视察中，邓小平特别关注翻两番中的人民群众的生活状况的改进和提高问题。在谈到苏州考察所见时，他指出："我在苏州看到的情况很好，农村盖新房子很多，市场物资丰富。现在苏州市人均工农业总产值已经到了或者接近八百美元的水平。到了人均工农业总产值达到八百美元，社会是个什么面貌呢？吃穿没有问题，用也基本上没有问题，文化有了很大发展，教师的待遇也不低。"在浙江感慨地说："浙江是沿海经济发达地区，一般来说，经济发达的地方，生活越好，越会控制生育。经济发展了，案件也少些。"2月21日，邓小平视察上海，在曲阳新村新建的居民住宅楼前，关切地问道：这里的住宅是哪一位工程师设计的？新村的文化设施跟上去了没有？在一位退休工人家中看到新房中的电视机、洗

---

① 《邓小平年谱（1975—1997）》下，中央文献出版社2004年版，第886页。

② 《邓小平年谱（1975—1997）》下，中央文献出版社2004年版，第887页。

衣机、电冰箱一应俱全，说道："这儿不错嘛，挺现代化的。你们生活好，我就高兴。"①

在达到"小康水平"的翻两番过程中，邓小平还特别关注东部和西部发展不平衡的问题。他在知道浙江翻两番不成问题时，就寓意深刻地提到"像宁夏、甘肃翻两番就难了"，提到"辽宁、黑龙江的重工业产值高，人民生活水平不如江浙"。②

视察归来，1983 年 3 月 2 日，邓小平在与中央领导的谈话中对 20 世纪末将要达到的"小康水平"的内涵已经有了深刻的理解，极大地丰富了他对"小康社会"建设和发展的认识。他以苏州为例，对他构想的"小康水平"的社会面貌和发展前景作了六个方面的描述："第一，人民的吃穿用问题解决了，基本生活有了保障；第二，住房问题解决了，人均达到二十平方米，因为土地不足，向空中发展，小城镇和农村盖二三层楼房的已经不少；第三，就业问题解决了，城镇基本上没有待业劳动者了；第四，人不再外流了，农村的人想往大城市跑的情况已经改变；第五，中小学教育普及了，教育、文化、体育和其他公共福利事业有能力自己安排了；第六，人们的精神面貌变化了，犯罪行为大大减少。"邓小平还告诫："智力开发是很重要的，包括职工教育在内的智力开发。大专院校要发展，重点院校增加一倍没有问题。我们现在一方面是有些地方知识分子少，一方面是有些地方中青年知识分子很难起作用。落实知识分子政策，包括改善他们的生活待遇问题，要下决心解决。"③"小康水平"的这六个方面说明，"小康社会"是对经济、政治、文化和社会的全面协调发展的社会状态的概括，实现"小康社会"战略目标，要有全面发展的规划，要有系统的战略举措。

① 《邓小平年谱（1975—1997）》下，中央文献出版社 2004 年版，第 889 页、第 891 页。
② 《邓小平年谱（1975—1997）》下，中央文献出版社 2004 年版，第 888 页、第 889 页。
③ 《邓小平年谱（1975—1997）》下，中央文献出版社 2004 年版，第 892 页。

　　"小康社会"是以坚持经济建设为中心，坚持社会主义道路，不断实现社会主义本质要求，人民生活水平有着普遍提高的社会发展状态。邓小平提道："我们社会主义制度是以公有制为基础的，是共同富裕，那时候我们叫小康社会，是人民生活普遍提高的小康社会。"[①] 在邓小平看来，以经济建设为中心，不仅是实现"小康社会"最坚实的基础，也是实现"中国式的现代化"的最根本的任务，邓小平指出："现代化建设的任务是多方面的，各个方面需要综合平衡，不能单打一。但是说到最后，还是要把经济建设当作中心。离开了经济建设这个中心，就有丧失物质基础的危险。其他一切任务都要服从这个中心，围绕这个中心，决不能干扰它，冲击它。"[②] 在经济发展中，要保持一定的速度和质量，"我国的经济发展，总要力争隔几年上一个台阶。当然，不是鼓励不切实际的高速度，还是要扎扎实实，讲求效益，稳步协调地发展。"[③] 同时，也要注意经济发展的统筹协调，既要注意农业、能源和交通的发展以及教育和科学发展的战略地位，也要注意发展中波浪式前进的特点，提出"可能我们经济发展规律还是波浪式前进。过几年有一个飞跃，跳一个台阶，跳了以后，发现问题及时调整一下，再前进。"[④]

　　实现"小康社会"的建设目标，不仅要以经济建设为中心，把经济搞上去，建设高度的物质文明，还要加强民主政治建设和精神文明建设，建设高度的民主政治和精神文明。没有民主就没有社会主义，就没有"中国式的现代化"。邓小平指出："我们要在大幅度提高社会生产力的同时，改革和完善社会主义的经济制度和政治制度，发展高度的社会主义民主和完备的社会主义法制。我们要在建设高

---

① 《邓小平文选》第3卷，人民出版社1993年版，第216页。
② 《邓小平文选》第2卷，人民出版社1994年版，第250页。
③ 《邓小平文选》第3卷，人民出版社1993年版，第375页。
④ 《邓小平文选》第3卷，人民出版社1993年版，第368页。

度物质文明的同时，提高全民族的科学文化水平，发展高尚的丰富多彩的文化生活，建设高度的社会主义精神文明。"① 邓小平强调，生产力发展了，经济发展上去了，这当然是"我们国家的成功"，但是"风气如果坏下去，经济搞成功又有什么意义？"② 同时，加强和改善党的领导，是实现"小康社会"的必然要求，邓小平提出："对我们来说，要整好我们的党，实现我们的战略目标，不惩治腐败，特别是党内的高层的腐败现象，确实有失败的危险。"③ 因此，只有经济、政治和文化的全面发展、全面进步，才能全面达到"小康社会"建设目标。

六、独立自主、自力更生、艰苦创业的基本方针

独立自主、自力更生是中国新民主主义革命胜利的一条基本经验，是毛泽东思想活的灵魂的一个基本点，也是毛泽东在领导中国革命过程中一贯强调和坚持的方针。邓小平在认真总结中国革命、建设和改革的历史经验，深入分析社会主义初级阶段基本国情基础上，继承和发展了毛泽东倡导的自力更生、艰苦奋斗的精神。他强调："我们一方面实行开放政策，另一方面仍坚持建国以来毛泽东主席一贯倡导的自力更生为主的方针。必须在自力更生的基础上争取外援，主要依靠自己的艰苦奋斗。"④ 我们搞的现代化，是中国式的现代化，我们建设的社会主义，是有中国特色的社会主义。"中国的事情要按照中国的情况来办，要依靠中国人自己的力量来办。独立自主，自力更生，无论过去、现在和将来，都是我们的立足点。中国人民珍惜同其他国家和人民的友谊和合作，更加珍惜自己经过长期奋斗而得来

① 《邓小平文选》第2卷，人民出版社1994年版，第208页。
② 《邓小平文选》第3卷，人民出版社1993年版，第154页。
③ 《邓小平文选》第3卷，人民出版社1993年版，第313页。
④ 《邓小平文选》第2卷，人民出版社1994年版，第406页。

的独立自主的权利。"① 党的十三大将"自力更生，艰苦创业"作为
实现社会主义现代化奋斗目标的方针，概括进了党在社会主义初级
阶段的基本路线，成为社会主义初级阶段的基本路线和中国特色社
会主义建设道路的一个重要内容。

习近平指出："独立自主是中华民族的优良传统，是中国共产
党、中华人民共和国立党立国的重要原则。在中国这样一个人口众多
和经济文化落后的东方大国进行革命和建设的国情与使命，决定了
我们只能走自己的路。"② 在中国这样一个经济文化比较落后的东方
大国建设社会主义，同当年在半封建半殖民地的旧中国进行革命一
样，都是马克思主义发展史上的新课题，照搬书本、照搬外国都是根
本行不通的，必须从我们自己的基本国情出发，把马克思主义基本原
理同中国实际相结合，在实践中开辟具有中国特色社会主义革命和
建设道路。以邓小平为主要代表的中国共产党第二代领导集体，正是
在总结新中国成立以来正反两方面经验的基础上，在研究和借鉴国
际经验的基础上，在改革开放的崭新实践中，才逐步找到中国特色社
会主义建设的道路的。改革开放三十年的实践证明，由邓小平开创的
中国特色社会主义道路是富国之路、强国之路，是中华民族伟大复兴
之路。

党的十九届六中全会通过的《中共中央关于党的百年奋斗重大
成就和历史经验的决议》中，对邓小平理论及其科学内涵的阐释中
提出："开创改革开放和社会主义现代化建设新局面，必须以理论创
新引领事业发展。邓小平同志指出，一个党，一个国家，一个民族，
如果一切从本本出发，思想僵化，迷信盛行，那它就不能前进，它的
生机就停止了，就要亡党亡国。党领导和支持开展真理标准问题大讨

---

① 《邓小平文选》第3卷，人民出版社1993年版，第3页。
② 《十八大以来重要文献选编》上，中央文献出版社2014年版，第699页。

论，从新的实践和时代特征出发坚持和发展马克思主义，科学回答了建设中国特色社会主义的发展道路、发展阶段、根本任务、发展动力、发展战略、政治保证、祖国统一、外交和国际战略、领导力量和依靠力量等一系列基本问题，形成中国特色社会主义理论体系，实现了马克思主义中国化新的飞跃。"①

---

① 《十九大以来重要文献选编》下，中央文献出版社 2023 年版，第 499 页。

第五章

世纪之交中国特色社会主义理论体系的拓展

  实践没有止境，马克思主义基本原理与中国具体实际相结合的历史进程也没有止境。在世纪之交和进入 21 世纪之初，以江泽民同志为主要代表的中国共产党人，在继续推进中国特色社会主义的伟大实践中，加深了对什么是社会主义、怎样建设社会主义和建设什么样的党、怎样建设党的认识，积累了治党治国新的宝贵经验，形成了"三个代表"重要思想；以胡锦涛同志为主要代表的中国共产党人，坚持以邓小平理论和"三个代表"重要思想为指导，根据新的发展要求，深刻认识和回答了实现什么样的发展、怎样发展等重大问题，形成了以人为本、全面协调可持续发展的科学发展观。

  在中国特色社会主义的新的发展中，在邓小平理论之后，相继形成"三个代表"重要思想和科学发展观。这三个理论形态，在对中国特色社会主义重大战略问题的回答中，共同构成中国特色社会主义理论体系，构成马克思主义中国化时代化的新飞跃的整体过程。

第一节　"三个代表"重要思想的形成与发展

一、"三个代表"重要思想的发展阶段

  20 世纪和 21 世纪之交，世界经济政治文化格局发生着深刻的变化，中国特色社会主义能不能根据变化的新的实际，提出新的理论，引导新的实践，实现新的发展，成为 21 世纪之交马克思主义中国化时代化的最为重要的，也是最为迫切的课题。2001 年 8 月，回眸中

国共产党走向新世纪的奋斗历程，江泽民提道："当今世界和我们所处的时代，同过去相比发生了很多深刻的变化。无论从国际还是从国内看，我们都面临着许多新情况新问题，必须从理论上和实践上作出回答并加以解决。我们必须与时俱进，继续丰富和发展马克思主义。如果因循守旧，停滞不前，我们就会落伍，我们党就有丧失先进性和领导资格的危险。"①

自 1989 年党的十三届四中全会直至 2002 年党的十六大召开之间的十三年，是我国改革开放和现代化建设取得伟大成就的十三年。这十三年，我们胜利实现了现代化建设"三步走"战略前两步目标，进入了全面建设小康社会、加快推进社会主义现代化新的发展阶段；我国生产力水平大幅度跃升，综合国力显著增强，国际地位进一步提高，政治稳定、民族团结、社会进步，人民生活总体上达到小康水平，社会主义中国充满活力。同时，这十三年，我们党面临的国内外环境异常复杂，改革开放和现代化建设的任务十分繁重。江泽民在回顾这一时期我们党和国家面临的一系列新课题时指出：这一时期，"可以说是外有压力、内有困难，考验不断。我们遇到了苏东剧变、海湾战争、一九九一年华东大水、'台独'分裂势力加紧进行分裂祖国的活动、亚洲金融危机、一九九八年严重洪涝灾害、科索沃战争和美国轰炸我国驻南联盟大使馆、中美撞机事件、九一一事件和阿富汗战争等一系列重大事件，我们都进行了妥善处理和应对。"②"三个代表"重要思想就是中国共产党这一时期在积极应对与妥善处理这些新课题中形成和发展起来的，并且成为这一时期改革开放和现代化建设沿着正确的方向前进的指导思想。

"三个代表"重要思想是以江泽民同志为主要代表的中国共产党

---

① 《江泽民文选》第 3 卷，人民出版社 2006 年版，第 335 页。

② 《江泽民文选》第 3 卷，人民出版社 2006 年版，第 515 页。

人，把马克思主义基本原理与当代中国实际和时代变化相结合的科学理论。"三个代表"重要思想经历了提出、形成和拓展的历史过程。

2000 年 2 月至 2001 年 6 月，是"三个代表"重要思想提出阶段。2000 年 2 月 25 日，江泽民在广东考察工作时，第一次明确提出"三个代表"的要求。他指出："总结我们党七十多年的历史，可以得出一个重要结论，这就是：我们党所以赢得人民的拥护，是因为我们党在革命、建设、改革的各个历史时期，总是代表着中国先进生产力的发展要求，代表着中国先进文化的前进方向，代表着中国最广大人民的根本利益，并通过制定正确的路线方针政策，为实现国家和人民的根本利益而不懈奋斗。人类又来到一个新的世纪之交和新的千年之交。在新的历史条件下，我们党如何更好地做到这'三个代表'，是一个需要全党同志特别是党的高级干部深刻思考的重大课题。"① 同年 5 月、6 月和 8 月，他在华东、西北和东北等地作了进一步阐述，对这一重要思想的认识不断深化。2000 年 10 月，党的十五届五中全会肯定了"'三个代表'要求"，全会《公报》强调："要按照江泽民同志提出的'三个代表'的要求，全面加强党的思想、组织、作风建设，增强党的凝聚力和战斗力。"②

2001 年 7 月庆祝中国共产党成立 80 周年大会讲话至 2002 年"5·31"讲话，是"三个代表"重要思想形成阶段。江泽民在庆祝中国共产党成立 80 周年大会上的重要讲话，系统阐述了"三个代表"重要思想的科学内涵和基本内容，提出了按照"三个代表"要求加强和改进党的建设的任务。2001 年 9 月，党的十五届六中全会高度评价了江泽民在庆祝中国共产党成立 80 周年大会上的重要讲话，

---

① 《江泽民文选》第 3 卷，人民出版社 2006 年版，第 2 页。
② 《中国共产党第十五届中央委员会第五次全体会议公报》，载于《人民日报》2000 年 10 月 12 日。

认为"讲话全面回顾和系统总结了我们党八十年的光辉历程和基本经验，围绕在新的历史条件下建设一个什么样的党和怎样建设党这个基本问题，深刻阐述了'三个代表'重要思想的科学内涵，进一步阐明了党在新世纪的历史任务和奋斗目标，是一篇马克思主义的纲领性文献，对进一步做好党和国家的各项工作，具有重大而深远的意义"①。经过中共中央两次全会的认可，"'三个代表'要求"正式被称作"'三个代表'重要思想"。2002年5月31日，江泽民在中共中央党校省部级干部进修班毕业典礼上的讲话，全面系统地论述了"三个代表"重要思想，强调贯彻"三个代表"重要思想，关键在坚持与时俱进，核心在保持党的先进性，本质在执政为民。"5·31"讲话是"三个代表"重要思想展开和基本形成的标志。

"5·31"讲话至2002年11月党的十六大，是"三个代表"重要思想发展拓展阶段。十六大报告提出，"三个代表"重要思想是"加强和改进党的建设、推进我国社会主义自我完善和发展的强大理论武器，是全党集体智慧的结晶，是党必须长期坚持的指导思想"；必须"把'三个代表'重要思想贯彻到社会主义现代化建设的各个领域，体现在党的建设的各个方面"②。十六大将"三个代表"重要思想与马列主义、毛泽东思想、邓小平理论一道，确立为我们党必须长期坚持的指导思想，提出"'三个代表'重要思想是对马列主义、毛泽东思想和邓小平理论的继承和发展，反映了当代世界和中国的发展变化对党和国家工作的新要求，是加强和改进党的建设、推进我国社会主义自我完善和发展的强大理论武器，是全党集体智慧的结晶，是党必须长期坚持的指导思想。始终做到'三个代表'，是我们党的立党之本、执政之基、力量之源"③。

---

① 《中共十五届六中全会在京举行》，载于《人民日报》2001年9月27日。
② 《江泽民文选》第3卷，人民出版社2006年版，第536页、第541~542页。
③ 《江泽民文选》第3卷，人民出版社2006年版，第536页。

二、"三个代表"重要思想的理论和实践意义

从党的十三届四中全会到十六大，以江泽民同志为主要代表的中国共产党人，坚持改革开放、与时俱进，在国内外政治、经济领域和自然界出现的困难和风险等严峻考验面前，依靠党和人民，捍卫中国特色社会主义，创建社会主义市场经济新体制，开创全面开放新局面，推进党的建设新的伟大工程，引导改革开放和社会主义现代化建设沿着正确方向不断前进，把中国特色社会主义伟大事业胜利推向新世纪。在"三个代表"重要思想形成和发展过程中，江泽民认为："'三个代表'的思想，不是凭空产生的，而是我们十三年来在理论和实践上不断探索和开拓的结果。"①

"三个代表"重要思想坚持一切从实际出发，不断回答中国之问、世界之问、人民之问、时代之问，始终保持马克思主义的蓬勃生机和旺盛活力。"三个代表"重要思想对于这一时期中国特色社会主义理论和实践发展的意义，可以概括为以下一些方面。

第一，重大历史关头，承当起捍卫中国特色社会主义事业的重任。20世纪80年代末90年代初，国内发生严重政治风波、世界社会主义出现严重曲折，中国的改革开放和社会主义现代化建设面临空前压力和巨大困难，党和国家前途命运处于重大历史关头。以江泽民同志为主要代表的中国共产党人临危受命、不负重托，坚持党的十一届三中全会以来的基本路线不动摇，坚定不移地走党的十一届三中全会开创的中国特色社会主义道路，正确处理改革、发展、稳定三者的关系，在国内外政治风波的严峻考验面前，紧紧依靠全党同志和全国各族人民，成功地稳定了改革和发展的大局，捍卫了社会主义国家的政权，捍卫了中国特色社会主义伟大事业，维护了最广大人

---

① 《江泽民文选》第3卷，人民出版社2006年版，第515页。

民群众的根本利益，奋力维护和着力推进中国特色社会主义道路继续沿着正确方向波浪前进。

第二，战胜风险挑战，推进中国特色社会主义事业胜利发展。从党的十三届四中全会至十六大，是中国特色社会主义事业发展的不平常的十三年。这一时期，来自政治领域、经济领域、外交领域和自然界的风险和挑战接连不断：海湾战争，华东水灾，"台独"分裂势力猖狂挑衅，亚洲金融危机，长江和嫩江、松花江严重洪涝灾害，以美国为首的北约悍然用导弹袭击我国驻南联盟大使馆，"9·11"事件，阿富汗战争，等等。在复杂的国内外形势和严峻的挑战面前，以江泽民同志为主要代表的中国共产党中央领导集体，带领全党和全国各族人民，坚持以经济建设为中心，坚持四项基本原则，坚持改革开放，从容应对并成功化解各种风险和挑战。同时，牢牢把握"抓住机遇、深化改革、扩大开放、促进发展、保持稳定"的大局，锐意推进经济体制改革、政治体制改革、文化体制改革和其他各方面的改革，建设高度的社会主义物质文明、政治文明和精神文明。坚持"一国两制"方针，使香港、澳门先后回归祖国并且保持了繁荣稳定。坚持独立自主的和平外交政策，为打开我国外交工作新局面作出了杰出贡献。在此期间，我国的综合国力大幅度提升，人民生活水平总体上实现了温饱向小康的历史性跨越，中国特色社会主义伟大事业显示出光明的前景。

第三，深化经济体制改革，开创社会主义市场经济发展新局面。党的十四大确立了社会主义市场经济体制的改革目标，把中国特色社会主义事业推进到一个新阶段。在社会主义条件下发展市场经济，这是前无古人的伟大创举，是中国共产党人对马克思主义发展作出的历史性贡献，体现了以江泽民同志为主要代表的中国共产党人坚持解放思想、实事求是的思想路线和与时俱进的开拓进取精神，以及巨大理论勇气和实践勇气。在理论和实践上，积极探索公有制在社会主义市场经济条件下的具体实现形式，提出公有制为主体、多种所有制经济共同发展是我国社会主义初级阶段的基本经济制度的新思想；提出坚持按劳分配为主体、多种分配方式并存的社会主义初级阶段的分配制度，完善了各项具体的分配机制；提出"引进来"与"走出去"相结合的对外开放战略，制定和实施科教兴国、西部大开发和可持续发展等一系列重大战略和方针政策；确定以信息化带动工业化、实现国民经济的跨越式发展的新理念；提出"建设社会主义政治文明"和"以德治国"的新思想，以及坚持党的领导、人民当家作主和依法治国的辩证统一和法治建设与道德建设、依法治国与以德治国紧密结合等新的政治理念，从多方面打开了中国特色社会主义各项事业发展的新局面。

第四，对建设一个什么样的党、怎样建设党的问题作出系统回答，丰富了中国特色社会主义理论体系。中国特色社会主义事业的发展关键在党，建设一个什么样的党、怎样建设党是一个关系中国特色社会主义生死存亡的全局性、根本性的重大问题。把党的建设问题摆在改革开放和现代化建设战略全局的关键，以江泽民同志为主要代表的中国共产党人探索中国特色社会主义建设道路、丰富和发展中国特色社会主义理论体系的重要特点。"三个代表"重要思想进一步创造性地回答了"建设什么样的党、怎样建设党"的问题。以"三个代表"重要思想为指导提出的"两个先锋队""两个纲领""两个基础""两个转变""两大历史性课题"等重大理论观点，对党的性质、任务、阶级基础、群众基础、历史地位、党建任务和方针做出了科学的回答，并且提出了在新的历史条件下坚持和发展党的先进性、提高党的执政能力的时代课题，极大地丰富和发展了中国特色社会主义理论体系的内容。这对于推进我们党领导的中国特色社会主义伟大事业和党的建设新的伟大工程，使党引导中国特色社会主义道路的正确航向继续前进，具有重大而深远的历史意义。

三、马克思主义中国化时代化发展的新贡献

党的十三届四中全会以来，以江泽民同志为主要代表的中国共产党人，继承毛泽东和邓小平开辟的中国特色社会主义的伟大事业，牢牢把握"第二次结合"的重要原则，准确把握时代特征，科学判断我们所处的历史方位，围绕建设中国特色社会主义这个主题，集中全党智慧，以马克思主义的巨大理论勇气进行理论创新，逐步形成"三个代表"重要思想这一科学理论，推进马克思主义中国化时代化的新发展。

"三个代表"重要思想在建设中国特色社会主义的思想路线、发展道路、发展阶段和发展战略、根本任务、发展动力、依靠力量、国际战略、领导力量和根本目的等重大问题上提出了一系列紧密联系、相互贯通的新思想、新观点、新论断，进一步回答了"什么是社会主义、怎样建设社会主义"的问题，创造性地回答了"建设什么样的党、怎样建设党"的问题。"三个代表"重要思想涵盖了经济、政治、文化和党的建设等各个领域，体现在改革发展稳定、内政外交国防、治党治国治军各个方面，是一个系统的科学理论。"三个代表"重要思想的形成，表明我们党对共产党执政规律、社会主义建设规律和人类社会发展规律的认识，达到了新的理论高度，在马克思主义中国化时代化中具有重要的历史地位。

第一，"三个代表"重要思想坚持马克思主义的世界观和方法论，创造性地运用辩证唯物主义和历史唯物主义，科学认识和把握当今世界和中国的变化的实际，对中国特色社会主义道路的发展规律和特点作了新的理论概括。始终代表中国先进生产力的发展要求，是对马克思主义关于生产力和生产关系、经济基础和上层建筑辩证关系这一基本原理的运用和阐发，集中体现了当代人类社会实践的新要求；始终代表中国先进文化的前进方向，是对马克思主义关于物质生活和精神生活、社会存在和社会意识的辩证关系这一基本原理的

运用和阐发，深刻反映了当代科学技术日新月异的新变化；始终代表中国最广大人民的根本利益，是对马克思主义关于人民群众是历史的创造者、是推动社会历史前进的动力这一基本原理的运用和阐发，深刻揭示了当代中国政治实践发展的新要求。"三个代表"重要思想所具有的基本点，马克思主义经典作家都有论述，中国化的马克思主义者毛泽东、邓小平也有很多阐释，但是，把发展先进生产力和先进文化、实现最广大人民的根本利益同坚持党的先进性联系在一起，上升到党的性质和宗旨的高度，形成一个完整的体系，这是以江泽民同志为主要代表的中国共产党人对辩证唯物主义和历史唯物主义的创造性的运用和发展，是对马克思主义中国化时代化的新发展。

第二，"三个代表"重要思想坚持党的最高纲领和最低纲领的统一，为我们坚持马克思主义的最终奋斗目标、根据实际制定和实施推动中国特色社会主义建设的科学战略提供了新的理论基础。实现物质财富极大丰富、人民精神境界极大提高、每个人自由而全面发展的共产主义，是马克思主义最崇高的社会理想，也是中国共产党人最高的价值目标。"三个代表"重要思想强调树立共产主义远大理想和坚定信念，同时强调共产主义只有在社会主义社会充分发展和高度发达的基础上才能实现，实现共产主义是一个非常漫长的历史过程，要立足我国正处于并将长期处于社会主义初级阶段这个实际，脚踏实地地为实现党在现阶段的基本纲领而不懈努力。这是在新的世纪、新阶段继承和发展毛泽东、邓小平倡导的把马克思主义的普遍真理与中国实际相结合、把远大理想与求真务实精神相结合的具体体现。中国共产党人坚持走适合中国国情的社会主义发展道路，以实现中华民族伟大复兴为己任，经过长时期的努力，不断使经济更加发展、民主更加健全、科教更加进步、文化更加繁荣、社会更加和谐、人民生活更加殷实，不断促进人的全面发展，不断向党的最终目标前进。忘记远大理想而只顾眼前就会失去方向，离开现实工作而空谈远大理想就会脱离实际。"三个代表"重要思想既鲜明地坚持了马克思主义的社会理想，同时又为锲而不舍地朝着实现远大理想和最终目标前进的共产党人指明了现实途径，丰富了马克思主义中国化时代化的思想精粹。

第三，"三个代表"重要思想坚持马克思主义关于无产阶级政党必须植根于人民的政治立场，注重从人民群众的实践中吸取养分，为我们坚持马克思主义群众观点、不断实现最广大人民的根本利益提出了新的理论要求。实现最广大人民的根本利益是马克思主义最鲜明的政治立场，是无产阶级政党区别于资产阶级政党以及其他一切剥削阶级政党最显著的标志。"三个代表"重要思想强调中国共产党是中国工人阶级的先锋队，同时是中国人民和中华民族的先锋队，是中国特色社会主义事业的领导核心。建设中国特色社会主义的根本目的是不断实现好、维护好、发展好最广大人民的根本利益，党的理论、路线、纲领、方针、政策和工作必须以符合最广大人民的根本利益为最高衡量标准。必须坚持实践第一的观点，以最广大人民的实践为理论创新的源泉，以实现最广大人民的根本利益为理论创新的目的。这些重要理论观点，适应中国共产党历史地位和执政条件的发展变化，适应我国人民利益要求和社会结构的发展变化，是对马克思列宁主义和中国马克思主义关于党群关系理论的继承和发展。

第四，"三个代表"重要思想坚持马克思主义与时俱进的理论品质，体现了马克思主义理论创新的勇气，为我们坚持马克思主义基本原理、不断在实践中推进理论创新打开了新的理论视野。坚持一切从实际出发，理论联系实际，实事求是，在实践中检验真理和发展真理，是马克思主义最重要的理论品质。这种与时俱进的理论品质，是马克思主义自产生以来始终保持蓬勃生机的关键所在。"三个代表"重要思想强调实践没有止境，创新也没有止境，党的全部理论和工作要体现时代性，把握规律性，富于创造性。"三个代表"重要思想创造性地运用马克思列宁主义、毛泽东思想特别是邓小平理论，紧密结合中国特色社会主义建设的新实际，提出了关于建立社会主义市场经济体制的思想，关于公有制为主体、多种所有制经济共同发展是我国社会主义初级阶段的基本经济制度的思想，关于按劳分配为主体、多种分配方式并存的思想，关于实行全方位对外开放战略的思想，关于正确处理改革发展稳定关系的思想，关于建设社会主义法治国家的思想，关于以法治国和以德治国相结合的思想，关于走中国特色精兵之路的思想，关于巩固党的阶级基础和扩大党的群众基础的思想，等等。"三个代表"重要思想既坚持马克思主义的基本原理，又不从书本、概念和抽象的原则出发，而是一切从实际出发，深刻总结在实践中创造的新鲜经验上升到理性高度，坚持了马克思主义的科学原理和科学精神，推进了马克思主义中国化时代化的新进程。

第五，"三个代表"重要思想是同马克思列宁主义、毛泽东思想、邓小平理论既一脉相承又与时俱进的科学理论。"三个代表"重要思想与马克思列宁主义、毛泽东思想、邓小平理论的一脉相承性，不是说"三个代表"重要思想与马克思列宁主义、毛泽东思想、邓小平理论中的具体观点和具体结论完全相同，而是指马克思主义具有的基本原理、基本原则、内在精神和思维方法的与时俱进。就内在精神和思维方法而言，主要是体现于唯物辩证的方法、唯物史观的方法、科学精神和批判精神中的与时俱进。所谓与时俱进，是指"三个代表"重要思想与马克思列宁主义、毛泽东思想、邓小平理论一样，都不是封闭的、宗派主义的教条体系，而是随着实践的发展而发展的科学的开放体系，其本质上是革命的、批判的。"三个代表"重要思想是以江泽民同志为主要代表的中国共产党人站在当代人类实践、当代科学以及当代人类文化发展的前沿，立足社会主义初级阶段基本国情，总结中国特色社会主义建设的规律，特别是共产党执政规律提出来的。它体现了继往与开来、坚持与发展、继承与创新的有机统一，是马克思主义中国化时代化的创新的理论成果。

第二节　科学发展观的形成与发展

党的十六大以后，直至党的十八大召开，以胡锦涛同志为主要代表的中国共产党人，在进入新世纪后，顺应国内外形势发展变化，把握时代发展的新的动向，抓住重要战略机遇期，发扬求真务实、开拓进取精神，坚持理论创新和实践创新，形成了以科学发展观为标志的中国共产党创新理论。科学发展观是中国特色社会主义理论体系的最新成果，谱写了马克思主义中国化时代化的新篇章。

一、科学发展观形成和发展的基本过程

进入新世纪，在深刻洞察我国社会主义现代化发展过程中出现的深层次的矛盾和问题的基础上，以胡锦涛同志为主要代表的中国共产党人，立足社会主义初级阶段基本国情，系统总结改革开放近30年来中国特色社会主义建设的历史经验，借鉴国外发展经验，适应新世纪新阶段发展要求，明确提出了以人为本、全面协调可持续发展的科学发展观。科学发展观理论着力点在于：要牢固树立协调发展、全面发展、可持续发展的科学发展观，积极探索符合实际的新路子，进一步完善社会主义市场经济体制，把加大结构调整力度同培育新的经济增长点结合起来，把推进城市发展和推进农村发展结合起来，把发展科学技术的作用和发挥人力资源的优势结合起来，把发展经济与保护环境结合起来，把对外开放与对内开放结合起来，努力走出一条生产发展、生活富裕、生态良好的文明发展道路。

2003年4月，在抗击非典的实践中，胡锦涛同志提出要坚持全面的发展观、积极探索加快发展的新路子等重要论断，科学发展观的

思想初见端倪。2003 年 7 月，在全国防治非典工作的讲话中，他指出：要进一步研究并切实抓好加强经济社会协调发展和统筹城乡经济社会发展等方面的工作，更好地坚持全面发展、协调发展、可持续发展的发展观。2003 年 8 月底至 9 月初，他在江西考察工作时明确提出：要牢固树立协调发展、全面发展、可持续发展的科学发展观。2003 年 10 月党的十六届三中全会通过的《中共中央关于完善社会主义市场经济体制若干问题的决定》，完整系统地提出科学发展观的概念和思想。该决定指出："坚持以人为本，树立全面、协调、可持续的发展观，促进经济社会和人的全面发展。"并且强调"按照统筹城乡发展、统筹区域发展、统筹经济社会发展、统筹人与自然和谐发展、统筹国内发展和对外开放的要求"①，推进改革和发展。

在党的十六届三中全会第二次全体会议上发表的讲话中，胡锦涛强调指出：树立和落实科学发展观，是推进全面建设小康社会的迫切要求，符合社会发展的客观规律。2004 年 3 月，胡锦涛在人口资源环境工作座谈会上的讲话中，进一步系统论述了科学发展观的科学内涵和基本要求，为科学发展观的贯彻落实提供了更为直接的理论指导。2004 年 9 月，在党的十六届四中全会通过的《中共中央关于加强党的执政能力建设的决定》中指出：必须坚持抓好发展这个党执政兴国的第一要务，把发展作为解决中国一切问题的关键，并且强调提高党的执政能力，首先要提高党领导发展的能力。这就深刻揭示了发展与执政兴国之间的辩证关系，彰显发展在党的执政任务和执政过程中的基础地位。2004 年 12 月初召开的中央经济工作会议强调指出：要以科学发展观统领经济社会发展全局，并切实贯穿于经济社会发展的各个方面。

2005 年 10 月召开的党的十六届五中全会，集中以科学发展观为

---

① 《十六大以来重要文献选编》上，中央文献出版社 2005 年版，第 465 页。

指导，规划了未来五年我国经济社会发展的宏伟蓝图，并且突出了统筹城乡发展、建设社会主义新农村的重大意义。2006年10月11日党的十六届六中全会通过的《中共中央关于构建社会主义和谐社会若干重大问题的决定》，在论述构建社会主义和谐社会要遵循的基本原则时，强调指出：必须坚持以人为本，始终把最广大人民的根本利益作为党和国家一切工作的出发点和落脚点，实现好、维护好、发展好最广大人民的根本利益，不断满足人民日益增长的物质文化需要，做到发展为了人民、发展依靠人民、发展成果由人民共享，促进人的全面发展。必须坚持科学发展，切实抓好发展这个党执政兴国的第一要务，统筹城乡发展、统筹区域发展、统筹经济社会发展、统筹人与自然和谐发展、统筹国内发展和对外开放，转变增长方式，提高发展质量，推进节约发展、清洁发展、安全发展，实现经济社会全面协调可持续发展。这就突出了科学发展观的核心"以人为本"的科学内涵和科学发展观的基本要求。

2007年6月25日，胡锦涛在中央党校省部级干部进修班发表的重要讲话中，深刻揭示了科学发展观提出的历史背景、科学内涵、精神实质和重大意义。胡锦涛强调指出：党的十六大以来，党中央继承和发展党的三代中央领导集体关于发展的重要思想，提出了科学发展观。科学发展观，第一要义是发展，核心是以人为本，基本要求是全面协调可持续，根本方法是统筹兼顾。发展对于全面建设小康社会、加快推进社会主义现代化具有决定性意义，解放和发展社会生产力始终是社会主义的根本任务，要牢牢扭住经济建设这个中心，为发展中国特色社会主义打下坚实物质基础。我们党的宗旨是全心全意为人民服务，党的一切奋斗和工作都是为了造福人民，要始终把实现好、维护好、发展好最广大人民的根本利益作为党和国家一切工作的出发点和落脚点，做到发展为了人民、发展依靠人民、发展成果由人民共享。这就彰显了科学发展观深刻的科学内涵和崇高的价值目标，从而为十七大全面系统论述科学发展观奠定了基础。

2007年10月召开的党的十七大，对科学发展观的时代背景、理论渊源、科学内涵、理论主题、精神实质和重大意义作了全面、系统和深刻的阐述，对深入贯彻落实科学发展观提出了明确要求。十七大报告强调：科学发展观的时代背景，是立足社会主义初级阶段基本国情，总结我国发展实践，借鉴国外发展经验，适应新的发展要求提出来的；科学发展观是对中国共产党在革命建设和改革时期积累起来的发展的重要思想的继承和发展，是马克思主义关于发展的世界观和方法论的集中体现，是同马克思列宁主义、毛泽东思想、邓小平理论和"三个代表"重要思想既一脉相承又与时俱进的科学理论；科学发展观的内涵，第一要义是发展，核心是以人为本，基本要求是全面协调可持续，根本方法是统筹兼顾；科学发展观的理论主题，是实现什么样的发展、怎样发展；科学发展观的重大意义，是我国经济社会发展的重要指导方针，是发展中国特色社会主义必须坚持和贯彻的重大战略思想。

2012年11月召开的党的十八大，对科学发展观在马克思主义中国化时代化的地位作了深刻阐释。十八大报告指出，"科学发展观是马克思主义同当代中国实际和时代特征相结合的产物，是马克思主义关于发展的世界观和方法论的集中体现，对新形势下实现什么样的发展、怎样发展等重大问题作出了新的科学回答，把我们对中国特色社会主义规律的认识提高到新的水平，开辟了当代中国马克思主义发展新境界。科学发展观是中国特色社会主义理论体系最新成果，是中国共产党集体智慧的结晶，是指导党和国家全部工作的强大思想武器。科学发展观同马克思列宁主义、毛泽东思想、邓小平理论、'三个代表'重要思想一道，是党必须长期坚持的指导思想。"①

---

① 《十六大以来重要文献选编》上，中央文献出版社2005年版，第6页。

科学发展观是中国这样一个世界上最大的发展中国家，在系统反思和深刻总结国内改革开放和社会主义现代化建设近30年的历史经验教训的基础上对发展问题的深刻思考和思想提升，是中国共产党人对发展问题认识的理论创新，是全面建设小康社会和社会主义现代化建设的指导思想，也是马克思主义中国化时代化的重要成果。

二、科学发展观的基本内涵

科学发展观的第一要义是发展，核心是以人为本，基本要求是全面协调可持续，根本方法是统筹兼顾。

科学发展观的第一要义是发展。科学发展观是用来指导发展的，不能离开发展这个主题，离开发展就无所谓科学发展观。新中国成立以来，特别是改革开放近三十年以来的实践证明，坚持以发展为主题，用发展的办法解决前进中的问题，就能把中国特色社会主义事业不断推向前进。不发展，就没有中国特色社会主义；不发展，就不可能解决我们面临的这样那样的问题。正是在这个意义上，邓小平提出了"发展才是硬道理"的著名论断，江泽民提出了必须始终紧紧抓住发展这个执政兴国的第一要务的命题。进入新世纪，我国发展站在一个新的历史起点，我们党要团结带领全国各族人民，完成新世纪三大历史任务，在中国特色社会主义道路上实现中华民族伟大复兴，必须始终抓好发展这个党执政兴国的第一要务。离开发展，坚持党的先进性、发挥社会主义制度的优越性和实现民富国强都无从谈起。同时，我们在新的历史起点上所追求的发展，不是孤立的、片面的、不能持续的发展，而是在科学发展道路上不断前进的发展，是以人为本、全面协调可持续的科学发展。

以人为本，是科学发展观的核心。"坚持以人为本，就是要以实现人的全面发展为目标，从人民群众根本利益出发谋发展、促发展，不断满足人民群众日益增长的物质文化需要，切实保障人民群众经济、政治、文化权益，让发展成果惠及全体人民。"① 人是社会发展的主体。人的解放和自由而全面发展是社会进步的最高目标。以人为本是马克思主义历史唯物论的基本原理，是我们党全心全意为人民服务根本宗旨的集中体现。在当代中国，以人为本的"人"，就是指以工人、农民、知识分子等劳动者为主体，包括社会各阶层在内的最广大人民群众。以人为本的"本"，就是根本，就是出发点、落脚点，就是最广大人民的根本利益。坚持以人为本，就要始终把实现好、维护好、发展好最广大人民的根本利益作为党和国家一切工作的出发点和落脚点，尊重人民主体地位，发挥人民首创精神，保障人民各项权益，走共同富裕道路，促进人的全面发展，做到发展为了人民，发展依靠人民，发展成果归人民共享。以人为本是科学发展观与其他发展观最根本的区别。紧紧抓住以人为本这个核心，才能深刻把握科学发展观的本质和灵魂，深入贯彻落实科学发展观。

全面协调可持续是科学发展观的基本要求。全面发展，就是要以经济建设为中心，全面推进经济、政治、文化、社会建设，实现社会主义物质文明、政治文明、精神文明和生态文明的全面进步。协调发展，就是要促进城乡之间、区域之间、经济与社会之间、人与自然之间、国内发展与对外开放之间协调发展，推进生产力和生产关系、经济基础和上层建筑相协调，推进经济、政治、文化、社会建设的各个环节、各个方面相协调。可持续发展，就是要促进人与自然的和谐，实现经济发展和人口、资源、环境相协调，坚持走生产发展、生活富裕、生态良好的文明发展道路，建设资源节约型、环境友好型社会，实现经济发展与人口资源环境相协调，使人民在良好生态环境中生产生活，实现经济社会永续发展。全面、协调、可持续发展，是经济政治文化社会等各方面的发展与人的全面发展的统一，是经济、社会

---

① 《胡锦涛文选》第 2 卷，人民出版社 2016 年版，第 166～167 页。

与人口、资源、环境的统一，是物质文明、政治文明和精神文明建设的统一。

科学发展观的根本方法是统筹兼顾。统筹兼顾，就是要把发展看作是全面的、协调的、可持续的过程，用辩证的、历史的和实践的观点把握发展，它是我们党领导社会主义建设的一条重要经验，也是在新的历史条件下保证全面协调可持续发展的根本方法。党的十六届三中全会提出要统筹城乡发展、统筹区域发展、统筹经济社会发展、统筹人与自然和谐发展、统筹国内发展和对外开放的要求，使统筹兼顾成为推动协调发展的基本方针。党的十七大把统筹兼顾作为科学发展观的根本方法，赋予这一重要方针和原则更为重要的战略意义。坚持统筹兼顾，就是要正确认识和妥善处理中国特色社会主义事业中的重大关系，统筹国内国际两个大局。要统筹城乡发展、区域发展、经济社会发展、人与自然和谐发展、国内发展和对外开放，统筹中央和地方关系，统筹个人利益和集体利益、局部利益和整体利益、当前利益和长远利益，充分调动各方面积极性。要树立世界眼光，加强战略思维，善于从国际形势发展变化中把握发展机遇、应对风险挑战，营造良好国际环境。坚持统筹兼顾，既要总揽全局、统筹规划，又要抓住牵动全局的主要工作和事关群众利益的突出问题，着力推进，重点突破。

三、树立和落实科学发展观的意义

科学发展观是我们党在进入新世纪新阶段，积极推进理论创新和实践创新的产物，深刻体现了我们党对发展问题的新认识，反映了当代世界和中国的发展变化对党和国家工作的新要求。

科学发展观是马克思主义关于发展的世界观和方法论的集中体现，是马克思主义同世纪之初中国实际和时代特征相结合的产物。马克思主义作为科学的世界观和方法论，是指导无产阶级政党认识世界和改造世界、完成工人阶级和全人类解放的历史使命的强大思想武器。中国共产党在漫长征途中，坚持以马克思主义的立场、观点、方法为指导，思考解决中国社会主义革命、建设和改革中遇到的各种问题，产生了毛泽东思想、邓小平理论和"三个代表"重要思想三大理论成果。党的十六大以后，我们党从新世纪新阶段党和国家事业发展的全局出发，在深刻总结国内外经济社会发展经验教训的基础上，明确提出科学发展观，创造性地回答了为谁发展，靠谁发展和怎样发展等一系列根本性问题，赋予马克思主义关于发展的理论以新的时代内涵和实践要求。

科学发展观科学回答了当代中国"为谁发展"、要"什么样的发展"、"怎样发展"以及"靠谁发展"等发展的基本问题，丰富和发展了中国特色社会主义理论。党的十七大报告中指出，中国特色社会主义理论体系，就是包括邓小平理论、"三个代表"重要思想以及科学发展观等重大战略思想在内的科学理论体系。邓小平理论、"三个代表"重要思想是改革开放历史新时期我们党的理论创新成果，它们与马克思列宁主义、毛泽东思想既一脉相承又与时俱进地探索和回答了什么是社会主义、怎样建设社会主义，建设什么样的党、怎样建设党，实现什么样的发展、怎样发展等重大理论和实际问题。科学发展观牢牢把握发展这个共同的主题，坚持发展是党执政兴国的第一要务，坚持用发展的办法解决前进当中的问题。同时，站在历史和时代的高度，提出了一系列关于发展的新思想、新观点、新论断，进一步深化了我们党对中国特色社会主义的发展道路、发展战略、发展布局、发展动力、发展目的和发展要求的认识，丰富和发展了中国特色社会主义理论体系，开辟了中国特色社会主义理论发展的新境界。

科学发展观不仅具有重大的理论意义，而且具有重大的实践意义。科学发展观坚持和运用马克思主义的立场、观点和方法，强调坚持以人为本、统筹兼顾等思想认识和处理与发展相联系的各方面重大关系，处理中国经济社会发展中各方面的突出矛盾，为我们指出了实现全面、协调、可持续发展所必须遵循的基本原则、重要思路和现实途径，成为正确处理发展中出现的各种矛盾，应对各种风险和挑战的强大理论武器。

科学发展观为全面建设小康社会，发展中国特色社会主义指明了前进方向。有什么样的发展观，就会有什么样的发展道路、发展模式和发展战略，就会对发展的实践产生根本性、全局性的重大影响。中国共产党的十七大在十六大确立的全面建设小康社会目标的基础上对我国发展提出了新的更高的要求。如国内生产总值人均翻两番，进入创新型国家行列，社会主义新农村建设取得重大进展，更好保障人民权益和社会公平正义，建设生态文明等。这些新要求不仅注重经济内涵，而且更加注重民生、文化、生态内涵，更加注重全面、协调和可持续发展。只有树立和落实科学发展观，正确处理好城市发展与农村发展、地区与地区之间发展、经济发展与社会发展、人与自然等方面的关系，才能真正达到这些新要求，到 2020 年实现全面建设小康社会的目标。

科学发展观为不断提升党的执政理念，推进党的建设新的伟大工程提供了科学指导。执政理念是共产党执政规律的反映，它决定着执政能力、执政使命和执政结果。中国共产党能不能始终站在时代前列带领人民不断开创事业发展新局面，一个关键问题在于是否确立起了科学的执政理念。科学发展观的提出，对于加强和改善党的建设提出了许多新要求。科学发展观纠正了过去片面追求经济增长率的倾向，坚持经济社会协调发展；强调在经济发展的基础上，促进社会全面进步和人的全面发展等。这就要求中国共产党的各级领导干部要树立与科学发展观相适应的政绩观，要求党在领导和管理经济社会各方面工作中，要学会统筹兼顾，不断提高执政能力和领导能力。这意味着党对执政使命的认识更加自觉，对执政任务的理解更加完整，对执政方法的运用更加科学，对共产党执政规律的认识更加深刻。因此，深入贯彻落实科学发展观，才能更好地提高党的领导水平和执政水平、推进党的建设新的伟大工程。

第三节　中国特色社会主义理论体系的新概括

一、中国特色社会主义理论体系的发展过程

中国共产党在领导中国人民进行革命、建设和改革的进程中，把马克思主义基本原理与中国具体实践相结合，创立了毛泽东思想、邓小平理论、"三个代表"重要思想、科学发展观等重大战略思想。在党的十七大，胡锦涛对改革开放新时期以来形成的马克思主义中国化时代化理论成果意义上，把邓小平理论、"三个代表"重要思想和科学发展观，统称为"中国特色社会主义理论体系"。胡锦涛指出："这个理论体系，坚持和发展了马克思列宁主义、毛泽东思想，凝结了几代中国共产党人带领人民不懈探索实践的智慧和心血，是马克思主义中国化最新成果，是党最可宝贵的政治和精神财富，是全国各族人民团结奋斗的共同思想基础。"① "中国特色社会主义理论体系"的提出，标志着我们党对中国特色社会主义建设理论和实践的认识更加科学、更加完备、更加深刻，达到了一个新的历史高度，实现了马克思主义中国化时代化理论探索的新的跃升。

改革开放和社会主义现代化建设的实践，是中国特色社会主义理论体系诞生的土壤，同时也为中国特色社会主义理论体系的不断发展和完善提供了不竭动力。邓小平是这个理论体系的开创者，

---

① 《胡锦涛文选》第 2 卷，人民出版社 2016 年版，第 621 页。

邓小平理论是马克思主义中国化第二次历史性飞跃的标识，也是中国特色社会主义理论体系的基础部分。

中国特色社会主义理论体系中的"中国特色社会主义"的科学概念，是由邓小平最先提出的，邓小平理论最初就是以"邓小平同志建设有中国特色的社会主义理论"命名的。党的十一届三中全会重新确立了实事求是的思想路线，实现了党和国家工作重点的转移。党的十二大开幕词中，邓小平首次提出"建设有中国特色的社会主义"的命题，为创立中国特色社会主义理论奠定了基础，指明了方向。党的十二大以后，我国的经济体制改革迅速地在全国范围内全面展开，政治、文化等其他领域的改革也迈出了重大的步伐。随着改革实践的不断发展和对我国国情认识的不断深化，我们党在建设有中国特色社会主义的一系列重大问题的认识上取得了重大的突破，相继提出了社会主义商品经济理论、社会主义初级阶段理论、"三步走"的国民经济发展的战略目标和步骤，以及社会主义精神文明建设的指导方针、"一国两制"等理论观点。在此基础上，党的十三大第一次提出了"建设有中国特色的社会主义理论"概念，并把建设有中国特色的社会主义理论概括为 12 个方面。

党的十三大以后，建设有中国特色的社会主义理论得到了进一步丰富和发展。特别是邓小平在 1992 年初视察南方的重要谈话，阐释了"三个有利于"标准，计划与市场的关系等理论观点，鲜明地回答了经常困扰和束缚人们思想的许多重大思想理论问题，可以说，邓小平视察南方谈话，是对改革开放新时期建设有中国特色的社会主义一系列重大问题的基本总结。在视察南方谈话精神的指导下，党的十四大报告从更宽广的视野和更高的理论层次，对建设有中国特色社会主义理论进一步作出科学的概括。由于邓小平在这一理论的总结和发展过程中作出了十分重要的贡献，因此，党的十四大提出了"邓小平同志建设有中国特色社会主义理论"的概念，并从社会主义的发展道路、发展阶段等 9 个方面作了精辟的阐述。大会还提出用邓小平同志建设有中国特色社会主义理论武装全党。党的十五大把"邓小平同志建设有中国特色社会主义理论"概括为"邓小平理论"。

世纪之交，以江泽民为核心的党的第三代领导集体着眼于当代世界的新变化和当代中国的新发展，提出了"三个代表"重要思想。"三个代表"重要思想是对邓小平理论的继承和发展，体现了对中国特色社会主义认识的深化。它在邓小平理论的基础上进一步回答了什么是社会主义、怎样建设社会主义的问题，创造性地回答了建设什么样的党、怎样建设党的问题，深化了对共产党执政规律、社会主义建设规律和人类社会发展规律的认识，实现了我们党指导思想的与时俱进。党的十六大把"三个代表"重要思想同马克思列宁主义、毛泽东思想、邓小平理论一道，确立为党必须长期坚持的指导思想并写进了党章。

在新世纪新阶段，以胡锦涛为主要代表的中国共产党人，在总结历史和现实经验的基础上，深入分析我国经济社会发展的阶段性特征基础上，提出了科学发展观、构建社会主义和谐社会等一系列重大战略思想。科学发展观科学回答了什么是发展、为什么发展、在当代中国怎样发展的重大问题，赋予马克思主义关于发展的理论以新的时代内涵和实践要求。党的十七大指出，科学发展观是对党的三代领导集体的关于发展的重要思想的继承和发展，是发展中国特色社会主义必须坚持和贯彻的重大战略思想。同时，党的十七大第一次使用了"中国特色社会主义理论体系"这一概念。报告指出："改革开放以来我们取得一切成绩和进步的根本原因，归结起来就是：开辟了中国特色社会主义道路，形成了中国特色社会主义理论体系。高举中国特色社会主义伟大旗帜，最根本的就是要坚持这条道路和这个理论体系。……中国特色社会主义理论体系，就是包括邓小平理论、'三个代表'重要思想以及科学发展观等重大战略思想在内的科学理论体系。"同时强调，"中国特色社会主义理论体系是不断发展的开放的理论体系"①。实践永无止境，创新永无止境，中国特色社会主义理论体系必然会不断地创新和发展。

二、中国特色社会主义理论体系的科学内涵

中国特色社会主义理论体系是改革开放新时期的产物，是马克思主义中国化时代化最新成果，具有丰富而深刻的内涵。深入认识和全面把握中国特色社会主义理论体系的科学内涵，具有重大的政治意义和理论意义。

中国特色社会主义理论体系的主体内容，包括邓小平理论、"三个代表"重要思想以及科学发展观等重大战略思想。这些理论成果既一脉相承又与时俱进，既是一个有机的整体，又具有发展的阶段性。邓小平理论是中国特色社会主义理论体系最基础的重要组成部分，它第一次比较系统地初步回答了中国这样的经济文化比较落后的国家如何建设社会主义、如何巩固社会主义的一系列基本问题，开拓了马克思主义在中国发展的新境界。"三个代表"重要思想在邓小平理论的基础上进一步回答了什么是社会主义、怎样建设社会主义的问题，创造性地回答了建设什么样的党、怎样建设党的问题，是中国特色社会主义理论体系承上启下的极为重要的组成部分。科学发展观等重大战略思想，既继承了我们党三代中央领导集体关于发展的重要思想，又结合新的时代特点和实践要求，进一步回答了实现什么样的发展、怎样发展的重大问题，是中国特色社会主义理论体系的重要创新成果。作为一个一脉相承的有机整体，它们都坚持以马克思列宁主义、毛泽东思想为指导，它们回答的首要的基本问题都是"什么是社会主义、怎样建设社会主义"，它们立足的基本国情都是

---

① 《胡锦涛文选》第 2 卷，人民出版社 2016 年版，第 620～621 页。

中国社会主义初级阶段，它们所要实现的奋斗目标都是中国的社会主义现代化和中华民族的伟大复兴。一句话，它们的理论主题都是中国特色社会主义。但在同时，这些理论成果又在围绕同一主题的前提下，坚持从实际出发，注重总结改革开放不同时期、不同阶段的新鲜经验，注重探索和回答不同时期、不同阶段遇到的新矛盾、新问题，呈现出不尽相同的理论特色。

中国特色社会主义理论体系是不断发展的开放的理论体系，具有开放性的特征。马克思主义之所以成为科学，之所以具有强大的生命力、创造力、感召力，是因为它绝不封闭自己、凝固自己，而是在发展中不断完善、在开放中不断前进。中国特色社会主义理论体系，正是这样一种在实践中不断发展前进的开放的科学理论体系。中国特色社会主义理论体系的形成过程表明，它既始终坚持以马克思主义基本原理为指导，又积极吸纳世界文明成果；既不断总结国内改革发展的实践经验，又积极借鉴当代世界各国发展的有益经验。邓小平理论、"三个代表"重要思想和科学发展观等重大战略思想，构成中国特色社会主义理论体系的主体内容，但是这一理论体系没有终结。建设中国特色社会主义，需要几代人、十几代人甚至几十代人坚持不懈地努力奋斗，在这个历史过程中，马克思主义中国化时代化的理论成果都将属于中国特色社会主义理论体系。

中国特色社会主义理论体系是中国特色社会主义伟大旗帜的重要组成部分，是实现中华民族伟大复兴的强大理论武器。党的十七大报告指出，高举中国特色社会主义伟大旗帜，最根本的就是要坚持中国特色社会主义道路和中国特色社会主义理论体系。这样，中国特色社会主义"一面旗帜、一条道路、一个理论体系"这"三个一"，就成为鲜明的、贯通的、完整的统一体。中国特色社会主义体现在实践上，就是开辟了中国特色社会主义道路；体现在理论上，就是形成了中国特色社会主义理论体系。"旗帜"则体现了"道路"和"理论体系"的有机统一。高举中国特色社会主义伟大旗帜，既要求在中国特色社会主义理论体系指导下坚持中国特色社会主义道路的伟大实践，又要求在伟大实践中不断丰富和发展中国特色社会主义理论体系。由于中国特色社会主义理论体系对中国特色社会主义道路的推进起着引领方向和强固灵魂的作用。因此，必须不断增强对中国特色社会主义理论体系的认识，不断提高坚持中国特色社会主义理论体系的自觉性。

把握中国特色社会主义理论体系的内涵，必须要科学认识中国特色社会主义理论体系和毛泽东思想的关系。中国特色社会主义理论体系得以形成，正是坚持和发展了马克思列宁主义、毛泽东思想，凝结了几代中国共产党人带领人民不懈探索实践的智慧和心血。中国化马克思主义基础理论与创新理论的内涵，以及毛泽东思想与中国特色社会主义理论的渊源等问题，历史地厘清马克思主义中国化时代化的历史性飞跃的连续性和阶段性的特征和本质。

三、中国特色社会主义理论体系的意蕴

中国特色社会主义理论体系，坚持和发展了马克思列宁主义、毛泽东思想，凝结了几代共产党人在经济文化比较落后的中国，带领人民艰辛探索建设社会主义的智慧和心血，是党最可宝贵的政治和精神财富，是全国各族人民共同奋斗的思想基础，是马克思主义中国化时代化的最新成果，具有重大的理论创新意义和实践指导意义。

首先，中国特色社会主义理论体系这一命题，具有理论上的科学性。把党的十一届三中全会至党的十七大这30年间党的理论创新与实践创新相结合的全部伟大成果集中起来，概括为"中国特色社会主义理论体系"，有利于我们系统地认识和全面地把握这些理论的科学体系和精神实质。同时，由于中国特色社会主义事业是几十代人的事业，随着实践的发展，作为经验总结的理论也会相应地与时俱进，

理论创新的成果会越来越多。"中国特色社会主义理论体系"既指明以后不断发展的创新理论的旨向,也彰显以后不断发展的创新理论的特征。

其次,中国特色社会主义理论体系清晰地揭示了改革开放以来党的理论创造活动一以贯之的主题,揭示了邓小平理论、"三个代表"重要思想以及科学发展观等重大战略思想一脉相承而又与时俱进的关系。如前所述,邓小平理论、"三个代表"重要思想以及科学发展观等重大战略思想是一脉相承而又与时俱进的关系,各个重要成果的理论主题都是中国特色社会主义。但是,它们又根据所处不同时期的形势,分别围绕着"建设什么样的社会主义、怎样建设社会主义"、"建设什么样的党、怎样建设党",以及"实现什么样的发展、怎样发展"这一事关中国未来前途和命运的重大问题形成了既接续相连又相对独立的理论。这三个科学理论紧密联系、相互融合,共同构成中国特色社会主义理论体系,共同提升我们走中国特色社会主义道路的信心和信念。

再次,中国特色社会主义理论体系是社会主义建设理论的一个重大突破。在经济文化比较落后的国家建设社会主义,没有现成的经验可以遵循。苏联在一国建设社会主义的特殊的社会历史条件下形成的社会主义模式,对其他社会主义国家产生了很大的影响。然而,照抄照搬苏联模式致使一些国家社会主义建设屡遭挫折,中国特色社会主义理论体系首次比较系统地初步回答了像中国这样经济文化比较落后的国家在建立社会主义制度以后,怎样建设、巩固和发展社会主义的一系列重大问题,这对其他社会主义国家具有重要借鉴意义,也是我们党对世界社会主义运动的一大贡献。

最后,从实践的层面来看,中国特色社会主义理论体系为我们在新世纪新阶段全面建设小康社会、发展中国特色社会主义事业指明了前进方向。全面建设小康社会,实现中华民族的伟大复兴,必须要有与伟大目标相适应的精神力量。近 30 年改革开放的历史表明，中国特色社会主义理论体系显现出无可置疑的真理性、科学性，为我们运用马克思主义的立场、观点、方法科学分析和回答我国改革发展面临的一系列重大问题提供了科学指南和根本遵循。实践证明，只要我们坚持不懈地用中国特色社会主义理论体系武装思想、指导实践，中国特色社会主义伟大事业就一定会取得更大的胜利，中华民族的伟大复兴就会充满希望。

第四节　中国特色社会主义理论体系的重大时代课题

一、新时期重大时代课题的提出和深化

构成中国特色社会主义理论体系的具体形态是邓小平理论、"三个代表"重要思想和科学发展观；包含在这些理论形态中的重大战略思想主要就是，不断探索和回答什么是社会主义、怎样建设社会主义，建设什么样的党、怎样建设党，实现什么样的发展、怎样发展等重大理论和实际问题。这些重大战略思想，贯穿于改革开放新时期和中国特色社会主义道路探索的全过程。

"什么是社会主义、怎样建设社会主义"问题，是新时期中国共产党领导改革开放和现代化建设的过程中不断探索的基本问题。邓小平首先提出："问题是什么是社会主义，如何建设社会主义。我们的经验教训有许多条，最重要的一条，就是要搞清楚这个问题。"[①]邓小平理论紧紧抓住这一基本问题，把马克思主义基本原理同中国

---

① 《邓小平文选》第 3 卷，人民出版社 1993 年版，第 116 页。

实际相结合，在"走自己的道路，建设有中国特色的社会主义"① 的总体思路下，从我国基本国情和当今时代特征出发，从中国共产党的宗旨和治国目标上，对我国社会主义初级阶段的发展道路、发展阶段、根本任务、发展动力、外部条件、政治保证、战略目标、战略步骤、战略布局、党的领导和依靠力量以及祖国统一等一系列基本问题作了全面的系统的阐述，第一次比较系统地初步回答了在中国这样经济文化比较落后的国家如何建设社会主义、如何巩固和发展社会主义的基本问题。邓小平理论对"什么是社会主义、怎样建设社会主义"这一重大理论和实践问题的回答和解决，是对科学社会主义学说的重大发展，是对中国特色社会主义理论体系的重大发展。

"什么是社会主义、怎样建设社会主义"的问题，是邓小平理论探索的重大课题，但邓小平理论并没有终结这一重大课题。党的十三届四中全会以后，以江泽民为主要代表的第三代中央领导集体，继续探讨"什么是社会主义、怎样建设社会主义"的问题，在社会主义基本特征、本质要求、主要任务以及社会主义与资本主义的根本区别等重大问题上，丰富和发展了邓小平理论，把人们对"什么是社会主义，怎样建设社会主义"问题的认识提到新的高度。2006 年 8 月，胡锦涛在学习《江泽民文选》报告会的讲话中指出："'三个代表'重要思想最鲜明的特点和最突出的贡献，在于用一系列紧密联系、相互贯通的新思想、新观点、新论断，进一步回答了什么是社会主义、怎样建设社会主义的问题"，并且"在什么是社会主义、怎样建设社会主义这个根本问题上形成了富有独创性的理论成果"②。

党的十六大以后，以胡锦涛为主要代表的中国共产党人，在新的历史起点上，在提出科学发展观过程中，对"什么是社会主义、怎

---

① 《邓小平文选》第 3 卷，人民出版社 1993 年版，第 3 页。
② 《胡锦涛文选》第 2 卷，人民出版社 2016 年版，第 490～491 页。

样建设社会主义"问题作了进一步的回答和解决。特别是社会主义和谐社会理论的提出，从崭新的视角提高了对"什么是社会主义、怎样建设社会主义"问题的认识深度。社会主义和谐社会涵盖了经济关系、政治关系、文化关系和社会关系以及人与自然的关系，使社会主义物质文明、政治文明、精神文明、生态文明建设与和谐社会建设形成合力、全面发展。中国特色社会主义由经济建设、政治建设、文化建设"三位一体"发展目标，拓展为经济建设、政治建设、文化建设、社会建设"四位一体"的发展目标，赋予社会主义本质新的内涵。构建社会主义和谐社会是中国共产党人进入 21 世纪之后对"什么是社会主义、怎样建设社会主义"问题认识深化的结晶。

　　"建设什么样的党、怎样建设党"的问题，是我们党加强自身建设首先要搞清楚的基本问题。"三个代表"重要思想对这一问题作了深入探讨和深刻回答。但是，对这一问题的探索和回答，同样贯穿于中国特色社会主义道路探索的全过程。党的十一届三中全会后，以邓小平为主要代表的中国共产党人，开创了党的建设新的伟大工程，提出把我们党建设成为有战斗力的马克思主义政党，成为领导全国人民进行社会主义物质文明和精神文明建设的坚强核心。邓小平紧密联系党的政治路线，对党的思想、组织和作风等方面的建设提出了一系列重要思想。邓小平还创造性地提出"为了坚持党的领导，必须努力改善党的领导"① 的思想。改革开放之初，邓小平就强调："执政党应该是一个什么样的党，执政党的党员应该怎样合格，党怎样才叫善于领导？"这是同党的政治路线紧密联系在一起的问题，党的政治路线"实质是搞四个现代化，最主要的是搞经济建设，发展国民经济，发展社会生产力。这件事情一定要死扭住不放，一天也不能耽误。"②

---

　　① 《邓小平文选》第 2 卷，人民出版社 1994 年版，第 268 页。
　　② 《邓小平文选》第 2 卷，人民出版社 1994 年版，第 276 页。

党的十三届四中全会以后，以江泽民为主要代表的中国共产党人，高度关注怎样不断加强党的建设，巩固党的执政地位，使党始终成为领导改革开放和社会主义现代化建设核心力量问题；高度关注怎样坚持党的基本路线，加快经济发展和社会全面进步，不断增强我国的综合国力，提高人民生活水平，为我国社会主义制度奠定强大基础的问题。江泽民紧紧围绕"建设什么样的党、怎样建设党"的问题，进行了长期的深入的思考。"三个代表"重要思想把党的建设新的伟大工程同中国特色社会主义伟大事业紧密联系起来，赋予党的性质、宗旨、指导思想和任务以丰富的时代内容，创造性地回答了"建设什么样的党、怎样建设党"的问题。"三个代表"重要思想强调，我们党要不断巩固自己的执政地位，顺应世界发展进步的潮流，就要始终坚持党的先进性。党的先进性是具体的、历史的，必须密切结合当代中国先进生产力和先进文化的发展去认识，必须密切联系维护和实现最广大人民根本利益的过程去认识。在新的历史时期，我们党已经从领导人民为夺取全国政权而奋斗的党，成为领导人民掌握全国政权并长期执政的党；已经从受到外部封锁和实行计划经济条件下领导国家建设的党，成为对外开放和发展社会主义市场经济条件下领导国家建设的党。作为中国工人阶级先锋队、同时也是中国人民和中华民族先锋队的中国共产党，要以提高党的执政能力为重点，以改革的精神全面推进党的建设新的伟大工程。

"三个代表"重要思想同样没有终结"建设什么样的党、怎样建设党"这一重大课题。建设和发展中国特色社会主义，关键在于加强党的建设，党的建设关系中国特色社会主义事业的前途和命运，是需要我们长时期回答的重大战略思想。党的十六大以来，以胡锦涛为总书记的新一届党中央，继续深化对"建设什么样的党、怎样建设党"问题的认识，重点提出了党的执政能力建设的思想，提出了加强党的先进性建设的思想，强调以执政能力建设为重点推进党的建设新的伟大工程。党的十六届四中全会通过的《关于加强党的执政能力建设的决定》提出，加强党的执政能力建设的总体目标是，使党始终成为立党为公、执政为民的执政党，成为科学执政、民主执政、依法执政的执政党，成为求真务实、开拓创新、勤政高效、清正廉洁的执政党，归根到底成为始终做到"三个代表"、永远保持先进性、经得住各种风浪考验的马克思主义执政党；加强党的执政能力建设的主要任务是，按照推动社会主义物质文明、政治文明、精神文明协调发展的要求，不断提高驾驭社会主义市场经济的能力、发展社会主义民主政治的能力、建设社会主义先进文化的能力、构建社会主义和谐社会的能力、应对国际局势和处理国际事务的能力。党的十七大报告再次强调指出："党的执政能力建设关系党的建设和中国特色社会主义事业的全局，必须把提高领导水平和执政能力作为各级领导班子建设的核心内容抓紧抓好。"① 在中国特色社会主义理论体系的新的发展中，对"建设什么样的党、怎样建设党"问题的回答和解决，必将得到进一步深化。

"实现什么样的发展、怎样发展"的问题，是中国特色社会主义理论体系的重大战略思想，也是贯穿于中国特色社会主义道路探索全过程的重大课题。改革开放一开始，邓小平就把发展问题，提到了能否体现社会主义本质、能否解决中国社会主义初级阶段所有问题、能否充分发挥社会主义制度优越性的高度。他的结论是："发展才是硬道理"。"发展才是硬道理"，从思想观念上和政治意识上解决了中国为什么需要发展、为什么需要快速发展的根本性问题。

江泽民在提出"三个代表"重要思想时，十分强调"发展是党执政兴国的第一要务"，他提出"党要承担起推动中国社会进步的历史责任，必须始终紧紧抓住发展这个执政兴国的第一要务，把坚持党

---

① 《十七大以来重要文献选编》上，中央文献出版社 2009 年版，第 39 页。

的先进性和发挥社会主义制度的优越性，落实到发展生产力、发展先进文化、实现最广大人民的根本利益上来，推动社会全面进步，促进人的全面发展。"① 江泽民把"实现什么样的发展、怎样发展"的问题，看成是社会主义现代化建设的根本所在，是保持党的先进性、发挥社会主义制度优越性、落实"三个代表"重要思想的根本所在，把发展问题同党的性质、党的执政理念紧密地联系起来。

关于"实现什么样的发展、怎样发展"的问题，科学发展观作了全面而深刻的阐述。科学发展观，是立足社会主义初级阶段基本国情，总结我国发展实践，借鉴国外发展经验，适应新的发展要求提出来的。在党的十七大报告中，胡锦涛对我国社会发展的新的阶段性特征作了八个方面的概括：一是经济实力显著增强，同时生产力水平总体上还不高，自主创新能力还不强，长期形成的结构性矛盾和粗放型增长方式尚未根本改变；二是社会主义市场经济体制初步建立，同时影响发展的体制机制障碍依然存在，改革攻坚面临深层次矛盾和问题；三是人民生活总体上达到小康水平，同时收入分配差距拉大趋势还未根本扭转，城乡贫困人口和低收入人口还有相当数量，统筹兼顾各方面利益难度加大；四是协调发展取得显著成绩，同时农业基础薄弱、农村发展滞后的局面尚未改变，缩小城乡、区域发展差距和促进经济社会协调发展任务艰巨；五是社会主义民主政治不断发展、依法治国基本方略扎实贯彻，同时民主法制建设与扩大人民民主和经济社会发展的要求还不完全适应，政治体制改革需要继续深化；六是社会主义文化更加繁荣，同时人民精神文化需求日趋旺盛，人们思想活动的独立性、选择性、多变性、差异性明显增强，对发展社会主义先进文化提出了更高要求；七是社会活力显著增强，同时社会结构、社会组织形式、社会利益格局发生深刻变化，社会建设和管理面临诸多

---

① 《十六大以来重要文献选编》上，中央文献出版社 2005 年版，第 11 页。

新课题；八是对外开放日益扩大，同时面临的国际竞争日趋激烈，发达国家在经济科技上占优势的压力长期存在，可以预见和难以预见的风险增多，统筹国内发展和对外开放要求更高。这八个方面的概括，既是对科学发展内涵的阐述，也是对科学发展目标和任务的界定，是对我国现阶段"实现什么样的发展、怎样发展"问题的新的全面的探索。

这一探索表明，经过新中国成立以来特别是改革开放以来的不懈努力，我国取得了举世瞩目的发展成就，从生产力到生产关系、从经济基础到上层建筑都发生了意义深远的重大变化，但我国仍处于并将长期处于社会主义初级阶段的基本国情没有变，人民日益增长的物质文化需要同落后的社会生产之间的矛盾这一社会主要矛盾没有变。当前我国发展的阶段性特征，是社会主义初级阶段基本国情在新世纪新阶段的具体表现。我们必须坚持把社会主义初级阶段的基本国情作为推进改革、谋划发展的根本依据，当作当代中国最大的实际。立足国情要和当今世界变化的新情况和新特点结合起来。我们必须科学分析我国全面参与经济全球化的新机遇新挑战，全面认识工业化、信息化、城镇化、市场化、国际化深入发展的新形势，深刻把握我国发展面临的新课题新矛盾，更加自觉地走科学发展的道路，对"实现什么样的发展、怎样发展"问题作出新的解答。

二、中国式的现代化道路的接续探索

"中国式的现代化道路"不仅成为 1982 年党的十二大提出的"建设有中国特色的社会主义"论断的直接的思想前提，成为邓小平在这一时期同时提出的"小康社会"的思想基础；而且也成为新时期接续探讨"中国式的现代化道路"的根本支撑和重要基础。

1997 年，党的十五大不失时机地提出新"三步走"战略规划。这一战略规划提出：在 20 世纪第一个 10 年实现国民生产总值比 2000

年翻一番，使人民的小康生活更加宽裕，形成比较完善的社会主义市场经济；再经过10年的努力到建党100周年时，使国民经济更加发展，各项制度更加完善；到21世纪中叶建国一百周年时，基本实现现代化，建成富强民主文明社会主义国家。这一"三步走"的战略规划，第一次形成了"两个一百年"为节点的战略步骤，丰富了"中国式的现代化道路"的内涵，体现了中国共产党在即将进入21世纪时，对社会主义现代化的恢宏构想和对中华民族伟大复兴的历史担当，体现了中国共产党领导中国现代化进程的理论境界和思想智慧。

进入21世纪之际，中国共产党人以深邃的历史自觉和深刻的理论自觉，对新世纪中国现代化发展作出了三个方面战略安排，一是从新世纪"三大任务"上，肯定"现代化建设是核心"；二是以现代化要求，确立全面建设小康社会的新思想；三是把现代化和中华民族伟大复兴结为一体。其中的"三大任务"，就是2000年10月党的十五届五中全会提出的："综观国际国内形势，进入新世纪，继续推进现代化建设，完成祖国统一，维护世界和平与促进共同发展，是我们必须抓好的三大任务。党的建设，是实现这三大任务的根本保证。"在这"三大任务"中，"现代化建设是核心"，强调"到下个世纪中叶基本实现社会主义现代化，是我们的总目标。"[①] 在对中国和世界发展变化形势和格局分析中作出的现代化建设处于"核心"地位的新的判断，集中体现了中国共产党的历史自觉和时代担当。

进入21世纪，"三步走"战略规划的第二步目标得到实现，我国人民生活已经在总体上达到小康水平。但是，这种小康，还是低水平的、不全面的、发展不平衡的小康。根据小康社会发展的实际情况，2002年党的十六大确立了全面建设小康社会的发展目标。2007

---

① 《改革开放三十年重要文献选编》下，人民出版社2008年版，第1116页。

年，党的十七大提出了全面建设小康社会新的更高的要求。这一要求强调，必须适应国内外形势的新变化，顺应各族人民过上更好生活的新期待，把握经济社会发展趋势和规律，坚持中国特色社会主义经济建设、政治建设、文化建设、社会建设的基本目标和基本任务为内容的基本纲领。

1993 年，在毛泽东同志诞辰一百周年纪念大会的讲话中，江泽民提出："建设富强民主文明的社会主义现代化国家，是毛泽东同志、他的战友们和千百万革命先烈的伟大理想，是一百多年来中国社会发展的必然结论和中华民族的共同愿望。"[①] 进入 21 世纪，"中国式的现代化道路"在全面建设小康社会和"两个一百年"奋斗目标同行并进中，更密切地同中华民族伟大复兴的宏伟目标结为一体，高扬起新世纪中国社会进步和民族复兴的伟大旗帜。中国共产党以高度的历史自觉和时代担当精神，提出了团结和带领全国各族人民"向着现代化的光辉目标前进，向着中华民族的伟大复兴前进"[②] 的庄严使命。

2011 年 10 月，在纪念辛亥革命一百周年大会的讲话中，胡锦涛再次提道："创造中国人民的幸福生活，使中华民族巍然屹立于世界民族之林，是全体中华儿女的共同目标。实现中华民族伟大复兴，离不开全体中华儿女的团结奋斗，也是全体中华儿女义不容辞的职责。"胡锦涛豪情满怀地提出："奋力实现全面建设小康社会宏伟目标，不断开创中国特色社会主义事业新局面，不断为实现中华民族伟大复兴打下坚实基础。"[③]

一年以后，2012 年召开的党的十八大，回溯历史、瞻望未来，深刻地指出"回首近代以来中国波澜壮阔的历史，展望中华民族充

---

① 《十四大以来重要文献选编》上，人民出版社 1996 年版，第 627 页。
② 《十五大以来重要文献选编》上，人民出版社 2000 年版，第 329 页。
③ 《十七大以来重要文献选编》下，中央文献出版社 2013 年版，第 527 页、第 526 页。

满希望的未来，我们得出一个坚定的结论：全面建成小康社会，加快推进社会主义现代化，实现中华民族伟大复兴，必须坚定不移走中国特色社会主义道路。"①

三、新时期马克思主义中国化时代化新飞跃的意义

改革开放新时期，马克思主义中国化时代化的新的飞跃，集中体现于邓小平理论、"三个代表"重要思想和科学发展观的形成和发展中，集中体现于中国特色社会主义理论体系的形成和发展中。新时期马克思主义中国化时代化的新飞跃，具有重大的理论和现实意义。

第一，从马克思主义发展史的角度看，新时期中国化时代化的马克思主义以其特有的中国特色、中国风格和中国气派，丰富和发展了马克思主义理论宝库，是中国的马克思主义者对马克思主义的卓越贡献，成为镌刻在马克思主义发展史上的永远的丰碑。

中国化时代化马克思主义是对马克思主义的继承和发展，是与马克思主义一脉相承而又与时俱进的科学体系。新时期中国化时代化马克思主义既是马克思主义的，又是中国的。在内容上，它运用马克思主义的立场、观点和方法，分析和解决中国革命、建设和改革的实际问题，揭示中国革命、建设和改革发展的客观规律，并且把中国共产党人在长期实践中所积累起来的丰富经验加以科学总结和理性提升，使之上升为理论，成为中国化时代化的马克思主义，从而以中国特有的独创性的内容，丰富和发展马克思主义理论宝库。在形态上，它成功实现了马克思主义话语形态向中华民族的话语形态的转化，即根据中华民族的特点，运用中国人民群众喜闻乐见的民族形式和民族语言，深入浅出地阐释马克思主义的基本原理，阐明中国革命、建设和改革的理论和政策，充分体现了马克思主义的本土化、民

---

① 《十八大以来重要文献选编》上，中央文献出版社 2014 年版，第 8 页。

族化的特征。

第二，从中华民族的历史发展看，中国化时代化马克思主义成功解决了近代以来中国革命、建设和改革各个历史阶段的任务，是中国现代化和中华民族伟大复兴的光辉旗帜。

近代以来中国革命和建设的历史充分证明，只有马克思主义及其中国化时代化的马克思主义理论而没有别的任何理论能够解决中国的前途和命运问题；只有马克思主义与中国具体实际相结合的中国化的马克思主义，才能使中国革命、建设和改革不断取得胜利。十月革命一声炮响，给苦苦寻找救国救民真理的中国人民送来了马克思列宁主义。自从马克思列宁主义传入中国以后，中国共产党成立了，中国的面貌才真正开始发生变化。中国共产党成立之初，就郑重地把马克思列宁主义写在自己的旗帜上，作为自己的价值信仰和精神支柱。以毛泽东为代表的第一代中国共产党人，把马克思主义的普遍真理同中国的具体实际结合起来，实现了马克思主义中国化时代化的第一次历史性飞跃，这一飞跃的理论成果就是毛泽东思想。正是在毛泽东思想的指导下，我们党领导中国人民推翻了三座大山，建立了新中国，完成了社会主义改造，开展了大规模的社会主义建设，为中华民族的伟大复兴奠定了基础。从十一届三中全会开始，经过党的十二大、十三大，特别是十四大、十五大，实现了马克思主义中国化时代化的新的飞跃，这一飞跃的理论成果就是邓小平理论。在邓小平理论的指引下，建设中国特色社会主义和中华民族复兴的伟大事业，在国际风云变幻的局面中，经受住了各种风险考验，得到蓬勃发展，取得举世瞩目的伟大成就。十三届四中全会以来，以江泽民为主要代表的中国共产党人，及时总结中国特色社会主义建设和改革开放的新鲜经验，形成了"三个代表"重要思想的新的理论成果，以邓小平理论创立为开端的中国特色社会主义理论体系得到新的发展。

在"三个代表"重要思想指引下，中国的改革开放和社会主义

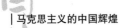

现代化建设事业取得了新的胜利。从党的十六大至党的十八大召开，以胡锦涛同志为主要代表的中国共产党人，推进新世纪中国特色社会主义事业的发展，在全面建设小康社会和实现中华民族伟大复兴的征程中，勇于开拓、不断进取，以科学发展观的新的理论形态推进了中国特色社会主义理论体系的新的发展。毛泽东思想和涵盖邓小平理论、"三个代表"重要思想和科学发展观在内的科学理论，都是马克思主义中国化时代化辉煌成果，是马克思主义的中国辉煌的结晶。

第三，从国际共产主义运动的发展史看，中国化时代化马克思主义的新的成功实践，对国际社会主义运动的当代发展发生着重要影响，起到了世界社会主义运动中流砥柱的重要作用，根本上扭转了20世纪80年代末和90年代初世界社会主义运动遭受严重挫折的局面，在世界范围内提升了马克思主义的科学性和真理性认识，提升了对科学社会主义必胜的信心和信念。

苏东剧变之后，国际共产主义运动处于低潮，如何认识资本主义、社会主义、马克思主义的前途和命运成为人们普遍关注的焦点。中国化时代化马克思主义的理论跃升及其成功实践，证明了马克思主义"过时论"、社会主义"失败论"、资本主义"终结历史论"的谬误所在。马克思主义的中国辉煌，对国际共产主义运动和世界社会主义事业发生更为深刻的、更为广泛的影响。

第六章

新时代马克思主义中国化
时代化的新飞跃

党的十八大以来，以习近平同志为主要代表的中国共产党人，科学把握国内外发展大势，顺应实践要求和人民愿望，在理论和实践结合上，对新时代坚持和发展中国特色社会主义等一系列重大时代课题作出系统回答，创立了习近平新时代中国特色社会主义思想。

习近平新时代中国特色社会主义思想是对马克思列宁主义、毛泽东思想、邓小平理论、"三个代表"重要思想、科学发展观的继承和发展，是中国特色社会主义理论体系在新时代的新形态，是马克思主义中国化时代化的新飞跃，是全党全国人民为实现中华民族伟大复兴而奋斗的行动指南，必须长期坚持并不断丰富发展。

第一节　我国社会主要矛盾的转化与新时代的特征

一、对社会主要矛盾变化的接续探索

在对新中国成立以来特别是改革开放以来我国社会发展变化科学分析的基础上，党的十九大对我国社会主要矛盾的转化作出新的判断。

社会主要矛盾是中国化时代化马克思主义的重要范畴，对社会主要矛盾的判断则是中国化时代化马克思主义的重要思想方法。毛泽东在《矛盾论》中指出："在复杂的事物的发展过程中，有许多的矛盾存在，其中必有一种是主要的矛盾，由于它的存在和发展规定或影响着其他矛盾的存在和发展。"因此，"研究任何过程，如果是

存在着两个以上矛盾的复杂过程的话，就要用全力找出它的主要矛盾。捉住了这个主要矛盾，一切问题就迎刃而解了。"① 社会生产力和生产关系之间、经济基础和上层建筑之间的矛盾是社会基本矛盾。社会基本矛盾涉及社会经济、政治和文化等各个领域和各个方面，并在这些领域和方面呈现各种具体的矛盾形式，在这些具体矛盾中总有一个是主要矛盾；这一主要矛盾既反映和体现着社会基本矛盾的根本性质，又对处理和解决社会各个领域和各个方面矛盾起着决定性作用，是解决社会所有问题的一把"总钥匙"。

对社会主要矛盾的科学判断和准确把握，事关认识世界和改变世界的根本性大问题。中国社会主义经济制度确立以来，随着社会基本矛盾的变化，在党的十八大之前，中国共产党对社会主义社会主要矛盾作出的两次重要判断，对不同时期各个领域和各个方面的发展和变化，特别是对社会经济关系的发展和变化，起着决定性的影响和根本性的作用。

1956 年，社会主义基本经济制度确立伊始，党的八大就提出，我国社会主要矛盾"已经是人民对于建立先进的工业国的要求同落后的农业国的现实之间的矛盾，已经是人民对于经济文化迅速发展的需要同当前经济文化不能满足人民需要的状况之间的矛盾"，集中力量解决这一主要矛盾成为"党和全国人民的当前的主要任务"②。在对这一社会主要矛盾的认识过程中，党中央明确提出："如果我们不建设起强大的现代化的工业、现代化的农业、现代化的交通运输业和现代化的国防，我们就不能摆脱落后和贫困，我们的革命就不能达到目的。"③ 这一主要矛盾凸显了牢固确立社会主义根本制度的历史主题。在经济社会发展上，这一社会主要矛盾决定，建立起坚实的国

---

① 《毛泽东选集》第 1 卷，人民出版社 1991 年版，第 320 页、第 322 页。
② 《中共中央文件选集》第 24 册，人民出版社 2013 年版，第 248~249 页。
③ 《周恩来选集》下卷，人民出版社 1984 年版，第 132 页。

民经济体系和基本的经济基础，是这一时期的必然要求和主要任务。在社会主义建设的主要任务上，这一主要矛盾就在于着力"把一个落后的农业的中国改变成为一个先进的工业化的中国"①，为中国社会主义制度奠定了牢固的经济基础和较为完整的国民经济体系。同时也取得了一些弥足珍贵的理论成果，例如，在经济建设上，最主要的就有以农业为基础、工业为主导、农轻重协调发展，国民经济体系和结构统筹兼顾、注意综合平衡等理论成果。

进入改革开放新时期，1981年召开的党的十一届六中全会通过的《关于建国以来党的若干历史问题的决议》提出："我国所要解决的主要矛盾，是人民日益增长的物质文化需要同落后的社会生产之间的矛盾"，强调"党和国家工作的重点必须转移到以经济建设为中心的社会主义现代化建设上来，大大发展社会生产力，并在这个基础上逐步改善人民的物质文化生活。"② 1982年党的十二大正式提出"建设有中国特色的社会主义"的基本命题，1987年党的十三大正式提出"三步走"的经济发展战略，都是以对这一主要矛盾内在要求和基本规定的认识为基础的。在"三步走"战略中，从"解决人民的温饱"到"人民生活达到小康水平"，再到"人民生活比较富裕"的进路，紧扣这一时期社会主要矛盾，极大地推进了中国社会主义现代化建设的进程。

2012年召开党的十八大，正式提出到2020年实现全面建成小康社会的宏伟目标，提出"要准确判断重要战略机遇期内涵和条件的变化"③。改革开放以来我国社会主义现代化建设取得的历史性成就，深刻地改变着我国社会的基本面貌。随着中国特色社会主义的新发展，我国社会主要矛盾必然相应地发生变化。党的十九大作出的我国

---

① 《毛泽东文集》第7卷，人民出版社1999年版，第117页。
② 《改革开放三十年重要文献选编》上，中央文献出版社2008年版，第212页。
③ 《十八大以来重要文献选编》上，中央文献出版社2014年版，第13页。

社会主要矛盾已经转化为人民日益增长的美好生活需要和不平衡不充分的发展之间矛盾的新的判断，反映了我国社会发展的实际，揭示了新时代社会主要矛盾的本质规定和根本内涵，指明了新时代解决中国社会发展主要问题的根本着力点。

二、社会主要矛盾转化判断的依据

习近平在党的十九大报告中，坚持辩证唯物主义和历史唯物主义的世界观方法论，从我国发展的客观实际出发，作出了我国社会主要矛盾发生转化的判断。作出这一判断，是以构成这一社会主要矛盾的"供给"和"需求"或者说是经济社会发展目的和手段两个方面的变化为依据的。

一方面，随着我国社会生产力水平总体上的显著提高，原有社会主要矛盾中"落后的社会生产"的"供给"状况，已经发生了根本性的变化。1956 年，社会主义经济制度确立后，我国社会生产力持续提高，特别是改革开放以来，在党的领导下，全国各族人民奋发进取，勠力同心，使我国社会生产水平有了显著提高。特别是党的十八大以来，党和国家各项事业飞速发展，社会生产水平发生了根本改变，我国经济实力、科技实力、国防实力、综合国力进入世界前列，我国国际地位实现了前所未有的提升。我国国内生产总值自 2010 年开始稳居世界第二位，货物进出口和服务贸易总额均居世界第二位，对外投资和利用外资分别居世界第二位、第三位，基础设施建设部分领域遥遥领先，高铁运营总里程、高速公路总里程和港口吞吐量均居世界第一位。工农业生产能力大幅提高，220 多种主要工农业产品生产能力稳居世界第一位。我国科学研究取得显著成果，一系列重大科技成果相继问世，诸多成果在世界科技领域处于领先地位。中国特色社会主义民主政治建设、先进文化建设、社会建设和民生建设、生态文明建设等，都取得了显著成绩，推动当代中国发展站在了新的历史

起点上。这表明我们已经从总体上改变了"落后的社会生产"的状况，社会主要矛盾的"供给"方面已经发生了根本性变化。

另一方面，随着改革开放的不断深入，人民生活的温饱问题得到解决，总体上实现了小康，正在向全面小康发展。原有主要主要矛盾中"物质文化"的"需要"，不仅在内涵而且在层次上都发生了显著变化。例如，我国的人均国内生产总值 1978 年为 190 美元，2018 年已经增长到 9732 美元，高于中等收入国家平均水平；全国居民人均可支配收入 1978 年为 171 元，2018 年已经提高到 28118 元，城乡居民人均可支配收入之比已经下降至 2.69；1978 年农村贫困发生率为 97.5%，2018 年已经大幅地下降到 1.7% 以下，我国农村从普遍贫困走向整体消灭绝对贫困，成为首个实现联合国减贫目标的发展中国家；居民受教育程度不断提高，九年义务教育全面普及，高等教育毛入学率 2018 年达到 48.1%，高于中等收入国家平均水平；城乡居民健康状况显著改善，居民平均预期寿命已经由新中国成立之初的 35 岁，提高到 2018 年的 77 岁，高于世界平均水平；社会保障水平极大提高，覆盖城乡的社会保障体系基本建立，其他很多方面的民生保障也有显著改善。随着生活显著改善，人民群众对美好生活的向往更加强烈，提出了全面提高美好生活质量与水平的要求，人民群众的需要呈现多样化、个性化、多层次、多方面的特点。

随着物质文化生活水平的提高和社会的全面进步，社会矛盾的发展也呈现新的特点，经济社会发展不平衡和不充分的问题更加突出，深层次社会矛盾和发展中滋生的社会矛盾，提出了进一步实现社会公平正义的强烈要求。人民群众在民主、法制、公平、正义、安全、环境等方面的要求日益增长，期盼有更好的教育、更稳定的工作、更满意的收入、更可靠的社会保障、更高水平的医疗卫生服务、更舒适的居住条件、更优美的环境、更丰富的精神文化生活。这就说明，构成社会主要矛盾的需求方面已经变化，准确把握人民群众的期盼与向往，切实满足人民群众变化了的实际需要，成为社会发展的根本要求和必然趋势。

显然，影响人民美好生活需要不断增长的因素很多，如存在的发展质量和效益还不高、实体经济水平有待提高，民生领域还有不少短板、脱贫攻坚任务艰巨、城乡区域发展和收入分配差距依然较大、民主法制建设还不健全、社会安全水平还有待提高、生态环境保护任重道远等因素的影响。这些因素的影响，从根本上来说，还是经济、政治、文化、社会和生态文明建设发展的不平衡不充分。发展不平衡，主要指各区域各领域各方面发展不够平衡，包括经济社会发展各个领域各个方面不够平衡的现象，制约了整体发展水平的提升。发展不充分，主要指一些地区、一些领域、一些方面还存在发展不足的问题，发展的任务仍然很重。发展是一个动态过程，发展不平衡不充分是永远存在的，是绝对的，平衡则是相对的，解决不平衡不充分的问题将贯穿我国发展的始终。但是，当我国发展进入一定阶段，已有矛盾得到一定程度缓解以后，不平衡不充分就成为社会主要矛盾的主要方面，我们就必须下功夫去认识这一变化了的矛盾，必须下功夫去解决不平衡不充分的问题，以带动其他问题和矛盾的解决，实现新的基础上的新的发展，否则就会制约发展全局。

三、社会主要矛盾新变化特征的探索

党的十九大关于社会主要矛盾变化的判断，是以对进入新世纪以来我国经济社会发展的客观实际为依据的，也是中国共产党对当今中国社会发展变化接续探索的结果，是马克思主义中国化时代化的重要理论成果。

进入新世纪以来，特别是党的十八大以来，中国特色社会主义发展出现了一系列新的变化，特别是在全面建成小康社会的新的进程中，对原有社会主要矛盾中"人民日益增长的物质文化需要"和

"落后的社会生产"两个方面及其关系的变化，持续地进行探索和研判。

对"人民日益增长的物质文化需要"内涵的变化，2002 年召开的党的十六大，在提出全面建设小康社会的奋斗目标时就作过重要扩充，强调了"社会保障体系比较健全"，"社会就业比较充分"，"人民过上更加富足的生活"，"人民的政治、经济和文化权益得到切实尊重和保障"，"基层民主更加健全，社会秩序良好，人民安居乐业"，以及"促进人与自然的和谐，推动整个社会走上生产发展、生活富裕、生态良好的文明发展道路"① 等内涵。2012 年召开的党的十八大，在提出全面建成小康社会的奋斗目标时，对"人民日益增长的物质文化需要"内涵作了新的拓展，把"民主制度更加完善，民主形式更加丰富，人民积极性、主动性、创造性进一步发挥"，"人权得到切实尊重和保障"，"文化产品更加丰富，公共文化服务体系基本建成"，"人民生活水平全面提高。基本公共服务均等化总体实现。全民受教育程度和创新人才培养水平明显提高"，"就业更加充分。收入分配差距缩小，中等收入群体持续扩大，扶贫对象大幅减少。社会保障全民覆盖，人人享有基本医疗卫生服务，住房保障体系基本形成，社会和谐稳定"，"人居环境明显改善"② 等纳入"需要"的内涵之中。

在对"落后的社会生产"的认识中，党的十六大在强调"人民日益增长的物质文化需要同落后的社会生产之间的矛盾仍然是我国社会的主要矛盾"的同时，已经对当时达到的小康的"低水平的、不全面的、发展很不平衡的"状况作了分析，其中突出地指出，"我国生产力和科技、教育还比较落后，实现工业化和现代化还有很长的

---

① 《改革开放三十年重要文献选编》下，中央文献出版社 2008 年版，第 1249 ~ 1250 页。
② 《十八大以来重要文献选编》上，中央文献出版社 2014 年版，第 13 ~ 14 页。

路要走；城乡二元经济结构还没有改变，地区差距扩大的趋势尚未扭转，贫困人口还为数不少；人口总量继续增加，老龄人口比重上升，就业和社会保障压力增大；生态环境、自然资源和经济社会发展的矛盾日益突出；我们仍然面临发达国家在经济科技等方面占优势的压力；经济体制和其他方面的管理体制还不完善；民主法制建设和思想道德建设等方面还存在一些不容忽视的问题。"① 对这些"低水平"、"不全面"和"很不平衡"问题的分析，是处理和解决当时社会主要矛盾的切入点和关键环节。

党的十八大以来，认识和把握新时代社会主要矛盾变化，更成为以习近平同志为主要代表的中国共产党人国是论衡的重要课题，习近平在治国理政的系列重要讲话中对此作出深刻阐释。党的十八大刚结束，习近平就代表新一届党中央宣示："我们的人民热爱生活，期盼有更好的教育、更稳定的工作、更满意的收入、更可靠的社会保障、更高水平的医疗卫生服务、更舒适的居住条件、更优美的环境，期盼孩子们能成长得更好、工作得更好、生活得更好。人民对美好生活的向往，就是我们的奋斗目标。人世间的一切幸福都需要靠辛勤的劳动来创造。我们的责任，就是要团结带领全党全国各族人民，继续解放思想，坚持改革开放，不断解放和发展社会生产力，努力解决群众的生产生活困难，坚定不移走共同富裕的道路。"② 习近平明确提出，新时代人民"对美好生活的向往"已经成为"需要"的根本内涵。在庆祝中国共产党成立 95 周年大会的讲话中，习近平从"不忘初心，继续前进"的高度，对"美好生活"的内涵作出展开论述，提出"带领人民创造幸福生活，是我们党始终不渝的奋斗目标。我们要顺应人民群众对美好生活的向往，坚持以人民为中心的发展思

---

① 《改革开放三十年重要文献选编》下，中央文献出版社 2008 年版，第 1249 页。
② 《十八大以来重要文献选编》上，中央文献出版社 2014 年版，第 70 页。

想，以保障和改善民生为重点，发展各项社会事业，加大收入分配调节力度，打赢脱贫攻坚战，保证人民平等参与、平等发展权利，使改革发展成果更多更公平惠及全体人民，朝着实现全体人民共同富裕的目标稳步迈进。"①

与此同时，习近平从新时代历史方位变化的大势上，提出"发展不协调"是我国经济社会发展的一个长期存在的问题，特别是"在区域、城乡、经济和社会、物质文明和精神文明、经济建设和国防建设等关系上"，如果不注意调整关系，不注重发展的整体效能，"一系列社会矛盾会不断加深"。在全面建成小康社会的奋斗目标中，"'小康'讲的是发展水平，'全面'讲的是发展的平衡性、协调性、可持续性。如果到 2020 年我们在总量和速度上完成了目标，但发展不平衡、不协调、不可持续问题更加严重，短板更加突出，就算不上真正实现了目标，即使最后宣布实现了，也无法得到人民群众和国际社会认可。"因此，"要在坚持以经济建设为中心的同时，全面推进经济建设、政治建设、文化建设、社会建设、生态文明建设，促进现代化建设各个环节、各个方面协调发展，不能长的很长、短的很短。"②

因时而进，因势而新。在党的十九大，习近平指出，经过近 40 年的不懈奋斗，我国稳定解决了十几亿人的温饱问题，总体上实现小康，正进入决胜全面建成小康社会的关键时期。在这一过程中，特别是党的十八大中国特色社会主义进入新时代，人民对美好生活的需要日益广泛、不断增长，不仅对物质和文化生活提出了更高要求，而且在民主、法治、公平、正义、安全、环境等方面的要求也在不断拓展和增长。也就是说，这些被概括为"美好生活"的需要，除了由

---

① 《十八大以来重要文献选编》下，中央文献出版社 2018 年版，第 352 页。
② 《十八大以来重要文献选编》中，中央文献出版社 2016 年版，第 825 页、第 830~831 页。

经济建设、文化建设提供的体现物质文明和精神文明发展的需要外，还包括由政治建设、社会建设、生态文明建设等方面提供的体现政治文明、社会文明和生态文明发展的各种需要。与此同时，我国社会生产力水平在总体上尽管有了显著提高，社会生产能力在很多方面进入世界前列，但是相对于人民对"美好生活"的需要来讲，不平衡不充分发展问题却表现得愈加突出，不平衡既体现于城乡之间、不同地区之间、不同阶层之间的差别上，也体现于物质文明、精神文明以及政治文明、社会文明、生态文明之间发展的不平衡上；不充分既有传统的物质和文化生活需要供给上的不完全和不全面，也有对政治、社会、生态环境等新的需要供给上的短缺和短板。不平衡不充分的发展已经成为实现人民对"美好生活"期盼和追求的主要制约因素。

四、社会主要矛盾转化是关系全局的历史性变化

立足中国实际，党的十九大将我国社会的主要矛盾表述为：人民日益增长的美好生活需要和不平衡不充分的发展之间的矛盾。对我国社会主要矛盾的变化的新判断表明，我国社会发展已经站到新的历史起点上，中国特色社会主义已经进入新时代。

新时代社会主要矛盾的变化是关系全局的历史性变化，处理和解决好这一矛盾，涉及中国特色社会主义建设总体布局，成为新时代中国特色社会主义的主要任务，是对党和国家各个方面工作提出的新要求。对于新时代中国特色政治经济学发展来说，理解和处理好社会主要矛盾，就要在社会主义现代化强国建设中，在着力推动经济社会全面发展的基础上，大力提升发展质量和效益，解决好发展不平衡不充分的问题，在不断推进的全面性上和日渐显著的充分性上，更好地满足人民在物质文明、精神文明、政治文明、社会文明、生态文明发展上的需要，更好地推动人的全面发展和社会全面进步。

社会主要矛盾的变化，意味着解决发展的不平衡、不充分问题，

满足人民日益增长的美好生活需要，将成为中国特色社会主义新时代的主要任务。因此，必须继续统筹推进"五位一体"总体布局、协调推进"四个全面"战略布局，贯彻新发展理念，建设现代化经济体系，更好满足人民日益增长的美好生活需要，更好推动人的全面发展、社会全面进步，夺取新时代中国特色社会主义的伟大胜利。

我国社会主要矛盾的变化及其表现出来的全局性特点，对党和国家工作提出了许多新要求。

一是更好地贯彻以人民为中心的发展思想。人民群众需求的变化，必将对我国发展全局产生广泛而深刻的影响。只有站稳人民立场，通过调整和完善各项发展战略、政策，在继续推动发展的基础上着力解决好发展不平衡不充分的问题，才能为实现人民对美好生活的向往提供物质基础。只有把人民利益摆在最高位置，坚持在发展中保障和改善民生，解决好群众最关心最直接最现实的利益问题，推动发展成果更多更公平惠及全体人民，才能使人民更有获得感、幸福感、安全感。在不断提高人民的物质文化生活水平的同时，还需要呼应人民群众在民主、法治、公平、正义、安全、环境等各方面的要求，更好满足人民对美好生活的需要。

二是进一步从全局的高度思考和谋划党和国家工作。理解社会主要矛盾，解决社会主要矛盾，要具体落实到各个领域、各个方面、各项工作中去。要紧密联系党和国家重点工作，紧密联系人民群众的愿望和期待，贯彻落实新发展理念，坚持以经济建设为中心、全面加强经济建设、政治建设、文化建设、社会建设和生态文明建设，积极推进社会主义现代化建设各领域、各方面相互促进、全面发展，着力实现物质文明、政治文明、精神文明、社会文明和生态文明的全面提升。

三是把当前任务和长远目标结合起来。我国社会主要矛盾新的判断是对新时代社会发展变化的一个重要判断，这一判断对今后我国社会主义现代化建设的一个相当长的历史时期都将是适用的。要结合当前任务和长远目标，坚持辩证唯物主义和历史唯物主义的方法论，在继续推动发展的基础上，着力解决好发展不平衡不充分的问题，大力提升发展质量和效益，更好满足人民在各方面日益增长的需要，更好推动人的全面发展、社会全面进步。

第二节　新时代的根本内涵和重大意义

一、党和国家事业的历史性成就和历史性变革

党的十八大至十九大的五年，面对世界经济复苏乏力、局部冲突和动荡频发、全球性问题加剧的外部环境，面对我国经济发展进入新常态等一系列新变化，以习近平同志为核心的党中央以巨大的政治勇气、科学的理论智慧和强烈的责任担当，全面谋划"四个全面"战略布局，统筹推进"五位一体"总体布局，提出了一系列新理念新思想新战略，出台了一系列重大方针政策，实施了一系列重大举措，部署了一系列重大工作，解决了许多长期想解决而没有解决的难题，办成了许多过去想办而没有办成的大事，党和国家事业取得了历史性成就，发生了历史性变革，从多方面拓展和创新了马克思主义中国化的理论和实践。

全面加强党的领导发生深刻变革。针对过去一个时期党的领导被弱化的现象，党中央果断提出坚持和改善党的领导的重大政治要求，强调党的领导是做好党和国家各项工作的根本保证，强调党政军民学，东西南北中，党是领导一切的，强调增强"四个意识"，坚决维护习近平同志党中央的核心、全党的核心地位，坚决维护党中央权威和集中统一领导。从政治建设、思想建设、组织建设、作风建设、

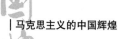

纪律建设等方面着手，完善坚持党的领导的体制机制，坚持民主集中制，严明党的政治纪律和政治规矩，坚决防止和反对个人主义、分散主义、自由主义、本位主义、好人主义和宗派主义，提高党把方向、谋大局、定政策、促改革的能力和定力，确保党始终总揽全局、协调各方。这些重大工作和重大成就，扭转了一个时期以来一些地方和部门存在的党的领导弱化和党的建设缺失的现象，纠正了一个时期以来在坚持党的领导的一些问题上出现的模糊认识和错误思想观念，实现了全党思想上统一、政治上团结、行动上一致，大大增强了党的凝聚力、战斗力和领导力、号召力。

发展理念和发展方式发生深刻变革。党的十八大以来，面对国际金融危机的深层次影响和国内发展条件的深刻变化，党中央果断作出我国经济发展进入新常态的重大判断，提出创新、协调、绿色、开放、共享的发展理念，坚定不移推进供给侧结构性改革，接连推进"一带一路"建设、京津冀协同发展、长江经济带发展等重大战略，经济社会发展取得巨大成就。国内生产总值从 54 万亿元增长到 80 万亿元，稳居世界第二，对世界经济增长贡献率超过 30%。城镇化率年均提高 1.2 个百分点，8000 多万农业转移人口成为城镇居民，6000 多万贫困人口稳定脱贫，城镇新增就业年均 1300 万人以上。天宫、蛟龙、天眼、悟空、墨子、大飞机等重大科技成果相继问世。这些重大工作和重大成就，使全党全国的发展观念发生深刻变化，推动我国经济由高速增长阶段转向高质量发展阶段，为我国发展培育了新动力、拓展了新空间，有力推动了我国发展不断朝着更高质量、更有效率、更加公平、更可持续的方向前进。

各方面体制机制发生深刻变革。针对我国各方面体制机制存在的突出矛盾和问题，党中央果断作出全面深化改革的重大战略决策，改革全面发力、多点突破、纵深推进。5 年时间内，共审议、通过重点改革文件 360 多个，中央和国家机关有关部门共推出 1500

多项改革举措，重要领域和关键环节改革取得突破性进展，主要领域改革主体框架基本确立。农村土地"三权"分置、户籍制度、考试招生制度、生态环保等关乎民生的改革举措陆续落地实施。全面深化改革取得重大成就，国家治理体系和治理能力现代化水平明显提高，人民群众获得感显著提升，全社会发展活力和创新活力明显增强。

全面依法治国发生深刻变革。针对我国法治建设相对滞后，有法不依、执法不严、违法不究、司法不公等问题严重影响社会公平正义与和谐稳定的状况，党中央果断作出全面推进依法治国的重大决策，统筹加强科学立法、严格执法、公正司法、全民守法各环节建设，统筹推进法治国家、法治政府、法治社会一体建设，全面推进司法体制改革，中国特色社会主义法治体系日益完善。这些重大工作和重大成就，有效提高了国家机构依法履职能力，有效提高了各级领导干部运用法治思维和法治方式解决问题、推动发展的能力，有效增强了全社会法治意识，有效促进了社会公平正义，维护了人民群众合法权益，显著增强了我们党运用法律手段领导和治理国家的能力。

党对意识形态工作的领导发生深刻变革。针对境内外敌对势力加紧对我国进行意识形态渗透和各种错误思潮、观点给我国改革发展稳定带来的严重干扰，党中央果断作出加强党对意识形态工作领导的重大工作部署，就意识形态领域方向性、根本性、全局性问题阐明立场，坚持马克思主义在意识形态领域的指导地位，建立健全意识形态工作责任制，加强宣传舆论阵地管理，加强网络舆论监管，对错误思想敢于亮剑、敢于斗争，坚决遏制各种错误思想炒作和蔓延。这些重大工作和重大成就，大大增强了党在意识形态领域的主导权和话语权，有效扭转了意识形态领域一度出现的被动局面，社会主义核心价值观深入人心，中华优秀传统文化广泛弘扬，互联网建设管理运用不断完善，主旋律更加响亮，正能量更加强劲，文化自信得到彰

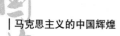

显，国家文化软实力和中华文化的影响力大幅提升，全党全社会思想上的团结统一更加巩固。

生态文明建设发生深刻变革。针对导致发展不可持续和人民群众反映强烈的生态环境恶化问题，党中央把生态文明建设放在更加突出的位置，实行最严格的生态环境保护制度，倡导"绿水青山就是金山银山"的理念，全面加强生态文明制度建设，全面加强生态环境整治，积极参与全球环境治理，在生态文明建设上的重视程度、投入力度前所未有。2016 年，我国环境污染治理投资总额为 9219.8 亿元，比 2012 年增长 11.7%。2016 年，全国自然保护区达 2750 个，比 2012 年增加 81 个。这些重大工作和重大成就，显著增强了全党全国贯彻绿色发展理念的自觉性和主动性，有效遏制了漠视生态环境、破坏生态环境的行为和倾向，推动美丽中国建设迈出重要步伐。

国防和军队现代化发生深刻变革。针对国防和军队建设上存在的许多体制性障碍、结构性矛盾，以及部队内部的不正之风、腐败问题，党中央果断作出在全军开展正风肃纪的重大政治决策，对新形势下政治建军作出部署，坚定不移开展党风廉政建设和反腐败斗争。坚持改革强军，全面深化国防和军队改革，形成军委管总、战区主战、军种主建新格局，推动人民军队组织架构和力量体系实现革命性重塑。坚持依法治军、从严治军，推进治军方式根本性转变。坚持战斗力这个唯一的根本的标准，推进科技兴军，加强练兵备战。坚持统筹发展和安全两件大事，提出总体国家安全观，组建中央国家安全委员会，全面加强国家安全工作，突出抓好维护政治安全。这些重大举措和重大工作，加强了党对军队的绝对领导，国防和军队改革取得历史性突破，实现了人民军队政治生态重塑、组织形态重塑、力量体系重塑、作风形象重塑，提高了国防和军队现代化建设水平，显著加强了国家安全工作，显著提升了我们维护国家主权、安全、发展利益的能力。

中国特色大国外交发生深刻变革。针对来自外部环境的严峻挑战，特别是一些西方国家加紧对我国进行围堵、干扰、遏制，党中央果断对外交总体布局作出战略谋划，坚持统筹国内国际两个大局，推进全方位外交，提出构建人类命运共同体，坚持正确义利观，阐明我国的全球治理观、新安全观、新发展观、全球化观等，倡议和推动"一带一路"建设，构建覆盖全球的伙伴关系网络，促进全球治理体系变革，在对外工作上取得一系列新突破，形成了全方位、多层次、立体化的中国特色大国外交布局。审时度势、精心运筹，开展钓鱼岛维权斗争，划设东海防空识别区并实施常态化管控，强化对南海重点岛礁和海域管控，抓住时机推进南海岛礁扩建工程建设，取得了经略海洋、维护海权的历史性突破。这些重大工作和重大成就，大大提高了我国国际影响力、感召力、塑造力，营造了我国发展的和平国际环境和良好周边环境，提高了我国参与全球治理的能力和水平，为我国发展在国际上赢得了战略主动，为世界和平与发展作出了新的重大贡献。

全面从严治党发生深刻变革。针对新形势下党执政面临许多新的重大风险考验和党内存在的腐败等突出问题，党中央果断作出全面从严治党战略部署，着力解决人民群众反映最强烈、对党的执政基础威胁最大的突出问题。大力推进理想信念教育，开展党的群众路线教育实践活动和"三严三实"（严以修身、严以用权、严以律己，谋事要实、创业要实、做人要实）专题教育，推进"两学一做"（学党章党规、学系列讲话，做合格党员）学习教育常态化制度化。严肃党内政治生活，严明党的政治纪律和政治规矩，坚决纠正选人用人上的不正之风。出台并坚持实施中央八项规定，严厉整治形式主义、官僚主义、享乐主义和奢靡之风的"四风"问题，坚决反对特权。全面强化党内监督，实现中央和省级党委巡视全覆盖。坚持反腐败无禁区、全覆盖、零容忍，坚定不移"打虎""拍蝇""猎狐"。这些重

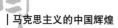
大工作和重大成就，刹住了一些过去被认为不可能刹住的歪风邪气，攻克了一些司空见惯的顽瘴痼疾，形成了反腐败斗争压倒性态势，消除了党和国家内部存在的严重隐患。党内政治生活气象更新，党内政治生态明显好转，全党理想信念更加坚定、党性更加坚强，党自我净化、自我完善、自我革新、自我提高能力显著增强，党的执政基础和群众基础更加巩固，为党和国家事业发展提供了坚强政治保证。

党和国家事业取得的历史性成就是全方位的、开创性的，历史性变革是深层次的、根本性的。这些历史性变革的力度之大、程度之深、范围之广、成效之卓著，在党的历史上、在新中国历史上、在中华民族发展史上都具有极其重要的意义，对中国特色社会主义事业的发展发生着全局性和根本性的影响。

二、新时代的根本内涵

中国特色社会主义进入新时代，是以我国社会主要矛盾转化为根据的，是对中国特色社会主义进入发展新阶段的科学判断。"新时代"是经济社会发展到一定阶段发生的必然历史飞跃，具有丰富深厚的思想内涵。

第一，中国特色社会主义新时代，是承前启后、继往开来、在新的历史条件下继续夺取中国特色社会主义伟大胜利的时代。党的十一届三中全会以来，中国共产党带领人民走中国特色社会主义道路，极大激发了中国人民的创造力和活力，极大地解放和发展了社会生产力，我国国际地位得到了极大提升，社会主义在中国展现出强大的生命力。中国特色社会主义建设取得的辉煌成就，为继续夺取中国特色社会主义伟大胜利奠定了坚实基础。在中国特色社会主义新时代，中国人民将在中国共产党的团结带领下，继续紧紧围绕坚持和发展中国特色社会主义这一主题，奋力实现"两个一百年"奋斗目标，谱写中国特色社会主义新的伟大篇章。

第二，中国特色社会主义新时代，是决胜全面建成小康社会，进而全面建设社会主义现代化强国的时代。当代中国已经进入决胜全面建成小康社会、开启全面建设社会主义现代化国家新征程的历史阶段。按照党的十九大的战略部署，到 2020 年我国将如期全面建成小康社会，为此需要统筹推进经济建设、政治建设、文化建设、社会建设、生态文明建设，战胜各种风险考验，闯过各种难关险滩；到 2035 年我国将基本实现社会主义现代化，到那时，我国经济实力、科技实力、国家文化软实力等将大幅跃升，全体人民共同富裕迈出坚实步伐；到 2050 年我国将建成富强民主文明和谐美丽的社会主义现代化强国，中华民族将以更加昂扬的姿态屹立于世界民族之林。这一战略安排科学而宏大，但是其任务也极其繁重，前路更是有无数的困难和障碍需要跨越。因此，坚韧不拔、锲而不舍地为全面建成小康社会、全面建设社会主义现代化强国而奋斗，是中国特色社会主义新时代的必然要求和历史使命。

第三，中国特色社会主义新时代，是全国各族人民团结奋斗、不断创造美好生活、逐步实现全体人民共同富裕的时代。人民对美好生活的向往始终是党的奋斗目标。社会主义的本质是解放生产力，发展生产力，消灭剥削，消除两极分化，最终达到共同富裕。党的十九大明确了以人民为中心的发展思想，把不断创造美好生活、不断促进人的全面发展、逐步实现全体人民共同富裕，作为发展的目标和归宿，作为制定路线方针政策和战略部署的基本依据。中国特色社会主义新时代的重大任务，就是把党的群众路线贯彻到治国理政全部活动之中，集中精力解决人民群众关心关注的切身利益问题，使全体人民在共建共享发展中有更多获得感。中国特色社会主义新时代具有鲜明的人民性特质，中国人民美好生活的状况将与国家综合实力的发展和民族精神的高扬同向同行，人民群众将在实现国家富强、民族复兴的伟大实践中享有更加幸福安康的生活，获得更加全面的发展。

第四，中国特色社会主义新时代，是全体中华儿女勠力同心、奋力实现中华民族伟大复兴中国梦的时代。实现中华民族伟大复兴的中国梦，是鸦片战争以来中国人民最伟大的梦想，凝聚了几代中国人的夙愿，是每一个中华儿女的共同期盼。为实现这一伟大梦想，中国共产党领导中国人民进行了坚持不懈的努力奋斗，中国这个世界上最大的发展中国家创造了人类社会发展史上惊天动地的发展奇迹，中华民族展现出强大活力，焕发出蓬勃生机。经过党的十八大以来的历史性变革，今天我们比历史上任何时期都更接近、更有信心和能力实现这一伟大梦想。在中国特色社会主义新时代，凝聚起全体中华儿女同心共筑中国梦的巨大力量，接续奋斗、砥砺前行，我们就一定能够创造更多更大的发展奇迹，一定能够顺利到达民族复兴的光辉彼岸。

第五，中国特色社会主义新时代，是我国日益走近世界舞台中央、不断为人类作出更大贡献的时代。当今世界是密切联系、相互影响的统一体，中国人民的梦想和各国人民的梦想息息相通，中国的利益和世界的利益不可分割。改革开放以来，随着中国经济社会的不断发展，随着我国对全球经济贸易和全球治理进程的深度参与，中国与世界的关系发生了根本性变化。今天，中国的发展已经成为世界发展不可分割的重要组成部分，并且为世界各国特别是广大发展中国家提供了重要借鉴。在中国特色社会主义新时代，面对国际格局和国际关系的深刻变化，面对更加波谲云诡的国际环境，我国必须统筹国内国际两个大局，始终高举和平、发展、合作、共赢的旗帜，恪守维护世界和平、促进共同发展的外交政策宗旨，积极发展全球伙伴关系，参与全球治理体系改革和建设，推动构建人类命运共同体，为建成一个持久和平、普遍安全、共同繁荣、开放包容、清洁美丽的新世界作出新的更大贡献。

三、进入新时代的重大意义

中国特色社会主义进入新时代，这在中华人民共和国发展史上、中华民族发展史上具有重大意义，在世界社会主义发展史上、人类社会发展史上也具有重大意义。习近平指出："中国特色社会主义进入新时代，意味着近代以来久经磨难的中华民族迎来了从站起来、富起来到强起来的伟大飞跃，迎来了实现中华民族伟大复兴的光明前景；意味着科学社会主义在二十一世纪的中国焕发出强大生机活力，在世界上高高举起了中国特色社会主义伟大旗帜；意味着中国特色社会主义道路、理论、制度、文化不断发展，拓展了发展中国家走向现代化的途径，给世界上那些既希望加快发展又希望保持自身独立性的国家和民族提供了全新选择，为解决人类问题贡献了中国智慧和中国方案。"①

第一，中国特色社会主义进入新时代，意味着近代以来久经磨难的中华民族迎来了从站起来、富起来到强起来的伟大飞跃，迎来了实现中华民族伟大复兴的光明前景。近代以来，中华民族经历了从落后挨打到独立自主、从积贫积弱到繁荣富强的发展历程。经过中国人民的长期奋斗和不懈努力，我国的综合国力日益增强，中国今天已步入从大国走向强国的关键历史阶段，中华民族终于迎来了从站起来、富起来到强起来的伟大飞跃，中华民族伟大复兴梦想实现的脚步声越来越清晰。中国之强，不只是简单的物质财富总量的提升，而是体现在社会的方方面面。随着创新驱动发展战略的不断实施，我国产业结构不断优化，产业和产品向产业链高端不断跃升，中国经济正一步步实现从量的增长到质的提升的转变；通过建设社会主义文化强国，我国在价值观念、思想文化等方面的"软实力"不断提升，特别是党

---

① 《十九大以来重要文献选编》上，中央文献出版社 2019 年版，第 7~8 页。

的十八大以来，通过牢牢掌握意识形态工作领导权和话语权，培育和践行社会主义核心价值观，传承和弘扬中华优秀传统文化，大力推进文化事业与文化产业发展，中国人民的精神力量和文化自信不断增强，中华文化对世界其他地区的吸引力显著提升。

从"站起来"、"富起来"到"强起来"的历史性飞跃，既有时间维度上的继起性，也有空间维度上的并存性。"强起来"总是以"站起来"为基础，总是以"富起来"为条件的。"强起来"无论从其深度和广度上来看，始终要坚持并不断夯实"站起来"的坚实基础，使中国特色社会主义能够从道路、制度、理论和文化的根基上，越来越坚强和坚挺地自立于世界民族之林；"强起来"无论就其现实与未来来看，始终要坚持拓宽"富起来"的现实条件，使中国特色社会主义能够坚持以经济建设为中心，全面实施经济建设、政治建设、文化建设、社会建设和生态文明建设总体布局。"站起来"和"富起来"阶段的中国特色社会主义探索和成就，为"强起来"阶段的中国特色社会主义提供坚实基础和条件；"强起来"的新时代，是对"站起来"和"富起来"阶段中国特色社会主义建设的继承和发展、坚持和创新。

第二，中国特色社会主义进入新时代，意味着科学社会主义在21世纪的中国焕发出强大生机活力，在世界上高高举起了中国特色社会主义伟大旗帜。中国特色社会主义发展过程呈现了科学社会主义历史逻辑、实践逻辑和理论逻辑及其内在统一性。改革开放以来历次党的全国代表大会坚持马克思主义基本原理与中国具体实际相结合，与时俱进、守正创新，既不走封闭僵化的老路，也不走改旗易帜的邪路，保持政治定力，坚持实干兴邦，绘制中国特色社会主义发展的宏伟蓝图，提出中国特色社会主义发展的理论指南，推进中国特色社会主义新的实践。正是在始终坚持科学社会主义基本原则的基础上，紧密结合中国国情、发展实际和时代任务，适时顺应人民群众对美好生活的向往和期待，才形成了扎根中国大地的中国特色社会主义，才走进中国特色社会主义发展的新时代。

如果说我国社会主义实践前半程的主要历史任务是建立社会主义基本制度，并在这个基础上进行改革，那么党的十八大以来的一个重要转变就是，中国特色社会主义进入了通过全面深化改革推进社会主义制度更加成熟定型的全新阶段。面对科学社会主义在中国落地生根、枝繁叶茂的景象，回眸 20 世纪 90 年代东欧剧变、苏联解体的态势，展现出世界社会主义运动摆脱遭受重大挫折的境况，科学社会主义的旗帜在中国新时代坚持下来，而且还重新高高举起。中国特色社会主义取得的巨大成就、展现出来的强大活力，提升了社会主义在世界的影响力，充分证明了科学社会主义的真理性，为世界社会主义运动提供了丰富经验和强大推力。

第三，中国特色社会主义进入新时代，意味着中国特色社会主义道路、理论、制度、文化不断发展，拓展了发展中国家走向现代化的途径，给世界上那些既希望加快发展又保持自身独立性的国家和民族提供了全新选择，为解决人类问题贡献了中国智慧和中国方案。中国特色社会主义新时代，以中国特色社会主义建设的显著成就和成功经验，为各国的发展进步提供了中国经验，为世界的和平发展贡献了中国力量。

实现什么样的发展和如何发展，是当今世界各国面临的重大问题。许多发展中国家陷于所谓"中等收入陷阱"，在根本上就是在发展问题上难以摆脱传统理念的"窠臼"。发展的"中国经验"和"中国力量"，就是中国共产党对"实现什么样的发展、怎样发展"问题长期探索的思想提炼和升华。特别是我们在新时代坚守的新发展理念，在各个方面内涵和指向上相辅相成、相得益彰，形成一个"崇尚创新、注重协调、倡导绿色、厚植开放、推进共享"的有机整体，对所谓"中等收入陷阱"种种增长和发展困境的探究有着重要的意义。中国特色社会主义的成功实践，打破了以往西方"现代化"道路对世界发展的垄断地位，这条所谓"现代化"的道路，实质上是"西方化""美国化"的道路。中国走出的现代化发展道路证明，无论什么国家，必须把近代以来世界范围内的现代化趋势与本国的具体实际相结合，探索既符合现代化发展一般规律，又能与本国历史文化传统和经济社会发展水平相适应的发展道路，才能既摆脱西方现代化的弊端，又实现本国现代化的目标。

中国特色社会主义建设的不断发展，在现代化和民族特色之间找到了相融相济的发展方式，在融入世界全局和维护国家主权之间架起了互补互利的共赢桥梁，不仅顺应了现代化发展的世界潮流，而且弘扬了民族传统和本国优势，破解了困扰发展中国家在走向现代化与保持独立性之间的难题。中国特色社会主义既大力推进国家治理能力和治理体系现代化，又努力维护世界和平发展、推进全球治理，在国际事务中发挥负责任大国的积极作用，既坚持中国是现行国际体系的参与者、建设者、贡献者，是国际合作的倡导者和国际多边主义的积极参与者，又积极推进全球治理理念的创新发展，倡导建立由各国共建共享的全球治理体系，为解决当今世界的全球性问题贡献了智慧。

第三节　习近平新时代中国特色社会主义思想的重大时代主题

习近平新时代中国特色社会主义思想，为新时代坚持和发展中国特色社会主义提供了基本遵循，为发展 21 世纪马克思主义，也为马克思主义中国化时代化作出新的历史性贡献。

一、习近平新时代中国特色社会主义思想的创立

中国特色社会主义进入新时代，这是一个需要理论而且一定能够产生理论的时代，是一个需要思想而且一定能够产生思想的时代。习近平新时代中国特色社会主义思想作为马克思主义中国化的最新成果，是在中国社会主要矛盾变化、中国特色社会主义进入新时代、科学社会主义迈向新阶段、当今世界经历新变局、党面临执政新考验的历史条件下形成和发展起来的。

习近平新时代中国特色社会主义思想，是在中国社会主要矛盾变化、中国特色社会主义进入新时代的历史条件下形成的。中国特色社会主义进入了新时代之"新"，在于我们面临着新的社会主要矛盾，也就是人民日益增长的美好生活需要和不平衡不充分的发展之间的矛盾，这对党和国家各方面工作都提出了新的要求；在于我们进入了一个新的发展阶段，发展环境、发展条件都发生了新的变化，目标任务也发生了新的变化；在于我们迈向新的奋斗目标，中华民族迎来了从站起来、富起来到强起来的伟大飞跃，即将全面建成小康社会、踏上全面建设社会主义现代化国家的新征程。习近平新时代中国特色社会主义思想正是在这样的伟大时代中应运而生、在当代中国的新实践新发展中顺势而成的。

习近平新时代中国特色社会主义思想，是在百年不遇的世界大变局中形成的。当前，世界正处于大发展大变革大调整时期，世界多极化、经济全球化、社会信息化、文化多样化深入发展，全球治理体系和国际秩序变革加速推进，各国相互联系和依存日益加深。同时，世界面临的不稳定不确定性突出，世界经济增长动能不足，贫富分化日益严重，地区热点问题此起彼伏，恐怖主义、气候变化等人类共同的威胁持续蔓延。面对世界经济、国际安全、国际治理等一系列重大问题，世界需要新的方向、新的方案、新的选择。在这样的时代背景

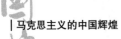

下，以习近平同志为核心的党中央领导中国前所未有地走近世界舞台中央，中国的发展理念、发展道路的影响力显著增强，中国在国际舞台的话语权显著增强，中华文化中所蕴含的天下为公、求同存异、和合共生等理念越来越显示出独特价值，赢得广泛理解认同。可以说，世界需要中国智慧、中国理念、中国方案，中国也正在发挥着世界和平建设者、全球发展贡献者、国际秩序维护者的重要作用。习近平新时代中国特色社会主义思想正是在这样的时代背景下孕育产生、丰富发展的。

习近平新时代中国特色社会主义思想，是在科学社会主义焕发新生机、两种社会制度的较量呈现新态势的时代背景下形成的。20世纪80年代末90年代初，苏联解体和东欧剧变，世界社会主义遭受严重曲折。弄潮儿向涛头立，历经近30年风雨洗礼，中国不但在世界上把社会主义的旗帜举住了、举稳了，而且把科学社会主义推向崭新的阶段，中国特色社会主义的影响力感召力大大增强。随着社会主义中国的蓬勃发展，人们正在见证"历史终结论"的终结、"中国崩溃论"的崩溃、"社会主义失败论"的失败。中国特色社会主义道路越走越宽广，使世界上正视和相信马克思主义和社会主义的人多了起来，使世界范围内两种意识形态、两种社会制度的历史演进及其较量，正发生着有利于马克思主义、社会主义的深刻转变。对科学社会主义的历史反思、现实探索和未来展望，对坚持和发展中国特色社会主义的担当和探索，贯穿于习近平新时代中国特色社会主义思想形成和发展的全过程。

习近平新时代中国特色社会主义思想，是在党的十八大以来党所经历的深刻革命性锻造中形成的。历史和现实都一再证明，一个执政党进行社会革命不容易，进行自我革命更不容易，而不进行自我革命就必然被历史所淘汰。以习近平同志为核心的党中央，清醒分析党面临的"四大考验""四种危险"，带领全党以自我革命的勇气，全面推进党的政治建设、思想建设、组织建设、作风建设、纪律建设，把制度建设贯穿其中，深入推进反腐败斗争，把党锻造成为人民衷心拥护、经得起各种风浪考验、朝气蓬勃的马克思主义执政党。习近平新时代中国特色社会主义思想，是党自我净化、自我完善、自我革新、自我提高的重要成果，深化了对共产党执政规律、党的自身建设规律的认识，展现了新时代马克思主义执政党强大的创造力、凝聚力、战斗力。

中国共产党是一贯重视理论指导和勇于理论创新的马克思主义政党，在领导中国革命、建设、改革的长期实践过程中，始终把马克思主义基本原理同中国具体实际和时代特征结合起来，不断开辟马克思主义发展新境界，不断推进马克思主义中国化。党的十八大以来，习近平以马克思主义政治家、理论家的深刻洞察力、敏锐判断力和战略定力，把马克思主义基本原理同新世纪中国具体实际和时代特征结合起来，提出了一系列具有开创性意义的新理念新思想新战略，推动改革开放和社会主义现代化建设取得新的重大成就，推动党和国家事业全面开创新局面、发生历史性变革，为习近平新时代中国特色社会主义思想的创立发挥了决定性作用、作出了决定性贡献，是这一思想的主要创立者。这一新思想，开拓了马克思主义中国化的新境界，实现了马克思主义中国化时代化在 21 世纪的新的历史性飞跃。

二、习近平新时代中国特色社会主义思想的主题及其拓展

习近平新时代中国特色社会主义思想作为马克思主义中国化新的飞跃，在党的十九大最先得到确立，这一思想"同马克思列宁主义、毛泽东思想、邓小平理论、'三个代表'重要思想、科学发展观一道确立为党的行动指南。"① 党的十九大对习近平新时代中国特色

---

① 《十九大以来重要文献选编》上，中央文献出版社 2019 年版，第 52 页。

社会主义思想从重大时代课题、核心要义和基本方略等主要方面作出概括。这里的重大时代课题，在党的十九大概括为"新时代坚持和发展什么样的中国特色社会主义、怎样坚持和发展中国特色社会主义"这一重大时代课题。

实践没有止境，理论创新也没有止境。中国和世界每时每刻都在发生变化，理论要跟上时代，就要在对时代课题变化的深刻把握中，不断推进理论创新和理论创造。党的十九大以后，以习近平同志为核心的党中央，从统筹把握中华民族伟大复兴战略全局和世界百年未有之大变局的高度，在对社会主要矛盾转化的新特点和新要求的深入分析中，深刻把握错综复杂的国际环境带来的新矛盾新挑战。2020年4月，习近平在对"国家中长期经济社会发展战略若干重大问题"的阐释中提出，当今世界正经历百年未有之大变局，2020年初突如其来的疫情也是百年不遇，"我们要举一反三，进行更有长远性的思考，完善战略布局，做到化危为机，实现高质量发展"；要办好我们自己的事情，必须"着重从发展战略角度"，解决好我们经济社会发展的主要"战略"问题，如坚定实施扩大内需战略，优化和稳定产业链、供应链，完善城市化战略，调整优化科技投入和产出结构，实现人与自然和谐共生，加强公共卫生体系建设等问题。这些"战略"问题是"涉及国家中长期经济社会发展的重大问题"①。这些"战略"问题，在根本上就是围绕"建设什么样的社会主义现代化强国、怎样建设社会主义现代化强国"这一重大时代课题展开的。

同时，在实现第二个百年奋斗目标的历史进程中，中国共产党作为长期执政的马克思主义政党，更面临着一系列深层次的矛盾和问题、风险和考验。党的十九大召开后不久，习近平就从党的自我革命问题入手，提出了中国共产党社会革命和自我革命的理论，深化了对

---

① 《十九大以来重要文献选编》中，中央文献出版社2021年版，第495页。

"建设什么样的长期执政的马克思主义政党、怎样建设长期执政的马克思主义政党"重大时代课题的探索。

依据党的十九大以来习近平新时代中国特色社会主义思想的新发展，党的十九届六中全会把党的十九大提出的一个重大时代课题，拓展为新时代坚持和发展什么样的中国特色社会主义、怎样坚持和发展中国特色社会主义，建设什么样的社会主义现代化强国、怎样建设社会主义现代化强国，建设什么样的长期执政的马克思主义政党、怎样建设长期执政的马克思主义政党三个重大时代课题，升华了习近平新时代中国特色社会主义思想的科学内涵和理论境界。

三、习近平新时代中国特色社会主义思想的核心要义及其拓新

习近平新时代中国特色社会主义思想，紧紧围绕重大时代课题，系统回答新时代坚持和发展中国特色社会主义的基本问题，内涵十分丰富，包括新时代坚持和发展中国特色社会主义的总目标、总任务、总体布局、战略布局和发展方向、发展方式、发展动力、战略步骤、外部条件、政治保证，涉及经济、政治、法治、科技、文化、教育、民生、民族、宗教、社会、生态文明、国家安全、国防和军队、"一国两制"和祖国统一、统一战线、外交、党的建设等各方面。坚持和发展中国特色社会主义，像一条红线一样贯穿于这一思想始终，是这一重大思想的核心要义。

党的十九大把这一核心要义概括为"八个明确"，党的十九届六中全会进一步将其拓新为"十个明确"。"八个明确"从习近平新时代中国特色社会主义思想形成之初的战略高度，阐释了新时代坚持和发展什么样的中国特色社会主义、怎样坚持和发展中国特色社会主义这一重大时代课题的基本要点。

一是"明确"坚持和发展中国特色社会主义，总任务是实现社

会主义现代化和中华民族伟大复兴，在全面建成小康社会的基础上，分两步走在本世纪中叶建成富强民主文明和谐美丽的社会主义现代化强国。实现现代化是近代以来中国人民不懈的追求，实现中华民族伟大复兴是近代以来中华民族最伟大的梦想。社会主义现代化是中华民族伟大复兴的核心内容，中华民族伟大复兴是社会主义现代化的形象表达，两者在本质上是一致的，根本目的都是为了实现国家富强、民族振兴、人民幸福。从全面建成小康社会到基本实现现代化，再到全面建成社会主义现代化强国，是新时代中国特色社会主义发展的战略安排。

二是"明确"新时代我国社会主要矛盾是人民日益增长的美好生活需要和不平衡不充分的发展之间的矛盾，必须坚持以人民为中心的发展思想，不断促进人的全面发展、全体人民共同富裕。经过改革开放40年的发展，我国稳定解决了十几亿人的温饱问题，总体上实现小康，不久将全面建成小康社会；人民美好生活需要日益广泛，不仅对物质文化生活提出了更高要求，而且在民主、法治、公平、正义、安全、环境等方面的要求日益增长。同时，我国社会生产力水平总体上显著提高，社会生产能力在很多方面进入世界前列，更加突出的问题是发展不平衡不充分，这已经成为满足人民日益增长的美好生活需要的主要制约因素。必须在继续推动发展的基础上，着力解决好发展不平衡不充分问题，大力提升发展质量和效益，更好满足人民在经济、政治、文化、社会、生态等方面日益增长的需要。坚持以人民为中心，是新时代坚持和发展中国特色社会主义的根本立场。

三是"明确"中国特色社会主义事业总体布局是"五位一体"、战略布局是"四个全面"，强调坚定道路自信、理论自信、制度自信、文化自信。党的十八大以来，党形成并积极推进经济建设、政治建设、文化建设、社会建设、生态文明建设"五位一体"总体布局，形成并积极推进全面建成小康社会、全面深化改革、全面依法治国、全面从严治党"四个全面"战略布局。坚持和发展中国特色社会主义，必须统筹推进"五位一体"总体布局和协调推进"四个全面"战略布局，坚定"四个自信"，坚持实干兴邦，始终坚持和发展中国特色社会主义。

四是"明确"全面深化改革总目标是完善和发展中国特色社会主义制度、推进国家治理体系和治理能力现代化。这个总目标，既规定根本方向是中国特色社会主义道路而不是其他什么道路，又规定在根本方向指引下完善和发展中国特色社会主义制度的鲜明指向。推进国家治理体系和治理能力现代化，就是要使各方面制度更加科学、更加完善，实现党、国家、社会各项事务治理制度化、规范化、程序化，善于运用制度和法律治理国家，提高党科学执政、民主执政、依法执政水平。

五是"明确"全面推进依法治国总目标是建设中国特色社会主义法治体系、建设社会主义法治国家。全面依法治国，必须把党的领导贯彻落实到依法治国全过程和各方面，坚定不移走中国特色社会主义法治道路。要加快形成完备的法律规范体系、高效的法治实施体系、严密的法治监督体系、有力的法治保障体系，形成完善的党内法规体系。必须坚持厉行法治，加强宪法实施与监督，推进科学立法、严格执法、公正司法、全民守法。

六是"明确"党在新时代的强军目标是建设一支听党指挥、能打胜仗、作风优良的人民军队，把人民军队建设成为世界一流军队。听党指挥是人民军队的建军之本、强军之魂，必须坚决贯彻党对军队绝对领导的根本原则和制度，坚决听从党中央和中央军委指挥；能打胜仗是核心，必须始终聚焦备战打仗，锻造召之即来、来之能战、战之必胜的精兵劲旅；作风优良是保证，必须培养有灵魂、有本事、有血性、有品德的新一代革命军人，锻造铁一般信仰、铁一般信念、铁一般纪律、铁一般担当的过硬部队，永葆人民军队的性质、宗旨、本

色。要坚持政治建军、改革强军、科技兴军、依法治军，坚持走中国特色强军之路，全面推进国防和军队现代化，到本世纪中叶把人民军队全面建成世界一流军队。

七是"明确"中国特色大国外交要推动构建新型国际关系，推动构建人类命运共同体。世界正处于大发展大变革大调整时期，和平与发展仍然是时代主题。中国始终不渝走和平发展道路、奉行互利共赢的开放战略，坚持正确义利观，推动建设相互尊重、公平正义、合作共赢的新型国际关系，愿与各国人民同心协力构建人类命运共同体，建设持久和平、普遍安全、共同繁荣、开放包容、清洁美丽的世界。

八是"明确"中国特色社会主义最本质的特征是中国共产党领导，中国特色社会主义制度的最大优势是中国共产党领导，党是最高政治领导力量，提出新时代党的建设总要求，突出政治建设在党的建设中的重要地位。中国共产党是中国特色社会主义事业的坚强领导核心。坚持党的领导是党和国家的根本所在、命脉所在，是全国各族人民的利益所系、幸福所系。必须坚持党对一切工作的领导，坚持全面从严治党，坚持把党中央权威和集中统一领导作为党的政治建设的首要任务，认真贯彻落实新时代党的建设总要求，坚定执行党的政治路线，严格遵守政治纪律和政治规矩，在政治立场、政治方向、政治原则、政治道路上同以习近平同志为核心的党中央保持高度一致。

在核心要义上，党的十九大提出的"八个明确"，在党的十九届六中全会通过的《决议》中拓展为"十个明确"，这一新的拓展的理论要义主要在于：

第一，凸显了中国特色社会主义最本质的特征是中国共产党领导的思想。在"十个明确"中，列入第一个"明确"的是："明确中国特色社会主义最本质的特征是中国共产党领导，中国特色社会主义制度的最大优势是中国共产党领导，中国共产党是最高政治领导力量，全党必须增强'四个意识'、坚定'四个自信'、做到'两个维护'。"在第一个"明确"中，还把"全党必须增强'四个意识'、坚定'四个自信'、做到'两个维护'"，作为"新时代党的建设总要求"明确下来、落到实处。①

第二，凸显了"中国式现代化"在建成社会主义现代化强国和推进中华民族伟大复兴中的根本作用和重要地位。"中国式现代化"赋予社会主义现代化以更加鲜明的中国特色。习近平认为，"中国式现代化"的基本特征就在于："我国现代化是人口规模巨大的现代化，是全体人民共同富裕的现代化，是物质文明和精神文明相协调的现代化，是人与自然和谐共生的现代化，是走和平发展道路的现代化。"② 从"核心要义"上作出的这一"明确"，既指明了中国式现代化道路的基本特征，也提出了人类文明新形态的内在规定，夯实了全面建成社会主义现代化强国的新的道路和新的方向。

第三，凸显了全体人民共同富裕作为社会主义本质要求的根本规定性。"十个明确"提出："必须坚持以人民为中心的发展思想，发展全过程人民民主，推动人的全面发展、全体人民共同富裕取得更为明显的实质性进展。"③ 党的十八大以来，以习近平同志为核心的党中央把逐步实现全体人民共同富裕摆在更加重要的位置上，把促进全体人民共同富裕作为不断满足人民日益增长的美好生活需要的聚焦点，从共同富裕是社会主义的本质要求意义上，丰富了社会主义本质理论，对于夯实党长期执政基础、推进中华民族伟大复兴，对于团结奋进，都有着重大的现实意义和历史意义。

第四，强调了坚持和发展社会主义基本经济制度的重要意义。"十个明确"把"必须坚持和完善社会主义基本经济制度"作为单列

---

① 《十九大以来重要文献选编》下，中央文献出版社 2023 年版，第 503～504 页。
② 《习近平著作选读》第二卷，人民出版社 2023 年版，第 401 页。
③ 《十九大以来重要文献选编》下，中央文献出版社 2023 年版，第 504 页。

的一个"明确"提了出来，深化了习近平新时代中国特色社会主义思想所要回答的重大时代课题的理论内涵和精神实质。对社会主义基本经济制度"明确"的要义主要在于："使市场在配置中起决定性作用，更好发挥政府作用，把握新发展阶段，贯彻创新、协调、绿色、开放、共享的新发展理念，加快构建以国内大循环为主体、国内国际双循环相互促进的新发展格局，推动高质量发展，统筹发展和安全。"①

第五，凸显了党的自我革命的重要意义。"十个明确"提出："全面从严治党的战略方针，提出新时代党的建设总要求，全面推进党的政治建设、思想建设、组织建设、作风建设、纪律建设，把制度建设贯穿其中，深入推进反腐败斗争，落实管党治党政治责任，以伟大自我革命引领伟大社会革命。"② 以党的自我净化、自我完善、自我革新、自我提高为主旨的"自我革命"要义，揭示了中国共产党治国理政的强大的创造力、凝聚力和战斗力的根源，深化了对共产党执政规律、党的自身建设规律的认识。

对"核心要义"的"十个明确"的新的拓展，集中体现了习近平新时代中国特色社会主义思想具有的与时俱进、守正创新的理论品质；这些发展着的战略思想和创新理念，是中国共产党对中国特色社会主义建设规律性认识的深化，也是新时代中国共产党理论创新和理论创造的新的辉煌。

四、习近平新时代中国特色社会主义思想的基本方略和伟大成就展示

"十四个坚持"的基本方略，是对党的治国理政重大方针、原则

---

① 《十九大以来重要文献选编》下，中央文献出版社 2023 年版，第 504 页。
② 《十九大以来重要文献选编》下，中央文献出版社 2023 年版，第 503 页。

的最新概括，是实现"两个一百年"奋斗目标、实现中华民族伟大复兴中国梦的"路线图"和"方法论"。"十四个坚持"是党的十九大从理论和实践的结合上全面地回答了新时代怎样坚持和发展中国特色社会主义的问题，系统地展示了坚持和加强党的全面领导这一当代中国的最高政治原则，贯穿于以自我革命引领社会革命过程的逻辑关系。

一是坚持党对一切工作的领导。党政军民学，东西南北中，党是领导一切的。必须增强政治意识、大局意识、核心意识、看齐意识，自觉维护党中央权威和集中统一领导，提高党把方向、谋大局、定政策、促改革的能力和定力，确保党始终总揽全局、协调各方。

二是坚持以人民为中心。人民是历史的创造者，是决定党和国家前途命运的根本力量。必须坚持人民主体地位，坚持立党为公、执政为民，践行全心全意为人民服务的根本宗旨，把党的群众路线贯彻到治国理政全部活动之中，把人民对美好生活的向往作为奋斗目标，依靠人民创造历史伟业。

三是坚持全面深化改革。只有社会主义才能救中国，只有改革开放才能发展中国、发展社会主义、发展马克思主义。必须坚持和完善中国特色社会主义制度，不断推进国家治理体系和治理能力现代化，构建系统完备、科学规范、运行有效的制度体系，充分发挥我国社会主义制度优越性。

四是坚持新发展理念。发展是解决我国一切问题的基础和关键，发展必须是科学发展。必须坚定不移贯彻创新、协调、绿色、开放、共享的发展理念，坚持和完善我国社会主义基本经济制度和分配制度，发展更高层次的开放型经济，不断壮大我国经济实力和综合国力。

五是坚持人民当家作主。坚持党的领导、人民当家作主、依法治国有机统一是社会主义政治发展的必然要求。必须坚持中国特色社

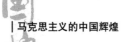
会主义政治发展道路，坚持和完善人民代表大会制度、中国共产党领导的多党合作和政治协商制度、民族区域自治制度、基层群众自治制度，保证人民当家作主落实到国家政治生活和社会生活之中。

六是坚持全面依法治国。全面依法治国是中国特色社会主义的本质要求和重要保障。必须把党的领导贯彻落实到依法治国全过程和各方面，坚定不移走中国特色社会主义法治道路，坚持依法治国、依法执政、依法行政共同推进，坚持法治国家、法治政府、法治社会一体建设，坚持依法治国和以德治国相结合，依法治国和依规治党有机统一，深化司法体制改革，提高全民族法治素养和道德素质。

七是坚持社会主义核心价值体系。文化自信是一个国家、一个民族发展中更基本、更深沉、更持久的力量。必须坚持马克思主义，牢固树立共产主义远大理想和中国特色社会主义共同理想，推动中华优秀传统文化创造性转化、创新性发展，继承革命文化，发展社会主义先进文化，为人民提供精神指引。

八是坚持在发展中保障和改善民生。必须多谋民生之利、多解民生之忧，在发展中补齐民生短板、促进社会公平正义，保证全体人民在共建共享发展中有更多获得感，维护社会和谐稳定，确保国家长治久安、人民安居乐业。

九是坚持人与自然和谐共生。建设生态文明是中华民族永续发展的千年大计。必须树立和践行绿水青山就是金山银山的理念，坚持节约资源和保护环境的基本国策，建设美丽中国，为人民创造良好生产生活环境，为全球生态安全作出贡献。

十是坚持总体国家安全观。必须坚持国家利益至上，以人民安全为宗旨，以政治安全为根本，统筹外部安全和内部安全、国土安全和国民安全、传统安全和非传统安全、自身安全和共同安全，完善国家安全制度体系，加强国家安全能力建设，坚持维护和塑造国家安全，坚决维护国家主权、安全、发展利益。

十一是坚持党对人民军队的绝对领导。必须全面贯彻党领导人民军队的一系列根本原则和制度，确立新时代党的强军思想在国防和军队建设中的指导地位，坚持政治建军、改革强军、科技兴军、依法治军，更加注重聚焦实战，更加注重创新驱动，更加注重体系建设，更加注重集约高效，更加注重军民融合，实现党在新时代的强军目标。

十二是坚持"一国两制"和推进祖国统一。必须把维护中央对香港、澳门特别行政区全面管治权和保障特别行政区高度自治权有机结合起来，确保"一国两制"方针不会变、不动摇。必须坚持一个中国原则，坚持"九二共识"，推动两岸同胞共同反对一切分裂国家的活动，共同为实现中华民族伟大复兴而奋斗。

十三是坚持推动构建人类命运共同体。必须统筹国内国际两个大局，始终不渝走和平发展道路、奉行互利共赢的开放战略，坚持正确义利观，树立共同、综合、合作、可持续的新安全观，谋求开放创新、包容互惠的发展前景，促进和而不同、兼收并蓄的文明交流，构筑尊崇自然、绿色发展的生态体系，始终做世界和平的建设者、全球发展的贡献者、国际秩序的维护者。

十四是坚持全面从严治党。必须以党章为根本遵循，把党的政治建设摆在首位，思想建党和制度治党同向发力，统筹推进党的各项建设，不断增强党自我净化、自我完善、自我革新、自我提高的能力，始终保持党同人民群众的血肉联系。

党的十九大对习近平新时代中国特色社会主义思想从基本方略上提出了需要一以贯之地加以"坚持"的十四个方面的要求。党的十九大以来，以习近平同志为核心的党中央，坚忍不拔、接续奋进，以伟大的历史主动精神、巨大的政治勇气、强烈的责任担当，统筹国内国际两个大局，贯彻党的基本理论、基本路线、基本方略，统揽伟大斗争、伟大工程、伟大事业、伟大梦想，坚持稳中求进工作总基

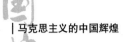

调，出台一系列重大方针政策，推出一系列重大举措，推进一系列重大工作，战胜一系列重大风险挑战，解决了许多长期想解决而没有解决的难题，办成了许多过去想办而没有办成的大事，使"基本方略"得到切实落实，推动党和国家事业取得历史性成就、发生历史性变革。《决议》以党的十九大提出的"基本方略"为圭臬，对涉及党的全面领导、"四个全面"战略布局和"五位一体"总体布局以及重要保障和条件等方面的"十三个方面成就"作出深刻概述和总结。

首先，在坚持党的领导方面形成的伟大成就上，一是在坚持党的全面领导上，党中央权威和集中统一领导得到有力保证，党的领导制度体系不断完善，党的领导方式更加科学，全党思想上更加统一、政治上更加团结、行动上更加一致，党的政治领导力、思想引领力、群众组织力、社会号召力显著增强；二是在全面从严治党上，党的自我净化、自我完善、自我革新、自我提高能力显著增强，管党治党宽松软状况得到根本扭转，反腐败斗争取得压倒性胜利并全面巩固，党在革命性锻造中更加坚强。

其次，在推进"四个全面"战略布局和"五位一体"总体布局方面形成的伟大成就，一是在经济建设上，我国经济发展平衡性、协调性、可持续性明显增强，国家经济实力、科技实力、综合国力跃上新台阶，我国经济迈上更高质量、更有效率、更加公平、更可持续、更为安全的发展之路。二是在全面深化改革开放上，党不断推动全面深化改革向广度和深度进军，中国特色社会主义制度更加成熟更加定型，国家治理体系和治理能力现代化水平不断提高，党和国家事业焕发出新的生机活力。三是在政治建设上，积极发展全过程人民民主，我国社会主义民主政治制度化、规范化、程序化全面推进，中国特色社会主义政治制度优越性得到更好发挥，生动活泼、安定团结的政治局面得到巩固和发展。四是在全面依法治国上，中国特色社会主义法治体系不断健全，法治中国建设迈出坚实步伐，党运用法治方式领导和治理国家的能力显著增强。五是在文化建设上，我国意识形态领域形势发生全局性、根本性转变，全党全国各族人民文化自信明显增强，全社会凝聚力和向心力极大提升，为新时代开创党和国家事业新局面提供了坚强思想保证和强大精神力量。六是在社会建设上，人民生活全方位改善，社会治理社会化、法治化、智能化、专业化水平大幅度提升，发展了人民安居乐业、社会安定有序的良好局面，续写了社会长期稳定奇迹。七是在生态文明建设上，党中央以前所未有的力度抓生态文明建设，美丽中国建设迈出重大步伐，我国生态环境保护发生历史性、转折性、全局性变化。

最后，在夯实保障条件和维护国家安全方面形成的伟大成就，一是在国防和军队建设上，人民军队实现整体性革命性重塑、重整行装再出发，国防实力和经济实力同步提升，人民军队坚决履行新时代使命任务，以顽强斗争精神和实际行动捍卫了国家主权、安全、发展利益。二是在维护国家安全上，国家安全得到全面加强，经受住了来自政治、经济、意识形态、自然界等方面的风险挑战考验，为党和国家兴旺发达、长治久安提供了有力保证。三是在坚持"一国两制"和推进祖国统一上，党中央采取一系列标本兼治的举措，坚定落实"爱国者治港""爱国者治澳"，推动香港局势实现由乱到治的重大转折，为推进依法治港治澳、促进"一国两制"实践行稳致远打下了坚实基础；坚持一个中国原则和"九二共识"，坚决反对"台独"分裂行径，坚决反对外部势力干涉，牢牢把握两岸关系主导权和主动权。四是在外交工作上，中国特色大国外交全面推进，构建人类命运共同体成为引领时代潮流和人类前进方向的鲜明旗帜，我国外交在世界大变局中开创新局、在世界乱局中化危为机，我国国际影响力、感召力、塑造力显著提升。

习近平新时代中国特色社会主义思想在对三个重大时代课题探索中，把核心要义的"十个明确"和基本方略的"十四个坚持"以

及体现基本方略实施的"十三个方面成就"结为一体，体现了这一思想作为党的指导思想和行动指南的理论地位，彰显了这一思想的科学性和真理性、人民性和实践性、时代性和开放性的理论特征，昭示了这一思想具有的与时俱进、守正创新的理论品质。"我们创立了新时代中国特色社会主义思想，明确坚持和发展中国特色社会主义的基本方略，提出一系列治国理政新理念新思想新战略，实现了马克思主义中国化时代化新的飞跃，坚持不懈用这一创新理论武装头脑、指导实践、推动工作，为新时代党和国家事业发展提供了根本遵循。"① 这是我们回顾新时代十年的辉煌历程，能够得出的最为重要的结论。

---

① 《习近平著作选读》第一卷，人民出版社 2023 年版，第 5 ~ 6 页。

第七章

中华民族伟大复兴与中国式现代化的全面推进

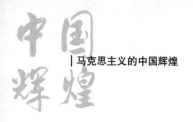
在新的历史起点上，团结带领中国人民继续推进中国特色社会主义伟大革命，为实现中华民族伟大复兴中国梦不懈奋斗，是新时代中国共产党人的历史使命。实现中华民族的伟大复兴是中国共产党百年奋斗的主题；习近平新时代中国特色社会主义思想，是实现中华民族伟大复兴的光辉旗帜与指导思想。

在党的二十大，面对全面建成社会主义现代化强国的奋斗目标，习近平提出"以中国式现代化全面推进中华民族伟大复兴"①；中国式现代化科学内涵，"既是理论概括，也是实践要求，为全面建成社会主义现代化强国、实现中华民族伟大复兴指明了一条康庄大道。"②

第一节　中国共产党的伟大历史使命和奋斗主题

中国共产党的初心和使命，就是为中国人民谋幸福，为中华民族谋复兴。中国共产党近百年的奋斗历程，之所以能够攻克一个又一个看似不可攻克的难关，创造一个又一个彪炳千古的人间奇迹，究其根本原因就在于中国共产党始终不忘初心、牢记使命、不懈奋进。

一、历史、现实和未来相结合的认识视界

对中国社会发展的新的历史方位的判定，是对中国特色社会主

---

①　《习近平著作选读》第一卷，人民出版社 2023 年版，第 18 页。

②　习近平：《中国式现代化是强国建设、民族复兴的康庄大道》，载于《求是》杂志 2023 年第 16 期。

义进入新时代认识的基础；而对新的历史方位的判定，又是以对当代中国的"历史性变化""历史性变革"的深刻把握为前提的。历史、现实和未来相结合，是开拓马克思主义新境界的重要方法，也是拓展新时代中国特色社会主义新视界的基本要求。

党的十八大召开后不久，习近平在对坚持和发展中国特色社会主义理论和实践问题的探索中提出："历史、现实、未来是相通的。历史是过去的现实，现实是未来的历史。要把党的十八大确立的改革开放重大部署落实好，就要认真回顾和深入总结改革开放的历程，更加深刻地认识改革开放的历史必然性，更加自觉地把握改革开放的规律性，更加坚定地肩负起深化改革开放的重大责任。"① 对现实问题的理解要与历史、未来的探讨结合在一起的，要在历史、现实与未来的内在联系中昭彰理论的魅力，探究思想的真谛。

历史是最好的教科书。习近平强调："正是从历史经验和现实需要的高度，党的十八大以来，中央反复强调，改革开放是决定当代中国命运的关键一招，也是决定实现'两个一百年'奋斗目标、实现中华民族伟大复兴的关键一招"② 。"历史经验"为当下现实的发展提供旨向，成为现实顺利走向未来的宝贵的镜鉴。党的十八届三中全会上，习近平在对党的十四大以来社会主义市场经济理论的历史逻辑的探索中指出："从党的十四大以来的20多年间，对政府和市场关系，我们一直在根据实践拓展和认识深化寻找新的科学定位。党的十五大提出'使市场在国家宏观调控下对资源配置起基础性作用'，党的十六大提出'在更大程度上发挥市场在资源配置中的基础性作用'，党的十七大提出'从制度上更好发挥市场在资源配置中的基础性作用'，党的十八大提出'更大程度更广范围发挥市场在资源配置

---

① 《习近平谈治国理政》，外文出版社2014年版，第67页。
② 《十八大以来重要文献选编》上，中央文献出版社2014年版，第494页。

中的基础性作用'。可以看出，我们对政府和市场关系的认识也在不断深化。"在这一历史和现实相结合的论述中，得出的结论就是"从理论上对政府和市场关系进一步作出定位，这对全面深化改革具有十分重大的作用。"① 显然，这一结论有着更为深厚的历史底蕴、更为强烈的理论感召、更为坚定的现实底气。

在党的十八大召开后不久，习近平在参观《复兴之路》展览时，从中华民族"昨天""今天"和"明天"上，对中华民族的历史、现实与未来作了阐释。中华民族的历史（"昨天"）可以说是"雄关漫道真如铁"，近代以后，中华民族遭受的苦难之重、付出的牺牲之大，在世界历史上都是罕见的。但是，中国人民从不屈服，不断奋起抗争，终于掌握了自己的命运，开始了建设自己国家的伟大进程，充分展示了以爱国主义为核心的伟大民族精神。中华民族的现实（"今天"）可谓"人间正道是沧桑"，改革开放以来，我们总结历史经验，不断艰辛探索，终于找到了实现中华民族伟大复兴的正确道路，取得了举世瞩目的成果。中华民族的未来（"明天"）可以说是"长风破浪会有时"，经过鸦片战争以来170多年的持续奋斗，中华民族伟大复兴展现出光明的前景。中华民族的历史、现实和未来，展现于几代志士仁人为民族复兴奋斗的艰辛历程，记载着近代以来一代又一代中国人的美好夙愿，深刻地揭示了中华民族的历史命运和当代中国的发展走向。在历史、现实与未来相联系、相结合的论述中，习近平指出："现在，我们比历史上任何时期都更接近中华民族伟大复兴的目标，比历史上任何时期都更有信心、有能力实现这个目标。"② 由此而指明全党全国各族人民共同的奋斗目标，由此而宣明以习近平同志为主要代表的中国共产党人高度的历史担当和使命追求，由此

---

① 《十八大以来重要文献选编》上，中央文献出版社2014年版，第498~499页。
② 《十八大以来重要文献选编》上，中央文献出版社2014年版，第83页。

也提出中国特色社会主义的新的时代内涵。

回溯历史、立足现实，如习近平在党的十八届中央政治局第七次集体学习时所强调的："在对历史的深入思考中做好现实工作、更好走向未来；强调责任重于泰山，领导干部要有天下为公的宽阔胸襟，摒弃私心杂念，夙夜在公、勤勉工作；强调言必信、行必果，勇作为、敢担当，逢山开路、遇河架桥，不断交出坚持和发展中国特色社会主义的合格答卷。"①

2021 年，在庆祝中国共产党成立 100 周年大会的讲话中，习近平指出："中国共产党一经诞生，就把为中国人民谋幸福、为中华民族谋复兴确立为自己的初心使命。一百年来，中国共产党团结带领中国人民进行的一切奋斗、一切牺牲、一切创造，归结起来就是一个主题：实现中华民族伟大复兴。"实现中华民族伟大复兴是中国共产党的初心使命、是百年奋斗的主题，也是中国共产党历史自觉和历史担当的旨向。习近平指出："初心易得，始终难守。以史为鉴，可以知兴替。我们要用历史映照现实、远观未来，从中国共产党的百年奋斗中看清楚过去我们为什么能够成功、弄明白未来我们怎样才能继续成功，从而在新的征程上更加坚定、更加自觉地牢记初心使命、开创美好未来。"②

马克思主义本质上是一门历史的科学。历史、现实与未来相结合的方法是马克思主义方法的内在要求，要在历史、现实与未来的内在联系中，紧密结合新的时代条件和实践要求，勇于实践创新，勇于理论创新。这也是习近平新时代中国特色社会主义思想给我们的重要的立场、观点和方法上的重要启迪。

---

① 《十八大以来重要文献选编》上，中央文献出版社 2014 年版，第 470 页。
② 《习近平著作选读》第二卷，人民出版社 2023 年版，第 481 页。

二、实现中华民族伟大复兴中国梦的意蕴与实质

党的十八大后不久，习近平在参观《复兴之路》展览时指出："实现中华民族伟大复兴，就是中华民族近代以来最伟大的梦想。这个梦想，凝聚了几代中国人的夙愿，体现了中华民族和中国人民的整体利益，是每一个中华儿女的共同期盼。"① 实现中华民族伟大复兴的中国梦是对近代以来中国人民追求的共同理想的生动的、深刻的概括。"中国梦"是对中华民族近代以来追求"国家富强、民族振兴、人民幸福"的历史进程的思想升华，表明了马克思主义中国化基本主题的历史意蕴。中国共产党人对中国梦的追求，不是现在才开始的。我们的先辈，几代杰出的共产党人以不同的方式表达了中国梦的思想内涵。

自 1840 年鸦片战争以后，无数志士仁人奋起抗争、历尽艰险，寻找救国救民道路。太平天国运动、戊戌变法、义和团运动、辛亥革命接连而起，但农民起义、君主立宪、资产阶级共和制等种种救国方案遭受一次又一次的失败。"中国共产党成立后，团结带领人民前仆后继、顽强奋斗，把贫穷落后的旧中国变成日益走向繁荣富强的新中国，中华民族伟大复兴展现出前所未有的光明前景。"② 以毛泽东为主要代表的中国共产党第一代中央领导集体，带领全党全国各族人民取得新民主主义革命的胜利，建立新中国，实现新民主主义向社会主义过渡的革命，确立了社会主义基本制度的基础，取得社会主义建设的伟大成就及宝贵经验。这一时期，马克思主义中国化的历史发展，就是以中华民族伟大复兴中革命和建设为主题的。在不同的年代，中国共产党人对中国梦的追求都有其非常形象、直观，也非常深

---

① 《十八大以来重要文献选编》上，中央文献出版社 2014 年版，第 84 页。
② 《十八大以来重要文献选编》上，中央文献出版社 2014 年版，第 69 页。

情、透彻的表达。

党的十一届三中全会前后，中国社会进入以改革开放为主要特征的社会主义现代化建设新时期。改革开放和社会主义现代化建设是当代中国社会发展的必然抉择，是实现中华民族伟大复兴的必由之路。只有改革开放和社会主义现代化建设，才能推进中国特色社会主义的发展、才能丰富和发展中国特色社会主义理论体系。"中国特色社会主义是改革开放新时期开创的，也是建立在我们党长期奋斗基础上的，是由我们党的几代中央领导集体团结带领全党全国人民历经千辛万苦、付出各种代价、接力探索取得的。我们党紧紧依靠人民，从根本上改变了中国人民和中华民族的前途命运，不可逆转地结束了近代以后中国内忧外患、积贫积弱的悲惨命运，不可逆转地开启了中华民族不断发展壮大、走向伟大复兴的历史进军，使具有5000多年文明历史的中华民族以崭新的姿态屹立于世界民族之林。"①

中国梦是对坚持中国道路、弘扬中国精神、凝聚中国力量，是对坚持道路自信、理论自信和制度自信的一种宣示，更加突出了马克思主义中国化主题的时代色彩。中国梦表达的是一种提升中国软实力的理念，更多的是一种自信自强的精神和力量的激励。在马克思主义中国化新的进程中，中国特色社会主义道路是实现途径、中国特色社会主义理论体系是行动指南、中国特色社会主义制度是根本保障，它们统一于中国特色社会主义的伟大实践，是中国特色社会主义的最鲜明特色。从"四个自信"的高度增强对中国梦的理解，对于彰显21世纪中国马克思主义的主题有着深刻的意义。

党的十八大以来，面对中国特色社会主义的新发展，习近平指出："我们的责任，就是要团结带领全党全国各族人民，接过历史的接力棒，继续为实现中华民族伟大复兴而努力奋斗，使中华民族更加

---

① 《十八大以来重要文献选编》上，中央文献出版社2014年版，第73页。

坚强有力地自立于世界民族之林，为人类作出新的更大的贡献。"①
这是马克思主义中国化历史接续的基本主题，也是 21 世纪中国
马克思主义发展的基本主题。

用"中国梦"来概括中华民族伟大复兴，是因为中国梦是一种
形象的表述，是一种为群众易于接受的表述。中国梦意味着中国人民
和中华民族的价值认同和价值追求，意味着每一个人都能在为中国
梦的奋斗中实现自己的梦想。正因为如此，中国梦具有广泛的包容
性，成为回荡在 13 亿多人心中的高昂旋律，是中华民族团结奋斗的
最大公约数和最大同心圆。实现中华民族伟大复兴的中国梦，是以
习近平同志为核心的党中央对全体人民的庄严承诺，是党和国家面
向未来的政治宣言，充分体现了中国共产党高度的历史担当和使命
追求，为新时代坚持和发展中国特色社会主义注入了崭新内涵。

中国梦的本质是国家富强、民族振兴、人民幸福。习近平指出，
"中国梦是国家的、民族的，也是每一个中国人的。国家好、民族
好，大家才会好。"② 这个梦想把国家的追求、民族的向往、人民的
期盼融为一体，体现了中华民族和中国人民的整体利益，表达了每一
个中华儿女的共同愿景。只有国家富强、民族振兴，人民才能幸福。
国家梦、民族梦的实现过程，为每个人梦想的实现提供了广阔空间。
"得其大者可以兼其小。"只要每个人都把人生理想融入国家和民族
的伟大梦想之中，敢于有梦、勇于追梦、勤于圆梦，就会汇聚起实现
中国梦的强大力量。

中国梦是国家的梦、民族的梦，归根到底是人民的梦。中国人民
是中国梦的主体，是中国梦的创造者和享有者。中国人民是伟大的人
民，素来有着深沉厚重的精神追求，具有伟大的梦想精神，即使近代

---

① 《十八大以来重要文献选编》上，中央文献出版社 2014 年版，第 69～70 页。
② 《十八大以来重要文献选编》上，中央文献出版社 2014 年版，第 277 页。

以来饱尝屈辱和磨难，也绝不会自甘沉沦，而是始终怀揣民族复兴的梦想，追求光明美好的未来。中国梦最深沉的根基在中国人民心中，必须紧密依靠人民来实现，必须不断为人民造福。中国梦，不是哪一个人、哪一部分人的梦想，而是全体中国人民共同的追求；中国梦的实现，不是成就哪一个人、哪一部分人，而是造福全体人民。所以说，中国梦的深厚源泉在于人民，根本归宿也在于人民，只有同中国人民对美好生活的向往结合起来才能取得成功。

中国梦是和平、发展、合作、共赢的梦，与世界各国人民的美好梦想息息相通。中国梦是追求和平的梦。中华民族历来就是爱好和平的民族，天下太平、共享大同是中华民族绵延数千年的理想。近代以来 100 多年间，中国内部战乱和外敌入侵频频发生，中国人民对战争带来的苦难有着刻骨铭心的记忆，对和平有着孜孜不倦的追求，十分珍惜和平安定的生活。中国的发展是世界和平力量的壮大，是传递友谊的正能量。中国越是强大，维护世界和平的力量就越大，捍卫世界和平的底气就越足。中国梦也是奉献世界的梦。"穷则独善其身，达则兼济天下。"中国人希望自己过得好，也希望别人过得好，愿意将自身发展经验和机遇同世界各国分享。作为世界上最大的发展中大国，中国一心一意办好自己的事情，实现国家发展和稳定，本身就是对世界的巨大贡献。同时，中国的发展对世界各国也是重要机遇。历史将证明，实现中国梦给世界带来的是机遇不是威胁，是进步不是倒退，是合作共赢不是零和博弈。中国发展得越好，对世界的贡献就越大。

三、坚定和增强"四个自信"

行百里者半九十。习近平提出："中华民族伟大复兴，绝不是轻轻松松、敲锣打鼓就能实现的。全党必须准备付出更为艰巨、更为艰苦的努力。"① 在这一过程中，要坚守中国特色社会主义的道路自信、理论自信、制度自信和文化自信，这"四个自信"是实现新时代党的历史使命的重要保证。

在庆祝中国共产党成立 95 周年大会的讲话中，习近平指出："全党要坚定道路自信、理论自信、制度自信、文化自信。当今世界，要说哪个政党、哪个国家、哪个民族能够自信的话，那中国共产党、中华人民共和国、中华民族是最有理由自信的。"② 坚定和增强中国特色社会主义道路自信、理论自信、制度自信、文化自信，是中国共产党历史自觉和理论自觉在新时代跃升的集中体现，也是中国共产党历经百年奋进铸就的鲜明特质。

坚定和增强道路自信，集中于坚信中国特色社会主义道路是实现社会主义现代化、创造人民美好生活的必由之路，是实现中华民族伟大复兴的必由之路。中国特色社会主义道路的实质在于，坚持以经济建设为中心，全面推进经济、政治、文化、社会、生态文明建设及其他多个方面的全面建设；坚持四项基本原则，坚持改革开放；不断解放和发展社会生产力，逐步实现全体人民共同富裕、促进人的全面发展。

坚定和增强理论自信，集中于坚信中国特色社会主义理论是中国化时代化马克思主义科学理论，是指导党和人民实现中华民族伟大复兴的正确理论，是与时俱进、守正创新的科学理论。改革开放新时期邓小平理论、"三个代表"重要思想、科学发展观，就是中国特色社会主义理论重大成果，习近平新时代中国特色社会主义思想是党的十八大以后形成的中国特色社会主义理论新的重大成果。中国特色社会主义理论的这些重大成果，实现了马克思主义基本原理同

---

① 《十九大以来重要文献选编》上，中央文献出版社 2019 年版，第 11 页。
② 《十八大以来重要文献选编》下，中央文献出版社 2018 年版，第 348 页。

中国实际和时代变化的结合、同中华优秀传统文化的结合，开辟了马克思主义中国化时代化的新境界。

坚定和增强制度自信，就在于坚信中国特色社会主义制度是当代中国发展进步的根本制度保障，是在中国特色社会主义实践中被证明了的具有鲜明制度优势、强大自我完善能力的先进制度。中国特色社会主义制度和国家治理体系是以马克思主义为指导，既根植于当代中国的实际、又深受中华优秀传统文化滋养，既以中国化时代化马克思主义为根本遵循、又深得最广大人民拥护的制度和治理体系。在根本上，这一制度是具有强大生命力和巨大优越性的制度和治理体系，是能够持续推进中国社会进步和发展、实现中华民族伟大复兴中国梦的制度和治理体系。

坚定和增强文化自信，就在于坚信中国特色社会主义文化积淀着中华民族最深层的精神追求，代表着中华民族独特的精神标识，是中国人民胜利前行的强大精神力量。这一文化深刻地融入了党领导全国各族人民在革命建设改革的伟大斗争中铸就的革命文化、红色文化和先进文化，也深刻地融入了中华文明五千多年发展中孕育的中华优秀传统文化。文化自信是更为基础的、更为广泛的、也更为深厚的自信，是更为基本的、更为深沉的、也更为持久的力量。坚定和增强文化自信，是事关弘扬中华民族精神，赓续中华文化命脉，实现文化自立自强的大问题。

中国特色社会主义道路、理论、制度、文化，是党领导全国各族人民长期奋斗得出的实践总结和理论结晶。中国特色社会主义道路是实现途径，中国特色社会主义理论是行动指南，中国特色社会主义制度是根本保障，中国特色社会主义文化是精神力量，四者统一于中国特色社会主义伟大实践。习近平在党的二十大指出："我们要坚持对马克思主义的坚定信仰、对中国特色社会主义的坚定信念，坚定道路自信、理论自信、制度自信、文化自信，以更加积极的历史担当和创造精神为发展马克思主义作出新的贡献，既不能刻舟求剑、封闭僵化，也不能照抄照搬、食洋不化。"① 坚定和增强"四个自信"，我们才能够在发展中国特色社会主义道路、完善中国特色社会主义制度、繁荣中国特色社会主义文化，开辟中国化时代马克思主义新境界。坚定和增强"四个自信"，我们才能够在中华民族伟大复兴的新的征程中掌握住自己发展的命运，真正达到"我们的国权，我们的国格，我们的民族自尊心，我们的民族独立，关键是道路、理论、制度的独立。"②

四、"四个伟大"的根本内涵

党要团结带领人民进行伟大斗争、推进伟大事业、实现伟大梦想，这"四个伟大"成为中华民族伟大复兴的根本动力。在"四个伟大"中，伟大斗争指的是为了解决前进道路上遇到的重大问题和挑战而进行的艰苦卓绝的工作。人类社会是在矛盾运动中前进的，有矛盾就会有斗争。没有矛盾斗争，就没有人类社会的运动变化和发展进步。中国共产党是一个善于进行斗争、善于赢得斗争的党。在民主革命时期、社会主义建设时期和改革开放时期，中国每前进一步，都是在伟大斗争中实现的。只有赢得各个历史时期的伟大斗争，中国才有希望，民族才有未来。

每一个时代，由于时代特征、历史任务不同，国际国内环境不同，斗争的内容和形式也必然不同。中国特色社会主义进入新时代，我国面临的世情、国情、党情发生巨大变化，党要团结带领人民有效应对重大挑战、抵御重大风险、克服重大阻力、解决重大矛盾，必须进行具有许多新的历史特点的伟大斗争。

---

① 《习近平著作选读》第一卷，人民出版社 2023 年版，第 16 页。
② 《十八大以来重要文献选编》中，中央文献出版社 2016 年版，第 48 页。

一是更加自觉地坚持党的领导和我国社会主义制度，坚决反对一切削弱、歪曲、否定党的领导和我国社会主义制度的言行。政治安全关乎国本，关乎国运。对一切否定党的领导、否定我国社会主义制度、否定改革开放的言行，对一切歪曲、丑化、否定中国特色社会主义以及党的历史、中华人民共和国历史、人民军队历史的言行，对一切违背、歪曲、否定党的基本路线的言行，必须敢于斗争。

二是更加自觉地维护人民利益，坚决反对一切损害人民利益、脱离群众的行为。人民是历史的主人，是真正的英雄。必须贯彻以人民为中心的发展思想，始终把人民群众的利益摆在至高无上的地位。对一切损害人民利益、脱离群众的行为，要敢于斗争。自觉站稳群众立场，坚决防止和反对一切高高在上、当官做老爷、漠视群众疾苦、损害群众利益、脱离群众的思想和行为。巩固和拓展整治形式主义、官僚主义、享乐主义和奢靡之风成果，坚决防止"四风"反弹回潮，坚决反对和防止搞"政绩工程"和"形象工程"。

三是更加自觉地顺应改革创新时代潮流，坚决破除一切顽瘴痼疾。惟改革者进，惟创新者强，惟改革创新者胜。改革既是引领发展的强大动力，又是一场新的革命。今天，全面深化改革已经进入深水区、攻坚期，遇到的阻力更大，斗争更尖锐。这就要求我们敢于啃硬骨头，敢于涉险滩，以逢山开路、遇河架桥的一往无前精神，以壮士断腕的勇气和凤凰涅槃的决心，向积存多年的顽瘴痼疾开刀，坚决清除妨碍生产力发展的体制机制障碍，同一切因循守旧、故步自封、顽固保守、不思进取的思想和行为作坚决斗争，勇于变革、勇于创新，永不僵化、永不停滞。

四是更加自觉地维护我国主权、安全、发展利益，坚决反对一切分裂祖国、破坏民族团结和社会和谐稳定的行为。国家主权、安全和发展利益关乎中国的核心利益，对一切危及国家主权、安全、发展利益的活动，对一切分裂祖国、破坏民族团结和社会和谐稳定的行为，对一切渗透颠覆破坏活动、暴力恐怖活动、民族分裂活动、宗教极端活动要敢于斗争、敢于亮剑。中国是一个爱好和平的国家，决不会以牺牲别国利益为代价来发展自己，但也决不放弃自己的正当权益，任何人不要幻想让中国吞下损害自身利益的苦果。

五是更加自觉地防范各种风险，坚决战胜一切在政治、经济、文化、社会等领域和自然界出现的困难和挑战。随着全球化的不断推进，随着人类活动频率的增多、活动范围的扩大，当今世界正进入风险社会，人类面临着越来越多的不确定性、不可预测性。中国是一个日益国际化的新兴国家，中国与世界深度关联，输入型风险正在增多；中国是一个高度活跃的经济体，内生风险也难以避免。因此，必须增强忧患意识、风险意识，坚决战胜前进道路上的一切艰难险阻。

实现伟大梦想必须进行伟大斗争。中华民族伟大复兴，是行走在社会主义道路上的复兴，是一个古老民族的复兴，是一个不同于西方发展道路和发展模式的大国复兴。这是一项前无古人的开创性事业，绝不是轻轻松松、敲锣打鼓就能实现的。习近平指出："全党要充分认识这场伟大斗争的长期性、复杂性、艰巨性，发扬斗争精神，提高斗争本领，不断夺取伟大斗争新胜利。"[①] 在这场伟大斗争中，必须准备付出更为艰巨、更为艰苦的努力，任何贪图享受、消极懈怠的思想和行为都是不可取的。今天，我们已经站在了民族复兴的门槛上，越是接近中华民族伟大复兴的目标，我们就越是要凝神聚力，不断夺取伟大斗争新胜利。

在"四个伟大"中，伟大工程凸显毫不动摇坚持和加强党的领导，毫不动摇推进党的建设。中国共产党是中国特色社会主义事业的领导核心，历史已经并将继续证明，当代中国，只有中国共产党而没有别的什么政党，能够团结带领全国人民完成民族振兴、国家富强和

① 《习近平著作选读》第一卷，人民出版社 2023 年版，第 13 页。

人民幸福的历史使命。打铁还需自身硬。中国共产党要始终成为时代
先锋、民族脊梁，始终成为马克思主义执政党，自身必须过硬。越是
目标远大、任务艰巨，越是挑战频仍、矛盾集中，越要把党建设得更
加坚强有力。

党的十八大以来，党和国家事业能够取得历史性成就、发生历史
性变革，同伟大工程的建设是分不开的。中国共产党勇于面对各种重
大风险考验和党内存在的突出问题，紧紧盯住全面从严治党不力这
个症结，坚持发扬自我革命精神，发扬党在历史上行之有效的好经验
好做法，以顽强意志品质正风肃纪、反腐惩恶，全面从严治党取得了
卓著成效。过去几年来，通过扎实推进全面从严治党，解决了许多过
去认为解决不了的问题，刹住了不少过去认为不可能刹住的歪风邪
气，攻克了一系列司空见惯的顽瘴痼疾，管党治党实现了从"宽松
软"到"严紧硬"的重大转变，党内政治生活气象更新，党内政治
生态明显好转，党的创造力、凝聚力、战斗力显著增强，党的团结统
一更加巩固，党群关系明显改善，党在革命性锻造中更加坚强，焕发
出新的强大生机活力，为党和国家的事业发展提供了坚强政治保证。

建设伟大工程，永远在路上。必须清醒地看到，决胜全面建成小
康社会的艰巨任务、实现中华民族伟大复兴的历史使命，对中国共产
党提出了前所未有的新挑战新要求，影响党的先进性、弱化党的纯洁
性的因素仍然十分复杂，党内存在的思想不纯、组织不纯、作风不纯
等突出问题尚未得到根本解决。这就决定了新时代党的建设新的伟
大工程，既要培元固本，也要开拓创新，既要把住关键重点，也要形
成整体态势，特别是必须以勇于自我革命的精神打造和锤炼自己，不
断提高党的建设质量，把党建设成为始终走在时代前列、人民衷心拥
护、勇于自我革命、经得起各种风浪考验、朝气蓬勃的马克思主义执
政党。如习近平指出的："不断增强党的政治领导力、思想引领力、

群众组织力、社会号召力，确保我们党永葆旺盛生命力和强大战斗力。"①

"四个伟大"中，伟大事业在于明确中国特色社会主义是实现社会主义现代化、创造人民美好生活的必由之路，是实现中华民族伟大复兴的必由之路。历史和现实都告诉我们，只有社会主义才能救中国，只有中国特色社会主义才能发展中国，这是历史的结论、人民的选择。鸦片战争以来的历史证明，我们什么主义都尝试了，什么道路都走过了，社会主义是唯一行得通、走得好的道路，只有社会主义而没有别的什么主义能够救中国；社会主义建设时期的历史证明，传统的发展模式会扼制社会主义的生机活力，走封闭僵化的老路发展不了中国，发展不了社会主义；苏东剧变的历史教训证明，与西方接轨不是社会主义的发展方向，走改旗易帜的邪路一定会葬送社会主义；改革开放以来的历史证明，社会主义事业一定要立足于本国实际，只有中国特色社会主义而没有别的什么主义能够发展中国。中国特色社会主义道路是实现中华民族伟大复兴的必由之路，必须长期坚持、永不动摇。

站在新的历史起点上，必须保持政治定力，坚定中国特色社会主义道路自信、理论自信、制度自信、文化自信，一以贯之坚持和发展中国特色社会主义。同时，也应当深刻认识新时代坚持和发展中国特色社会主义的新要求，在习近平新时代中国特色社会主义思想的指引下，顺应我国社会主要矛盾发生的新变化，准确把握实现"两个一百年"奋斗目标新的战略安排，着力解决好发展不平衡不充分问题，大力提升发展质量和效益，更好满足人民在经济、政治、文化、社会、生态等方面日益增长的美好生活需要，更好推动人的全面发展、社会全面进步。

---

① 《习近平著作选读》第二卷，人民出版社 2023 年版，第 14 页。

　　进入中国特色社会主义新时代，党的理论和实践的主题，仍然是坚持和发展中国特色社会主义；党的思想旗帜，仍然是中国特色社会主义伟大旗帜；党治国理政第一位的任务，仍然是紧紧围绕坚持和发展中国特色社会主义这个主题，续写中国特色社会主义这篇大文章。沿着中国特色社会主义道路前进，拥有 14 亿多中国人民聚合的磅礴之力，我们具有无比强大的前进定力，中华民族的伟大复兴必将迎来更加光明的前景。

　　伟大斗争，伟大工程，伟大事业，伟大梦想，紧密联系、相互贯通、相互作用，是一个有机统一的整体，统一于新时代坚持和发展中国特色社会主义伟大实践。其中，"起决定性作用的是党的建设新的伟大工程。推进伟大工程，要结合伟大斗争、伟大事业、伟大梦想的实践来进行，确保党在世界形势深刻变化的历史进程中始终走在时代前列，在应对国内外各种风险和考验的历史进程中始终成为全国人民的主心骨，在坚持和发展中国特色社会主义的历史进程中始终成为坚强领导核心。"[①]

　　党的十九大把伟大斗争、伟大工程、伟大事业、伟大梦想作为一个统一整体提出来，不仅对党的历史使命提出了新要求，而且进一步明确了党在新时代治国理政的总方略、引领全局的总蓝图、谋划工作的总坐标，体现了奋斗目标、实现路径、前进动力的高度统一，历史传承、现实任务、未来方向的高度统一，党的前途命运、国家的前途命运、人民的前途命运的高度统一，深刻回答了什么是新时代党的历史使命、怎样实现新时代党的历史使命这一重大理论和实践问题，使党对自身肩负历史使命的认识达到了新的高度。

　　"四个伟大"作为一个有机的统一的整体，其内在逻辑是：伟大梦想是目标，指引着正确方向，为伟大斗争、伟大工程、伟大事业破

---

① 《习近平著作选读》第二卷，人民出版社 2023 年版，第 14～15 页。

浪前行领航导向；伟大斗争是动力，昭示着中国共产党的担当精神，为伟大工程、伟大事业、伟大梦想破解难题，扫除障碍，提供动力牵引；伟大工程是保证，为伟大斗争、伟大事业、伟大梦想提供坚强政治保证；伟大事业是路径，宣示着举什么旗、走什么路，为伟大斗争、伟大工程、伟大梦想开辟前进的道路。

在"四个伟大"中，起决定性作用的是党的建设新的伟大工程。办好中国的事情，关键在党。伟大斗争能不能沿着正确的航向乘风破浪，取得伟大胜利，取决于中国共产党；伟大事业能不能取得成功、推进得好不好，关键在中国共产党；伟大梦想能不能实现，也在于中国共产党能不能团结带领全国各族人民努力奋斗。如果离开了党的坚强领导，如果党自身不过硬，要想赢得伟大斗争、推进伟大事业、实现伟大梦想，必然是空想。只要把党建设好了、建设强了，取得伟大斗争的不断胜利，推进伟大事业的不断发展，实现中华民族伟大复兴的中国梦，就有了坚强的政治和组织保障。新时代要进行伟大斗争、推进伟大事业、实现伟大梦想，建设伟大工程决不能松懈。

回顾党的奋斗的百年历史，特别是党开创中国特色社会主义新时代的伟大历程，党的十九届六中全会通过的《中共中央关于党的百年奋斗重大成就和历史经验的决议》指出："以习近平同志为核心的党中央，以伟大的历史主动精神、巨大的政治勇气、强烈的责任担当，统筹国内国际两个大局，贯彻党的基本理论、基本路线、基本方略，统揽伟大斗争、伟大工程、伟大事业、伟大梦想，坚持稳中求进工作总基调，出台一系列重大方针政策，推出一系列重大举措，推进一系列重大工作，战胜一系列重大风险挑战，解决了许多长期想解决而没有解决的难题，办成了许多过去想办而没有办成的大事，推动党和国家事业取得历史性成就、发生历史性变革。"[1]《决议》从党和国

---

① 《十九大以来重要文献选编》下，中央文献出版社 2023 年版，第 505～506 页。

家事业发展全局上，凸显了"四个伟大"在新时代坚持和发展中国特色社会主义中的关键的作用和重要的地位。

第二节 实现社会主义现代化强国的战略擘画

一、新时代"三步走"的总体战略

党的十九大指出："从全面建成小康社会到基本实现现代化，再到全面建成社会主义现代化强国，是新时代中国特色社会主义发展的战略安排。"[①] 这一战略安排是新形势下党对社会主义现代化建设"三步走"总体战略的推进和发展。

全面建成小康社会，作为党提出的第一个百年奋斗目标，是党对历史、对人民作出的庄严承诺。党的十九大报告提出，要按照十六大、十七大、十八大提出的全面建成小康社会各项要求，紧扣我国社会主要矛盾变化，统筹推进经济建设、政治建设、文化建设、社会建设、生态文明建设，坚定实施科教兴国战略、人才强国战略、创新驱动发展战略、乡村振兴战略、区域协调发展战略、可持续发展战略、军民融合发展战略，突出抓重点、补短板、强弱项，特别是要坚决打好防范化解重大风险、精准脱贫、污染防治的攻坚战，使全面建成小康社会得到人民认可、经得起历史检验。

全面建成小康社会是一个综合性的发展目标，不仅强调"小康"，更强调"全面"，它不仅包含着经济发展的各项任务和目标，也包含着社会发展等其他方面的任务和目标，不仅要求在总量和平均水平上完成目标，还要求在发展的平衡性、协调性和可持续性上达

---

① 《习近平著作选读》第二卷，人民出版社2023年版，第24页。

标。根据当前经济社会发展各项任务指标的进展情况，我们有信心在 2020 年全面建成小康社会，完成第一个百年奋斗目标。以经济发展指标为例，2016 年我国人均 GDP 超过 8000 美元，明显超过世界银行确定的中高收入国家门槛值，达到中等偏上收入国家水平，但离高收入国家的门槛尚有不小差距。此外，我国在政治、社会、文化建设等诸多方面，也取得了巨大成就，为如期实现全面建成小康社会奠定了良好基础。同时也要看到，全面建成小康社会在生态、脱贫等方面仍然存在明显短板，这些短板涉及人民群众最为关心、反映最为强烈的问题，也是制约全面建成小康社会质量和水平的关键所在，必须下大力气、花大功夫补齐。

从 2020 年到本世纪中叶的战略安排分为两个阶段。第一个阶段是从 2020 年到 2035 年，基本实现社会主义现代化。党的十九大报告提出，在全面建成小康社会基础上，再奋斗 15 年，基本实现社会主义现代化。到那时，我国经济实力、科技实力将大幅跃升，跻身创新型国家前列；人民平等参与、平等发展权利得到充分保障，法治国家、法治政府、法治社会基本建成，各方面制度更加完善，国家治理体系和治理能力现代化基本实现；社会文明程度达到新的高度，国家文化软实力显著增强，中华文化影响更加广泛深入；人民生活更为宽裕，中等收入群体比例明显提高，城乡区域发展差距和居民生活水平差距显著缩小，基本公共服务均等化基本实现，全体人民共同富裕迈出坚实步伐；现代社会治理格局基本形成，社会充满活力又和谐有序；生态环境根本好转，美丽中国目标基本实现。

党的十九大报告提出到 2035 年基本实现社会主义现代化，这一安排意味着将原定的第二个百年奋斗目标实现时间提前了 15 年。对这一战略目标的安排是在综合分析国际国内形势和我国发展条件，在深入研究、反复论证的基础上确定的。改革开放 40 年来，我国经济持续较快发展，工业化城镇化快速推进，各项事业全面进步，国家面貌发生了前所未有的巨大变化。党的十八大以来，我国经济平稳健康发展，经济结构不断优化，全面深化改革取得重大突破，对外开放不断深入，生态文明建设成效显著，人民群众的获得感明显增强。同时，民主法治建设迈出重大步伐，思想文化建设取得重大进展，强军兴军开创新的局面，全面从严治党成效显著，为加快推进我国现代化建设进程奠定了坚实的基础。以目前的良好基础和发展势头，到2035年基本实现社会主义现代化是有把握的。

第二个阶段是从2035年到本世纪中叶，建成社会主义现代化强国。党的十九大报告提出，在2035年基本实现现代化的基础上，再奋斗15年，把我国建成富强民主文明和谐美丽的社会主义现代化强国。到那时，我国物质文明、政治文明、精神文明、社会文明、生态文明将全面提升，实现国家治理体系和治理能力现代化，成为综合国力和国际影响力领先的国家，全体人民共同富裕基本实现，我国人民将享有更加幸福安康的生活，中华民族将以更加昂扬的姿态屹立于世界民族之林。

这一安排，相较于过去第三步的战略目标，内涵更加充实，目标更加宏大，愿景更加美好。一是从"现代化国家"升级为"现代化强国"，这意味着我们的新目标不是建成一般意义上的社会主义现代化国家，而是在各个领域都真正强大、领先的社会主义现代化强国。到那时，中华民族将真正完成从站起来、富起来到强起来的伟大飞跃，民族复兴的伟大梦想将成为现实。二是将现代化国家的具体标准从"富强民主文明"提升为"富强民主文明和谐美丽"，全面体现了"五位一体"总体布局的要求。三是突出强调我们要实现的现代化绝不是什么别的现代化，而是社会主义的现代化，是以人民为中心的现代化，是全体人民共同富裕的现代化。

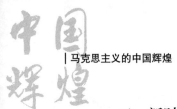

二、新时代"三步走"战略安排的重大意义

新时代的战略安排，是党中央围绕未来 30 多年中国特色社会主义发展目标作出的重大战略部署，描绘了决胜全面建成小康社会、进而全面建成社会主义现代化强国的宏伟蓝图。这一科学规划，指明了社会主义现代化的具体内涵，深化了对中国特色社会主义建设和发展规律的认识，彰显了中国特色社会主义的制度优势，对于动员和激励全党全国各族人民众志成城、万众一心，为实现中华民族伟大复兴的中国梦不懈奋斗具有十分重大的意义。

第一，进一步丰富和发展了我国现代化建设的战略思想，完整科学地勾画了全面建成社会主义现代化强国的时间表和路线图，为新时代坚持和发展中国特色社会主义指明了前进方向。新时代战略安排从中国特色社会主义长远发展进程来谋划，从中华民族伟大复兴和中国人民整体福祉来谋划，结合当前国内外形势和我国发展实际，对我国现代化建设发展提出了一系列新判断新设想新安排。它将原定的第二个百年奋斗目标即基本实现社会主义现代化的实现时间提前了 15 年，同时第一次对第二个百年奋斗目标描绘出宏伟蓝图，并首次提出"全面建成富强民主文明和谐美丽社会主义现代化强国"的奋斗目标，使未来的发展目标更加精准、发展路径更加清晰。

党的十九大适时提出全面建设社会主义现代化国家这一新的战略目标，对全面建成小康社会之后我国社会主义现代化建设的战略安排进行了明确部署，这对于保证党和国家各项事业发展、各项战略实施的连续性和稳定性具有重大意义。同时，这一重大安排将未来三十多年划分为前后相应、不断递进的两大发展阶段，有利于锚定前进方向，有利于分步推进和落实，有利于一步一个脚印前进，从而积小胜为大胜。

第二，新时代战略安排将人民对美好生活的向往落实在具体战略和实际工作中，必将激励中国人民焕发出建设社会主义现代化强国的热情和力量。在经济文化高度繁荣、公平正义普遍实现的基础上，过上富裕美满的美好生活，是近代以来中国人民的热切期盼，是中国共产党的历史使命。社会主义制度的建立，改革开放的发展，为实现中国人民对美好生活的向往奠定了坚实基础。党的十八大以来，伴随我国发展取得的历史性成就和发生的历史性变化，人民群众对美好生活提出了更新更高的要求和期待。人民群众对美好生活的向往，就是中国共产党的历史使命和时代责任。党的十九大关于建设社会主义现代化强国的战略安排，紧扣我国社会主要矛盾的变化，坚持了以人民为中心的发展思想，把人民群众对美好生活的向往作为制定发展战略、谋划建设方略、部署建设任务的根本出发点和落脚点。

按照这一战略安排，到本世纪中叶，我国将在拥有高度的物质文明、高度的政治文明、高度的精神文明的基础上，拥有高度的社会文明和高度的生态文明。到那时，人民民主权利将获得充分保障和全面行使，形成又有集中又有民主、又有纪律又有自由、又有统一意志又有个人心情舒畅生动活泼的政治局面；人民群众的思想道德素质和科学文化素质将获得更大的提升，践行社会主义核心价值观成为人民群众的自觉行动；城乡居民将普遍拥有较高的收入、富裕的生活、健全的基本公共服务，享有更加幸福安康的生活，基本实现全体人民共同富裕，公平正义普遍彰显，生活充满生机活力而又规范有序；人们的生产生活环境发生根本改善，天蓝、地绿、水清的优美生态环境成为普遍常态，人与自然和谐共生成为日常景观。到那时，具有5000多年文明历史的中华民族，必将焕发出前所未有的蓬勃生机。宏伟目标和美好理想是激励人们团结奋斗的精神动力。新时代战略安排是鼓舞人心的战略部署，是催人奋进的宏伟蓝图，必将对调动全社会积极性、凝聚全社会力量、统一全社会意志和行动起到十分重要的作用。

第三，充分彰显了中国特色社会主义的制度优势和中国共产党治国理政的能力，对于其他发展中国家实现现代化具有重要借鉴意义。高度重视国家发展战略的谋划和实施，以相互联系和不断递进的发展阶段推进党和国家事业，集中体现了中国特色社会主义的制度优势，也构成了党领导发展的优良传统和宝贵经验。从 20 世纪五六十年代提出"两步走"战略，到改革开放后提出"三步走"、新"三步走"等战略，这些战略安排都对国家发展进步和现代化建设发挥了重要引领作用。新时代的战略安排，坚持和发展了新中国成立以来党建设社会主义现代化国家的总体构想，体现了党对中国特色社会主义的认识、对社会主义现代化建设规律的认识达到了新高度，必将使中国特色社会主义的制度优势、中国共产党的治理优势、中国的发展优势获得全方位释放。

习近平指出："从全面建成小康社会到基本实现现代化，再到全面建成社会主义现代化强国，是新时代中国特色社会主义发展的战略安排。我们要坚忍不拔、锲而不舍，奋力谱写社会主义现代化新征程的壮丽篇章！"① 有目标、有规划、有步骤地进行现代化建设是中国共产党带领人民进行社会主义现代化建设的鲜明特点。历史充分证明，中国共产党具有从战略上谋全局、谋长远的能力和定力，擅于谋定而后动，对认准的事情有序推进，对攸关长远的事情"一届接着一届干"，同时又能够根据世情国情党情的变化进行灵活动态调整，从而使今天的事业与明天的事业相衔接，当前的利益同长远的利益相结合，局部的利益同整体的利益相一致，前后相接，逐渐推进，稳步发展。我国有目标、有规划、有步骤地对现代化进行谋篇布局的做法，充分彰显了中国特色社会主义制度的优越性。

---

① 《习近平著作选读》第二卷，人民出版社 2023 年版，第 24 页。

三、新时代中国式现代化的跃升

习近平在党的二十大报告中指出："在新中国成立特别是改革开放以来长期探索和实践基础上，经过十八大以来在理论和实践上的创新突破，我们党成功推进和拓展了中国式现代化。"[1] 党的十八大以来，决战全面建成小康社会的伟大胜利，展现了中国式现代化的新境界；全面建设社会主义现代化国家的新的历史进程，激奋了中国式现代化的全面跃升。

党的十八大召开后不久，习近平就对中国现代化的新时代意蕴作出阐释，提出"中国特色社会主义道路，是实现我国社会主义现代化的必由之路，是创造人民美好生活的必由之路。中国特色社会主义道路，既坚持以经济建设为中心，又全面推进经济建设、政治建设、文化建设、社会建设、生态文明建设以及其他各方面建设；既坚持四项基本原则，又坚持改革开放；既不断解放和发展社会生产力，又逐步实现全体人民共同富裕、促进人的全面发展。"[2]

十年奋进，开辟了新时代"强起来"的社会主义现代化的道路。新时代提升了统揽伟大斗争、伟大工程、伟大事业、伟大梦想的"四个伟大"，在坚持和发展中国特色社会主义中发挥着重要作用。"四个伟大"紧密联系、相互贯通、相互作用，作为一个有机统一的整体，在道路的选择和发展上，其内在逻辑在于：伟大梦想是主题，指引着从第一个百年奋斗目标向第二个百年奋斗目标进发的正确航向；伟大斗争是动力，为实现继全面建成小康社会之后向全面建设现代化强国进发，破解难题、扫除障碍，提供动力牵引；伟大工程是保证，为继续推进现代化和民族复兴提供坚强的领导核心和政治保证；

---

[1] 《习近平著作选读》第一卷，人民出版社2023年版，第18页。
[2] 《十八大以来重要文献选编》上，中央文献出版社2014年版，第75页。

伟大事业是路径，宣示着高举中国特色社会主义伟大旗帜，坚持和发展中国特色社会主义的开辟前进方向。回眸十年征程、感受十年辉煌，正是由于坚持以中国化时代化马克思主义为指导，高举中国特色社会主义伟大旗帜，党和国家事业才取得了举世瞩目的成就。坚定道路自信、理论自信、制度自信、文化自信，既不走封闭僵化的老路，也不走改旗易帜的邪路，我们才能毫无畏惧地面对一切困难和挑战，才能坚定不移地开创中国式现代化新天地、创造新奇迹。

十年奋进，开启了全面建设社会主义现代化国家的新征程。党的十八大以来，以习近平同志为核心的党中央团结带领全党全国各族人民，推动党和国家事业取得历史性成就、发生历史性变革。在迎来中国共产党成立100周年的重要时刻，我国脱贫攻坚战取得全面胜利，全面建成小康社会取得伟大的历史性成就。这是第一个一百年奋斗目标实现的历史路标，也是第二个一百年全面建设社会主义现代化强国启程的伟大时刻。

十年奋进，确立了建设社会主义现代化强国的奋斗目标。进入新时代，我国社会主要矛盾已经转化为人民日益增长的美好生活需要和不平衡不充分的发展之间的矛盾。处理和解决好社会主要矛盾，要以发展不平衡不充分问题为矛盾的主要方面，统筹推进"五位一体"总体布局，更好地满足人民在经济、政治、文化、社会、生态等方面日益增长的需要；协调推进"四个全面"战略布局，更好推动人的全面发展、社会全面进步。社会主义现代化强国的奋斗目标与总体布局和战略布局相统一、相呼应，丰富了党的基本路线的目标内涵。党的十九大把党的基本路线的奋斗目标提升为"把我国建设成为富强、民主、文明、和谐、美丽的社会主义现代化强国"，在根本上升华了中国式现代化具有的一切为了人民的鲜明特征。

十年奋进，推进了国家治理体系和治理能力现代化的深化改革总目标。党的十八届三中全会提出了全面深化改革的总目标，就是完善和发展中国特色社会主义制度、推进国家治理体系和治理能力现代化。这是为推进中国式现代化的制度建设和治理能力提升作出的理论创新和改革蓝图。习近平指出："在邓小平同志战略思想的基础上，提出要推进国家治理体系和治理能力现代化。这是完善和发展中国特色社会主义制度的必然要求，是实现社会主义现代化的应有之义。"① 推进国家治理体系和治理能力现代化着力点就在于，适应时代变化，既要改革那些不适应实践发展要求的体制机制、法律法规，又要不断构建适合时代发展新要求的新的体制机制、法律法规，使各方面制度更加科学、更加完善，奠定中国式现代化的制度和体制的基础和保证。

十年奋进，作出了实现第二个百年奋斗目标分两个阶段推进的战略安排。习近平在党的十九大报告中提出："我们既要全面建成小康社会、实现第一个百年奋斗目标，又要乘势而上开启全面建设社会主义现代化国家新征程，向第二个百年奋斗目标进军。"② 从 2020 年到本世纪中叶可以分两个阶段来安排：从 2020 年到 2035 年"基本实现社会主义现代化"；从 2035 年到本世纪中叶"建成富强民主文明和谐美丽的社会主义现代化强国"。这一战略安排，完整勾画出我国社会主义现代化建设的时间表、路线图，不仅把基本实现社会主义现代化的时间提前了 15 年，而且提升了第二个百年奋斗目标的内涵和要求，从我国实际出发提出了更加振奋人心的发展目标。

十年奋进，明确了我国新发展阶段的历史方位、我国现代化建设的指导原则、我国现代化的路径选择。全面建成小康社会、实现第一个百年奋斗目标之后，我们要乘势而上开启全面建设社会主义现代化国家新征程、向第二个百年奋斗目标进军，这标志着我国进入了一

---

① 《十八大以来重要文献选编》上，中央文献出版社 2014 年版，第 547 页。
② 《十九大以来重要文献选编》上，中央文献出版社 2019 年版，第 20 页。

个新发展阶段。新发展阶段，要集中力量全面建设社会主义现代化国家、基本实现社会主义现代化，既是社会主义初级阶段我国发展的要求，也是我国社会主义从初级阶段向更高阶段迈进的要求。进入新发展阶段明确了我国发展的历史方位，贯彻新发展理念明确了我国现代化建设的指导原则，构建新发展格局明确了我国经济现代化的路径选择。准确把握新发展阶段，深入贯彻新发展理念，加快构建新发展格局，就能推动"十四五"时期高质量发展，确保全面建设社会主义现代化国家开好局、起好步，努力创造现代化建设的新奇迹。

在实现"第二个一百年"奋斗目标开局中取得辉煌业绩，赋予"中国式现代化"以新时代内涵。2020年10月，在党的十九届五中全会审议《中共中央关于制定国民经济和社会发展第十四个五年规划和二〇三五远景目标的建议》时，习近平指出："中国式现代化既切合中国实际，体现了社会主义建设规律，也体现了人类社会发展规律。我们要坚定不移推进中国式现代化，以中国式现代化推动中华民族伟大复兴，不断为人类作出新的更大贡献。"[1] 习近平对中国式现代化五个方面的特征和特色作出概述：

一是人口规模巨大的现代化，14亿人口整体迈入现代化社会，将彻底改写现代化的世界版图，在人类历史上是一件有深远影响的大事；

二是全体人民共同富裕的现代化，共同富裕是社会主义的本质要求，是中国共产党以人民为中心的发展思想的必然要求；

三是物质文明和精神文明相协调的现代化，坚持社会主义核心价值观，加强理想信念教育，弘扬中华优秀传统文化，增强人民精神力量，不断促进物的全面丰富和人的全面发展；

四是人与自然和谐共生的现代化，注重同步推进物质文明建设

---

① 《十九大以来重要文献选编》中，中央文献出版社2021年版，第825页。

和生态文明建设；

五是走和平发展道路的现代化，同世界各国互利互赢，推动构建人类命运共同体，努力为人类和平与发展作出贡献。

2021 年 7 月，在庆祝中国共产党成立一百周年大会的讲话中，习近平指出："我们坚持和发展中国特色社会主义，推动物质文明、政治文明、精神文明、社会文明、生态文明协调发展，创造了中国式现代化新道路，创造了人类文明新形态。"①

第三节　以中国式现代化全面推进中华民族伟大复兴

一、中国式现代化的思想精粹和理论伟力

在党的二十大，习近平对中国式现代化作出更为系统的阐释，是对中国化时代化马克思主义的理论创新，特别是在以下几个方面作出了最为显著的理论创新。

第一，建设现代化强国同实现中华民族伟大复兴，是百年来中国人民孜孜追求的夙愿和梦想。习近平强调，"从现在起，中国共产党的中心任务就是团结带领全国各族人民全面建成社会主义现代化强国、实现第二个百年奋斗目标，以中国式现代化全面推进中华民族伟大复兴。"② 新中国成立，这一夙愿和梦想才开始变为现实，经过 70 多年的顽强奋斗、砥砺前行，特别是改革开放以来的不懈探索和实践，经过党的十八大以来十年奋进，在理论上和实践上创新突破，确

---

① 《习近平著作选读》第二卷，人民出版社 2023 年版，第 483 页。
② 《习近平著作选读》第一卷，人民出版社 2023 年版，第 18 页。

立了推进和拓展中国式现代化的历史新进程。"以中国式现代化全面推进中华民族伟大复兴",是中国共产党人的历史自觉、历史主动和历史自信的宣示,是中国共产党人的时代担当和崇高理想的宣示。

第二,对中国式现代化的基本特征作出科学阐释,与习近平之前提到的中国式现代化的特征和特色的表述上,突出了保持历史耐心、顺应历史过程、传承中华文化、坚持永续发展、维护世界和平等创新性的观点和创造性的理念。

在"人口规模巨大的现代化"特征上,提出我国14亿多人口整体迈进现代化社会,规模超过现有发达国家的总和,强调"艰巨性和复杂性前所未有,发展途径和推进方式也必然具有自己的特点",凸显"始终从国情出发想问题、作决策、办事情,既不好高骛远,也不因循守旧,保持历史耐心,坚持稳中求进、循序渐进、持续推进。"①

在"全体人民共同富裕的现代化"特征上,提出共同富裕是中国特色社会主义的本质要求,也是一个长期的历史过程,凸显"坚持把实现人民对美好生活的向往作为现代化建设的出发点和落脚点,着力维护和促进社会公平正义,着力促进全体人民共同富裕,坚决防止两极分化。"②

在"物质文明和精神文明相协调的现代化"特征上,提出物质富足、精神富有是社会主义现代化的根本要求,强调"物质贫乏不是社会主义,精神贫乏也不是社会主义",凸显"不断厚植现代化的物质基础,不断夯实人民幸福生活的物质基础,同时大力发展社会主义先进文化,加强理想信念教育,传承中华文化,促进物的全面丰富和人的全面发展。"③

在"人与自然和谐共生的现代化"特征上,提出人与自然是生

---

① 《习近平著作选读》第一卷,人民出版社2023年版,第18页。
②③ 《习近平著作选读》第一卷,人民出版社2023年版,第19页。

命共同体，凸显"坚持可持续发展，坚持节约优先、保护优先、自然恢复为主的方针"①，坚定不移走生产发展、生活富裕、生态良好的文明发展道路，实现中华民族永续发展。

在"走和平发展道路的现代化"特征上，强调我国不走一些国家通过战争、殖民、掠夺等方式实现现代化的老路，凸显中国现代化"坚决站在历史正确的一边、站在人类文明进步的一边，高举和平、发展、合作、共赢旗帜，在坚决维护世界和平与发展中谋求自己发展，又以自身发展更好维护世界和平与发展。"② 中国式现代化为人类实现现代化提供了新的选择，中国共产党和中国人民为解决人类面临的共同问题提供更多更好的中国方案、中国力量，为人类和平与发展崇高事业作出新的更大的贡献！

二、中国式现代化的本质要求

对中国式现代化的本质要求作出科学阐释，提出"坚持中国共产党领导，坚持中国特色社会主义，实现高质量发展，发展全过程人民民主，丰富人民精神世界，实现全体人民共同富裕，促进人与自然和谐共生，推动构建人类命运共同体，创造人类文明新形态。"③

"坚持中国共产党领导"作为"中国式现代化"的本质要求，是百年来中国共产党为中华民族伟大复兴不断奋进的历史自觉学理的凝聚，也是新时代十年来接续推进中国现代化进程的历史自信学理的昭示。党的十八大以来，以习近平同志为核心的党中央团结带领全党全国各族人民，推动党和国家事业取得历史性成就、发生历史性变革。在迎来中国共产党成立 100 周年的重要时刻，我国脱贫攻坚战取得全面胜利，全面建成小康社会取得伟大的历史性成就。这在树立第

---

① 《习近平著作选读》第一卷，人民出版社 2023 年版，第 19 页。
② 《习近平著作选读》第二卷，人民出版社 2023 年版，第 19 页。
③ 《习近平著作选读》第二卷，人民出版社 2023 年版，第 20 页。

一个一百年奋斗目标实现的历史路标的同时，也极大地激发起第二个一百年全面建设社会主义现代化国家的历史自信。"中国式现代化"进程中的历史自信学理，就是建立在坚持中国共产党领导这一本质要求上的，如习近平指出的："在坚持党的领导这个重大原则问题上，我们脑子要特别清醒、眼睛要特别明亮、立场要特别坚定，绝不能有任何含糊和动摇。"①

"坚持中国特色社会主义"作为"中国式现代化"的本质要求，是新中国成立 70 多年来，中国共产党坚守历史主体，在从"站起来"到"富起来"，再到开辟新时代"强起来"的社会主义现代化道路上不断奋进的深切感悟，更是十年来坚持和发展中国特色社会主义道路发展的历史自信的学理昭示。党的十八大以来，统揽伟大斗争、伟大工程、伟大事业、伟大梦想的"四个伟大"，在坚持和发展中国特色社会主义的新时代发挥着愈益显著的作用。"四个伟大"紧密联系、相互贯通、相互作用，在"中国式现代化"的整体中，伟大梦想是主题，指引着从第一个百年奋斗目标向第二个百年奋斗目标进发的正确航向；伟大斗争是动力，为实现继全面建成小康社会之后向全面建设现代化强国进发，破解难题、扫除障碍，提供动力牵引；伟大工程是保证，为继续推进现代化和民族复兴提供坚强的领导核心和政治保证；伟大事业是路径，宣示着高举中国特色社会主义伟大旗帜，坚持和发展中国特色社会主义。正是由于坚持以中国化时代化马克思主义为指导，高举中国特色社会主义伟大旗帜，党和国家事业才取得了举世瞩目的成就。坚定道路自信、理论自信、制度自信、文化自信，既不走封闭僵化的老路，也不走改旗易帜的邪路，我们才能毫无畏惧地面对一切困难和挑战，才能坚定不移地开创"中国式现代化"的新天地。

正是在对"坚持中国共产党领导"和"坚持中国特色社会主义"

---

① 《习近平著作选读》第一卷，人民出版社 2023 年版，第 193~194 页。

本质要求的遵循之中，才能在"中国式现代化"历史主动中，厚植"实现高质量发展，发展全过程人民民主，丰富人民精神世界，实现全体人民共同富裕，促进人与自然和谐共生"本质要求的根本基础，提升"推动构建人类命运共同体，创造人类文明新形态"本质要求的坚实支撑。党的十九大以后，在乘势而上开启全面建设社会主义现代化国家新征程、向第二个百年奋斗目标进军历史节点，中国共产党提出：新发展阶段明确了我国发展的历史方位，贯彻新发展理念明确了我国现代化建设的指导原则，构建新发展格局明确了我国经济现代化的路径选择。准确把握新发展阶段，深入贯彻新发展理念，加快构建新发展格局，为推动"十四五"时期高质量发展，确保全面建设社会主义现代化国家开好局、起好步，提升了"中国式现代化"历史自信学理的凝聚力和感召力。

三、以新质生产力为根本基础

2024 年 1 月，在"国家工程师奖"首次评选表彰之际，习近平对工程师和工程科技在推进中国式现代化进程中的作用作出阐释，提出"希望全国广大工程技术人员坚定科技报国、为民造福理想，勇于突破关键核心技术，锻造精品工程，推动发展新质生产力，加快实现高水平科技自立自强，服务高质量发展，为以中国式现代化全面推进强国建设、民族复兴伟业作出更大贡献。"[1] 习近平从突破关键核心技术、锻造精品工程、加快实现高水平科技自立自强等方面，对发展新质生产力与推进中国式现代化的关系作出深刻阐释。

新发展阶段是"一个阶梯式递进、不断发展进步、日益接近质的飞跃的量的积累和发展变化的过程"[2]；中国式现代化的全面推进，

---

① 《坚定科技报国为民造福理想　加快实现高水平科技自立自强服务高质量发展》，载于《人民日报》2024 年 1 月 20 日。

② 《习近平著作选读》第二卷，人民出版社 2023 年版，第 402 页。

也是一个动态、积极有为、始终洋溢着新质生产力生机活力的过程。在党的二十大，习近平对 2035 年中国式现代化要达到的总体目标包括：经济实力、科技实力、综合国力大幅跃升；实现高水平科技自立自强、进入创新型国家前列；建成现代化经济体系，形成新发展格局，基本实现新型工业化、信息化、城镇化、农业现代化；人民生活更加幸福美好，居民人均可支配收入再上新台阶，中等收入群体比重明显提高，基本公共服务实现均等化，农村基本具备现代生活条件，社会保持长期稳定，人的全面发展、全体人民共同富裕取得更为明显的实质性进展；广泛形成绿色生产生活方式，碳排放达峰后稳中有降，生态环境根本好转，美丽中国目标基本实现等，都与解放和发展社会生产力有着直接的联系，都与社会生产力要经历的"阶梯式递进、不断发展进步、日益接近质的飞跃的量的积累和发展变化的过程"有着直接的联系，在根本上与新质生产力的发展有着不可须臾分开的联系。

中国式现代化是以新质生产力的发展为基础和动力的，新质生产力的发展和跃升也是中国式现代化的全面推进的标格。在生产力发展中，"主体是人、客体是自然"，这是最简单的规定性，同时也是显现生产力发展水平的基本标志。全面推进中国式现代化，首先就在于劳动者主体能力的发展，在生产力要素上就是劳动者的劳动能力在科技创新的驱动下提升到新的高度，成长为掌握先进技术、知识和劳动技能并能够从事科技创新，适应数字化、智能化需要的劳动者。中国式现代化最根本的是人的现代化，使劳动者在社会生产力整个作用过程中焕发革命性力量。2024 年 2 月，习近平在对"加快发展新质生产力 扎实推进高质量发展"问题阐释时指出："要按照发展新质生产力要求，畅通教育、科技、人才的良性循环，完善人才培养、引进、使用、合理流动的工作机制。要根据科技发展新趋势，优化高等学校学科设置、人才培养模式，为发展新质生产力、推动高质量发展培养急需人才。"① 要从劳动主体自身的现代化发展趋势上，深刻理解习近平对新质生产力与中国式现代化关系的阐释。

其次在劳动客体上，一方面中国式现代化集中体现为劳动资料通过新技术、新产业、新动能的作用发生了新的变革、引致质态上的新变化。人工智能、虚拟现实和增强现实设备、自动化制造设备等全新的物质技术手段，日益成为推动生产力发展的重要力量；加强科技创新特别是原创性、颠覆性科技创新，加快实现高水平科技自立自强，打好关键核心技术攻坚战，使原创性、颠覆性科技创新成果竞相涌现，培育发展新质生产力的新动能。另一方面作为客体的劳动对象，在中国式现代化中同样发生着质态上的变化，出现了数智化、新材料、新能源等新的劳动对象，这其中不仅包括物质形态上的高端智能设备，也包括非实体形态的数据等新型生产要素，劳动对象的变化释放出巨大的生产效能，日益成为生产力发展的驱动力量。

新质生产力不仅体现了中国式现代化对劳动主体和劳动客体的发展的要求，而且还体现在劳动过程中生产要素结合方式上创新发展的要求。社会生产力的结合方式即马克思认为的"生产方式"是社会经济关系的基础，马克思提出："不论生产的社会的形式如何，劳动者和生产资料始终是生产的因素。但是，二者在彼此分离的情况下只在可能性上是生产因素。凡要进行生产，它们就必须结合起来。实行这种结合的特殊方式和方法，使社会结构区分为各个不同的经济时期。"② 中国式现代化作为中国新发展阶段"经济时期"的标志，对劳动者和生产资料要素的结合方法和方式，同样提出了要与新质生产力发展相适应的新要求。

在新质生产力中，劳动者、劳动资料、劳动对象的结合方法和方

---

① 《加快发展新质生产力　扎实推进高质量发展》，载于《人民日报》2024 年 2 月 2 日。
② 《马克思恩格斯文集》第 6 卷，人民出版社 2009 年版，第 44 页。

式发生显著变化，三者的优化组合的革命性变化，引致新产业、新业态、新模式的产生，形成驱动经济发展的新动能新优势。生产力决定生产关系，生产关系反作用于生产力。新质生产力的作用过程，必然引起生产关系的革命性变化。马克思认为："各个人借以进行生产的社会关系，即社会生产关系，是随着物质生产资料，生产力的变化和发展而变化和改变的"① 不断改革和完善生产关系，形成新的体制机制、新的管理模式，成为促进新质生产力不断发展的重要保障。

从劳动过程中生产要素的结合方式上看，中国式现代化过程中劳动者和生产资料结合的"这种结合的特殊方式和方法"特征，就如习近平所指出的那样："新质生产力是创新起主导作用，摆脱传统经济增长方式、生产力发展路径，具有高科技、高效能、高质量特征，符合新发展理念的先进生产力质态。它由技术革命性突破、生产要素创新性配置、产业深度转型升级而催生，以劳动者、劳动资料、劳动对象及其优化组合的跃升为基本内涵，以全要素生产率大幅提升为核心标志，特点是创新，关键在质优，本质是先进生产力。"② 新质生产力，代表着科技革命和产业变革的新方向、新趋势，代表着先进生产力的发展标格和发展方向。

新质生产力是新时代先进生产力发展水平的跃升。这种"跃升"的显著特征，不是概念上的假设，而是现实的经济社会发展过程中的最基本的经济事实，特别是新发展阶段中国式现代化全部过程的基本事实。新质生产力的"跃升"突出地呈现于以劳动者、劳动资料、劳动对象及其优化组合的全部过程之中，以创新性科学技术特别是工程技术和前沿技术为内核的新产业、新模式、新动能的过程之中。

---

① 《马克思恩格斯文集》第 1 卷，人民出版社 2009 年版，第 724 页。
② 《加快发展新质生产力　扎实推进高质量发展》，载于《人民日报》2024 年 2 月 2 日。

新质生产力也不是对遥远的发展幻境的憧憬，而是在新发展阶段全面推进中对现代化中勃然兴起的科学技术革命和经济社会革命的深刻的把握。

四、中国式现代化的目标内涵和重大原则

在党的二十大报告中，习近平对 2035 年中国式现代化要达到发展总体目标作出八个方面的规划：一是经济实力、科技实力、综合国力大幅跃升，人均国内生产总值迈上新的大台阶，达到中等发达国家水平；二是实现高水平科技自立自强，进入创新型国家前列；三是建成现代化经济体系，形成新发展格局，基本实现新型工业化、信息化、城镇化、农业现代化；四是基本实现国家治理体系和治理能力现代化，全过程人民民主制度更加健全，基本建成法治国家、法治政府、法治社会；五是建成教育强国、科技强国、人才强国、文化强国、体育强国、健康中国，国家文化软实力显著增强；六是人民生活更加幸福美好，居民人均可支配收入再上新台阶，中等收入群体比重明显提高，基本公共服务实现均等化，农村基本具备现代生活条件，社会保持长期稳定，人的全面发展、全体人民共同富裕取得更为明显的实质性进展；七是广泛形成绿色生产生活方式，碳排放达峰后稳中有降，生态环境根本好转，美丽中国目标基本实现；八是国家安全体系和能力全面加强，基本实现国防和军队现代化。习近平指出："从全面建成小康社会到基本实现现代化，再到全面建成社会主义现代化强国，是新时代中国特色社会主义发展的战略安排。我们要坚忍不拔、锲而不舍，奋力谱写社会主义现代化新征程的壮丽篇章！"[①]

对中国特色现代化的重大原则作出全面阐释。未来五年是全面建设社会主义现代化国家开局起步的关键时期，习近平指出，"我们

[①] 《习近平著作选读》第二卷，人民出版社 2023 年版，第 24 页。

必须增强忧患意识，坚持底线思维，做到居安思危、未雨绸缪，准备经受风高浪急甚至惊涛骇浪的重大考验。"① 据此，必须牢牢把握以下重大原则。

一是坚持和加强党的全面领导。坚决维护党中央权威和集中统一领导，把党的领导落实到党和国家事业各领域各方面各环节，使党始终成为风雨来袭时全体人民最可靠的主心骨。

二是坚持中国特色社会主义道路。既不走封闭僵化的老路，也不走改旗易帜的邪路，坚持把国家和民族发展放在自己力量的基点上，坚持把中国发展进步的命运牢牢掌握在自己手中。

三是坚持以人民为中心的发展思想。不断实现发展为了人民、发展依靠人民、发展成果由人民共享，让现代化建设成果更多更公平惠及全体人民。

四是坚持深化改革开放。不断彰显中国特色社会主义制度优势，不断增强社会主义现代化建设的动力和活力，把我国制度优势更好转化为国家治理效能。

五是坚持发扬斗争精神。增强全党全国各族人民的志气、骨气、底气，不信邪、不怕鬼、不怕压，知难而进、迎难而上，统筹发展和安全，全力战胜前进道路上各种困难和挑战，依靠顽强斗争打开事业发展新天地。

中国式现代化，深深植根于中华优秀传统文化。中国式现代化凸显了对中华优秀传统文化的创造性转化和创新性发展。中华传统文化中显现的诸如"民惟邦本""天人合一""和而不同"，强调的诸如"大道之行也，天下为公""天下兴亡，匹夫有责"，凸显的诸如"德不孤，必有邻""己所不欲，勿施于人""出入相友，守望相助""扶贫济困"等思想和理念，这就如习近平指出的那样："像这样的

---

① 《习近平著作选读》第一卷，人民出版社 2023 年版，第 22 页。

思想和理念，不论过去还是现在，都有其鲜明的民族特色，都有其永不褪色的时代价值。这些思想和理念，既随着时间推移和时代变迁而不断与时俱进，又有其自身的连续性和稳定性。"① 这些思想和理念在中国现代化选择和发展中同样有着永不消褪的作用，党的十九届六中全会指出："脚踏中华大地，传承中华文明，走符合中国国情的正确道路，党和人民就具有无比广阔的舞台，具有无比深厚的历史底蕴，具有无比强大的前进定力。"②

第四节　中国式现代化"理论体系"的境界

2023 年 2 月 7 日，习近平在学习贯彻党的二十大精神研讨班开班式上的重要讲话，从党和国家事业发展的战略高度，以习近平新时代中国特色社会主义思想面临的重大时代课题的探索为背景，首次在"理论体系"上，对中国式现代化的深邃内涵、丰富思想、恢宏视界和政治意境作出系统阐释，凸显了 21 世纪马克思主义的理论力量和思想智慧，彰显了科学社会主义的最新重大成果。

一、中国式现代化"理论体系"阐释上的时代意蕴和思想境界

"初步构建中国式现代化的理论体系"③，是习近平在重要讲话中提出的一个重要论断。这一重要论断，不仅是对中国式现代化在理论体系上作出的精辟概括，而且也是从中国共产党百年奋斗的大历史观和中华民族伟大复兴的时代主题上对中国式现代化作出的理论体系上的深透概述。

---

① 《十八大以来重要文献选编》中，中央文献出版社 2016 年版，第 5 页。
② 《十九大以来重要文献选编》下，中央文献出版社 2023 年版，第 535 页。
③ 《习近平关于中国式现代化论述摘编》，中央文献出版社 2023 年版，第 30 页。

习近平重要讲话的深透概述，首先体现在从历史、理论和现实相结合的高度，对中国式现代化形成和发展所作的系统的和全面的阐释。

回眸党的百年奋斗历程，以中国式现代化的理论体系形成和发展为主线，习近平提出：在新民主主义革命时期，我们党团结带领人民，浴血奋战、百折不挠，建立了人民当家作主的中华人民共和国，实现了民族独立、人民解放，为实现现代化创造了"根本社会条件"；新中国成立后，我们党团结带领人民进行社会主义革命，确立社会主义基本制度，建立起独立的比较完整的工业体系和国民经济体系，社会主义革命和建设取得了独创性理论成果和巨大成就，为现代化建设奠定"根本政治前提和宝贵经验、理论准备、物质基础"。改革开放新时期，我们党作出把党和国家工作重心转移到经济建设上来、实行改革开放的历史性决策，实现了人民生活从温饱不足到总体小康、奔向全面小康的历史性跨越，为中国式现代化提供了"充满新的活力的体制保证和快速发展的物质条件"。从"根本社会条件"的创造到"根本政治前提和宝贵经验、理论准备、物质基础"的奠定，再到"充满新的活力的体制保证和快速发展的物质条件"的确立，都是中国共产党领导全国各族人民不懈奋斗、顽强斗争得来的；砥砺前行、踔厉奋进，中国共产党承担着探索中国式现代化的历史重任，落实了中国式现代化发展的坚实基础和充分条件。

习近平重要讲话的深透概述，最为集中地体现在党的十八大以来中国式现代化在新时代集结而成理论体系的多方面的重大突破上。

一是从与时俱进、守正创新的理论品质上，习近平提出："党的十八大以来，我们党在已有基础上继续前进，不断实现理论和实践上的创新突破，成功推进和拓展了中国式现代化。"[1] 新时代以来的十

---

① 《习近平关于中国式现代化论述摘编》，中央文献出版社 2023 年版，第 30 页。

年间，锐意创新、不断奋进，中国式现代化得到显著发展，在一系列变革性实践中，实现一系列突破性进展，创立一系列标志性成果，党和国家事业取得历史性成就、发生历史性变革。特别是在决战决胜第一个一百年的奋斗目标的进程中，消除了绝对贫困问题，实现全面建成小康社会，从而"为中国式现代化提供了更为完善的制度保证、更为坚实的物质基础、更为主动的精神力量"[①]。新时代以"强起来"为标志，中国式现代化成为实现"强起来"的光辉旗帜。

二是从马克思主义中国化时代化的理论创新和理论创造上，习近平提出："我们在认识上不断深化，创立了新时代中国特色社会主义思想，实现了马克思主义中国化时代化新的飞跃，为中国式现代化提供了根本遵循。"[②] 习近平新时代中国特色社会主义思想在全面建设社会主义现代化国家的新的历史征程中得到丰富和发展，成为中国式现代化的理论指导和行动指南。

三是从新时代新思想的重大战略课题上，习近平指出："我们进一步深化对中国式现代化的内涵和本质的认识，概括形成中国式现代化的中国特色、本质要求和重大原则，初步构建中国式现代化的理论体系，使中国式现代化更加清晰、更加科学、更加可感可行。"[③] 中国式现代化是在党的十八大以来党和国家事业不断奋进中发展和完善起来的，十年砥砺前行、十年与时偕行，使得"理论体系"得以"初步构建"。

四是从战略部署和基本方略上，习近平指出："我们在战略上不断完善，深入实施科教兴国战略、人才强国战略、乡村振兴战略等一系列重大战略，为中国式现代化提供坚实战略支撑。"[④] 战略上的系统的整体谋划和方略上的统筹安排，稳中求进、锲而不舍，铸就中国式现代化的"理论体系"上的底气和底蕴。

---

①②③④　《习近平关于中国式现代化论述摘编》，中央文献出版社 2023 年版，第 30 页。

坚守历史主动和历史自觉，中国式现代化才能在"理论体系"上显示出既有各国现代化的共同特征，更有基于自己国情的鲜明特色；坚持理论自信和理论自觉，才能明确地概括出人口规模巨大的现代化、全体人民共同富裕的现代化、物质文明和精神文明相协调的现代化、人与自然和谐共生的现代化、走和平发展道路这五个方面的中国特色。

习近平在重要讲话中强调：中国式现代化"既是理论概括，也是实践要求，为全面建成社会主义现代化强国、实现中华民族伟大复兴指明了一条康庄大道。"① 回溯新中国的历史，习近平指出："新中国成立特别是改革开放以来，我们用几十年时间走完西方发达国家几百年走过的工业化历程，创造了经济快速发展和社会长期稳定的奇迹，为中华民族伟大复兴开辟了广阔前景。实践证明，中国式现代化走得通、行得稳，是强国建设、民族复兴的唯一正确道路。"② 习近平在重要讲话中作出的这一历史的，也是实践的和理论的概括，深刻体现了中国式现代化在"理论体系"上的时代意蕴和思想境界。

二、对重大时代课题探索的理论升华

党的十九届六中全会通过的《中共中央关于党的百年奋斗重大成就和历史经验的决议》指出："习近平同志对关系新时代党和国家事业发展的一系列重大理论和实践问题进行了深邃思考和科学判断，就新时代坚持和发展什么样的中国特色社会主义、怎样坚持和发展中国特色社会主义，建设什么样的社会主义现代化强国、怎样建设社会主义现代化强国，建设什么样的长期执政的马克思主义政党、怎样建设长期执政的马克思主义政党等重大时代课题，提出一系列原创

---

① 《习近平关于中国式现代化论述摘编》，中央文献出版社 2023 年版，第 70 页。
② 《习近平关于中国式现代化论述摘编》，中央文献出版社 2023 年版，第 31 页。

性的治国理政新理念新思想新战略，是习近平新时代中国特色社会主义思想的主要创立者。"① 这一系列原创性的治国理政的新理念新思想新战略，彰显了习近平新时代中国特色社会主义思想的科学内涵和理论境界。

党的十八大以来，新时代中国特色社会主义十年发展历程，在对重大时代课题的探索中，牢牢把握中国现代化发展的方向，顽强斗争、矢志不移，经受住来自政治、经济、意识形态、自然界等方面的风险挑战考验。中国式现代化深刻融入新时代坚持和发展什么样的中国特色社会主义、怎样坚持和发展中国特色社会主义这一重大时代课题探索的历史进程，集中体现了这一历史进程所实现的实践创新和理论创新。在这一历史进程中，现代化的中国特色在各个方面逐渐完善；中国式现代化在道路、制度、理论和文化上的特征日臻成型；中国式现代化的道路自信、制度自信、理论自信和文化自信油然而生。

习近平在重要讲话中指出："中国式现代化是我们党领导全国各族人民在长期探索和实践中历经千辛万苦、付出巨大代价取得的重大成果，我们必须倍加珍惜、始终坚持、不断拓展和深化。"② 历史已经并将继续证明，只有坚持和发展中国特色社会主义才能坚持中国式现代化的道路、理论、制度和文化，才能实现中华民族伟大复兴；同样，只有坚持中国式现代化，才能坚持好发展好中国特色社会主义，才能使中国特色社会主义尽显科学社会主义的鲜亮底色。

在对建设什么样的社会主义现代化强国、怎样建设社会主义现代化强国重大时代课题的探索中，习近平提出了中国式现代化的基本思想。习近平的重要讲话，进一步阐明中国式现代化的"理论体

---

① 《十九大以来重要文献选编》下，中央文献出版社 2023 年版，第 505 页。
② 《习近平关于中国式现代化论述摘编》，中央文献出版社 2023 年版，第 31 页。

系"上的重要意义，提出"要守好中国式现代化的本和源、根和魂，毫不动摇坚持中国式现代化的中国特色、本质要求、重大原则，确保中国式现代化的正确方向。"同时，也进一步凸显中华优秀传统文化滋养的特征和作用，习近平指出，"中国式现代化，深深植根于中华优秀传统文化，体现科学社会主义的先进本质，借鉴吸收一切人类优秀文明成果，代表人类文明进步的发展方向，展现了不同于西方现代化模式的新图景，是一种全新的人类文明形态。中国式现代化，打破了'现代化＝西方化'的迷思，展现了现代化的另一幅图景，拓展了发展中国家走向现代化的路径选择，为人类对更好社会制度的探索提供了中国方案。"① 中国式现代化是在对建设什么样的社会主义现代化强国、怎样建设社会主义现代化强国这一重大时代课题探索中成型为"理论体系"的；同时，对中国式现代化"理论体系"创新性阐释，也成为这一重大时代课题探索中最辉煌的理论成果。

习近平在重要讲话中还提出："中国式现代化蕴含的独特世界观、价值观、历史观、文明观、民主观、生态观等及其伟大实践，是对世界现代化理论和实践的重大创新。"② 中国式现代化道路拓展了发展中国家走向现代化的途径，给世界上那些既希望加快发展又希望保持自身独立性的国家和民族提供了全新选择。从"理论体系"上更能看清楚，中国式现代化为广大发展中国家独立自主迈向现代化树立了典范，为其提供了全新选择。

我们推进的现代化是社会主义现代化，是中国共产党领导的社会主义现代化。习近平强调："必须坚持以中国式现代化推进中华民族伟大复兴，既不走封闭僵化的老路，也不走改旗易帜的邪路，坚持把国家和民族发展放在自己力量的基点上、把中国发展进步的命运

---

① 《习近平关于中国式现代化论述摘编》，中央文献出版社 2023 年版，第 204 页。
② 《习近平关于中国式现代化论述摘编》，中央文献出版社 2023 年版，第 294 页。

牢牢掌握在自己手中。"① 充分体现了以习近平同志为核心的党中央深刻把握历史发展规律、始终掌握新时代新征程党和国家事业发展的历史主动和历史担当。

中国共产党领导是中国特色社会主义最本质的特征，是中国特色社会主义制度的最大优势，是党和国家的根本所在、命脉所在，是全国各族人民的利益所系、命运所系。习近平强调："全面建设社会主义现代化国家，实现新时代新征程各项目标任务，关键在党。我们党是世界上最大的马克思主义执政党，要巩固长期执政地位、始终赢得人民衷心拥护，必须永葆'赶考'的清醒和坚定。"② 中国式现代化是全面建设现代化国家的"中心任务"，是全面加强党的领导的关键之"关键"；党在领导中国式现代化成功与否，将成为能否"赢得人民衷心拥护"的重要的衡量尺度，将成为是否"永葆'赶考'的清醒和坚定"的根本的检验标准。

习近平在重要讲话中强调："党的领导直接关系中国式现代化的根本方向、前途命运、最终成败。"③ 党的领导决定中国式现代化的根本性质，只有毫不动摇坚持党的中国式现代化方向和进程的全面领导，中国式现代化才能前景光明、繁荣兴盛；党的领导确保中国式现代化锚定奋斗目标行稳致远，只有坚定不移地锚定党所确定的建成社会主义现代化强国的航道和航向，中国式现代化才能一以贯之，一代一代地接力推进，取得举世瞩目、彪炳史册的辉煌业绩。

三、正确处理好"系统过程"中的重大关系

从"理论体系"上看中国式现代化，推进中国式现代化必然是一个系统工程，习近平强调，在这一"系统过程"中，"需要统筹兼

---

① 《习近平关于中国式现代化论述摘编》，中央文献出版社 2023 年版，第 55 页。
② 《习近平关于中国式现代化论述摘编》，中央文献出版社 2023 年版，第 204 页。
③ 《习近平关于中国式现代化论述摘编》，中央文献出版社 2023 年版，第 58 页。

顾、系统谋划、整体推进"，需要正确处理好一系列重大关系问题。在这一"系统过程"所昭示的"一系列重大关系"中，更能说明中国式现代化对建设什么样的长期执政的马克思主义政党、怎样建设长期执政的马克思主义政党重大时代课题探索中的道理所在。这些道理的聚焦点，就在于坚定信仰信念和把握历史主动，就在于坚守鲜明的政治品格和强大的政治优势。

在这"一系列重大关系"中，一是顶层设计与实践探索的关系。对待这一关系，需要使制定的规划和政策体系体现时代性、把握规律性、富于创造性，做到远近结合、上下贯通、内容协调。推进中国式现代化需要我们在实践中去大胆探索，通过改革创新来推动事业发展，决不能刻舟求剑、守株待兔。

二是战略和策略的关系。对待这一关系，着重要增强战略的前瞻性、全局性、稳定性；要把战略的原则性和策略的灵活性有机结合起来，在因地制宜、因势而动、顺势而为中把握战略主动。

三是守正与创新的关系。对待这一关系，要把创新摆在国家发展全局的突出位置，顺应时代发展要求，着眼于解决重大理论和实践问题，大力推进改革创新，不断塑造发展新动能新优势，充分激发全社会创造活力。

四是效率与公平的关系。对待这一关系，既要创造比资本主义更高的效率，又要更有效地维护社会公平，更好实现效率与公平相兼顾、相促进、相统一。

五是活力与秩序的关系。对待这一关系，要统筹发展和安全，贯彻总体国家安全观，健全国家安全体系，增强维护国家安全能力，坚定维护国家政权安全、制度安全、意识形态安全和重点领域安全。

六是自立自强与对外开放的关系。对待这一关系，要坚持独立自主、自立自强，坚持把国家和民族发展放在自己力量的基点上，坚持把我国发展进步的命运牢牢掌握在自己手中；要不断扩大高水平对外开放，深度参与全球产业分工和合作，用好国内国际两种资源，拓展中国式现代化的发展空间。

在处理和解决好"这一系列重大关系"过程中，必然会遇到许多历史上没有遇到过的新的伟大斗争。习近平在重要讲话中指出："推进中国式现代化，是一项前无古人的开创性事业，必然会遇到各种可以预料和难以预料的风险挑战、艰难险阻甚至惊涛骇浪，必须增强忧患意识，坚持底线思维，居安思危、未雨绸缪，敢于斗争、善于斗争，通过顽强斗争打开事业发展新天地。"[①] 中国式现代化深刻地包含在对建设什么样的长期执政的马克思主义政党、怎样建设长期执政的马克思主义政党重大时代课题的探索之中。

从"理论体系"上对中国式现代化作出的全面的深刻的阐释，是习近平重要讲话中最显著的理论创新。着眼于"理论体系"，对中国式现代化与习近平新时代中国特色社会主义思想面临的重大时代课题关系的探讨说明，中国式现代化不仅在"理论体系"体现了三个重大时代课题的旨向和意蕴，而且还从"理论体系"上拓新了三个重大时代课题的视野和境界，丰富了习近平新时代中国特色社会主义思想的核心要义和科学内涵。

第五节　在人类文明新形态探索中的理论升华

一、把握和理解人类文明新形态的关键

在庆祝中国共产党成立 100 周年大会的讲话中，习近平提出："我们坚持和发展中国特色社会主义，推动物质文明、政治文明、精

[①] 《习近平关于中国式现代化论述摘编》，中央文献出版社 2023 年版，第 267 页。

神文明、社会文明、生态文明协调发展，创造了中国式现代化新道路，创造了人类文明新形态。"① 人类文明新形态是以坚持和发展中国特色社会主义为根本前提，以"五大文明"进步为主体内容，以中国式现代化为基本过程和目标的。同时，人类文明新形态不只是基于中国社会发展形态的特殊性的概括，也是对人类文明发展的一切有价值的思想资源的借鉴和吸收，是对人类共同价值观和社会发展普遍性规律的新形态的概括，体现了人类文明形态探索中的中国智慧。党的二十大，在对党的十八大以来党和国家事业取得举世瞩目的伟大成就阐释时，习近平再次提到人类文明新形态，指出"我们对新时代党和国家事业发展作出科学完整的战略部署，提出实现中华民族伟大复兴的中国梦，以中国式现代化推进中华民族伟大复兴，统揽伟大斗争、伟大工程、伟大事业、伟大梦想，明确'五位一体'总体布局和'四个全面'战略布局，确定稳中求进工作总基调，统筹发展和安全，明确我国社会主要矛盾是人民日益增长的美好生活需要和不平衡不充分的发展之间的矛盾，并紧紧围绕这个社会主要矛盾推进各项工作，不断丰富和发展人类文明新形态。"② 人类文明新形态以中国式现代化的探索和发展为主要过程和根本目标，是对人类社会发展规律的科学探索，丰富了习近平新时代中国特色社会主义思想体系。

人类文明新形态是中国共产党对新时代社会基本矛盾特别是对中国社会主要矛盾转化的判断为根据的。新时代社会主要矛盾是把握和理解人类文明新形态的关键。

根据改革开放以来特别是党的十八大以来中国特色社会主义发展的实际，党的十九大上作出了我国社会主要矛盾已经转化为"人

---

① 《习近平著作选读》第二卷，人民出版社 2023 年版，第 483 页。
② 《习近平著作选读》第一卷，人民出版社 2023 年版，第 6 页。

民日益增长的美好生活需要和不平衡不充分的发展之间的矛盾"的判断。在对待和处理新时代社会主要矛盾中，中国特色社会主义在发展形态上呈现新的特征：一是"美好生活"的"需要"得到拓展，涵盖了物质、文化、民主、法治、公平、正义、安全、环境等八个主要方面。"需要"，在人类文明进步及其形态变化中起着重要作用，有时甚至是首位重要作用。马克思在对人类文明进步及其形态演进因素的概述中，是以"他们各自的需要、他们的生产力、生产方式以及生产中使用的原料是怎样的；最后，由这一切生存条件所产生的人与人之间的关系是怎样的"①为序列过程和传导系统的，"需要"在其中发挥着基础性的和牵引性的重要作用。恩格斯晚年把社会主义不断丰富的"需要"的内涵，概括为"愈益丰富地得到生活资料、享受资料、发展和表现一切体力和智力所需的资料"②，"美好生活"涵盖了恩格斯提出的"需要"的全部内涵。新时代"美好生活"的"需要"，显示了人的全面发展的基本内涵，刻画了人类文明新形态的基本特征。二是相对于"需要"而言，发展的"不平衡不充分"突出体现的是经济、政治、文化、社会和生态文明五大建设发展的"供给"能力和状况。"五大建设"是满足"美好生活"八个方面"需要"的"供给"系统，推进"五位一体"总体布局充分的和全面的发展，是提升"美好生活"的"需要"的根本基础和必然要求，也是新时代中国共产党坚守"坚持全心全意为人民服务的根本宗旨""践行以人民为中心的发展思想"和"推动人的全面发展、全体人民共同富裕取得更为明显的实质性进展"③的必然选择。新时代社会主要矛盾的两个方面的辩证发展，是新时代人类文明新形态形成过程的内在机理和根本特征。三是新时代社会主要矛盾的变化，是关系坚

---

① 《马克思恩格斯选集》第 1 卷，人民出版社 2012 年版，第 227 页。
② 《马克思恩格斯选集》第 1 卷，人民出版社 2012 年版，第 326 页。
③ 《习近平著作选读》第二卷，人民出版社 2023 年版，第 482~483 页。

持和发展中国特色社会主义全局的历史性变化。在编制"十四五"规划时，习近平指出："我们要辩证认识和把握国内外大势，统筹中华民族伟大复兴战略全局和世界百年未有之大变局，深刻认识我国社会主要矛盾发展变化带来的新特征新要求，深刻认识错综复杂的国际环境带来的新矛盾新挑战，增强机遇意识和风险意识，准确识变、科学应变、主动求变，勇于开顶风船，善于转危为机，努力实现更高质量、更有效率、更加公平、更可持续、更为安全的发展。"① 人类文明新形态是新时代社会主要矛盾发展的必然趋向，它同新时代坚持和发展中国特色社会主义紧密地联系在一起，同中国共产党规划和部署的第二个一百年奋斗目标牢牢地连接在一起，也是面向全面建成社会主义现代化强国发展的必然形态。

二、中华民族伟大复兴进程中的新形态

人类文明新形态，是实现全面建成小康社会目标后，对中国式现代化发展方向和目标的科学概括，也是中华民族伟大复兴进程中的新形态。党的十八大以来，以习近平同志为主要代表的中国共产党人坚持和发展中国特色社会主义，在决胜全面建成小康社会、实现第一个百年奋斗目标的历程中，在继续推进社会主义现代化强国建设、继续实现第二个百年奋斗目标新的历程中，赋予中国式现代化以新的内涵，成就了人类文明新形态的历史底色和时代精神。

中国式现代化以中国"独特的文化传统，独特的历史命运，独特的基本国情，注定了我们必然要走适合自己特点的发展道路"② 为圭臬，在目标内涵上，形成了富强、民主、文明、和谐、美丽的社会主义现代化强国的新目标；在总体发展中，提出了国家治理体系和治

---

① 《习近平著作选读》第二卷，人民出版社 2023 年版，第 328～329 页。
② 《习近平著作选读》第一卷，人民出版社 2023 年版，第 150 页。

理能力现代化的新课题；在战略规划中，升华了社会全面文明发展形态的新境界。回溯历史、立足现实和瞻望未来，习近平总书记把坚持和发展中国特色社会主义，推动物质文明、政治文明、精神文明、社会文明、生态文明全面的、协调的发展，升华为"创造了人类文明新形态"的新思想。新时代的中国式现代化，既是中国式现代化道路特征的概括，也是"人类文明新形态"内在规定的集中体现，在内涵和特征上，把"中国式现代化"与"人类文明新形态"更为紧密地结合在一起。马克思在对以往社会文明形态特征概括时指出："一方的人的能力的发展是以另一方的发展受到限制为基础的。迄今为止的一切文明和社会发展都是以这种对抗为基础的。"① 新时代与中国式现代化相结合的人类文明新形态，开辟了人类文明发展的新的道路和新的方向。

　　人类文明新形态，蕴含着中华优秀传统文化的基本元素和思想精粹，赋予中华优秀传统文化以新的时代内涵和思想活力。对中华传统文化实现"创造性转化、创新性发展"，是中华优秀传统文化在新时代升华的必然过程。人类文明新形态正是在对中华优秀传统文化这些重要元素的吸收和重塑中，才使得人类文明新形态具有更为显著的中华文明的突出特性。习近平提道："要围绕我国和世界发展面临的重大问题，着力提出能够体现中国立场、中国智慧、中国价值的理念、主张、方案。中华文明延续着我们国家和民族的精神血脉，既需要薪火相传、代代守护，也需要与时俱进、推陈出新。"② 人类文明新形态体现了这样的思想特征和文化底蕴。把中华优秀传统文化的思想智慧，再现为人类文明新形态的思想特质的过程，也就是提升人类文明新形态具有的文化软实力的过程。习近平指出："在艰苦卓

---

① 《马克思恩格斯全集》第 32 卷，人民出版社 1998 年版，第 214 页

② 《十八大以来重要文献选编》下，中央文献出版社 2018 年版，第 323 ~ 324 页。

绝的奋斗中，中国人民以一往无前的决心和意志，以前所未有的智慧和力量，开辟了中国特色社会主义道路，创造了经济快速发展和社会长期稳定两大奇迹，创造了人类文明新形态，大幅提高了中国文化软实力。"① 在历史自信和文化自信基础上生成的具有中国特色、中国风格、中国气派的思想辉煌，彰显了人类文明新形态的历史自觉和理论底气。中华优秀传统文化中这些民族气质、独特创造、价值理念和鲜明特色，深透于人类文明新形态的思想内涵和理论特质之中，对21世纪人类文明进步和时代发展必将产生巨大的理论感召力和文化影响力。

三、人类文明新形态的新探索

人类文明新形态与坚持推动构建人类命运共同体过程相连接，体现了它所具有的广泛的世界意义及其蕴含的共同价值观和普遍性特征。人类文明新形态不只是基于中国社会发展形态的特殊性的概括，也是对人类社会发展形态的一般性特征的理解。人类文明新形态不只是专属于中国的范畴，也是对人类文明发展的一切有价值的思想资源的借鉴和吸收，体现了对人类文明形态探索的中国智慧。人类命运共同体，体现了人类文明新形态具有的共同价值观的普遍性特征。

人类命运共同体，是人类文明新形态对世界范围内文明形态理解的拓展。在纪念马克思诞辰200周年大会的讲话中，习近平把人类命运共同体看作是马克思"世界历史"理论在当代的赓续。习近平提出："我们要站在世界历史的高度审视当今世界发展趋势和面临的重大问题，坚持和平发展道路，坚持独立自主的和平外交政策，坚持

---

① 习近平：《在中国文联十一大、中国作协十大开幕式上的讲话》，人民出版社2021年版，第13页。

互利共赢的开放战略，不断拓展同世界各国的合作，积极参与全球治理，在更多领域、更高层面上实现合作共赢、共同发展，不依附别人、更不掠夺别人，同各国人民一道努力构建人类命运共同体，把世界建设得更加美好。"① 习近平的这一论述，在最广泛意义上体现了人类文明新形态具有的普遍性和一般性的特征，是从人类文明新形态上对人类命运共同体基本特征作出的科学阐释。

人类命运共同体与人类文明新形态相连接，顺应了我国经济深度融入世界经济的趋势，发展更高层次的开放型经济，促进国际经济秩序朝着平等公正、合作共赢的方向发展等要求。人类文明新形态依托推动构建人类命运共同体的过程，能在经济全球化深入发展的条件下，更好地统筹国内国际两个大局，利用好国内国际两个市场、两种资源。习近平指出："中国人民将继续与世界同行、为人类作出更大贡献，坚定不移走和平发展道路，积极发展全球伙伴关系，坚定支持多边主义，积极参与推动全球治理体系变革，推动新型国际关系，推动构建人类命运共同体。"② 为构建人类命运共同体贡献中国智慧和中国方案，是人类文明新形态的基本指向和发展方略。

2023 年 3 月，习近平在中国共产党与世界政党高层对话会上以"携手同行现代化之路"为题的主旨讲话中提出："人类社会创造的各种文明，都闪烁着璀璨光芒，为各国现代化积蓄了厚重底蕴、赋予了鲜明特质，并跨越时空、超越国界，共同为人类社会现代化进程作出了重要贡献。中国式现代化作为人类文明新形态，与全球其他文明相互借鉴，必将极大丰富世界文明百花园。"③ 人类文明新形态思想，具有深刻的时代意义和历史意义，它集中体现了科学社会主义关于社会文明形态的理论，深刻地蕴含着中华优秀传统文化的滋养，借鉴

---

① 《习近平著作选读》第二卷，人民出版社 2023 年版，第 166 页。
② 《习近平著作选读》第二卷，人民出版社 2023 年版，第 143 页。
③ 习近平：《携手同行现代化之路》，人民出版社 2023 年版，第 7 页。

和吸收了世界文明进步的成就和成果。习近平的这一思想是中国共产党在中华民族伟大复兴百年奋斗中，特别是在新时代坚持和发展中国特色社会主义过程中凝结的理论结晶和思想智慧，是 21 世纪马克思主义发展的重要成果。

第八章

"两个结合"及其规律性
认识的意义

　　在庆祝中国共产党成立 100 周年大会的讲话中，习近平不仅对百年来马克思主义中国化历史发展和伟大成就作出阐释，而且还从多方面拓展了马克思主义中国化时代化的"两个结合"的学术和学理研究的视域，深化了马克思主义中国化时代化的内在禀赋、学理依循和根本遵循的意境，揭示了中国化时代化马克思主义之所以"行"的真谛所在。

第一节　马克思主义中国化时代化
过程的两个"结合"及意蕴

一、"两个结合"探索的思想历史过程

　　百年历史、世纪辉煌。在庆祝中国共产党成立 100 周年大会的讲话中，习近平在对"继续推进马克思主义中国化"的阐释时提出："必须坚持马克思列宁主义、毛泽东思想、邓小平理论、'三个代表'重要思想、科学发展观，全面贯彻新时代中国特色社会主义思想，坚持把马克思主义基本原理同中国具体实际相结合、同中华优秀传统文化相结合，用马克思主义观察时代、把握时代、引领时代，继续发展当代中国马克思主义、21 世纪马克思主义！"[1]

　　马克思主义中国化时代化的特质，集中体现于中国化时代化

---

① 《习近平著作选读》第二卷，人民出版社 2023 年版，第 483 页。

马克思主义蕴含的两个"结合"上；两个"结合"，不仅是对马克思主义中国化时代化基本原则的科学概括，也是理解中国化时代化的马克思主义"行"的学理和哲理的根本方法。

马克思主义基本原理同中国具体实际相结合，是中国共产党百年来秉持的理论自觉的结晶。1938年9月，在扩大的党的六届六中全会所作的《论新阶段》的政治报告中，毛泽东首次提出"马克思主义的中国化"的重大命题，强调"马克思主义的中国化，使之在其每一表现中带着中国的特性，即是说，按照中国的特点去应用它，成为全党亟待了解并亟须解决的问题。洋八股必须废止，空洞抽象的调头必须少唱，教条主义必须休息，而代替之以新鲜活泼的、为中国老百姓所喜闻乐见的中国作风与中国气派。把国际主义的内容与民族形式分离起来，是一点也不懂国际主义的人们的干法，我们则要把二者紧密地结合起来。"①"马克思主义的中国化"这一重大命题及其基本遵循和根本方法的提出，说明了以毛泽东同志为代表的中国共产党人对马克思主义中国化的思想认识达到的新的高度，展示了中国马克思主义发展要实现"两个结合"认识的重要标志。

1941年5月，毛泽东在延安干部会上作的《改造我们的学习》报告中提出："应确立以研究中国革命实际问题为中心，以马克思列宁主义基本原则为指导的方针，废除静止地孤立地研究马克思列宁主义的方法。"②把马克思主义基本原理同中国实际相结合，推进马克思主义中国化，是中国共产党取得新民主主义革命胜利的理论指导，毛泽东思想就是马克思主义中国化的理论结晶。

1943年5月26日，中共中央在《关于共产国际执委主席团提议解散共产国际的决定》文件中，对第三国际解散的说明中，对"两

---

① 《建党以来重要文献选编（1921—1949）》第15册，中央文献出版社2011年版，第651页。

② 《毛泽东选集》第3卷，人民出版社1991年版，第802页。

个结合"问题作出初步但却是深刻的探讨,体现了党成立 20 多年时对这一问题认识的深度。回溯这一思想史过程,对我们理解新时代习近平对"两个结合"探索的创新性理论是有重要意义的,其中突出的有五个方面基本观点:

第一,《决定》提出:"很久以来,中国共产党人即已能够完全独立地根据自己民族的具体情况和特殊条件,决定自己的政治方针、政策和行动。"①《决定》的上述论述,突出了三个关键词:一是"完全独立",二是"自己民族",三是"具体情况和特殊条件"。这三个关键词表明,中国共产党已经对马克思主义基本原理和中国实际为什么要结合和怎样结合的问题有了深刻的理解。中国共产党成立以后,在一个短的时期内对马克思主义基本原理和中国实际为什么要结合、怎样结合问题并不很清楚,在中国革命的实践中,中国共产党人很快领悟到实现这种"结合"的重要性,已经能够完全独立地根据自己民族的具体情况和特殊条件来确定自己的方针、政策、路线,毛泽东率先提出了"马克思主义中国化"的命题。马克思主义中国化是中国共产党的独特的理论创新,也是中国共产党对 20 世纪马克思主义发展的重大理论贡献。

第二,《决定》提出:"在最近数十年的中国革命运动中是史无前例的。革命不能输出,亦不能输入,而只能由每个民族内部的发展所引起。这是马克思列宁主义者从来所阐发的真理,中国共产党的实践,完全把这个真理证明了。"总结中国共产党领导中国革命的经验,更是深刻地证明:"中国共产党人必将继续根据自己的国情,灵活地运用和发挥马克思列宁主义,以服务于我民族的抗战建国事业。"② 到

---

① 《建党以来重要文献选编(1921—1949)》第 20 册,中央文献出版社 2011 年版,第 317~318 页。

② 《建党以来重要文献选编(1921—1949)》第 20 册,中央文献出版社 2011 年版,第 318 页。

1943 年，中国共产党刚成立 20 多年，中国革命运动是史无前例的，但革命本身的根本缘由和内在动力是由中国社会和中华民族内部发展造成的，这就是中国共产党得出的"马克思列宁主义从来所阐发的真理"，也是由中国共产党实践完全证明了的"真理"。

第三，《决定》指出："中国共产党人是我们民族一切文化、思想、道德的最优秀传统的继承者，把这一切优秀传统看成和自己血肉相连的东西，而且将继续加以发扬光大。"[①] 中国共产党是中华民族一切文化思想道德的最优秀的传统的继承者，由此中国共产党也就成为中华民族的一部分而和这个民族血肉相连，也才能够从中国实际和中国文化特点来谈马克思主义，使之在民族伟大复兴中发扬光大。按照当时人们的认识或知识结构，把中华民族"最优秀传统"分解为文化、思想和道德三个部分，在总体上构成现在认知的"文化"范畴。中国共产党从成立以后，就坚持把民族的文化、思想、道德中最优秀的传统继承下来，把一切优秀文化看成是与党的生命活力"血肉相连的东西"，视之为中国共产党思想的重要来源。

在对中华文化整体性和体系性的理解中，怎么把传统文化、思想和道德，同这一文化作为封建专制主义的意识形态剥离开来，构成中华优秀传统文化的体系及其文化类型，是需要我们作出深入和全面的学理和哲理研究的。要深刻理解中华优秀传统文化形态是怎么样的？本质是什么、体系是什么？怎样在原来长期存在于封建专制主义中的传统文化发掘出适合于当今时代需要的优秀文化？其中蕴含着习近平一直强调的"推动中华优秀传统文化创造性转化、创新性发展"[②] 的真谛所在。

第四，《决定》提出："中国共产党近年来所进行的反主观主义、

---

① 《建党以来重要文献选编（1921—1949）》第 20 册，中央文献出版社 2011 年版，第318 页。

② 《十九大以来重要文献选编》上，中央文献出版社 2019 年版，第 16 页。

反宗派主义、反党八股的整风运动就是要使得马克思列宁主义这一革命科学更进一步地和中国革命实践、中国历史、中国文化深相结合起来。"[①] 中国共产党进行反主观主义、反宗派主义、反党八股的整风运动，就是要使马克思列宁主义这一革命科学，更进一步同中国革命实践、中国历史、中国文化结合起来。整风运动不只在党内反主观主义、反宗派主义、反党八股，还是要通过这种学习运动，使得马克思主义科学理论进一步同我们思想实际、理论认识结合起来、联系起来。这种"结合"、这种"联系"要通过一定形式来实现，整风运动就是很好的"结合"和"联系"的形式。这就是说，实现这种"结合"和"联系"不是自发的，而是一种思想自觉和理论自觉的过程。这也说明，中国共产党通过一定的思想理论教育形式，把马克思主义基本原理和中国实践、中国历史和中国文化的"深相结合"是一种理论自觉，说明马克思主义中国化时代化是中国共产党的理论自觉、历史自觉的体现。

百多年来，中国共产党始终坚持理论自觉和历史自觉，由此塑造了中国共产党的一种禀赋和能力。这里提到的中国实践、中国历史、中国文化，实际上是两个方面的问题：一是中国实践，二是中国文化。文化中包含着历史和文化的双重含义。党的十八大以来，习近平非常重视历史，从历史中讲文化，从文化中反思历史。我们现在讲文化，不能脱离历史；文化何在、文化何意、文化何用，在根本上就是历史问题，本质上是历史观的问题。

第五，《决定》提到当时延安的"整风运动"，认为"这一运动表现了中国共产党人在思想上的创造才能，一如他们在革命实践上的创造才能；表现了中国共产党人一定能够和中国人民在一起，完成

---

① 《建党以来重要文献选编（1921—1949）》第 20 册，中央文献出版社 2011 年版，第 318～319 页。

中国人民所课予的各种历史大任。"① 这里提到的"思想上的创造才能"和"革命实践上的创造才能"这两个"创造才能"直接的是指整风运动的意义，实际上也是指"两个结合"生成的两个"创造才能"。

二、"两个结合"在"第二次结合"中的推进

进入中国社会主义革命和建设时期，"两个结合"在马克思主义中国化时代化新的进程中进一步深化为"第二次结合"问题。1956年初，在中国社会主义基本制度确立之际，毛泽东把中国自己的社会主义建设道路选择问题提上了重要议程。对于从半殖民地半封建社会脱胎而来的经济文化比较落后的中国，建设什么样的社会主义和怎样建设社会主义问题，成为以毛泽东同志为主要代表的党中央领导集体面对的最为重要最为紧迫的重要课题。毛泽东立足于国内和国际两个大局，审时度势，从历史、理论与现实的结合上，提出了马克思主义中国化时代化"第二次结合"的思想。

1956年2月14日到4月24日，为准备《论十大关系》讲话，毛泽东作了长达43天的调查研究。3月12日，毛泽东在谈到刚召开的苏共二十大问题时指出，赫鲁晓夫秘密报告值得认真研究，"现在看来，至少可以指出两点：一是它揭了盖子，一是它捅了娄子。说揭了盖子，就是讲，他的秘密报告表明，苏联、苏共、斯大林并不是一切都是正确的，这就破除了迷信。说捅了娄子，就是讲，他作的这个秘密报告，无论在内容上或方法上，都有严重错误。"② 十天之后，毛泽东再次谈到"揭了盖子"和"捅了娄子"的问题，指出"赫鲁晓夫这次揭了盖子，又捅了娄子。他破除了那种认为苏联、苏共和

_____

① 《建党以来重要文献选编（1921—1949）》第20册，中央文献出版社2011年版，第318～319页。

② 《毛泽东年谱》第5卷，中央文献出版社2023年版，第545页。

斯大林一切都是正确的迷信，有利于反对教条主义，不要再硬搬苏联的一切了，应该用自己的头脑思索了。应该把马列主义的基本原理同中国社会主义革命和建设的具体实际结合起来，探索在我们国家里建设社会主义的道路了。"① 4 月 4 日，毛泽东再次提道："民主革命时期，我们在吃了大亏之后才成功地实现了这种结合，取得了新民主主义革命的胜利。现在是社会主义革命和建设时期，我们要进行第二次结合，找出在中国怎样建设社会主义的道路。"根本的问题就在于："更要努力找到中国建设社会主义的具体道路"②。

4 月 25 日下午，毛泽东在有各省市自治区党委书记参加的中共中央政治局扩大会议上，发表了《论十大关系》的讲话。毛泽东后来提到，《论十大关系》"开始提出我们自己的建设路线，原则和苏联相同，但方法有所不同，有我们自己的一套内容。"③ 也就是说，"从一九五六年提出十大关系起，开始找到自己的一条适合中国的路线。"④《论十大关系》实际上是毛泽东提出"第二次结合"思想后，对中国社会主义建设道路探索的最初的重要成果，是社会主义建设过程马克思主义中国化时代化探索的最初的重要成果。

自《论十大关系》到《关于正确处理人民内部矛盾的问题》的一年间，毛泽东对"第二次结合"作了进一步思考。"第二次结合"是中国共产党在新民主主义革命时期和社会主义过渡时期的马克思主义中国化时代化过程的继续。毛泽东在同中国音乐家协会负责人的谈话中提道："社会主义的内容，民族的形式，在政治方面是如此，在艺术方面也是如此"。毛泽东强调："要向外国学习科学的原理。学了这些原理，用来研究中国的东西，把学的东西中国化。中国

---

① 《毛泽东年谱》第 5 卷，中央文献出版社 2023 年版，第 550 页。
② 《毛泽东年谱》第 5 卷，中央文献出版社 2023 年版，第 557 页。
③ 《毛泽东文集》第 7 卷，人民出版社 1999 年版，第 369～370 页。
④ 《毛泽东年谱》第 7 卷，中央文献出版社 2023 年版，第 419 页。

的和外国的东西要有机地结合，而不是套用外国的东西。要用外国有用的东西来改进和发扬中国的东西，创造中国独特的新东西。"毛泽东还提到："应该越搞越中国化，而不是越搞越洋化。要反对教条主义，也要反对保守主义，这两个东西对中国都是不利的。"①

1956年8月，在党的八大的预备会议上，毛泽东提出："马克思主义的普遍真理一定要同中国革命的具体实践相结合，就是说，理论与实践要统一。理论与实践的统一，是马克思主义的一个最基本的原则。思想必须反映客观实际，而且在客观实践中得到检验，证明是真理，这才算是真理，不然就不算。"② 9月15日，在党的八大的开幕词中，毛泽东再次对这一思想作了概括。毛泽东提出："我国的革命和建设的胜利，都是马克思列宁主义的胜利。把马克思列宁主义的理论和中国革命的实践密切地联系起来，这是我们党的一贯的思想原则。"③ 毛泽东特别强调了社会主义建设中"有自己的许多特点"的必然性，凸显了社会主义建设道路作为一个"过程"的重要性。对有中国"许多特点"的社会主义建设道路和过程的探索，成为"第二次结合"的根本原则，也成为马克思主义中国化时代化的基本立场和根本遵循。

三、新时期"两个结合"与中国特色社会主义理论体系的发展

新时期中国共产党接续推进马克思主义中国化时代化的历史进程，党的十一届三中全会以后，以邓小平理论、"三个代表"重要思想和科学发展观为主要理论形态的一系列重大战略思想，科学回答了建设中国特色社会主义的一系列重大时代课题，成功地走出了经济文化落后国家建设和发展具有本国特色的社会主义道路，对中国

---

① 《毛泽东年谱》第5卷，中央文献出版社2023年版，第607页。
② 《毛泽东文集》第7卷，人民出版社1999年版，第90页。
③ 《毛泽东文集》第7卷，人民出版社1999年版，第116页。

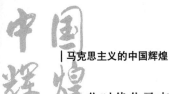

化时代化马克思主义为什么"行"的问题作出新的科学的回答。

改革开放新时期之初，邓小平在党的十二大提出"把马克思主义的普遍真理同我国的具体实际结合起来，走自己的道路，建设有中国特色的社会主义"① 的思想，开辟了马克思主义中国化时代化的新的历史进程。马克思主义中国化时代化是中国特色社会主义道路探索的指导思想；中国特色社会主义道路探索的实践，也成为不断推进马克思主义中国化时代化的现实根据。在新时期推进马克思主义中国化时代化过程中，邓小平理论写下了中国特色社会主义这篇大文章的"序言"，确定了坚持和发展中国特色社会主义的基本思路和基本原则；"三个代表"重要思想和科学发展观续写了这篇大文章的新的精彩篇章。

党的十八大后，面对新时代坚持和发展中国特色社会主义的新的实际，习近平提出："我们要以科学的态度对待科学，以真理的精神追求真理，不断赋予马克思主义以新的时代内涵。"② 习近平新时代中国特色社会主义思想，深切关注和回答时代和实践提出的重大课题，因时而进、因势而新，在马克思主义基本原理同中国具体实际和时代变化的深透结合中，继续推进马克思主义中国化时代化，升华了中国化时代化马克思主义的新境界，彰显了中国化时代化的马克思主义"行"的根本遵循。

"两个结合"并举并行，成为中国共产党人坚守的历史自觉和理论自觉的必然结果。1938 年 10 月，毛泽东就提出："今天的中国是历史的中国的一个发展；我们是马克思主义的历史主义者，我们不应当割断历史。从孔夫子到孙中山，我们应当给以总结，承继这一份珍贵的遗产。"在毛泽东看来，"马克思主义必须和我国的具体特点相

---

① 《邓小平文选》第 3 卷，人民出版社 1993 年版，第 3 页。
② 习近平：《论党的宣传思想工作》，中央文献出版社 2020 年版，第 315 页。

结合并通过一定的民族形式才能实现。"① 实事求是是毛泽东思想的精髓。"实事求是"一词出自中华典籍《汉书》,《汉书·河间献王传》曰:"修学好古,实事求是。从民得善书,必为好写与之,留其真。"毛泽东对"实事求是"作出新的理解,提出"'实事'就是客观存在着的一切事物,'是'就是客观事物的内部联系,即规律性,'求'就是我们去研究。"②"实事求是"这一旧典,呈现出中国共产党思想路线表述的独特形态,洋溢着马克思主义中国化的新的内涵。

同中华优秀传统文化相结合的原则,在改革开放新时期得到进一步运用。建设小康社会是中国特色社会主义理论体系中的重要思想,这里提到的"小康"一词,出自中华典籍《诗经》,《诗经·大雅》的《民劳》篇吟道:"民亦劳止,汔可小康。惠此中国,以绥四方。"千百年来,"小康"或"小康之家",成为人民群众对殷实而宽裕生活期盼的一种说法。改革开放之初,邓小平用"小康"和"小康社会"的说法,标示我国社会主义现代化建设的目标。1984年3月,邓小平指出:"这个小康社会,叫做中国式的现代化。翻两番、小康社会、中国式的现代化,这些都是我们的新概念。"③邓小平从"中国式的现代化道路"意义上对"小康社会"的全新探索,将中华民族伟大复兴的追求和人民群众对民生的期盼融为一体,使得"小康"这一具有深厚的中华传统文化意蕴的用语,成为充满着改革开放新时期气息的"新概念"。

四、新时代"两个结合"探索的新境界

党的十八大以来,习近平在对新时代如何继续推进马克思主义中国化问题的研究中,对马克思主义基本原理同中华民族优秀传统

---

① 《毛泽东选集》第2卷,人民出版社1991年版,第534页。
② 《毛泽东选集》第3卷,人民出版社1991年版,第801页。
③ 《邓小平文选》第3卷,人民出版社1991年版,第54页。

文化"相结合"的原则和方法，作出多方面的新的探索。

2016 年 5 月，习近平在哲学社会科学工作座谈会上的讲话中指出："要加强对中华优秀传统文化的挖掘和阐发，使中华民族最基本的文化基因与当代文化相适应、与现代社会相协调，把跨越时空、超越国界、富有永恒魅力、具有当代价值的文化精神弘扬起来。"① 马克思主义基本原理同中华优秀传统文化的结合，不仅是马克思主义中国化的必然过程，也是马克思主义中国化时代化大众化的必然路径。

同中华优秀传统文化相结合，是与思想文化的"转化"和"发展"联系在一起的。对中华传统文化的"创造性转化、创新性发展"，才能激活中华优秀文化的生命活力，升华中华传统文化的当代魅力，才能在思想文化形态上融入中国化马克思主义。习近平指出："要围绕我国和世界发展面临的重大问题，着力提出能够体现中国立场、中国智慧、中国价值的理念、主张、方案。中华文明延续着我们国家和民族的精神血脉，既需要薪火相传、代代守护，也需要与时俱进、推陈出新。"② 习近平深刻阐明了马克思主义基本原理同中华优秀传统文化相结合的真谛。

同中华优秀传统文化相结合，也是增强中国化马克思主义的理论自信、文化自信的内在力量。中华优秀传统文化是中华民族在漫长历史奋进中积累的文化精粹，蕴藏着中华民族世代奋进聚合的文化力量。习近平指出："我们说要坚定中国特色社会主义道路自信、理论自信、制度自信，说到底是要坚定文化自信。文化自信是更基本、更深沉、更持久的力量。"③ 把中华优秀传统文化的思想智慧和理论力量，再现为马克思主义中国化的思想内涵和理论形态，必将增强中国化马克思主义的影响力、感召力和亲和力，必将增强中国化马克思主义的理论自信和文化自信。

---

①②③　习近平：《论党的宣传思想工作》，中央文献出版社 2020 年版，第 228 页。

同中华优秀传统文化相结合，要讲清楚中华优秀传统文化的历史渊源、文化内涵、发展脉络和基本走向，讲清楚中华优秀传统文化的民族气质、独特创造、价值理念和鲜明特色，增强实现中华优秀传统文化的创造性转化和创新性发展的自觉和自强。习近平提出："中国古代历来讲格物致知、诚意正心、修身齐家、治国平天下。从某种角度看，格物致知、诚意正心、修身是个人层面的要求，齐家是社会层面的要求，治国平天下是国家层面的要求。我们提出的社会主义核心价值观，把涉及国家、社会、公民的价值要求融为一体，既体现了社会主义本质要求，继承了中华优秀传统文化，也吸收了世界文明有益成果，体现了时代精神。"① 深刻理解"修身""齐家""平天下"古训的时代意蕴，有利于深化社会主义核心价值观中"大德""公德""私德"不同层面关联及内涵的感悟，有利于深化社会主义本质等重要理论认识的境界。

第二节 中国化时代化马克思主义的"魂"和"根"

一、"两个结合"中的"魂脉"和"根脉"

在庆祝中国共产党成立 100 周年大会的讲话中，习近平作出"坚持把马克思主义基本原理同中国具体实际相结合、同中华优秀传统文化相结合"的新的阐释。在党的二十大，习近平从两个"结合"上，对中国化时代化马克思主义为什么"行"的学理作出科学探索。之后，在 2023 年 6 月召开的文化传承发展座谈会和中共中央政治局第六次集体学习会的讲话中，习近平从马克思主义中国化时代化的

---

① 《十八大以来重要文献选编》中，中央文献出版社 2016 年版，第 3～4 页。

实践逻辑、历史逻辑和理论逻辑的联系中，对"两个结合"作为中国化时代化马克思主义的"魂"和"根"的特质及其内在统一性问题作出一系列创新性探索。

习近平指出："开辟马克思主义中国化时代化新境界的重大任务，是当代中国共产党人的庄严历史责任。"① 马克思主义中国化时代化的命题本身就决定，我们决不能抛弃马克思主义这个"魂脉"，也决不能抛弃中华优秀传统文化这个"根脉"。坚守好这个"魂"和"根"，是理论创新的基础和前提。理论创新必须讲新话，但也不能丢了老祖宗，数典忘祖就等于割断了魂脉和根脉，最终会犯失去魂脉和根脉的颠覆性错误。我们必须坚持马克思主义这个立党立国、兴党兴国之本不动摇，坚持植根本国、本民族历史文化沃土发展马克思主义不停步，坚定历史自信、文化自信，坚持古为今用、推陈出新，以马克思主义为指导对中华五千多年文明宝库进行全面挖掘，用马克思主义激活中华优秀传统文化中富有生命力的优秀因子并赋予新的时代内涵，将中华民族的伟大精神和丰富智慧更深层次地注入马克思主义，有效地把马克思主义思想精髓同中华优秀传统文化精华贯通起来，聚变为新的理论优势，不断攀登新的思想高峰。我们要拓宽理论视野，以海纳百川的开放胸襟学习和借鉴人类社会一切优秀文明成果，在人类知识的总和中汲取优秀思想文化资源来创新和发展党的理论，形成兼容并蓄、博采众长的理论大格局大气象。

二、"两个结合"的显著特征

回顾党的百年奋斗史，我们党之所以能够在革命、建设、改革各个历史时期取得重大成就，能够领导人民完成中国其他政治力量不可能完成的艰巨任务，根本在于掌握了马克思主义科学理论，并不断

---

① 习近平：《开辟马克思主义中国化时代化新境界》，载于《求是》2023 年第 10 期。

结合新的实际推进理论创新，取得了毛泽东思想、邓小平理论、"三个代表"重要思想、科学发展观、新时代中国特色社会主义思想等重大理论成果，始终坚持解放思想、实事求是、与时俱进、求真务实，使马克思主义在中国焕发出强大生命力，使党掌握了强大的真理力量。习近平强调："我们要不断深化对党的理论创新的规律性认识，在新时代新征程上取得更为丰硕的理论创新成果"这一"历史的结论"①。

在五千多年中华文明深厚基础上开辟和发展中国特色社会主义，把马克思主义基本原理同中国具体实际、同中华优秀传统文化相结合是必由之路。这是我们在探索中国特色社会主义道路中得出的规律性的认识，是我们取得成功的最大法宝。第一，"结合"的前提是彼此契合。马克思主义和中华优秀传统文化来源不同，但彼此存在高度的契合性。相互契合才能有机结合。第二，"结合"的结果是互相成就，造就了一个有机统一的新的文化生命体，让马克思主义成为中国的，中华优秀传统文化成为现代的，让经由"结合"而形成的新文化成为中国式现代化的文化形态。第三，"结合"筑牢了道路根基，让中国特色社会主义道路有了更加宏阔深远的历史纵深，拓展了中国特色社会主义道路的文化根基。中国式现代化赋予中华文明以现代力量，中华文明赋予中国式现代化以深厚底蕴。第四，"结合"打开了创新空间，让我们掌握了思想和文化主动，并有力地作用于道路、理论和制度。更重要的是，"第二个结合"是又一次的思想解放，让我们能够在更广阔的文化空间中，充分运用中华优秀传统文化的宝贵资源，探索面向未来的理论和制度创新。第五，"结合"巩固了文化主体性，创立新时代中国特色社会主义思想就是这一文化主体性的最有力体现。习近平强调："'第二个结合'，是我们党对马克思主

---

① 习近平：《开辟马克思主义中国化时代化新境界》，载于《求是》2023 年第 10 期。

义中国化时代化历史经验的深刻总结，是对中华文明发展规律的深刻把握，表明我们党对中国道路、理论、制度的认识达到了新高度，表明我们党的历史自信、文化自信达到了新高度，表明我们党在传承中华优秀传统文化中推进文化创新的自觉性达到了新高度。"①

三、"第二个结合"规律性认识中文化主体性的升华

全面地辩证地理解马克思关于"剧中人"和"剧作者"的寓意，对习近平在"两个结合"特别是在"第二个结合"规律性认识上的思想精粹和学理挈要有着重要的意义。中华民族五千年的"历史剧"是民族优秀文化凝练的过程，民族优秀文化则是这一"历史剧"长期淬炼的结晶。中华优秀传统文化是在漫长的历史演进中积累而成的，"剧作者"的文化主体性则是在中华民族历史和文化世代聚合中生成的。习近平在创造性地提出"文化主体性"范畴时指出："这一主体性是中国共产党带领中国人民在中国大地上建立起来的；是在创造性转化、创新性发展中华优秀传统文化，继承革命文化，发展社会主义先进文化的基础上，借鉴吸收人类一切优秀文明成果的基础上建立起来的；是通过把马克思主义基本原理同中国具体实际、同中华优秀传统文化相结合建立起来的。创立新时代中国特色社会主义思想就是这一文化主体性的最有力体现。"②

这种文化主体性使中华民族历史中成就的优秀传统文化的思想智慧和理论要素，升华为马克思主义中国化时代化的思想特质和理论形态，实现了马克思主义中国化时代化的"两个结合"规律性认识上的理论飞跃。习近平指出："有了文化主体性，就有了文化意义上坚定的自我，文化自信就有了根本依托，中国共产党就有了引领时代的强大文化力量，中华民族和中国人民就有了国家认同的坚

---

①② 习近平：《在文化传承发展座谈会上的讲话》，载于《求是》2023年第17期。

实文化基础,中华文明就有了和世界其他文明交流互鉴的鲜明文化特性。"①

2014年5月,在北京大学师生座谈会的讲话中,习近平从核心价值观意义上,对中华优秀传统文化整体中文化、思想、道德诸方面元素的时代意义作出新的探索。习近平提出:"人类社会发展的历史表明,对一个民族、一个国家来说,最持久、最深层的力量是全社会共同认可的核心价值观。核心价值观,承载着一个民族、一个国家的精神追求,体现着一个社会评判是非曲直的价值标准。"② 国无德不兴,人无德不立。"如果一个民族、一个国家没有共同的核心价值观,莫衷一是,行无依归,那这个民族、这个国家就无法前进。这样的情形,在我国历史上,在当今世界上,都屡见不鲜。"中华传统文化中"大学之道,在明明德,在亲民,在止于至善"的观念,其实"就是一种德,既是个人的德,也是一种大德,就是国家的德、社会的德"③。中华传统文化历来讲究格物致知、诚意正心,主张修身齐家、治国平天下。习近平指出:"从某种角度看,格物致知、诚意正心、修身是个人层面的要求,齐家是社会层面的要求,治国平天下是国家层面的要求。"社会主义核心价值观把涉及国家、社会、公民的价值要求融为一体,"体现了社会主义本质要求,继承了中华优秀传统文化,也吸收了世界文明有益成果,体现了时代精神。"④

在这次讲话中,习近平不仅从"文化、思想、道德"元素上对中华优秀传统文化作出阐释,而且还从文化主体性上,对中华优秀传统文化作为"中华民族的基因,植根在中国人内心,潜移默化影响

---

① 习近平:《在文化传承发展座谈会上的讲话》,载于《求是》2023年第17期。
② 《习近平著作选读》第一卷,人民出版社2023年版,第238页。
③ 《习近平著作选读》第一卷,人民出版社2023年版,第239页。
④ 《习近平著作选读》第一卷,人民出版社2023年版,第239~240页。

着中国人的思想方式和行为方式"① 问题作出深刻分析。这时，习近平尽管还没有直接提出"文化主体性"范畴，但文化主体性的核心要义已经得以呈现。这一核心要义就在于：中华优秀传统文化中存在的一系列思想和理念，"不论过去还是现在，都有其鲜明的民族特色，都有其永不褪色的时代价值。这些思想和理念，既随着时间推移和时代变迁而不断与时俱进，又有其自身的连续性和稳定性。"② 其中，主要如中华文化强调的民惟邦本，天人合一，和而不同的思想和理念；主张的天行健、君子以自强不息，大道之行、天下为公，天下兴亡，匹夫有责的思想和理念；追求的德不孤、必有邻，仁者爱人，己所不欲，勿施于人，老吾老以及人之老、幼吾幼以及人之幼，扶贫济困的思想和理念，等等。文化主体性充分洋溢的是中国人独特的精神世界和日用而不觉的价值观，集中体现的是对中华优秀传统文化的传承和发展和升华。

在党的二十大，习近平从"两个结合"的整体关系上，对中华文化主体性的内涵作出新的探索。在习近平看来，文化主体性首先是以中华民族文化的深刻理解和把握为基础、为根据的，是以中华民族文化历史性、社会性和时代性为特征的；其次是以丰富的文化、思想、道德资源的传承为源泉、为涵养的，中华优秀传统文化中蕴含的天下为公、民为邦本、为政以德、革故鼎新、任人唯贤、天人合一、自强不息、厚德载物、讲信修睦、亲仁善邻等要素，植根于民族历史文化沃土之中，成为文化主体性的深厚根基和力量源泉；再次是以"中国人民在长期生产生活中积累的宇宙观、天下观、社会观、道德观的重要体现，同科学社会主义价值观主张具有高度契合性"③ 为哲理依据、为学理遵循的；最后是以文化主体性在于把马克思主义思想

① 《习近平著作选读》第一卷，人民出版社 2023 年版，第 239 页。
② 《习近平著作选读》第一卷，人民出版社 2023 年版，第 241 页。
③ 《习近平著作选读》第一卷，人民出版社 2023 年版，第 15 页。

精髓同中华优秀传统文化精华贯通起来、同人民群众日用而不觉的共同价值观念融通起来的。坚定历史自信、文化自信，坚持古为今用、推陈出新，使中华文化闪射出新时代的光辉，不断赋予科学理论以鲜明的中国特色，让马克思主义在中国牢牢扎根，使马克思主义真理之树根深叶茂。

2023 年 6 月 2 日，在文化传承发展座谈会的讲话中，习近平从推动文化繁荣、建设文化强国、建设中华民族现代文明这一新时代新的文化使命的高度，对中华文化主体性问题的哲理依据和学理遵循作出新的阐释。

一是坚定文化自信。自信才能自强。习近平认为："有文化自信的民族，才能立得住、站得稳、行得远。"① 坚定文化自信，就是坚持走自己的路，就是立足于中华民族伟大历史实践和当代实践。文化主体性在于能用中国道理总结好中国经验，能把中国经验提升为中国理论，能在自主的中国道路和独特的中国制度基础上实现精神上的独立自主。在根本上，文化主体性就在于能"把文化自信融入全民族的精神气质与文化品格中，养成昂扬向上的风貌和理性平和的心态。"②

二是秉持开放包容。文化自信的显著标志就是能以开放包容为文明发展的活力来源。习近平认为："秉持开放包容，就是要更加积极主动地学习借鉴人类创造的一切优秀文明成果。"③ 融通中外、贯通古今，是中华文化主体性的气度和气质；无论是对内提升先进文化的凝聚力感召力，还是对外增强中华文明的传播力影响力，都离不开这种气度和气质。文化主体性能坚守马克思主义中国化时代化，能传承发展中华优秀传统文化，还能促进外来文化本土化，不断培育和创造新时代中国特色社会主义文化。习近平指出："经过长期努力，我

①②③ 习近平：《在文化传承发展座谈会上的讲话》，载于《求是》2023 年第 17 期。

们比以往任何一个时代都更有条件破解'古今中西之争'，也比以往任何一个时代都更迫切需要一批熔铸古今、汇通中西的文化成果。"①

三是坚持守正创新。在新时代中华文明建设中，守正才能不迷失自我、不迷失方向，创新才能把握时代、引领时代。守正，守的是坚守马克思主义在意识形态领域指导地位的根本制度，守的是"两个结合"的根本要求，守的是中国共产党的文化领导权和中华民族的文化主体性。创新，创的是新思路、新话语、新机制、新形式，真正做到古为今用、洋为中用、辩证取舍、推陈出新，实现传统与现代的有机衔接。习近平指出："新时代的文化工作者必须以守正创新的正气和锐气，赓续历史文脉、谱写当代华章。"②

在马克思主义基本原理同中华优秀传统文化的结合中，既要从历史思维上讲清楚中华优秀传统文化的思想内涵和理论脉络，也要从历史赓续中讲清楚中华优秀传统文化的当代价值和时代意蕴。中华文化主体性的作用过程，就在于从历史担当和文化主动的结合上，深透理解中华民族历史传承中的民族气质、独特创造、价值理念和鲜明特色，深度激扬中华优秀传统文化在新时代创造性转化和创新性发展中的文化自觉、文化自信和文化自强。

习近平在党的二十大报告中指出："中国共产党人深刻认识到，只有把马克思主义基本原理同中国具体实际相结合、同中华优秀传统文化相结合，坚持运用辩证唯物主义和历史唯物主义，才能正确回答时代和实践提出的重大问题，才能始终保持马克思主义的蓬勃生机和旺盛活力。"③ 这里提出的"两个结合"，是对马克思主义中国化时代化的规律性探索和特质性概括，蕴含着深厚的理论精粹和学理挈要。对"两个结合"的规律性探索特别是对"第二个结合"的学

---

①② 习近平：《在文化传承发展座谈会上的讲话》，载于《求是》2023 年第 17 期。
③ 《习近平著作选读》第一卷，人民出版社 2023 年版，第 14 页。

理性探索，是习近平新时代中国特色社会主义思想在理论创新上的新的辉煌。

第三节 "规律性认识"的思想智慧和理论力量

一、"规律性认识"体现的理论创新本质

2023 年 6 月 30 日，习近平在主持二十届中央政治局第六次集体学习的讲话中，以"开辟马克思主义中国化时代化新境界"为中心内容，提出了党的理论创新中三大"规律性认识"问题：一是对开辟马克思主义中国化时代化新境界的探索，目的在于"深化对党的理论创新的规律性认识，进一步明确理论创新的方位、方向、方法，在新时代新征程上取得更为丰硕的理论创新成果"；二是在把握中国式现代化的历史沿革和实践要求，在新一轮科技革命、全球经济发展大格局和我国发展的阶段性特征中，着力于"深化对推动高质量发展、构建新发展格局的规律性认识"；三是在世界马克思主义政党命运比较和我们党长期执政面临的现实考验中，要"深化对党的自我革命战略思想的规律性认识，全面系统地提出解决现实问题的科学理念、有效对策"[①]。三大"规律性认识"，不仅揭示了理论创新的本质特征，而且阐明了理论创新的根本方向、指出了重大课题理论创新的基本方法，从多方面拓展了习近平对党的理论创新的学理性和哲理性问题的科学理解。

"规律性认识"揭示了理论创新的根本性标识。对事物的规律性认识，是对事物发展过程持续的、内在的、起着根本趋势作用的本质

---

① 习近平：《开辟马克思主义中国化时代化新境界》，载于《求是》2023 年第 20 期。

特征的揭示。对事物发展的规律性认识的提炼和概括，是理论创新的集中体现，是理论创新的根本标志，也是理论创新的崇高境界。1883年3月，在马克思葬礼上，恩格斯在追思马克思一生科学研究和理论创新成就时，就是从马克思在"规律性认识"上两个"伟大发现"，即"发现了人类历史的发展规律"和"发现了现代资本主义生产方式和它所产生的资产阶级社会的特殊的运动规律"①为根本标志和崇高境界的。两个"伟大发现"中无论是对"发展规律"还是对"运动规律"的"认识"，都是对人类历史或者是对资本主义生产方式和资产阶级社会固有要素及本质特征的思维上的再现，也就是主体对客体固有要素及本质特征的理性探索的结晶。2018年5月，习近平在马克思诞辰200周年大会的讲话中指出："马克思创建了唯物史观和剩余价值学说，揭示了人类社会发展的一般规律，揭示了资本主义运行的特殊规律，为人类指明了从必然王国向自由王国飞跃的途径，为人民指明了实现自由和解放的道路。"②两个"规律性认识"作为马克思两个"伟大发现"理论创新的标识，是马克思主义最显著的学理支撑，是马克思主义最根本的理论真谛。

在世界观和方法论意义上，对事物的"规律性认识"是主体对客体内在特征和根本趋势在思维上的再现，是对事物客体内在特征和发展取向在主体的"思维具体"中的再现。例如，在对马克思主义中国化时代化"两个结合"的"规律性认识"中，无论是马克思主义基本原理同中国具体实际的"结合"，还是同中华优秀传统文化的"结合"，都是对马克思主义中国化时代化过程内在要素、趋势和特征的本质的揭示。在"第一个结合"中是这样的，如毛泽东在1938年最初提出"马克思主义的中国化"时指出的那样："没有抽象

---

① 《马克思恩格斯文集》第2卷，人民出版社2009年版，第601页。
② 《十九大以来重要文献选编》上，中央文献出版社2019年版，第424页。

的马克思主义,只有具体的马克思主义。所谓具体的马克思主义,就是通过民族形式的马克思主义,就是把马克思主义应用到中国具体环境的具体斗争中去,而不是抽象地应用它",马克思主义的中国化就是"按照中国的特点去应用它,成为全党亟待了解并亟须解决的问题"①。在"第二个结合"中也是这样的,如习近平在 2021 年回顾党的百年思想历史时所指出的那样:"在近代中国最危急的时刻,中国共产党人找到了马克思列宁主义,并坚持把马克思列宁主义同中国实际相结合,用马克思主义真理的力量激活了中华民族历经几千年创造的伟大文明,使中华文明再次迸发出强大精神力量。"②

对事物的"规律性认识",不仅是对事物客体内在特征在主体的"思维具体"中外在化的再现,同时也是在对事物"规律性"把握的基础上,主体作用于客体,即由"认识世界"而达到"改变世界"飞跃的过程,客体的主体化和主体的客体化构成"规律性认识"的整体过程和基本环节,也是"规律性认识"所达到的理论创新的整体过程和基本环节。认识过程中主体和客体的这种关系,就如习近平 2014 年在文艺工作座谈会的讲话中提到的"既是历史的'剧中人',也是历史的'剧作者'"③ 之间的关系。

"剧中人"和"剧作者"这两个用语,是马克思在《哲学的贫困》中提出的。发表于 1847 年的《哲学的贫困》,是马克思对他和恩格斯共同创立的唯物史观的基本观点和主要方法的第一次公开阐释。在马克思看来,对"每个世纪中人们的现实的、世俗的历史"的研究,就是"把这些人既当成他们本身的历史剧的剧作者又当成剧中人物",也就是"把人们当成他们本身历史的剧中人物和剧作

---

① 《建党以来重要文献选编》第 15 册,中央文献出版社 2011 年版,第 651 页。

② 《习近平著作选读》第二卷,人民出版社 2023 年版,第 418 页。

③ 《习近平著作选读》第一卷,人民出版社 2023 年版,第 288 页。

者"①。在社会和思想发展的"历史剧"中，"剧中人"的角色定位是由"历史剧"内在要素和特征规定的；同时作为"历史剧"的主体，"剧中人"能在对"历史剧"演进的"规律性认识"中，跃升为"剧作者"，续写"历史剧"的崭新篇章，发挥"剧作者"的主体性作用。从马克思的这一寓意中可以感悟到，习近平对"规律性认识"最显著的理论创新，一方面是"剧中人"意义上的创新，揭示了马克思主义中国化时代化这一"历史剧"演进的规律性，凸显主体对客体内在"规律性认识"上的理论创新；另一方面是"剧作者"意义上的创新，开创了新时代马克思主义中国化时代化这一"历史剧"的新篇章，开拓中国化时代化马克思主义的新境界。

马克思关于"历史剧"中"剧中人"和"剧作者"关系的辩证理解，对我们理解习近平提出的"规律性认识"，特别是对"第二个结合"的"规律性认识"中的思想智慧和学理探析有着重要的意义。中华民族上下五千年的"历史剧"，是民族优秀文化凝练的过程，而民族优秀文化成为这一"历史剧"长期淬炼的结晶。由"剧中人"在"规律性认识"中转化而成"剧作者"，焕发出文化主体性的作用，写就了新时代"第二个结合"的华彩乐章。

习近平在创造性地提出"文化主体性"这一范畴时指出：一方面，"这一主体性是中国共产党带领中国人民在中国大地上建立起来的；是在创造性转化、创新性发展中华优秀传统文化，继承革命文化，发展社会主义先进文化的基础上，借鉴吸收人类一切优秀文明成果的基础上建立起来的"；另一方面，"创立新时代中国特色社会主义思想就是这一文化主体性的最有力体现"②。习近平指出："有了文化主体性，就有了文化意义上坚定的自我，文化自信就有了根本依

---

① 《马克思恩格斯文集》第1卷，人民出版社2009年版，第608页。
② 习近平：《在文化传承发展座谈会上的讲话》，载于《求是》2023年第17期。

托,中国共产党就有了引领时代的强大文化力量,中华民族和中国人民就有了国家认同的坚实文化基础,中华文明就有了和世界其他文明交流互鉴的鲜明文化特性。"① 这种文化主体性使中华民族历史中成就的优秀传统文化的思想智慧和理论要素,升华为马克思主义中国化时代化的思想特质和理论形态,实现了马克思主义中国化时代化"规律性认识"的理论飞跃。

二、中国特色社会主义道路"规律性认识"的意义

对马克思主义中国化时代化"规律性认识",在根本上就是对探索中国特色社会主义道路的"规律性认识"。2023 年 6 月,在中华文化传承发展座谈会的讲话中,习近平对此作过说明:"在五千多年中华文明深厚基础上开辟和发展中国特色社会主义,把马克思主义基本原理同中国具体实际、同中华优秀传统文化相结合是必由之路。这是我们在探索中国特色社会主义道路中得出的规律性认识。"② 在这里,习近平从对新时代坚持和发展什么样的中国特色社会主义、怎样坚持和发展中国特色社会主义重大时代课题的视界,凸显了"两个结合"特别是"第二个结合",在"探索中国特色社会主义道路中得出的规律性认识"的重大意义。

"第二个结合"是成就中国特色社会主义道路中"中国特色"的真谛所在。中国特色社会主义道路是在马克思主义与中国实际的结合中走出来的,也是从五千多年中华文明史中走出来的;"第二个结合"集中展现了中国特色社会主义道路中"中国特色"的宏阔深远的历史纵深,深化了中国特色社会主义道路的文化根基。五千多年中华文明史的本质特性和文化禀赋,凝结于中华优秀传统文化之中,构成能够与马克思主义基本原理成功"结合"的"根脉",进而使得

---

① ② 习近平:《在文化传承发展座谈会上的讲话》,载于《求是》2023 年第 17 期。

马克思主义理论和中华优秀传统文化的"结合"成为一种理论"根脉"和思想"魂脉"高度契合的关系。在思想观念上，这种高度契合性主要体现为：天下为公、讲信修睦的社会追求与共产主义、社会主义的理想信念相通；民为邦本、为政以德的治理思想与人民至上的政治观念相融；革故鼎新、自强不息地担当与共产党人的革命精神相合。"相互契合才能有机结合"，在对"第二个结合"的"规律性认识"中，习近平指出："中国共产党既是马克思主义的坚定信仰者和践行者，又是中华优秀传统文化的忠实继承者和弘扬者。"[①] 中国特色社会主义道路的本质规定就在于：决不能抛弃马克思主义这个"魂脉"，决不能抛弃中华优秀传统文化这个"根脉"；坚守好这个"魂"和"根"是当代中国马克思主义理论创新的基础，是始终坚持和发展中国特色社会主义的根本保证。

"第二个结合"中马克思主义理论和中华优秀传统文化之间的"互相成就"，突出地表现在中国特色社会主义的"有机统一的新的文化生命体"的生成和发展上。在中国特色社会主义发展中，一方面，马克思主义以真理之光激活了中华文明的基因，引领中国走进现代世界，生成中国特色社会主义特有的中华文明的时代精神和现代样态；另一方面，中华优秀传统文化也丰富了当代中国马克思主义的思想来源，推动马克思主义中国化时代化的新飞跃，显示鲜明的中国风格与中国气派，形成中国特色社会主义的中华文化的辉煌和中国精神的光彩。"第二个结合"表明我们党对中国道路、理论、制度、文化认识达到的新高度，表明我们党历史主动、文化自信达到的新高度；表明我们党在坚持和发展中国特色社会主义中，对中华民族历史传承中的民族气质、独特创造、价值理念和鲜明特色的深透理解，对中国特色社会主义的文化自觉、文化自信和文化自强的高度激扬。

---

① 习近平：《在文化传承发展座谈会上的讲话》，载于《求是》2023 年第 17 期。

在马克思主义基本原理同中华优秀传统文化的结合中，既要以历史思维讲清楚中华优秀传统文化的思想内涵和理论脉络，又要在文化的历史赓续中讲清楚中华优秀传统文化的当代价值和时代意蕴。对中国传统文化的"创造性转化"和"创新性发展"，才能激活中华优秀传统文化的时代活力，才能升华中华优秀传统文化的思想魅力。习近平指出："要围绕我国和世界发展面临的重大问题，着力提出能够体现中国立场、中国智慧、中国价值的理念、主张、方案。中华文明延续着我们国家和民族的精神血脉，既需要薪火相传、代代守护，也需要与时俱进、推陈出新。"[1] "创造性转化"和"创新性发展"，是"第二个结合"中历史自觉向理论创新跃升的必然的逻辑过程，也是确立中华文化主体性，夯实"第二个结合"思想基础的内在要求和必然过程。文化主体性是文化自信的根本依托，能增强中国特色社会主义内涵的引领时代的强大文化力量，能夯实国家认同的坚实文化基础，能在同世界其他文明交流互鉴中确立中华文明的鲜明文化特性。习近平指出："'第二个结合'，是我们党对马克思主义中国化时代化历史经验的深刻总结，是对中华文明发展规律的深刻把握"[2]。习近平总书记作出的这些学理性阐述乃至体系性、创新性原理的阐释，丰富和拓新了"两个结合"的理论视野。

三、深化中国式现代化"规律性认识"的理论体系

习近平指出："中国式现代化是我们党领导全国各族人民在长期探索和实践中历经千辛万苦、付出巨大代价取得的重大成果，我们必须倍加珍惜、始终坚持、不断拓展和深化。"[3] 历史已经并将继续证明，只有坚持和发展中国特色社会主义才能坚持中国式现代化的道

---

① 《习近平著作选读》第一卷，人民出版社2023年版，第480页。
② 习近平：《在文化传承发展座谈会上的讲话》，载于《求是》2023年第17期。
③ 《习近平关于中国式现代化论述摘编》，中央文献出版社2023年版，第31页。

路、理论、制度和文化，才能实现中华民族伟大复兴；同样，只有坚持中国式现代化，才能坚持好发展好中国特色社会主义，才能使中国特色社会主义尽显科学社会主义的鲜亮底色。

"把握中国式现代化的历史沿革和实践要求"①，是习近平对中国式现代化"规律性认识"的基本立足点。党的十九大以后，习近平从统筹把握中华民族伟大复兴战略全局和世界百年未有之大变局的高度，在对我国社会主要矛盾转化新特点和新要求的分析中，深刻透析错综复杂的国际环境带来的新矛盾新挑战，准确把握新发展阶段新特性新要求，以新发展理念为主导，以高质量发展为主线构建新发展格局，对全面建成社会主义现代化强国新的战略擘画和方略落实作出深入探索。中国式现代化赋予社会主义现代化以更加鲜亮的中国特色，赋予社会主义现代化强国以更加显著的中国底蕴，构成建设什么样的社会主义现代化强国、怎样建设社会主义现代化强国这一重大时代课题的核心要义。

党的二十大，习近平从中国式现代化的内涵、本质和内在要求等方面，从"规律性认识"上作出系统论述：一是从"中心任务"和"奋斗目标"的作用和地位上提出"以中国式现代化全面推进中华民族伟大复兴"②，这是中国共产党的历史自觉、历史主动和历史自信的宣示，是中国共产党的时代担当和崇高理想的宣示。二是从主要内涵及其特征和特色的整体关系上，阐明中国式现代化的五个方面的内涵，以及蕴含其中的保持历史耐心、顺应历史潮流、传承中华文化、坚持永续发展、维护世界和平等创新性观点和创造性理念。三是从本质要求上，阐明中国式现代化"坚持中国共产党领导，坚持中国特色社会主义，实现高质量发展，发展全过程人民民主，丰富人民

---

① 习近平：《开辟马克思主义中国化时代化新境界》，载于《求是》2023 年第 20 期。
② 《习近平著作选读》第一卷，人民出版社 2023 年版，第 18 页。

精神世界，实现全体人民共同富裕，促进人与自然和谐共生，推动构建人类命运共同体，创造人类文明新形态"①的本质属性和内在要求。四是从中国式现代化的目标上，提出"从全面建成小康社会到基本实现现代化，再到全面建成社会主义现代化强国，是新时代中国特色社会主义发展的战略安排"②。五是从重大原则上，作出全面阐释提出牢牢把握坚持和加强党的全面领导、坚持中国特色社会主义道路、坚持以人民为中心的发展思想、坚持深化改革开放、坚持发扬斗争精神的中国式现代化的重大原则。六是从中华文化底蕴上，提出"中国式现代化是强国建设、民族复兴的康庄大道。中国式现代化赋予中华文明以现代力量，中华文明赋予中国式现代化以深厚底蕴。"③

2023年2月，在对中国式现代化"规律性认识"的基础上，习近平进一步对中国式现代化的"理论体系"作出系统阐释，特别是集中于对党的十八大以来中国式现代化所实现的集成性的理论创新上的贡献作出深刻阐释。一是从与时俱进、守正创新的理论品质上阐明，党的十八大以来，我们党"不断实现理论和实践上的创新突破，成功推进和拓展了中国式现代化。"④ 二是从马克思主义中国化时代化的理论创新和理论创造上阐明，习近平新时代中国特色社会主义思想的创立，实现了马克思主义中国化时代化新的飞跃，为中国式现代化提供了根本遵循。三是从新时代新思想的重大战略课题上，我们党进一步深化了对中国式现代化的主要内涵和本质特征的认识上阐明，中国式现代化的中国特色、本质要求和重大原则，初步构建中国式现代化理论体系，"使中国式现代化更加清晰、更加科学、更加可感可行"⑤。四是从战略部署和基本方略上阐明，我们党在战略上不断完善，深入实施教育强国、科技强国和人才强国战略，推进高

---

①② 《习近平著作选读》第一卷，人民出版社2023年版，第20页。

③ 习近平：《在文化传承发展座谈会上的讲话》，载于《求是》2023年第17期。

④⑤ 《习近平关于中国式现代化论述摘编》，中央文献出版社2023年版，第30页。

质量发展、构建新发展格局等一系列重大战略，"为中国式现代化提供坚实战略支撑"①。

在对中国式现代化"方位"和"方向"的"规律性认识"基础上，习近平对"方法"上的"规律性认识"作出新的阐释：一是对中国式现代化蕴含的独特世界观、价值观、历史观、文明观、民主观、生态观等及其伟大实践的阐释中，彰显中国式现代化"对世界现代化理论和实践的重大创新"②。二是从"统筹兼顾、系统谋划、整体推进"③的系统过程中，对处理好顶层设计与实践探索的关系、战略与策略的关系、守正与创新的关系、效率与公平的关系、活力与秩序的关系、自立自强与对外开放的关系等六个方面作出阐释。

在处理和解决好"系统过程"中这一系列重大关系中，必然会遇到许多历史上没有遇到过的新的伟大斗争。习近平指出："推进中国式现代化，是一项前无古人的开创性事业，必然会遇到各种可以预料和难以预料的风险挑战、艰难险阻甚至惊涛骇浪，必须增强忧患意识，坚持底线思维，居安思危、未雨绸缪，敢于斗争、善于斗争，通过顽强斗争打开事业发展新天地。"④

四、深化党的自我革命战略思想的"规律性认识"

"对党的自我革命战略思想的规律性认识"，是习近平对建设什么样的长期执政的马克思主义政党、怎样建设长期执政的马克思主义政党这一重大时代课题探索的核心论题，也是习近平关于党的自我革命战略思想形成的理论基础。

中国共产党成立时，党的第一个纲领中就以"党的根本政治目

---

① 《习近平关于中国式现代化论述摘编》，中央文献出版社 2023 年版，第 30 页。
② 《习近平关于中国式现代化论述摘编》，中央文献出版社 2023 年版，第 294 页。
③ 《习近平关于中国式现代化论述摘编》，中央文献出版社 2023 年版，第 230 页。
④ 《习近平关于中国式现代化论述摘编》，中央文献出版社 2023 年版，第 267 页。

的是实行社会革命"① 为遵循。百年奋斗，砥砺前行，中国共产党在推进社会革命的同时始终自觉地进行自我革命，用自我革命的方式，不断增强党的自我完善、自我发展、自我纠错、自我修复的能力，推进"两个革命"贯穿于党的建设伟大工程实施之中。党的十八大以来，习近平以"不忘初心、牢记使命"为旨要，以强烈的历史主动精神、非凡的理论勇气、卓越的政治智慧、"我将无我、不负人民"的境界情怀，带领全党以前所未有的决心推进全面从严治党，指引百年大党开辟自我革命的新境界，在深化党的自我革命的"规律性认识"中，形成关于党的自我革命战略的重要思想，成为新时代实施党的建设伟大工程的显著特征。2024 年 1 月 8 日，习近平在二十届中纪委三次会议的讲话中提出："要坚持解放思想、实事求是、与时俱进、守正创新，不断进行实践探索和理论创新，不断深化对党的自我革命的规律性认识，把党的自我革命的思路举措搞得更加严密，把每条战线、每个环节的自我革命抓具体、抓深入。"② 这一讲话从党的自我革命的"规律性认识"上，深刻揭示了我们党"为什么要自我革命"的重大问题，指明了确保全党永葆初心、担当使命的根本任务；深刻揭示了我们党"为什么能自我革命"的重大问题，坚定了全党用好"第二个答案"、解决大党独有难题的信心决心；深刻揭示了我们党"怎样推进自我革命"的重大问题，展现了党永葆生机活力、走好新的赶考之路的光明前景。

对党的自我革命的"规律性认识"，是以新时代党所处的历史"方位"为根据的。习近平一直强调，从严治党永远在路上，自我革命也只有进行时而不是过去式。经过新时代十年坚持不懈强力反腐，反腐败斗争取得压倒性胜利并全面巩固。但是，党内存在的政治不

---

① 《建党以来重要文献选编（1921—1949）》第一册，中央文献出版社 2011 年版，第 1 页。
② 《深入推进党的自我革命　坚决打赢反腐败斗争攻坚战持久战》，载于《人民日报》2024 年 1 月 9 日。

纯、思想不纯、组织不纯、作风不纯等突出问题并没有得到根本解决，一些已经解决的问题还可能反弹，一些新的问题还会不断出现。一直以来讲的"四大考验""四种危险"并没有消失，反而变得更为复杂、更为尖锐、更为严峻。在全面建设社会主义现代化强国新征程中，对待党的自我革命，重要的不是存在不存在问题，而是愿不愿直面这些问题、想不想碰触这些问题、敢不敢攻坚克难解决这些问题。其中，既有新时代留存的老问题，又有这些老问题的新异变，特别是在纷繁复杂的国际政治经济文化社会急剧变动的背景下，对于我们这样长期执政的大党，各种弱化党的先进性、损害党的纯洁性的因素多有存在，各种违背初心和使命、动摇党的根基的危险多有存在。习近平特别强调："坚持激浊和扬清并举，严明政治纪律和政治规矩，严肃党内政治生活，破'潜规则'，立'明规矩'，坚决防止搞'小圈子'、'拜码头'、'搭天线'，有力打击各种政治骗子，严格防止把商品交换原则带到党内。"① 殷鉴不远，是以为镜。在 20 世纪社会主义发展史中，我们见证过因为"地基"不牢靠而被动摇、被损毁、被异化，最后导致貌似"强大的"社会主义制度顷刻瓦解、轰然倒下的惨烈史实。

习近平指出："只有时刻保持解决大党独有难题的清醒和坚定，把党建设得更加坚强有力，才能确保中国式现代化劈波斩浪、行稳致远。要落实新时代党的建设总要求，以党的政治建设统领党的建设各项工作，健全全面从严治党体系，全面推进党的自我净化、自我完善、自我革新、自我提高，使我们党坚守初心使命，走在时代前列，始终保持蓬勃生机和旺盛活力。"② 党的自我革命的"规律性认识"，

---

① 《深入推进党的自我革命　坚决打赢反腐败斗争攻坚战持久战》，载于《人民日报》2024 年 1 月 9 日。

② 习近平：《在纪念毛泽东同志诞辰 130 周年座谈会上的讲话》，载于《人民日报》2023 年 12 月 27 日。

是以新时代党的"自我革命"面临的具有许多新的历史特点的伟大斗争的"方向"和"方法"为根据的。"自我净化、自我完善、自我革新、自我提高"是党的自我革命的新要求，既有施药动刀的治病之法又有固本培元的强身之举。在"自我净化"上，强调不断纯洁党的队伍，保证党的肌体健康；在自我完善上，突出健全监督机制，提升党的长期执政能力；在自我革新上，勇于推进理论创新、实践创新、制度创新、文化创新以及各方面创新，通过革故鼎新不断开辟未来；在自我提高上，重在自觉向书本学习、向实践学习、向人民群众学习，加强党性锻炼和政治历练，不断提升政治境界、思想境界、道德境界，全面增强执政本领，建设一支忠诚干净担当的高素质专业化干部队伍。这四个"自我"，既是党的自我革命的主要内涵和基本要求，也是自我革命的根本方法和重要举措。

习近平在二十届中纪委三次会议的讲话中对党的自我革命的"规律性认识"作出"九个以"的概括：一以坚持党中央集中统一领导为根本保证；二以引领伟大社会革命为根本目的；三以新时代中国特色社会主义思想为根本遵循；四以跳出历史周期率为战略目标；五以解决大党独有难题为主攻方向；六以健全全面从严治党体系为有效途径；七以锻造坚强组织、建设过硬队伍为重要着力点；八以正风肃纪反腐为重要抓手；九以自我监督和人民监督相结合为强大动力。习近平从"规律性认识"高度上强调："要坚持解放思想、实事求是、与时俱进、守正创新，不断进行实践探索和理论创新，不断深化对党的自我革命的规律性认识，把党的自我革命的思路举措搞得更加严密，把每条战线、每个环节的自我革命抓具体、抓深入。"① 这"九个以"，是对党的自我革命的"规律性认识"的深度概括，也是

---

① 《深入推进党的自我革命　坚决打赢反腐败斗争攻坚战持久战》，载于《人民日报》2024年1月9日。

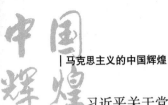

习近平关于党的自我革命战略思想的深透凝练。

五、"规律性认识"和理论创新的学理性和体系性

习近平以"开辟马克思主义中国化时代化新境界"为中心内容提出的三大"规律性认识",是新时代中国特色社会主义思想对重大时代课题回答的理论创新,是对新时期中国特色社会主义理论体系创新的学理性的提升,也是改革开放以来中国共产党对三大规律探索的拓新。

首先,三大"规律性认识",是习近平新时代中国特色社会主义思想面对的重大时代课题作出的理论创新。党的十九大在首次提出习近平新时代中国特色社会主义思想时指出:"十八大以来,国内外形势变化和我国各项事业发展都给我们提出了一个重大时代课题,这就是必须从理论和实践结合上系统回答新时代坚持和发展什么样的中国特色社会主义、怎样坚持和发展中国特色社会主义"[①]。实践没有止境,理论创新也没有止境。党的十九大以后,以习近平同志为核心的党中央,从统筹把握中华民族伟大复兴战略全局和世界百年未有之大变局的高度,在对社会主要矛盾转化的新特点和新要求的深入分析中,深刻把握错综复杂的国际环境带来的新矛盾新挑战。2020 年 4 月,习近平在对"国家中长期经济社会发展战略若干重大问题"的阐释中提出,当今世界正经历百年未有之大变局,2020 年初突如其来的疫情也是百年不遇,"我们要举一反三,进行更有长远性的思考,完善战略布局,做到化危为机,实现高质量发展";要办好我们自己的事情,在实现全面建成小康社会目标、向第二个一百年奋进的新进程中,必须"着重从发展战略角度",解决好"涉及国家

---

① 《习近平著作选读》第二卷,人民出版社 2023 年版,第 15 页。

中长期经济社会发展的重大问题"①，强调"要坚定不移推进中国式现代化，以中国式现代化推进中华民族伟大复兴"②。这些"战略"问题，在根本上就是围绕"建设什么样的社会主义现代化强国、怎样建设社会主义现代化强国"这一重大时代课题展开的。

同时，在新时代新进程中，中国共产党作为长期执政的马克思主义政党，更面临着一系列深层次的矛盾和问题、风险和考验。党的十九大召开后不久，习近平就从党的自我革命问题入手，对党的社会革命和自我革命理论和实践作出新的探索。在庆祝党的百年诞辰之际，习近平提出"勇于自我革命是中国共产党区别于其他政党的显著标志"③；提出三个"确保"思想，即"确保我们党在世界形势深刻变化的历史进程中始终走在时代前列，在应对国内外各种风险挑战的历史进程中始终成为全国人民的主心骨"、"确保党不变质、不变色、不变味"、"确保党在新时代坚持和发展中国特色社会主义的历史进程中始终成为坚强领导核心"④。这实质上就是对"建设什么样的长期执政的马克思主义政党、怎样建设长期执政的马克思主义政党"重大时代课题的探索。

2021年11月，十九届六中全会通过的《中共中央关于党的百年奋斗重大成就和历史经验的决议》，把习近平新时代中国特色社会主义思想的重大时代课题，拓展为："坚持和发展什么样的中国特色社会主义、怎样坚持和发展中国特色社会主义，建设什么样的社会主义现代化强国、怎样建设社会主义现代化强国，建设什么样的长期执政的马克思主义政党、怎样建设长期执政的马克思主义政党"⑤，三个

---

① 《十九大以来重要文献选编》中，中央文献出版社2021年版，第495页。
② 《习近平著作选读》第二卷，人民出版社2023年版，第368页。
③ 《习近平著作选读》第二卷，人民出版社2023年版，第486~487页。
④ 《习近平著作选读》第二卷，人民出版社2023年版，第487页。
⑤ 《十九大以来重要文献选编》下，中央文献出版社2023年版，第505页。

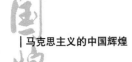

重大时代课题升华了习近平新时代中国特色社会主义思想的科学内涵和理论境界。

习近平提出三大"规律性认识"，是党的二十大以来习近平新时代中国特色社会主义思想的三个重大时代课题的新的回答：一是对新时代新征程中三个重大时代课题的核心要义作出创新性阐释，从理论魂脉和思想根脉、指导思想和行动指南、强国道路和奋斗目标、治国理政和党的建设等一系列重大问题上作出新的"规律性认识"；二是坚持与时俱进、守正创新，高扬党的政治品格和思想品质，不断推进马克思主义中国化时代化的理论创新，从三个"规律性认识"上，赋予中国特色社会主义道路、理论、制度、文化以新的时代内涵；三是对三个时代课题核心要义作出的"三个规律性"探索，彰显了习近平新时代中国特色社会主义思想与时俱进、守正创新的思想智慧和理论魅力。

其次，三个"规律新认识"抓住三个重大时代课题的核心要义，是习近平新时代中国特色社会主义思想，对新时期中国特色社会主义理论体系最显著的理论创新和学理提升。改革开放新时期，中国特色社会主义理论体系对马克思主义中国化新的飞跃，是以党对新时期一系列重大时代课题本质特征、根本内涵、理论要义及其变化趋势的科学把握和理性思考为基础、为根本的。党的十一届三中全会以后，中国共产党人围绕什么是社会主义、怎样建设社会主义，建设什么样的党、怎样建设党，实现什么样的发展、怎样发展等三个重大时代课题的回答中，推进改革开放和社会主义现代化建设取得举世瞩目的成就，党的十七大从总体上作出的"中国特色社会主义理论体系"的概括，就是以新时期邓小平理论、"三个代表"重要思想和科学发展观所实现的马克思主义中国化时代化的新的飞跃为前提、为根据的。

党的十八大以来，习近平新时代中国特色社会主义思想对坚持和发展中国特色社会主义、全面建设社会主义现代化强国、建设长期执政马克思主义政党等重大时代课题的探索，不仅是对新时期中国特色社会主义理论体系三个重大时代课题的实践跃升和理论拓新，而且还在"规律性认识"上迸发出新的思想辉煌和理论创新，实现了马克思主义中国化时代化的新的飞跃。

最后，三大"规律性认识"也是改革开放以来中国共产党对三大规律着力探索的时代标识。在三大规律中，共产党执政规律是对处于执政党地位、起着执政党作用的马克思主义政党的基本性质、发展过程及其制度特征、体制运行和建设规律的认识；社会主义建设规律是在总结世界社会主义运动正反两方面的历史经验，坚持和发展中国社会主义制度、理论、道路和文化过程及其根本性质和基本特征规律的认识；人类社会发展规律是对人类社会发展的历史、揭示"世界历史"发展的总体趋势和普遍规律的认识。党的十八大以来，习近平多次强调要深刻认识这三大规律。党的十九大，习近平指出，我们党"坚持辩证唯物主义和历史唯物主义，紧密结合新的时代条件和实践要求，以全新的视野深化对共产党执政规律、社会主义建设规律、人类社会发展规律的认识，进行艰辛理论探索，取得重大理论创新成果"[1]。党的二十大，习近平再次提到："我们党勇于进行理论探索和创新，以全新的视野深化对共产党执政规律、社会主义建设规律、人类社会发展规律的认识，取得重大理论创新成果，集中体现为新时代中国特色社会主义思想。"[2]

三个"规律性认识"对三大规律作出新探索、形成新理解。在这里，习近平以开辟马克思主义中国化时代化新境界为指导，以坚持和发展中国特色社会主义为主题，深化了对社会主义建设规律的认

---

① 《习近平著作选读》第二卷，人民出版社 2023 年版，第 15～16 页。
② 《习近平著作选读》第一卷，人民出版社 2023 年版，第 14 页。

识；以中国式现代化理论体系和战略擘画为主题，深化了对中国社会和人类社会发展规律的认识；以对全面从严治党、勇于自我革命为主题，深化了对建设长期执政的马克思主义政党自我革命的规律性认识。

第九章

马克思主义世界观
方法论的新视界

在中国改革开放的历史进程中，马克思主义基本原理与中国具体实际和时代发展一路相行，不仅呈现出强大的理论生命力和感召力，而且还在指引中国特色社会主义的砥砺前行中，成就了马克思主义中国化时代化的创新理论，赋予 21 世纪马克思主义以新的时代内涵。

党的十八大以来，习近平以马克思主义的"科学原理和科学精神"为主旨，以马克思主义的"科学智慧和理论力量"为标格，对"不断赋予马克思主义以新的时代内涵"的主题作出系统论述，凸显了新时代的马克思主义世界观和方法论的意蕴，开拓了 21 世纪马克思主义的新境界。

第一节　"真正的马克思主义"的追求及意蕴

一、探寻"真正的马克思主义"的时代课题

马克思主义是时代发展的产物，马克思是在对资本主义时代重大课题的回答中，成就了马克思主义世界观方法论，焕发出马克思主义的理论力量和思想智慧。列宁认为："马克思学说中的主要的一点，就是阐明了无产阶级作为社会主义社会创造者的世界历史作用。"① 马克思主义是世界文明世代演进的结晶，是人类思想史上不

---

① 《列宁专题文集　论马克思主义》，人民出版社 2009 年版，第 61 页。

可逾越的界碑，是无产阶级认识世界和改造世界的思想武器。面对当代世界，如习近平认为的："无论时代如何变迁、科学如何进步，马克思主义依然显示出科学思想的伟力，依然占据着真理和道义的制高点。"① 中国共产党以马克思主义为思想旗帜，在坚守和弘扬马克思主义世界观方法论的过程中，不断开拓马克思主义中国化时代化的新境界。

新时期开启之时，邓小平就深刻总结我国社会主义建设正反两方面经验，借鉴世界社会主义运动的历史经验，以其政治信仰和思想睿智，从"真正的马克思主义"的视界，对马克思主义历史命运问题作出了中国共产党人的回答，赋予马克思主义世界观方法论以新的内涵。

1977年7月16日，党的十届三中全会作出恢复邓小平职务的决议；7月21日，邓小平在这次全会最后一天的讲话中，就在如何对待马克思主义问题上，提出了三个重要观点：一是"马克思列宁、毛泽东思想，是我们党的指导思想"，要毫不动摇地坚守中国共产党的指导思想；二是"要对毛泽东思想有一个完整的准确的认识"，"要用准确的完整的毛泽东思想作指导"，这里所说的"完整的"和"准确的"内涵，就在于从总体上把握马克思主义的基本原理、基本精神和基本方法，"我们不能够只从个别词句来理解毛泽东思想，而必须从毛泽东思想的整个体系去获得正确的理解"，这就是"要真正地领会毛泽东思想"；三是"毛泽东思想是个体系，是发展了的马克思主义"，对于马列主义、毛泽东思想既要坚持，又要发展，而且只有在发展中才能真正地坚持。② 这三个重要观点，不仅阐明了新时期中国共产党对于马克思主义科学原理和科学精神理解的根本问题，

---

① 习近平：《论党的宣传思想工作》，中央文献出版社2020年版，第221页。
② 参见《邓小平文选》第2卷，人民出版社1994年版，第42～43页。

而且也为改革开放以来马克思主义理论力量和思想智慧的彰显奠定了牢固基础。

这三个重要观点作为邓小平提出的"真正的马克思主义"的基本内涵，核心要义就在于如何实现马克思主义基本原理与中国具体实际和时代发展相结合的问题。邓小平强调："我们坚信马克思主义，但马克思主义必须与中国实际相结合。只有结合中国实际的马克思主义，才是我们所需要的真正的马克思主义。"①"真正的马克思主义"就是"必须与中国实际相结合的""结合中国实际的马克思主义"，这是邓小平对我们党在长期的革命和建设中历史经验的总结，特别是对毛泽东在中国社会主义建设伊始就提出的"第二次结合"思想的赓续。

1956 年 3～4 月，面对苏共二十大后国际共产主义运动可能的变局，毛泽东提出了中国共产党的基本立场和观点，特别提出"我们自己从中得到什么教益"的问题。在对待这一问题上，毛泽东认为："最重要的是要独立思考，把马列主义的基本原理同中国革命和建设的具体实际相结合。"回溯历史、总结经验，毛泽东深刻地指出："民主革命时期，我们在吃了大亏之后才成功地实现了这种结合，取得了新民主主义革命的胜利。现在是社会主义革命和建设时期，我们要进行第二次结合，找出在中国怎样建设社会主义的道路。"要解放思想、破除迷信，不再"搬苏联的一套"，在把马克思主义基本原理同中国实际的"第二次结合"中，探寻"中国怎样建设社会主义的道路"，"更努力找到中国建设社会主义的具体道路"。"第二次结合"是毛泽东在中国社会主义建设道路选择的关键时期和国际共产主义运动逆转时期提出的战略思想。在走向新时期的关键时刻，邓小平提出的"真正的马克思主义"，实际上是对毛泽东提出的"第二次结

---

① 《邓小平文选》第 3 卷，人民出版社 1993 年版，第 213 页。

合"的遵循。

"真正的马克思主义"着力强调的是，在新的时代背景、新的社会实践和新的历史条件中，怎样对待、怎样运用和怎样发展马克思主义的问题。邓小平对此作出的回答就是：怎样对待，就是"对马克思列宁主义，应该准确地完整地理解它的体系"①；怎样运用，就是要把马克思主义基本原理与中国实际结合起来，形成结合中国实际的马克思主义；怎样发展，在根本上就是"不以新的思想、观点去继承、发展马克思主义，不是真正的马克思主义者"②。

面对改革开放新时期中国和世界变化的新情况，邓小平指出：马克思去世以后一百多年，世界形势发生了巨大变化，现代科学技术日新月异，我们"绝不能要求马克思为解决他去世之后上百年、几百年所产生的问题提供现成答案。列宁同样也不能承担为他去世以后五十年、一百年所产生的问题提供现成答案的任务。真正的马克思列宁主义者必须根据现在的情况，认识、继承和发展马克思列宁主义。"③ 发展的马克思主义与"真正的马克思主义"，都是对马克思主义科学理论和科学精神的彰显。邓小平以"真正的马克思主义"为主题，对怎样对待、怎样运用和怎样发展马克思主义这三个问题的回答，集中体现了中国共产党在新的历史时期坚持和发展马克思主义的基本观点，确立了马克思主义在中国改革开放中指导思想的地位，牢固奠定了邓小平理论形成和发展的思想基础。

二、时代课题回答中的理论品质和科学精神

怎样对待马克思主义，总是同怎样运用和怎样发展马克思主义的问题密切地联系在一起的。20 世纪 90 年代初，在世界社会主义运

---

① 《邓小平文选》第 2 卷，人民出版社 1994 年版，第 67 页。
② 《邓小平文选》第 3 卷，人民出版社 1993 年版，第 291～292 页。
③ 《邓小平文选》第 3 卷，人民出版社 1993 年版，第 291 页。

动遭受严重挫折的国际背景下，西方一些政要提出了"不战而胜"的"策略"。提出这一"策略"的"根据"之一就是，认为中国已经失去了对马克思主义和社会主义的信念和信心。面对 20 世纪和 21 世纪之交的中国和世界，中国共产党排除万难、力挽狂澜，在坚持和发展中国特色社会主义进程中，着力于运用好、发展好马克思主义，丰富了"真正的马克思主义"的内涵，昭彰了当代马克思主义的理论力量和思想智慧。

青年马克思在创立新的哲学世界观时就提出，哲学作为"自己时代的精神上的精华"，要"同自己时代的现实世界接触并相互作用"，使之"变成当代世界的哲学"，"变成文化的活的灵魂"[1]；马克思提出新的哲学世界观应该具有"三少三多"，即"少发些不着边际的空论，少唱些高调，少来些自我欣赏，多说些明确的意见，多注意一些具体的事实，多提供一些实际的知识"[2] 的特征。马克思的这些论述，不仅成为马克思创立新的哲学世界观的根本要义，也成为新时期中国的"真正的马克思主义"的基本遵循。

处在 20 世纪和 21 世纪之交，在与中国改革开放同行中，运用好、发展好马克思主义的关键，就在于对时代课题的回答中秉持与时俱进的理论品质和科学精神，彰显当代马克思主义改变世界的理论力量。

在 2000 年 6 月召开的中央思想政治工作会议上，江泽民提出了需要深入研究并作出正确回答的"四个如何认识"的问题，即如何认识社会主义发展的历史进程、如何认识资本主义发展的历史进程、如何认识我国社会主义改革实践过程对人们思想的影响、如何认识当今的国际环境和国际政治斗争带来的影响的问题。"四个如何认

---

[1] 《马克思恩格斯全集》第 1 卷，人民出版社 1995 年版，第 220 页。
[2] 《马克思恩格斯文集》第 10 卷，人民出版社 2009 年版，第 3 页。

识"涉及当代中国和世界发展中的重大的理论问题和实际问题，从总体上看，其中心内容就是如何把握时代主题变化的新现象和新特征，回答事关 21 世纪建设中国特色社会主义发展道路和前进方向的根本问题。

对"四个如何认识"问题的回答，不能只从马克思主义已有的、现成的理论结论出发，更多地应从实际出发，彰显马克思主义与时俱进的科学精神，丰富和发展当代马克思主义理论。例如，在对"如何认识资本主义发展的历史进程"问题的回答中，"一方面，绝不能因为资本主义社会在具体演进中产生的一些繁荣现象而否认马克思主义的基本原理和科学论断。另一方面，要加强对当代资本主义自我调节和发展的研究，作出有说服力的理论分析，进一步丰富和发展马克思主义理论。"① 在对"如何认识我国社会主义改革实践过程对人们思想的影响"问题的回答中，要对怎样认识和理解社会主义初级阶段社会存在和社会意识的多样化，怎样把握和处理主流意识形态、思想观念同多样化意识形态、思想观念的关系，怎样在主流意识形态、思想观念中注入反映时代精神的新内涵，怎样应对经济全球化和我国改革开放过程中西方资产阶级思想文化和意识形态的进入、侵蚀及其影响等问题，作出有针对性的、有实效性的回答，是当代马克思主义成为"时代的精神上的精华"和"文化的活的灵魂"。

"四个如何认识"是新世纪初坚持和发展中国特色社会主义所面临的运用好、发展好马克思主义的新课题。在此之前，1998 年 12 月，在改革开放 20 周年之际，江泽民就有针对性地强调，马克思主义必定"随着实践的进展和时代的前进而发展"，离开本国实际和时代发展来谈马克思主义，毫无意义。他提出："必须始终坚持以我国改革开放和现代化建设的实际问题、以我们正在做的事情为中心，着

---

① 《十五大以来重要文献选编》中，人民出版社 2001 年版，第 1335 页。

眼于马克思主义理论的运用，着眼于对实际问题的理论思考，着眼于新的实践和新的发展，勇于开拓前进"①。2001 年 8 月，江泽民谈到马克思主义理论创新与理论品质时指出："继承是创新的前提，创新是最好的继承。只有坚持这样做，理论才能真正顺应时代和实践的呼唤，实现与时俱进的要求。"② 与时俱进的理论品质是马克思主义科学精神的集中体现。正是在马克思主义科学原理和科学精神的结合中，不断地运用好、发展好马克思主义，不断地开创改革开放的新局面，才形成了"三个代表"重要思想，才能成功地把中国特色社会主义推向 21 世纪。

三、把握马克思主义世界观方法论的基本特征

进入新世纪，在中国特色社会主义发展的新的历史起点上，要将怎样对待、运用和发展马克思主义的问题，深度融入怎样建设社会主义、怎样建设中国共产党和怎样发展社会主义等一系列重大战略问题之中。在对这些问题的回答中，胡锦涛把"什么是马克思主义、怎样对待马克思主义"问题提到首位，深化了"真正的马克思主义"的内涵，提升了对马克思主义世界观方法论的理解。

2003 年 7 月，胡锦涛在对坚持和发展马克思主义问题的阐释中，对马克思主义基本特征作出四个方面概括。这就是：马克思主义"最根本的理论特征"是辩证唯物主义和历史唯物主义的世界观和方法论，"最崇高的社会理想"是实现物质财富极大丰富、人民精神境界极大提高、每个人自由而全面发展的共产主义社会，"最鲜明的政治立场"是马克思主义政党的一切理论和奋斗都应致力于实现最广大人民的根本利益，"最重要的理论品质"是坚持一切从实际出发，

---

① 《十五大以来重要文献选编》上，人民出版社 2000 年版，第 680 页。
② 《江泽民文选》第 3 卷，人民出版社 2006 年版，第 327 页。

理论联系实际，实事求是，在实践中检验真理和发展真理。① 对马克思主义"理论特征""社会理想""政治立场""理论品质"四个方面的概括，深刻地揭示了什么是马克思主义和怎样对待马克思主义的内在规定性，激扬了新世纪马克思主义科学智慧和理论力量的新标格。

2008 年 12 月，在改革开放 30 周年之际，胡锦涛提出："在当代中国，坚持中国特色社会主义道路，就是真正坚持社会主义；坚持中国特色社会主义理论体系，就是真正坚持马克思主义"；要坚持改革开放的正确方向，"我们既不能把书本上的个别论断当作束缚自己思想和手脚的教条，也不能把实践中已见成效的东西看成完美无缺的模式"②。马克思主义与时俱进的理论品质表明，我们要不断赋予当代中国马克思主义鲜明的实践特色、民族特色、时代特色，不断推动马克思主义的中国化、时代化和大众化。坚持与时俱进的理论品质，在推进中国特色社会主义的实践创新、理论创新和制度创新中，形成科学发展观，在新的历史起点上成功地推进了全面建设小康社会的发展。

2009 年 9 月，在党的十七届四中全会上，胡锦涛提出：在对中国特色社会主义重大战略问题的探索中，"什么是马克思主义、怎样对待马克思主义"具有首位重要的意义，只有坚持运用好马克思主义立场观点方法，才能准确把握当今世界发展大势、准确把握社会主义初级阶段基本国情、准确把握改革发展实际和及时总结党领导人民创造的新鲜经验，进而在对什么是社会主义、怎样建设社会主义，建设什么样的党、怎样建设党，实现什么样的发展、怎样发展等其他重大战略问题的探索中，"不断作出新的理论概括，增强理论说服力

---

① 《十六大以来重要文献选编》上，中央文献出版社 2005 年版，第 362～364 页。
② 《十七大以来重要文献选编》上，中央文献出版社 2009 年版，第 811～812 页。

和感召力，丰富发展中国特色社会主义理论体系，为进一步认识世界和改造世界、推动党和国家事业发展提供强有力的理论指导"①。马克思主义是时代发展的产物，马克思主义是在对时代重大课题的回答中，显示其思想力量和理论魅力的。这是对马克思主义科学原理和科学精神的新的概括，赋予了马克思主义以新的时代内涵。

第二节　新时代对马克思主义世界观方法论探索的深化

习近平在党的二十大报告中指出："马克思主义是我们立党立国、兴党兴国的根本指导思想。实践告诉我们，中国共产党为什么能，中国特色社会主义为什么好，归根到底是马克思主义行，是中国化时代化的马克思主义行。"②"能""好""行"具有内在统一性，它们集中体现在中国共产党为中华民族伟大复兴百年奋斗的历史进程中，体现在中国共产党领导的中国特色社会主义伟大事业接续奋进的历史进程中，体现在以中国化时代化马克思主义为指导不断理解和解决中国实际问题的历史进程中。坚守历史自觉，彰显历史自信，在怎样使得中国化时代化马克思主义"行"的问题上，习近平的结论就是："我们坚持以马克思主义为指导，是要运用其科学的世界观和方法论解决中国的问题，而不是要背诵和重复其具体结论和词句，更不能把马克思主义当成一成不变的教条。"③

---

① 《十七大以来重要文献选编》中，中央文献出版社 2011 年版，第 146 页。
② 《习近平著作选读》第一卷，人民出版社 2023 年版，第 14 页。
③ 《习近平著作选读》第一卷，人民出版社 2023 年版，第 15 页。

一、赋予马克思主义世界观方法论以新的时代内涵

习近平高度重视对马克思主义世界观和方法论在新时代丰富和发展问题的探索。2013 年 12 月，十八届中央政治局第 11 次集体学习会上，习近平在以"坚持历史唯物主义，不断开辟当代中国马克思主义发展新境界"为主题的讲话中指出："马克思主义哲学包括辩证唯物主义和历史唯物主义，是马克思主义立场、观点、方法的集中体现，是马克思主义学说的思想基础"；要"掌握科学世界观和方法论，不断增强工作的原则性、系统性、预见性、创造性"[1]。世界观和方法论是马克思主义理论及其体系的精髓和核心要义，树立科学的世界观和方法论是掌握好和运用好马克思主义科学原理的基础和立足点。在新时代，开辟当代中国马克思主义新境界，深刻地包含着对马克思主义世界观方法论的新的探索。

习近平也十分强调增强马克思主义世界观方法论运用于实际的主动性和自觉性问题。2015 年 1 月，党的十八届中央政治局第 20 次集体学习时，习近平强调："要学习掌握马克思主义哲学，努力提高探索解决新时期基本问题的本领"，"我们党要团结带领人民实现'两个一百年'奋斗目标、实现中华民族伟大复兴的中国梦，必须不断接受马克思主义哲学智慧的滋养，更加自觉地坚持和运用辩证唯物主义世界观和方法论"[2]。我们在推进马克思主义中国化时代化过程中最深刻的感悟就是，头脑中有了辩证唯物主义和历史唯物主义的世界观，才可能以正确的立场和科学的态度理解和处理好纷繁复杂的实际问题，也才可能把握事物发展的规律。辩证唯物主义和历史唯物主义世界观和方法论，是马克思主义最根本的理论特征，是

---

[1]　习近平：《论党的宣传思想工作》，中央文献出版社 2020 年版，第 30～31 页。

[2]　习近平：《论党的宣传思想工作》，中央文献出版社 2020 年版，第 125 页。

马克思主义最鲜明的理论特质，也是马克思主义最重要的和最根本的"看家本领"。

习近平还十分注重从马克思主义哲学总体上对世界观和方法论及其相应的立场观点方法问题作出新的阐释。2018 年 5 月，在纪念马克思诞辰 200 周年大会的讲话中，习近平从"两个坚持"上，即从坚持和运用辩证唯物主义和历史唯物主义的世界观方法论、坚持和运用马克思主义立场观点方法上，对马克思主义哲学基础和理论特质作出系统阐释：一是从"四大规律"上，即从世界的物质性及其发展规律，人类社会发展的自然性、历史性及其相关规律，人的解放和自由全面发展的规律，以及认识的本质及其发展规律上，对马克思主义科学原理和核心要义作出系统概括；二是从"五大观点"上，即从实践观、群众观、阶级观、发展观和矛盾观上，对马克思主义的立场观点方法作出概括。这两个逻辑层次的概括，是习近平关于马克思主义世界观和方法论及其贯穿其中的立场观点方法的科学概括，也是基于马克思主义在 21 世纪中国和世界新发展意义上的科学概括。

二、把握马克思主义世界观的方法论精髓

1895 年 3 月，恩格斯在他生命的最后时刻，在给威·桑巴特的信中提到，在《资本论》中，马克思虽然解决了价值转化为生产价格的"逻辑中间环节"问题，但马克思对这个问题的探讨并没有结束，"这里还有一些马克思自己在这部初稿中没有做完的工作要做"[①]。怎样按照马克思在《资本论》中提供的方法，使马克思提出的这一"逻辑"，达到"事实上完成的"程度，仍然需要花费"大气力"的。恩格斯由此得出的结论就是："马克思的整个世界观不是教义，而是方法。它提供的不是现成的教条，而是进一步研究的出发点

---

① 《马克思恩格斯文集》第 10 卷，人民出版社 2009 年版，第 691 页。

和供这种研究使用的方法。"①

马克思主义深刻揭示了自然界、人类社会、人类思维发展的普遍规律，为人们提供了观察世界、分析问题的有力的思想武器。马克思主义是随着时代的发展而不断发展的开放的理论体系，马克思主义提供的是"进一步研究的出发点和供这种研究使用的方法"，而不是万世不变、千篇一律的教条。马克思主义之所以能够永葆青春活力，不断探索时代发展提出的新课题、回应人类社会面临的新挑战，根本上就在于它是不断发展的开放的理论。可以说，"一部马克思主义发展史就是马克思、恩格斯以及他们的后继者们不断根据时代、实践、认识发展而发展的历史，是不断吸收人类历史上一切优秀思想文化成果丰富自己的历史。"②

在《反杜林论》中，恩格斯对马克思主义科学理论与方法论关系的阐释中指出："每一个时代的理论思维，包括我们这个时代的理论思维，都是一种历史的产物，它在不同的时代具有完全不同的形式，同时具有完全不同的内容。因此，关于思维的科学，也和其他各门科学一样，是一种历史的科学，是关于人的思维的历史发展的科学。这一点对于思维在经验领域中的实际运用也是重要的。"③ 恩格斯这一思想深刻地映现在马克思主义中国化时代化的历史进程之中，贯穿于改革开放以来中国共产党对什么是马克思主义和怎样对待马克思主义问题探索的全部过程之中，是对什么是马克思主义和怎样对待马克思主义问题理解的核心内容。

党的十八大以来，习近平结合新时代坚持和发展中国特色社会主义的新的实际，赋予恩格斯这一思想以新时代的意蕴，使得什么是马克思主义和怎样对待马克思主义的问题，获得了新时代的新的思

① 《马克思恩格斯文集》第 10 卷，人民出版社 2009 年版，第 691 页。

② 《十九大以来重要文献选编》上，中央文献出版社 2019 年版，第 425 页。

③ 《马克思恩格斯文集》第 9 卷，人民出版社 2009 年版，第 436 页。

想感召力和理论影响力。

一是从中国共产党的历史和理论发展的高度，对恩格斯的这一思想作出阐释。2016 年 7 月，在中国共产党成立 95 周年之际，习近平从新的时代特点和实践要求的高度，对马克思主义面临着进一步中国化时代化大众化问题的阐释中指出："马克思主义并没有结束真理，而是开辟了通向真理的道路。恩格斯早就说过：'马克思的整个世界观不是教义，而是方法。它提供的不是现成的教条，而是进一步研究的出发点和供这种研究使用的方法。'时代是思想之母，实践是理论之源。实践发展永无止境，我们认识真理、进行理论创新就永无止境。今天，时代变化和我国发展的广度和深度远远超出了马克思主义经典作家当时的想象。同时，我国社会主义只有几十年实践、还处在初级阶段，事业越发展新情况新问题就越多，也就越需要我们在实践上大胆探索、在理论上不断突破。"① 马克思主义的理论始终以客观事实为根据，而实际生活总处于深刻的变动之中。因此，马克思主义只有与本国国情相结合、与时代发展同进步、与人民群众共命运，才能焕发出强大生命力、创造力、感召力。

二是从马克思主义在中国哲学社会科学发展视域，对恩格斯这一思想作出阐释。2016 年 5 月，在哲学社会科学工作座谈会上，习近平从新形势下如何坚持马克思主义基本原理和贯穿其中的立场、观点、方法问题时指出："马克思主义是随着时代、实践、科学发展而不断发展的开放的理论体系，它并没有结束真理，而是开辟了通向真理的道路。恩格斯早就说过：'马克思的整个世界观不是教义，而是方法。它提供的不是现成的教条，而是进一步研究的出发点和供这种研究使用的方法。'把坚持马克思主义和发展马克思主义统一起来，结合新的实践不断作出新的理论创造，这是马克思主义永葆生机

---

① 《十八大以来重要文献选编》下，中央文献出版社 2018 年版，第 346 页。

活力的奥妙所在。"①

三是从马克思主义在当代中国发展，特别是从 21 世纪马克思主义发展的视域，对恩格斯这一思想作出新的阐释。2018 年 5 月，在纪念马克思诞辰 200 周年大会上，习近平谈道："对待科学的理论必须有科学的态度。恩格斯深刻指出：'马克思的整个世界观不是教义，而是方法。它提供的不是现成的教条，而是进一步研究的出发点和供这种研究使用的方法。'"对于中国特色社会主义理论和实践来讲，科学社会主义基本原则不能丢，丢了就不是社会主义。同时，科学社会主义也绝不是一成不变的教条。"社会主义并没有定于一尊、一成不变的套路，只有把科学社会主义基本原则同本国具体实际、历史文化传统、时代要求紧密结合起来，在实践中不断探索总结，才能把蓝图变为美好现实。"②

马克思主义是不断发展的理论，守正创新、与时俱进，始终站在时代发展的最前沿；"发展的"社会主义思想揭示的科学社会主义本质特征，在新时代中国特色社会主义发展中呈现出马克思主义世界观方法论的思想智慧和理论力量。

三、对历史唯物主义及其方法论的新的理解

2013 年 12 月，党的第十八届中央政治局举行第十一次集体学习，这次学习的主题是"坚持历史唯物主义不断开辟当代中国马克思主义发展新境界"。习近平在这次集体学习的讲话中指出："一八八三年，恩格斯在马克思墓前说：'正像达尔文发现有机界的发展规律一样，马克思发现了人类历史的发展规律，即历来为繁芜丛杂的意识形态所掩盖着的一个简单事实：人们首先必须吃、喝、住、穿，然

---

① 习近平：《论党的宣传思想工作》，中央文献出版社 2020 年版，第 224 页。
② 《十九大以来重要文献选编》上，中央文献出版社 2019 年版，第 434 页。

后才能从事政治、科学、艺术、宗教等等；所以，直接的物质的生活资料的生产，从而一个民族或一个时代的一定的经济发展阶段，便构成基础，人们的国家设施、法的观点、艺术以至宗教观念，就是从这个基础上发展起来的，因而，也必须由这个基础来解释，而不是像过去那样做得相反。'这段话，十分精辟地阐明了历史唯物主义的基本内涵。"① 恩格斯对马克思主义唯物史观的这一概括，对新时代马克思主义中国化时代化发生着重要的影响。

面对中国特色社会主义发展新时代的实际，习近平对社会主义生产力和生产关系的理论作了深刻阐释。他提出："我们要明确，社会主义的根本任务是解放和发展社会生产力，这一点任何时候都不能动摇。"② 邓小平曾经强调："过去，只讲在社会主义条件下发展生产力，没有讲还要通过改革解放生产力，不完全。应该把解放生产力和发展生产力两个讲全了。"③ 解放生产力和发展生产力的"完全"，就是生产力和生产关系相结合的问题。"讲全"解放生产力和发展生产力，显示了关于生产力和生产关系理论的中国话语特征。

在新时代，科学技术的进步对社会生产力和生产关系的交互作用更加突出，对经济社会关系的作用也更加突出。2013 年 9 月，在十八届中央政治局第九次集体学习时的讲话中，习近平提出："科技兴则民族兴，科技强则国家强。重视科技的历史作用，是马克思主义的一个基本观点。恩格斯说：'在马克思看来，科学是一种在历史上起推动作用的、革命的力量。'邓小平同志对科技作用的著名论断大家都很熟悉，就是'科学技术是第一生产力'。近代以来，中国屡屡被经济总量远不如我们的国家打败，为什么？其实，不是输在经济规模上，而是输在科技落后上。新中国成立以来特别是改革开放以来，

---

① 习近平：《论党的宣传思想工作》，中央文献出版社 2020 年版，第 33 页。
② 习近平：《论党的宣传思想工作》，中央文献出版社 2020 年版，第 35 页。
③ 《邓小平文选》第 3 卷，人民出版社 1993 年版，第 370 页。

我们取得了'两弹一星'、载人航天、载人深潜、超级计算机等一系列重大科技突破，极大振奋了民族精神，极大提升了我国国际地位。"① 习近平援引的恩格斯的论述，是恩格斯在马克思葬仪上提出的。恩格斯认为："在马克思看来，科学是一种在历史上起推动作用的、革命的力量。任何一门理论科学中的每一个新发现——它的实际应用也许还根本无法预见——都使马克思感到衷心喜悦，而当他看到那种对工业、对一般历史发展立即产生革命性影响的发现的时候，他的喜悦就非同寻常了。"② 习近平结合新时代的实际，对马克思恩格斯思想所作的新的阐释，体现了马克思恩格斯思想的核心要义，强化了科技创新是提高社会生产力和综合国力的战略支撑，必须摆在国家发展全局的核心位置的意义。

2018年5月，在中国科学院第十九次院士大会和中国工程院第十四次院士大会的讲话中，习近平指出："企业是创新的主体，是推动创新创造的生力军。正如恩格斯所说：'社会一旦有技术上的需要，则这种需要就会比十所大学更能把科学推向前进。'要推动企业成为技术创新决策、研发投入、科研组织和成果转化的主体，培育一批核心技术能力突出、集成创新能力强的创新型领军企业。"③ 习近平从企业作为社会主义市场经济主体，也作为社会生产力发展的创新主体的结合上，赋予恩格斯这一思想以新的内涵。

恩格斯的这一思想是在1894年1月给博尔吉乌斯的信中提出的。恩格斯是在生产力和生产关系理论这一背景下提出问题的，这一背景就是："我们视之为社会历史的决定性基础的经济关系，是指一定社会的人们生产生活资料和彼此交换产品（在有分工的条件下）的方式。因此，这里包括生产和运输的全部技术。这种技术，照我们的

① 《习近平关于科技创新论述摘编》，中央文献出版社2016年版，第23页。
② 《马克思恩格斯文集》第3卷，人民出版社2009年版，第602页。
③ 《十九大以来重要文献选编》上，中央文献出版社2019年版，第466页。

观点看来，也决定着产品的交换方式以及分配方式，从而在氏族社会解体后也决定着阶级的划分，决定着统治关系和奴役关系，决定着国家、政治、法等等。"接着，恩格斯才指出："如果像您所说的，技术在很大程度上依赖于科学状况，那么，科学则在更大得多的程度上依赖于技术的状况和需要。社会一旦有技术上的需要，这种需要就会比十所大学更能把科学推向前进。整个流体静力学（托里拆利等）是由于 16 世纪和 17 世纪意大利治理山区河流的需要而产生的。关于电，只是在发现它在技术上的实用价值以后，我们才知道了一些理性的东西。可惜在德国，人们撰写科学史时习惯于把科学看做是从天上掉下来的。"① 显然，恩格斯这一思想提出的背景与中国特色社会主义发展实际相契合，在根本意义上，都是从"讲全"发展社会生产力和解放社会生产力的根本要求上来看问题的，而且也都结合各自所处不同时期科学技术发展的实际而提出问题的，真实地体现了恩格斯思想在当代中国社会主义发展过程中的影响。

四、对社会基本矛盾学说的新探索

2014 年 5 月，在十八届中央政治局第十一次集体学习的讲话中，习近平提出："虽然物质生产是社会生活的基础，但上层建筑也可以反作用于经济基础，生产力和生产关系、经济基础和上层建筑之间有着十分复杂的关系，有着作用和反作用的现实过程，并不是单线式的简单决定和被决定逻辑。"② 从马克思主义哲学的整体上来理解，世界上的事物总是有着这样那样的联系，不能孤立地静止地看待事物发展，否则往往会出现盲人摸象、以偏概全的问题。

马克思恩格斯对未来社会作出过一系列科学预测，特别是

---

① 《马克思恩格斯文集》第 10 卷，人民出版社 2009 年版，第 668 页。
② 习近平：《论党的宣传思想工作》，中央文献出版社 2020 年版，第 35～36 页。

恩格斯晚年极为重视未来社会发展理论的探索。1890 年，德国社会民主党的《人民论坛》开展了对未来社会问题即"社会主义社会"问题的辩论，辩论的主题的是社会主义社会的产品分配是"按照劳动量分配呢，还是用其他方式"的问题。这一年 8 月 5 日，恩格斯在给康拉德·施米特的信中，对这一辩论中存在的思想方法上的一些偏误提出了自己的看法。他认为："在所有参加辩论的人看来，'社会主义社会'并不是不断改变、不断进步的东西，而是稳定的、一成不变的东西，所以它应当也有个一成不变的分配方式。而合理的想法只能是：（1）设法发现将来由以开始的分配方式，（2）尽力找出进一步的发展将循以进行的总趋向。可是，在整个辩论中，我没有发现一句话是关于这方面内容的。"① 在这里，恩格斯没有对"社会主义社会"作出任何具体的描述，而是提出如何运用唯物史观方法论，科学地看待"社会主义社会"所具有的"不断改变、不断进步"性质问题、科学地看待"社会主义社会"开始形成时的物质基础和进一步发展的"总趋势"问题。恩格斯提出的这两个方面的问题，也正是中国特色社会主义改革开放进程中需要解决的重大的理论和实践问题。

2018 年 1 月，党的十九大召开后不久，习近平结合新时代的新特征和新要求对恩格斯这一思想中社会主义社会是"经常变化和改革的社会"的要义作出新的阐释。习近平指出："决胜全面建成小康社会的艰巨任务、实现中华民族伟大复兴的历史使命，对我们党提出了前所未有的新挑战新要求，影响党的先进性、弱化党的纯洁性的各种因素具有很强的危险性和破坏性。这决定了新时代党的建设新的伟大工程，既要培元固本，也要开拓创新，既要把住关键重点，也要形成整体态势，特别是要发挥彻底的自我革命精神。"他特别强调：

---

① 《马克思恩格斯文集》第 10 卷，人民出版社 2009 年版，第 586～587 页。

"面对波谲云诡的国际形势、复杂敏感的周边环境、艰巨繁重的改革发展稳定任务，我们既要有防范风险的先手，也要有应对和化解风险挑战的高招；既要打好防范和抵御风险的有准备之战，也要打好化险为夷、转危为机的战略主动战。我们要继续进行具有许多新的历史特点的伟大斗争，准备战胜一切艰难险阻，朝着我们党确立的伟大目标奋勇前进。"① 中国社会主义改革的伟大实践，使我们成功开辟了中国特色社会主义道路，使社会主义中国巍然屹立在世界东方。正是在社会主义改革的伟大历程中，极大解放和发展了社会生产力，使我们迎来了从"站起来""富起来"到"强起来"的伟大的历史性飞跃。历史充分证明，改革是发展中国特色社会主义、实现中华民族伟大复兴的必由之路。

在对资本主义社会发展理论的当代理解中，一方面要深刻把握马克思和恩格斯在《共产党宣言》中提出的著名的"两个必然"观点，这就是"资产阶级的灭亡和无产阶级的胜利是同样不可避免的。"② 另一方面也要深刻理解马克思在《〈政治经济学批判〉序言》中提出的"两个决不会"的观点，这就是："无论哪一个社会形态，在它所能容纳的全部生产力发挥出来以前，是决不会灭亡的；而新的更高的生产关系，在它的物质存在条件在旧社会的胎胞里成熟以前，是决不会出现的。"③ 对这两个基本原理作出辩证的理解，才是对马克思恩格斯关于资本主义社会发展理论的全面理解，也才能准确理解当代资本主义社会发展的特征及其历史趋势。

五、对未来社会的辩证思维和系统阐释

习近平认为："马克思、恩格斯运用社会基本矛盾推动社会发展

---

① 《习近平谈治国理政》第 3 卷，外文出版社 2020 年版，第 71 页、第 73 页。
② 《马克思恩格斯文集》第 2 卷，人民出版社 2009 年版，第 43 页。
③ 《马克思恩格斯文集》第 2 卷，人民出版社 2009 年版，第 592 页。

的规律，对未来社会发展作出了科学预见。《共产党宣言》提出：'资产阶级的灭亡和无产阶级的胜利是同样不可避免的。'这就是'两个必然'，是就人类历史总的发展趋势而言的，是历史规律的必然指向。这里还要说到马克思提出的'两个决不会'，马克思说：'无论哪一个社会形态，在它所能容纳的全部生产力发挥出来以前，是决不会灭亡的；而新的更高的生产关系，在它的物质存在条件在旧社会的胎胞里成熟以前，是决不会出现的。'"马克思和恩格斯的这些重要论点有着重要的现实意义。习近平指出：这些理论"可以帮助我们理解为什么资本主义至今没有完全消亡，为什么社会主义还会出现苏联解体、东欧剧变那样的曲折，为什么马克思主义预见的共产主义还需要经过很长的历史发展才能实现。学懂了这一认识和研究社会历史发展的科学世界观和方法论，我们就能坚定理想的主心骨、筑牢信念的压舱石，保持强大的战略定力。我们要坚定中国特色社会主义道路自信、理论自信、制度自信，不断提高我国社会生产力发展水平和人民生活水平，使我国社会主义制度优越性不断显现和丰富起来，使中国特色社会主义道路越走越宽广。"①

2018年5月，在纪念马克思诞辰200周年大会的讲话中，习近平以恩格斯的一段著名论述作为结束语："恩格斯说：'只要进一步发挥我们的唯物主义论点，并且把它应用于现时代，一个强大的、一切时代中最强大的革命远景就会立即展现在我们面前。'前进道路上，我们要继续高扬马克思主义伟大旗帜，让马克思、恩格斯设想的人类社会美好前景不断在中国大地上生动展现出来！"② 恩格斯的思想作为马克思主义的重要内涵，对马克思主义中国化的新的历史性飞跃发生着重要的影响，在发展的中国化马克思主义中，恩格斯的思想

---

① 习近平：《论党的宣传思想工作》，中央文献出版社2020年版，第37~38页。
② 《十九大以来重要文献选编》上，中央文献出版社2019年版，第435页。

展现出永远的理论力量和时代魅力。

追求人的自由而全面的发展，是马克思恩格斯对人类社会发展的最高理想。在《共产党宣言》中，他们对人的全面发展的问题作了新的论述，指出："大工业及其所引起的生产无限扩大的可能性，使人们能够建立这样一种社会制度，在这种社会制度下，一切生活必需品都将生产得很多，使每一个社会成员都能够完全自由地发展和发挥他的全部力量和才能"；"根据共产主义原则组织起来的社会，将使自己的成员能够全面发挥他们的得到全面发展的才能。"① 马克思主义坚信的是："代替那存在着阶级和阶级对立的资产阶级旧社会的，将是这样一个联合体，在那里，每个人的自由发展是一切人的自由发展的条件。"②

党的十八大以来，习近平对人的全面发展问题作出多方面的阐释，特别是在对社会主要矛盾关于"美好生活"和人类发展新形态理论阐释中作出创新性的阐释。2021 年 7 月，在庆祝中国共产党成立 100 周年大会的讲话中，习近平提出"人类文明新形态"思想，指出"我们坚持和发展中国特色社会主义，推动物质文明、政治文明、精神文明、社会文明、生态文明协调发展，创造了中国式现代化新道路，创造了人类文明新形态。"③ "人类文明新形态"思想，是以中国特色社会主义道路发展为根本前提，以"五大文明"进步为主体内容，以中国式现代化道路为基本过程和目标的。

"人类文明新形态"以中国社会主要矛盾变化为根据，对中国特色社会主义发展形态根本特征的概括。党的十九大作出了我国社会主要矛盾已经转化为"人民日益增长的美好生活需要和不平衡不充分的发展之间的矛盾"的判断。在对待和处理新时代社会主要矛盾

① 《马克思恩格斯文集》第 1 卷，人民出版社 2009 年版，第 683 页、第 689 页。
② 《马克思恩格斯文集》第 10 卷，人民出版社 2009 年版，第 666 页。
③ 《习近平著作选读》第二卷，人民出版社 2023 年版，第 483 页。

中，一方面，"美好生活"的"需要"得到拓展，涵盖了物质、文化、民主、法治、公平、正义、安全、环境等主要方面。"需要"，在人类文明进步及其形态变化中起着重要的作用，有时甚至是首位重要的作用。马克思在对人类文明进步及其形态演进因素的概述中，是以"他们各自的需要、他们的生产力、生产方式以及生产中使用的原料是怎样的；最后，由这一切生存条件所产生的人与人之间的关系是怎样的"[①] 为序列过程和传导系统的，"需要"在其中发挥着基础性的和牵引性的重要作用。新时代"美好生活"的"需要"，显示了人的全面发展的基本内涵，刻画了"人类文明新形态"的基本特征。另一方面，发展的"不充分不平衡"，突出体现的是经济、政治、文化、社会和生态五大建设发展的"供给"能力和状况。五大建设是满足"美好生活""需要"的"供给"系统，推进"五位一体"总体布局充分的和全面的发展，是提升"美好生活""需要"的根本基础和必然要求，也是新时代中国共产党坚守"坚持全心全意为人民服务的根本宗旨"、"践行以人民为中心的发展思想"和"推动人的全面发展、全体人民共同富裕取得更为明显的实质性进展"[②]的必然选择。

新时代社会主要矛盾的两个方面的辩证关系，是新时代"人类文明新形态"过程的内在机理和根本特征。要提升"美好生活"的"需要"的水平和程度，就要在继续推动发展的基础上，着力解决好发展不平衡不充分问题，统筹推进"五位一体"总体布局、协调推进"四个全面"战略布局，全面建成社会主义现代化强国。"人类文明新形态"是新时代社会主要矛盾发展的必然趋向，它同新时代坚持和发展中国特色社会主义紧密地联系在一起，同中国共

---

① 《马克思恩格斯选集》第 1 卷，人民出版社 2012 年版，第 227 页。
② 《习近平著作选读》第二卷，人民出版社 2023 年版，第 482~483 页。

产党规划和部署的第二个百年奋斗目标牢牢地连接在一起，也是面向全面建成社会主义现代化强国发展的必然形态。习近平提出的中国式现代化，成就了人类文明新形态中人的全面发展的历史底色和时代精神。

第三节　辩证唯物主义在新时代的运用和发展

一、学习和运用辩证唯物主义世界观方法论

2015 年 1 月，十八届中央政治局第 20 次集体学习的主题是"辩证唯物主义是中国共产党人的世界观和方法论"，习近平在主持学习时的讲话中指出："毛泽东同志曾经说过，马克思主义有几门学问，但基础的东西是马克思主义哲学。"毛泽东在革命战争年代写的《反对本本主义》《实践论》《矛盾论》等著作，在社会主义建设时期写的《论十大关系》《关于正确处理人民内部矛盾的问题》等著作，灵活运用了辩证唯物主义世界观和方法论，形成了具有鲜明中国特色的马克思主义哲学思想，为我们党掌握和运用辩证唯物主义树立了光辉典范。改革开放新时期，"邓小平同志非常善于运用辩证唯物主义解决实际问题。"江泽民指出："如果头脑里没有辩证唯物主义、历史唯物主义的世界观，就不可能以正确的立场和科学的态度来认识纷繁复杂的客观事物，把握事物发展的规律"。胡锦涛提出："辩证唯物主义和历史唯物主义的世界观和方法论，是马克思主义最根本的理论特征"[1]，要学习掌握马克思主义哲学，努力提高探索解决新时期基本问题的本领。

---

[1]　参见习近平：《论党的宣传思想工作》，中央文献出版社 2020 年版，第 124～125 页。

在新时代实现"两个一百年"奋斗目标、实现中华民族伟大复兴的新的历史进程中，习近平指出："必须不断接受马克思主义哲学智慧的滋养，更加自觉地坚持和运用辩证唯物主义世界观和方法论，更好在实际工作中把握现象和本质、形式和内容、原因和结果、偶然和必然、可能和现实、内因和外因、共性和个性的关系，增强辩证思维、战略思维能力，把各项工作做得更好。"① 要结合新时代我国实际和时代条件，学习好和运用好辩证唯物主义世界观和方法论。

二、世界观方法论的基本观点和核心问题

恩格斯指出："世界的真正的统一性在于它的物质性，而这种物质性不是由魔术师的三两句话所证明的，而是由哲学和自然科学的长期的和持续的发展所证明的。"② 习近平强调："世界物质统一性原理是辩证唯物主义最基本、最核心的观点，是马克思主义哲学的基石。"学习和掌握世界统一于物质、物质决定意识原理，重要的是要坚持从客观实际出发制定政策、推动工作，也就是说，"遵循这一观点，最重要的就是坚持一切从客观实际出发，而不是从主观愿望出发。"③

当代中国最大的客观实际是什么？就是我国仍处于并将长期处于社会主义初级阶段。这是我们认识当下、规划未来、制定政策、推进事业的客观基点，不能脱离这个基点，否则就会犯错误，甚至犯颠覆性的错误。对这个问题，在认识上可能是知道的，但遇到具体问题时，就可能出现"乱花渐欲迷人眼"的情况，经常会冒出各种主观主义的东西，有时甚至头脑发热、异想天开。有的人喜欢拍脑袋决策、拍胸脯表态，盲目铺摊子、上项目，或者提出一些不切实际的高

---

① 习近平：《论党的宣传思想工作》，中央文献出版社 2020 年版，第 125 页。
② 《马克思恩格斯文集》第 9 卷，人民出版社 2009 年版，第 47 页。
③ 习近平：《论党的宣传思想工作》，中央文献出版社 2020 年版，第 125～126 页。

指标，结果只能是劳民伤财、得不偿失。习近平提出："为什么会出现这样的问题？甚至反复出现这样的问题？从思想根源来看，就是没有做到一切从实际出发。"①

当然，客观实际不是一成不变的，而是不断发展变化的。"变化者，乃天地之自然。"坚持一切从实际出发，既要看到社会主义初级阶段基本国情没有变，也要看到我国经济社会发展每个阶段呈现出来的新特点。我国社会生产力、综合国力、人民生活水平实现了历史性跨越，我国基本国情的内涵不断发生变化，我们面临的国际国内风险、面临的难题也发生了重要变化。过去长期困扰我们的一些矛盾不存在了，但新的矛盾不断产生，其中很多是我们没有遇到、没有处理过的。如果守着我们对过去中国实际的认识不动，守株待兔，刻舟求剑，我们就难以前进。习近平指出："我们要准确把握国际国内环境变化，辩证分析我国经济发展阶段性特征，准确把握我国不同发展阶段的新变化新特点，使主观世界更好符合客观实际，按照实际决定工作方针，这是我们必须牢牢记住的工作方法。"②

习近平指出："辩证唯物主义虽然强调世界的统一性在于它的物质性，但并不否认意识对物质的反作用，而是认为这种反作用有时是十分巨大的。"理想信念是共产党人精神上的"钙"，强调"革命理想高于天"，就是对物质反作用的道理，展现了精神变物质、物质变精神的辩证法。广大党员、干部理想信念坚定、干事创业精气神足，人民群众精神振奋、发愤图强，就可以创造出很多人间奇迹。如果党员、干部理想动摇、宗旨淡化，人民群众精神萎靡、贪图安逸，那往往可以干成的事情也干不成。由此而成的理念就是："必须毫不放松理想信念教育、思想道德建设、意识形态工作，大力培育和弘扬社会

---

① 习近平：《论党的宣传思想工作》，中央文献出版社 2020 年版，第 126 页。
② 习近平：《论党的宣传思想工作》，中央文献出版社 2020 年版，第 127 页。

主义核心价值观，用富有时代气息的中国精神凝聚中国力量。"①

　　列宁认为："就本来的意义说，辩证法是研究对象的本质自身中的矛盾：不但现象是短暂的、运动的、流逝的、只是被约定的界限所划分的，而且事物的本质也是如此。"② 在对辩证唯物主义世界观的理解和掌握中，习近平高度重视"学习掌握事物矛盾运动的基本原理，不断强化问题意识，积极面对和化解前进中遇到的矛盾"的重要意义。中华文化中早就有矛盾的概念，"一阴一阳之谓道"就是对这一概念的阐释。习近平认为："矛盾是普遍存在的，矛盾是事物联系的实质内容和事物发展的根本动力，人的认识活动和实践活动，从根本上说就是不断认识矛盾、不断解决矛盾的过程。"从问题导向的世界观方法论特征来看，"问题是事物矛盾的表现形式，我们强调增强问题意识、坚持问题导向，就是承认矛盾的普遍性、客观性，就是要善于把认识和化解矛盾作为打开工作局面的突破口。"党的十八大后，我国进入发展关键期、改革攻坚期、矛盾凸显期，改革发展中遇到的矛盾更加复杂，既有过去长期积累而成的矛盾，也有在解决旧矛盾过程中新产生的矛盾，大量的还是随着形势环境变化新出现的矛盾。习近平指出："这些矛盾许多是这个发展阶段必然出现的，是躲不开也绕不过去的。我们党领导人民干革命、搞建设、抓改革，从来都是为了解决中国的现实问题。"③ 如果对矛盾熟视无睹，甚至回避、掩饰矛盾，在矛盾面前畏缩不前，坐看矛盾恶性转化，那就会积重难返，最后势必造成无法弥补的损失。"千丈之堤，以蝼蚁之穴溃；百尺之室，以突隙之烟焚。"矛盾积累到一定程度就会发生质的突变。对待矛盾的正确态度，应该是直面矛盾，并运用矛盾相辅相成的特性，在解决矛盾的过程中推动事物发展。

---

① 习近平：《论党的宣传思想工作》，中央文献出版社 2020 年版，第 127 页。
② 《列宁专题文集　论辩证唯物主义和历史唯物主义》，人民出版社 2009 年版，第 142 页。
③ 习近平：《论党的宣传思想工作》，中央文献出版社 2020 年版，第 127～128 页。

习近平指出："积极面对矛盾、解决矛盾，还要注意把握好主要矛盾和次要矛盾、矛盾的主要方面和次要方面的关系。"① 面对复杂形势和繁重任务，首先要有全局观，"秉纲而目自张，执本而末自从"。对各种矛盾做到心中有数，同时又要优先解决主要矛盾和矛盾的主要方面，以此带动其他矛盾的解决。党的十八大以来，我们提出要协调推进全面建成小康社会、全面深化改革、全面依法治国、全面从严治党。在推进这"四个全面"过程中，我们既要注重总体谋划，又要注重牵住"牛鼻子"。既对全面深化改革作出顶层设计，又强调突出抓好重要领域和关键环节的改革；既对全面推进依法治国作出系统部署，又强调以中国特色社会主义法治体系为总目标和总抓手；既对全面从严治党提出系列要求，又把党风廉政建设作为突破口，着力解决人民群众反映强烈的"四风"问题，着力解决不敢腐、不能腐、不想腐的问题。运用好矛盾分析方法重要的是，"在任何工作中，我们既要讲两点论，又要讲重点论，没有主次，不加区别，眉毛胡子一把抓，是做不好工作的。"②

三、不断增强辩证思维能力

学习掌握唯物辩证法的根本方法，重要的在于"不断增强辩证思维能力，提高驾驭复杂局面、处理复杂问题的本领。"③ "事必有法，然后可成。"我们的事业越是向纵深发展，就越要不断增强辩证思维能力。党的十八大以后，在全面深化改革的新的进程中，社会各种利益关系十分复杂，如何处理局部和全局、当前和长远、重点和非重点的关系更为突出，如何在权衡利弊中趋利避害、作出最为有利的战略抉择更为重要。我们全面深化改革，不能东一榔头西一棒子，而是要突出改革的系统性、整体性、协同性。同时，在推进改革中，我

---

①②③ 习近平：《论党的宣传思想工作》，中央文献出版社 2020 年版，第 129 页。

们要充分考虑不同地区、不同行业、不同群体的利益诉求，准确把握各方利益的交汇点和结合点，使改革成果更多更公平惠及全体人民。学习和运用唯物辩证法，就是要反对形而上学的思想方法。我们的先人早就认识到了这个问题，很多典故都是批评和讽刺形而上学的，如盲人摸象、郑人买履、坐井观天、掩耳盗铃、揠苗助长、削足适履、画蛇添足，等等。习近平指出："世界上只有形而上学最省力，因为它可以瞎说一气，不需要依据客观实际，也不受客观实际检查。而坚持唯物辩证法，则要求用大气力、下真功夫。我们一方面要加强调查研究，准确把握客观实际，真正掌握规律；另一方面要坚持发展地而不是静止地、全面地而不是片面地、系统地而不是零散地、普遍联系地而不是单一孤立地观察事物，妥善处理各种重大关系。任何主观主义、形式主义、机械主义、教条主义、经验主义的观点都是形而上学的思想方法，在实际工作中不可能有好的效果。"[1]

　　要学习掌握认识和实践辩证关系的原理，就要坚持实践第一的观点，不断推进实践基础上的理论创新。列宁认为："生活、实践的观点，应该是认识论的首要的和基本的观点。"[2] 实践决定认识，是认识的源泉和动力，也是认识的目的和归宿。认识对实践具有反作用，正确的认识推动正确的实践，错误的认识导致错误的实践。回顾中华文化可以看到，我国古人关于知行合一的论述，强调的也是认识和实践的关系。如荀子的"不闻不若闻之，闻之不若见之，见之不若知之，知之不若行之"；西汉刘向的"耳闻之不如目见之，目见之不如足践之，足践之不如手辨之"；宋代陆游的"纸上得来终觉浅，绝知此事要躬行"；明代王夫之的"知行相资以为用"，等等。

　　习近平指出："实践观点是马克思主义哲学的核心观点。"[3]我们

---

①③　习近平：《论党的宣传思想工作》，中央文献出版社 2020 年版，第 130 页。

②　《列宁专题文集　论辩证唯物主义和历史唯物主义》，人民出版社 2009 年版，第 49 页。

推进各项工作，根本的还是要靠实践出真知。我们党一贯重视理论工作，强调理论必须同实践相统一。理论一旦脱离了实践，就会成为僵化的教条，失去活力和生命力。理论对规律的揭示越深刻，对社会发展和变革的引领作用就越显著。我们坚持和发展中国特色社会主义，必须高度重视理论的作用，增强理论自信和战略定力，对经过反复实践和比较得出的正确理论，不能心猿意马、犹豫不决，要坚定不移坚持。习近平指出："实践没有止境，理论创新也没有止境。要使党和人民事业不停顿，首先理论上不能停顿。我们要根据时代变化和实践发展，不断深化认识，不断总结经验，不断进行理论创新，坚持理论指导和实践探索辩证统一，实现理论创新和实践创新良性互动，在这种统一和互动中发展二十一世纪中国的马克思主义。"①

四、人与自然的和谐协调观点的彰显

2008 年 10 月，在全国抗震救灾总结表彰大会的讲话中，胡锦涛指出："人类是大自然的一员，大自然是人类赖以生存和发展的物质基础。在改造客观世界和主观世界的实践中不断认识自然，在顺应自然规律的基础上合理开发自然，在同自然的和谐相处中发展自己，是人类生存和进步的永恒主题。"因此，人们在利用和开发自然时，"首先要认识自然、尊重自然、按自然规律办事。自然灾害给人类带来磨难，同时又促使人类更加自觉地去认识和把握自然规律、增强抵御自然灾害能力，进而推动人类文明进步。正如恩格斯所说，'没有哪一次巨大的历史灾难不是以历史的进步为补偿的'。一个善于从自然灾害中总结和汲取经验教训的民族，必定是日益坚强和不可战胜的。"胡锦涛强调："人类对自然规律的认识和把握，是一个永不停息的过程，规律性的东西往往要通过现象的不断往复和科学技术的

---

① 习近平：《论党的宣传思想工作》，中央文献出版社 2020 年版，第 131 页。

不断发展才能更明确地被人们认知。"① 只要我们坚定不移走科学发展道路，锲而不舍探索和认识自然规律，坚持按自然规律办事，不断增强促进人与自然相和谐能力，就一定能够不断有所发现、有所发明、有所创造、有所前进，就一定能够做到让人类更好适应自然、让自然更好造福人类。

2016 年 1 月，在省部级主要领导干部学习贯彻党的十八届五中全会精神专题研讨班的讲话中，习近平指出："人类发展活动必须尊重自然、顺应自然、保护自然，否则就会遭到大自然的报复，这个规律谁也无法抗拒。"他特别提出："恩格斯在《自然辩证法》中写道：美索不达米亚、希腊、小亚细亚以及其他各地的居民，为了得到耕地，毁灭了森林，但是他们做梦也想不到，这些地方今天竟因此而成为不毛之地，因为他们使这些地方失去了森林，也就失去了水分的积聚中心和贮藏库。阿尔卑斯山的意大利人，当他们在山南坡把那些在山北坡得到精心保护的枞树林砍光用尽时，没有预料到，这样一来，他们把本地区的高山畜牧业的根基毁掉了；他们更没有预料到，他们这样做，竟使山泉在一年中的大部分时间内枯竭了，同时在雨季又使更加凶猛的洪水倾泻到平原上。"②

恩格斯提出这一思想已经有一百多年了，但并没有引起警觉。习近平提到，20 世纪，发生在西方国家的"世界八大公害事件"对生态环境和公众生活造成巨大影响。在中国，同样有深刻的历史教训。这些深刻教训，我们一定要认真吸取。习近平指出："在对待自然问题上，恩格斯深刻指出：'我们不要过分陶醉于我们人类对自然界的胜利。对于每一次这样的胜利，自然界都对我们进行报复。每一次胜利，起初确实取得了我们预期的结果，但是往后和再往后却发生完全

---

① 《十七大以来重要文献选编》上，中央文献出版社 2009 年版，第 643 ~ 644 页。
② 《十九大以来重要文献选编》上，中央文献出版社 2019 年版，第 444 ~ 445 页。

不同的、出乎预料的影响，常常把最初的结果又消除了。'人因自然而生，人与自然是一种共生关系，对自然的伤害最终会伤及人类自身。只有尊重自然规律，才能有效防止在开发利用自然上走弯路。这个道理要铭记于心、落实于行。"①

根据中国的实际，依据恩格斯的思想，习近平指出：在中国特色社会主义新时代，"对保护生态环境务必坚定信念，坚决摒弃损害甚至破坏生态环境的发展模式和做法，决不能再以牺牲生态环境为代价换取一时一地的经济增长。要坚定推进绿色发展，推动自然资本大量增值，让良好生态环境成为人民生活的增长点、成为展现我国良好形象的发力点，让老百姓呼吸上新鲜的空气、喝上干净的水、吃上放心的食物、生活在宜居的环境中、切实感受到经济发展带来的实实在在的环境效益，让中华大地天更蓝、山更绿、水更清、环境更优美，走向生态文明新时代。"②

第四节　新时代中国化时代化马克思主义的学理和哲理

一、新时代对毛泽东思想哲理的再探索

"要运用其科学的世界观和方法论解决中国的问题"，这是中国化时代化马克思主义的"归根到底"的重大意义的根本所在、核心所在。习近平在党的二十大指出："继续推进实践基础上的理论创新，首先要把握好新时代中国特色社会主义思想的世界观和方法论，

---

① 《十八大以来重要文献选编》下，中央文献出版社 2018 年版，第 164 页。
② 《十八大以来重要文献选编》下，中央文献出版社 2018 年版，第 165 页。

坚持好、运用好贯穿其中的立场观点方法。"① 要做到知其言更知其义、知其然更知其所以然，切实理解和把握中国化时代化马克思主义的道理学理哲理。

从世界观方法论高度对马克思主义中国化时代化作出深刻理解和把握，是中国共产党理论品格和思想智慧的集中体现。1945 年 4 月，在党的六届七中全会通过的《关于若干历史问题的决议》中，就提出了毛泽东思想中的世界观和方法论的问题，认为"在中国生活和奋斗的中国共产党人学习辩证唯物论和历史唯物论，应该是为了用以研究和解决中国革命的各种实际问题，如同毛泽东同志所做的。"② 1981 年 9 月，党的十一届六中全会通过的《关于建国以来党的若干历史问题的决议》对毛泽东思想的世界观方法论以及贯穿于毛泽东思想"各个组成部分的立场、观点和方法"作出系统阐释，把实事求是，群众路线，独立自主概括为"毛泽东思想的活的灵魂"的"三个基本方面"③。"活的灵魂"凸显了马克思主义旗帜的精髓，昭示了马克思主义世界观方法论的核心要义。"活的灵魂"的概括，成为中国共产党对毛泽东思想的世界观方法论的思想智慧和理论力量的集中体现。党的十九届六中全会通过的《中共中央关于党的百年奋斗重大成就和历史经验的决议》，充分肯定了这些基本观点，认为"毛泽东思想的活的灵魂是贯穿于各个组成部分的立场、观点、方法，体现为实事求是、群众路线、独立自主三个基本方面，为党和人民事业发展提供了科学指引。"④

2013 年 12 月，习近平在纪念毛泽东诞辰 120 周年座谈会的讲话中指出："毛泽东思想活的灵魂是贯穿其中的立场、观点、方法，它

---

① 《习近平著作选读》第一卷，人民出版社 2023 年版，第 16 页。
② 《建党以来重要文献选编》第 22 册，中央文献出版社 2011 年版，第 102 页。
③ 《改革开放三十年重要文献选编》上，中央文献出版社 2008 年版，第 208 页。
④ 《十九大以来重要文献选编》下，中央文献出版社 2023 年版，第 495～496 页。

们有三个基本方面，这就是实事求是、群众路线、独立自主。新形势下，我们要坚持和运用好毛泽东思想活的灵魂，把我们党建设好，把中国特色社会主义伟大事业继续推向前进。"① 党的十八大以后，习近平坚持和运用好毛泽东思想活的灵魂，推进马克思主义中国化时代化的新的飞跃。

习近平高度重视对马克思主义世界观和方法论在新时代丰富和发展问题的探索。2013 年 12 月，十八届中央政治局第 11 次集体学习会上，习近平在以"坚持历史唯物主义，不断开辟当代中国马克思主义发展新境界"为主题的讲话中指出："马克思主义哲学包括辩证唯物主义和历史唯物主义，是马克思主义立场、观点、方法的集中体现，是马克思主义学说的思想基础"；要"掌握科学世界观和方法论，不断增强工作的原则性、系统性、预见性、创造性"②。世界观和方法论是马克思主义理论及其体系的精髓和核心要义，树立科学的世界观和方法论是掌握好和运用好马克思主义科学原理的基础和立足点。在新时代，开辟当代中国马克思主义新境界，深刻地包含着对马克思主义世界观方法论的新的探索。

习近平也十分强调增强马克思主义世界观方法论运用于实际的主动性和自觉性问题。2015 年 1 月，党的十八届中央政治局第 20 次集体学习时，习近平强调："要学习掌握马克思主义哲学，努力提高探索解决新时期基本问题的本领"，"我们党要团结带领人民实现'两个一百年'奋斗目标、实现中华民族伟大复兴的中国梦，必须不断接受马克思主义哲学智慧的滋养，更加自觉地坚持和运用辩证唯物主义世界观和方法论"③。我们在推进马克思主义中国化时代化过程中最深刻的感悟就是，头脑中有了辩证唯物主义和历史唯物主义

① 习近平：《论党的宣传思想工作》，中央文献出版社 2020 年版，第 41 页。
② 习近平：《论党的宣传思想工作》，中央文献出版社 2020 年版，第 30~31 页。
③ 习近平：《论党的宣传思想工作》，中央文献出版社 2020 年版，第 125 页。

的世界观，才可能以正确的立场和科学的态度理解和处理好纷繁复杂的实际问题，也才可能把握事物发展的规律。辩证唯物主义和历史唯物主义世界观和方法论，是马克思主义最根本的理论特征，是马克思主义最鲜明的理论特质，也是马克思主义最重要的和最根本的"看家本领"。

习近平还十分注重从马克思主义哲学总体上对世界观和方法论及其相应的立场观点方法问题作出新的阐释。2018 年 5 月，在纪念马克思诞辰 200 周年大会的讲话中，习近平对马克思主义哲学基础和理论特质作出系统阐释：一是从"四大规律"上，即从世界的物质性及其发展规律，人类社会发展的自然性、历史性及其相关规律，人的解放和自由全面发展的规律，以及认识的本质及其发展规律上，对马克思主义科学原理和核心要义作出系统概括；二是从"五大观点"上，即从实践观、群众观、阶级观、发展观和矛盾观上，对马克思主义的立场观点方法作出概括。这两个逻辑层次的概括，是习近平关于马克思主义世界观和方法论及其贯穿其中的立场观点方法的科学概括，也是基于马克思主义在 21 世纪中国和世界新发展意义上的科学概括。

二、新时代马克思主义世界观方法论精髓的科学概括

党的二十大，习近平从"归根到底是马克思主义行，是中国化时代化的马克思主义行"的新的高度，以强烈的历史自觉和深邃的理论自信，对新时代马克思主义世界观和方法论的道理学理哲理作出新的探索，成就了习近平新时代中国特色社会主义思想"新的飞跃"的辉煌，铸就了中国化时代化马克思主义"新的飞跃"的特质。"六个坚持"就是对这一"新的飞跃"中的道理学理哲理的第一次作出的深刻阐释。

一是"坚持人民至上"，人民性是马克思主义的本质属性，"党

的根基在人民、血脉在人民、力量在人民，人民是党执政兴国的最大底气。"① 党的理论是来自人民、为了人民、造福人民的理论，人民的创造性实践是理论创新的不竭源泉。"国以民为本，社稷亦为民而立。"要站稳人民立场、把握人民愿望、尊重人民创造、集中人民智慧，形成为人民所喜爱、所认同、所拥有的理论，使之成为指导人民认识世界和改造世界的强大思想武器。"坚持人民至上"是习近平新时代中国特色社会主义思想的世界观方法论的根本价值所在。

二是"坚持自信自立"，党的百年奋斗成功道路是党领导人民独立自主探索开辟出来的，马克思主义的中国篇章是中国共产党人依靠自身力量实践出来的，贯穿其中的一个基本点就是中国的问题必须从中国基本国情出发，由中国人自己来解答，"走自己的路，是党百年奋斗得出的历史结论。"②。"千磨万击还坚劲，任尔东西南北风。"要坚守对马克思主义的坚定信仰、对中国特色社会主义的坚定信念，坚定道路自信、理论自信、制度自信、文化自信，以更加积极的历史担当和创造精神为发展马克思主义作出新的贡献。"坚持自信自立"是习近平新时代中国特色社会主义思想的世界观方法论的根本立场所在。

三是"坚持守正创新"，要以科学的态度对待科学、以真理的精神追求真理，要坚持马克思主义基本原理不动摇、不断赋予马克思主义以新的时代内涵。"保此道者不欲盈，夫唯不盈，故能蔽不新成。"在守正创新中，只有守正，才能坚守正确方向不迷失方向、不犯颠覆性错误；唯有创新，才能把握时代、引领时代，紧跟时代步伐、顺应实践发展。"坚持实践是检验真理的唯一标准，坚持一切从实际出

---

① 《十九大以来重要文献选编》下，人民出版社 2023 年版，第 534 页。
② 《十九大以来重要文献选编》下，人民出版社 2023 年版，第 535 页。

发，及时回答时代之问、人民之问，不断推进马克思主义中国化时代化。"①"坚持守正创新"是习近平新时代中国特色社会主义思想的世界观方法论的理论品格所在。

四是"坚持问题导向"，问题是时代的声音，回答并指导解决问题是理论的根本任务。要有强烈的问题意识，以重大问题为导向，抓住关键问题进一步研究思考，着力推动解决我国发展面临的一系列突出矛盾和问题。"富有之谓大业，日新之谓盛德，生生之谓易。"要增强问题意识，聚焦实践遇到的新问题、改革发展稳定存在的深层次问题、人民群众急难愁盼问题、国际变局中的重大问题、党的建设面临的突出问题，不断提出真正解决问题的新理念新思路新办法。习近平指出："坚持以马克思主义为指导，必须落到研究我国发展和我们党执政面临的重大理论和实践问题上来，落到提出解决问题的正确思路和有效办法上来。"②"坚持问题导向"是习近平新时代中国特色社会主义思想的世界观方法论的思维特质所在。

五是"坚持系统观念"，万事万物是相互联系、相互依存的，"系统观念是具有基础性的思想和工作方法"③。只有用普遍联系的、全面系统的、发展变化的观点观察事物，才能把握事物发展规律。"天得一以清，神得一以灵。"要善于通过历史看现实、透过现象看本质，把握好全局和局部、当前和长远、宏观和微观、主要矛盾和次要矛盾、特殊和一般的关系，不断提高战略思维、历史思维、辩证思维、系统思维、创新思维、法治思维、底线思维能力，为前瞻性思考、全局性谋划、整体性推进党和国家各项事业提供科学方法。"坚持系统观念"是习近平新时代中国特色社会主义思想的世界观方法论的思想方法所在。

---

① 《十九大以来重要文献选编》下，人民出版社 2023 年版，第 534 页。
② 习近平：《论党的宣传思想工作》，中央文献出版社 2020 年版，第 225 页。
③ 《十九大以来重要文献选编》中，中央文献出版社 2021 年版，第 785 页。

六是"坚持胸怀天下"，中国共产党是为中国人民谋幸福、为中华民族谋复兴的党，也是为人类谋进步、为世界谋大同的党，始终"站在历史正确的一边，站在人类进步的一边"①。"大道之行也，天下为公。"我们要拓展世界眼光，深刻洞察人类发展进步潮流，积极回应各国人民普遍关切，为解决人类面临的共同问题作出贡献，以海纳百川的宽阔胸襟借鉴吸收人类一切优秀文明成果，推动建设更加美好的世界。"坚持胸怀天下"是习近平新时代中国特色社会主义思想的世界观方法论的担当精神所在。

三、中国化时代化马克思主义中"活的灵魂"的创新性塑造

"六个坚持"对习近平新时代中国特色社会主义思想中世界观方法论以及贯穿其中的立场观点方法的阐释，充分体现了辩证唯物主义和历史唯物主义在中国化时代化马克思主义"新的飞跃"中的全面运用和理论创新。"六个坚持"赋予毛泽东思想中实事求是、群众路线和独立自主的"活的灵魂"以新的时代内涵；而且也是对改革开放以来中国特色社会主义理论体系中世界观方法论精粹的凝练，升华了当代中国马克思主义的思想境界，彰显了 21 世纪马克思主义的理论光辉。

"六个坚持"是对毛泽东思想中"活的灵魂"的新时代的重塑。坚持守正创新、坚持问题导向、坚持系统观念展现了实事求是这一"活的灵魂"的新时代的意蕴。实事求是首先就要抓住事物的矛盾所在、根本问题所在。毛泽东指出："问题就是事物的矛盾。哪里有没有解决的矛盾，哪里就有问题。"② 每个时代总有属于它自己的问题，实事求是解决这些问题，要树立问题意识、坚持与时俱进，科学地认

---

① 《十九大以来重要文献选编》下，人民出版社 2023 年版，第 536 页。
② 《毛泽东选集》第 3 卷，人民出版社 1991 年版，第 839 页。

识、准确地把握、正确地解决这些问题。"六个坚持"展现了实事求是"活的灵魂"内在的理论品格、思维特质、思想方法的规定性。在坚持人民至上深透地揭示了与群众路线这一"活的灵魂"的内在联系。党的二十大闭幕不到一周，习近平在延安瞻仰革命圣地时指出："延安时期，党提出全心全意为人民服务的根本宗旨并写入党章，强调共产党'这个队伍完全是为着解放人民的，是彻底地为人民的利益工作的'，要求党的干部'把屁股端端地坐在老百姓的这一面'，形成了'只见公仆不见官'的生动局面。"①"六个坚持"展现了群众路线"活的灵魂"的根本价值。坚持自信自立和坚持胸怀天下拓展了独立自主这一"活的灵魂"当代视域。习近平指出："人类历史上，没有一个民族、没有一个国家可以通过依赖外部力量、跟在他人后面亦步亦趋实现强大和振兴。那样做的结果，不是必然遭遇失败，就是必然成为他人的附庸。""六个坚持"彰显了独立自主"活的灵魂"的根本立场和担当精神。

"六个坚持"也是对中国特色社会主义理论体系两次"新的飞跃"中世界观方法论精髓的凝练。在新时期，邓小平理论、"三个代表"重要思想、科学发展观实现的马克思主义中国化时代化的"新的飞跃"，集中体现在对这一时期的三个重大时代课题，即什么是社会主义、怎样建设社会主义，建设什么样的党、怎样建设党，实现什么样的发展、怎样发展的重大时代课题的回答上。在新时代，习近平新时代中国特色社会主义理论实现的马克思主义中国化时代化"新的飞跃"，着力点于对新的重大时代课题的回答上，这些重大时代课题包括：新时代坚持和发展什么样的中国特色社会主义、怎样坚持和发展中国特色社会主义，建设什么样的社会主义现代化强国、怎样建

---

① 《弘扬伟大建党精神和延安精神　为实现党的二十大提出的目标任务而团结奋斗》，载于《人民日报》2022 年 10 月 28 日。

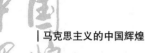
设社会主义现代化强国，建设什么样的长期执政的马克思主义政党、怎样建设长期执政的马克思主义政党。从新时期的重大时代课题到新时代的重大时代课题，是以"六个坚持"的世界观和方法论为理论指导的马克思主义中国化时代化思想内涵和理论体系的螺旋式上升的过程，是对社会主义建设规律、共产党执政规律和人类社会发展规律探索的不断深化的过程。从新时期到新时代马克思主义中国化时代化的两次"新的飞跃"来看，"六个坚持"持续地发挥着世界观和方法论上的指导意义，"六个坚持"也在这一过程中不断地得到丰富和发展，成为中国特色社会主义理论体系的世界观方法论上的思想智慧和理论精髓。

"六个坚持"是对习近平新时代中国特色社会主义思想的"时代精华"的升华。习近平新时代中国特色社会主义思想，在对党的十八大以来重大时代课题的回答中，形成了"十个明确"的核心要义、"十四个坚持"的基本方略和"十三个方面成就"的经验和方式，这些都是运用马克思主义世界观方法论于这十年奋进实践的理论结晶，彰显了党的基本理论和指导思想上的与时俱进。习近平新时代中国特色社会主义思想，坚持把马克思主义基本原理同中国具体实际相结合、同中华优秀传统文化相结合，坚持运用辩证唯物主义和历史唯物主义，在深刻回答中国之问、世界之问、人民之问、时代之问的过程中，也从各个方面丰富和发展了马克思主义世界观方法论，使得马克思主义中国化时代化始终成为一个追求真理、揭示真理和笃行真理的过程。

第十章

21世纪马克思主义
中国化时代化的新境界

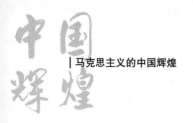

马克思主义中国化时代化是中国共产党对百年来马克思主义历史发展的最伟大的贡献；中国化时代化马克思主义在这一历史过程的新的飞跃，既是这一过程的历史接续性和历史阶段性理论特征的集中体现，也是这一过程的历史接续性和历史阶段性之间相互联系、有机结合的历史路标的集中体现。

第一节　赋予马克思主义时代精神的根本要求

一、从"看家本领"到"必修课"的阐释

党的十八大刚结束，习近平就提出"马克思列宁主义、毛泽东思想一定不能丢，丢了就丧失根本"①，对新时代怎样对待、怎样运用和怎样发展马克思主义问题作出了新的探索。

2013 年 8 月，在党的十八大以后召开的第一次全国宣传思想工作会议上，习近平提出了"领导干部特别是高级干部要把系统掌握马克思主义基本理论作为看家本领"② 的新要求。这里讲的"看家本领"的涵义在于，在具有许多新的历史特点的伟大斗争中坚定马克思主义的信念和信心，在推进社会革命中不断加强自我革命，在批判各种错误思潮的斗争中坚持真理和追求真理，在决胜全面建成小康

---

① 《十八大以来重要文献选编》上，中央文献出版社 2014 年版，第 75 页。
② 习近平：《论党的宣传思想工作》，中央文献出版社 2020 年版，第 15 页。

社会过程中勇于开拓、不断进取。在新时代，更要有运用好发展好这一"看家本领"的底气和底蕴，推进新时代马克思主义的发展和创新。

"看家本领"是对领导干部特别是高级干部在马克思主义指导下治国理政能力的形象说法。这种能力既不是天生的，也不是自发产生的，而是要通过原原本本、老老实实地学习和掌握马克思主义基本原理获得的。在2013年8月的全国宣传思想工作会议上，习近平同时提出了"要把马克思主义作为必修课"① 的要求。2018年4月，在中共中央政治局以《共产党宣言》及其时代意义为主题的集体学习会上，习近平接续"看家本领"，进一步提出"必修课"的新要求，这就是"学习马克思主义基本理论是共产党人的必修课"② 的问题。

"中国共产党是《共产党宣言》精神的忠实传人。"③ 在近百年的革命建设改革的历程中，中国共产党始终以《共产党宣言》这部"第一次全面阐述科学社会主义原理的伟大著作"为"必修课"。新时代《共产党宣言》仍然是我们的"必修课"，特别是《共产党宣言》中作了"深刻阐述"的五个道理，至今仍然闪射着马克思主义科学原理和科学精神的光辉。这些"深刻阐述"的道理就是：马克思主义的科学世界观、马克思主义政党的先进品格、马克思主义政党的政治立场、马克思主义政党的崇高理想、马克思主义的革命纲领和马克思主义政党的国际主义精神。

"必修课"的意蕴和作用就在于，它能使我们深刻感悟和把握马克思主义真理力量，坚定共产主义信仰，把马克思主义蕴含的科学原理和科学精神运用到统揽伟大斗争、伟大工程、伟大事业、伟大梦想的实践中去，为我们认识世界、改变世界提供了强大思想武器，为当

---

① 习近平：《论党的宣传思想工作》，中央文献出版社2020年版，第15页。
② 习近平：《论党的宣传思想工作》，中央文献出版社2020年版，第305页。
③ 习近平：《论党的宣传思想工作》，中央文献出版社2020年版，第311页。

代中国社会的发展指明正确的方向，不断谱写新时代坚持和发展中国特色社会主义新篇章。"看家本领"和"必修课"赋予了新时代怎样对待、运用和发展马克思主义的新要求，提升了新时代"真正的马克思主义"的新境界。

二、马克思主义的大历史观

党的十八大以来，在提出"看家本领"和"必修课"的要求时，习近平对不断赋予马克思主义以新的时代内涵问题，提出了大历史观的问题。

历史是最好的教科书。习近平认为："只有在整个人类发展的历史长河中，才能透视出历史运动的本质和时代发展的方向。"① 马克思主义形成于对资本主义历史运动的本质和时代发展方向的科学把握之中，坚持和发展马克思主义就要坚守这种大历史观。2013 年 1月，习近平纵览托马斯·莫尔《乌托邦》发表以来世界社会主义 500年的"大历史"，勾勒了社会主义从空想到科学、从理论到现实、从一国实践到多国发展以及从单一模式到多种样式发展的历史过程。从 1516 年莫尔《乌托邦》发表算起，社会主义 500 多年的"大历史"，大体可分为六个时间段：

第一时间段，空想社会主义产生和发展。自从人类历史上出现资本主义生产方式以来，一些进步的思想家出于对劳动者苦难的同情，开始抨击资本主义制度的各种弊端，探讨广大劳动者陷于苦难生活的根源，表达建立一个消除贫富对立、没有剥削压迫的美好社会的愿望。从 16 世纪初期到 19 世纪初期的空想社会主义思潮，揭露了资本主义社会成长时期的真实，批判了资本主义制度的种种弊端，展现了对于取代资本主义社会的未来社会的憧憬，对未来社会提出一些积

---

① 《十九大以来重要文献选编》上，中央文献出版社 2019 年版，第 423 页。

极主张和有价值的猜测。但是，空想社会主义在这300多年的探索中，始终没有能摆脱唯心史观的窠臼，无法找到实现未来社会理想的正确道路和社会力量。

第二时间段，马克思、恩格斯创立科学社会主义理论体系。19世纪40年代，经过资产阶级革命和产业革命，资本主义生产方式得以巩固，资产阶级在政治经济上取得统治地位。与此同时，无产阶级作为独立政治力量登上政治舞台，迫切地要求代表自己利益的科学理论。适应这一要求，马克思和恩格斯深入考察资本主义经济、政治、社会状况，批判继承德国古典哲学、英国古典政治经济学和英法两国的空想社会主义，创立了唯物史观和剩余价值学说，并把社会主义置于这两大理论基石之上，创立了科学社会主义，实现了社会主义从空想到科学的伟大飞跃。随着实践的发展，马克思恩格斯及时总结了阶级斗争经验，丰富了科学社会主义原理，到19世纪七八十年代，形成了系统的科学社会主义的基本原则和理论体系。这个体系揭示了人类社会的发展规律、指明了社会主义的发展方向，勾画了社会主义的光明前景。

第三时间段，列宁领导十月革命胜利并实践社会主义。19世纪末20世纪初，世界资本主义完成了从自由资本主义到私人垄断资本主义的过渡，资本主义世界固有的各种矛盾空前激化，世界进入了帝国主义和无产阶级革命的时代。列宁把科学社会主义运用于俄国革命实践过程，创立了新型无产阶级建党学说，提出了无产阶级在民主革命中的理论和策略，特别是创造性地提出了帝国主义理论和社会主义可能在一国或数国首先取得胜利的理论，提出了殖民地国家民族解放运动理论，形成了列宁主义，创造性地继承、捍卫和发展了科学社会主义，科学地解决了帝国主义时代国际共产主义运动的一系列重大的理论和实践问题，并领导俄国人民取得十月社会主义革命的伟大胜利，实现了社会主义从理论到现实的历史性飞跃。

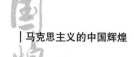

十月革命后，列宁领导俄国人民向社会主义过渡和社会主义建设的伟大实践。在没有先例可循的情况下，对如何搞社会主义进行了深入思考和艰辛探索，对十月革命道路和新经济政策经验进行了总结，对经济文化比较落后国家建设社会主义的规律作了多方面的探索，为科学社会主义在新时代的发展提供了新鲜经验，增添了重要内容。继马克思、恩格斯创立科学社会主义体系后，列宁开辟社会主义道路之前这一时期的争议与探索。

第四时间段，苏联模式逐步形成。列宁逝世以后，斯大林在领导苏联党和人民进行社会主义建设中，巩固和发展了苏联的社会主义制度，取得了社会主义建设的重大成就。在这一过程中逐步形成了高度集中的经济政治体制，即苏联模式。苏联模式的形成，在特定历史条件下对巩固苏联社会主义制度曾经起到了重要作用，促进了苏联经济和整个社会生活快速发展，也为苏联军民夺取反法西斯战争胜利发挥了重要作用。但苏联模式也存在着严重的弊端。第二次世界大战结束以后，社会主义制度获得了迅速发展，到 1959 年古巴革命胜利和后来老挝革命胜利，世界上三大洲先后有 15 个国家在共产党的领导和科学社会主义的指引下走上了社会主义道路，也形成了一个强大的社会主义体系。社会主义由一国实践变为多国实践，实现了社会主义发展的新的历史性飞跃。

在这一历史时期，由于社会主义现实的大踏步推进，科学社会主义学说在广度和深度上获得了新的重大的发展，同时也面临着新的挑战，出现了一系列有待回答和解决的新课题。进入 20 世纪 80 年代后，面对经济社会发展困境，苏联和东欧国家也想进行一些调整，但是由于僵化理解马克思主义，没能把握建设社会主义的科学原则，并且面对西方等各种势力的强大攻势，这种调整偏离了正确方向，终于导致 1989 年东欧国家先后发生剧变，1991 年苏联解体、苏共解散，使世界社会主义运动遭受了严重挫折。

第五时间段，新中国成立后我们党对社会主义的探索和实践。近代以来，由于西方列强的侵略，中国逐步沦为半殖民地半封建社会，中华民族积贫积弱，人民处于水深火热之中。为了挽救民族危亡，中国的先进人士对各种主义和思潮都曾进行过探索，改良主义、自由主义、社会民主主义、无政府主义、实用主义、民粹主义、工团主义等"你方唱罢我登场"，这些主义和思潮都没能解决中国的前途和命运问题。十月革命一声炮响，给我们送来了马克思列宁主义，以马克思列宁主义为指导，走俄国人的路，成为近代以来中国人民的郑重选择。在中国革命过程中，中国共产党人把马克思列宁主义基本原理和中国革命的具体实际相结合，形成了毛泽东思想。中国人民正是在马克思列宁主义、毛泽东思想指导下走出了漫漫长夜，取得了新民主主义革命的胜利，建立了新中国。新民主主义革命的胜利和社会主义基本制度在中国的确立，成功实现了我国历史上最深刻最伟大的社会变革，为当代中国一切发展进步奠定了根本政治前提和制度基础。

社会主义制度确立以后，对于如何在中国这样一个经济文化落后的国家建设社会主义，我们党经过慎重思考，提出要以苏联的经验教训为鉴戒，独立探索适合中国国情的社会主义建设道路。以毛泽东同志发表《论十大关系》《关于正确处理人民内部矛盾的问题》和党的八大为主要标志，我们党对怎样建设社会主义有了新的重要认识。但囿于认识和实践的局限，中国人民在建设社会主义取得巨大成绩的同时也出现了严重的曲折。尽管探索艰辛坎坷，但我们党在社会主义建设中取得的理论成果和巨大成就，为新的历史时期开创中国特色社会主义提供了宝贵经验、理论准备、物质基础。

第六时间段，我们党作出进行改革开放的历史性决策、开创和发展中国特色社会主义。20世纪80年代末90年代初，东欧剧变苏联解体，使世界社会主义遭受了重大曲折。但是，苏东剧变并没有改变人类社会发展的历史趋势。社会主义事业经受住低潮的考验，继续探索、发展和振兴。在世界风云急剧变幻的情况下，中国特色社会主义充分证明了科学社会主义的强大生命力，深刻地预示着 21 世纪世界社会主义发展的新趋势。

2016 年 7 月，在庆祝中国共产党成立 95 周年的大会上，习近平结合近代以来，特别是中国共产党近百年发展的"大历史"，提出不忘初心，不断前进，要进一步增强坚持中国特色社会主义的道路自信、理论自信、制度自信和文化自信。

以史为鉴、以史为师。在庆祝改革开放 40 周年大会上，习近平进一步从中华文明 5000 多年的"大历史"的探析中，提出"中国人民具有伟大梦想精神，中华民族充满变革和开放精神"，"以数千年大历史观之，变革和开放总体上是中国的历史常态"等重要思想。这一"大历史"昭彰的是："无论过去、现在还是将来，对马克思主义的信仰，对中国特色社会主义的信念，对实现中华民族伟大复兴中国梦的信心，都是指引和支撑中国人民站起来、富起来、强起来的强大精神力量。"①

三、共产党人的"真经"

重视学习马克思主义经典著作，是练就赋予马克思主义以新的时代内涵的"必修课"。习近平认为："马克思主义经典著作，包含着经典作家所汲取的人类探索真理的丰富思想成果，体现着经典作家攀登科学理论高峰的不懈追求和艰辛历程。"② 读马克思主义经典著作，要精，要原原本本地学、仔仔细细地读，下一番真功夫。"共产党人要把读马克思主义经典、悟马克思主义原理当作一种生活习惯、当作一种精神追求，用经典涵养正气、淬炼思想、升华境界、指

---

① 《十九大以来重要文献选编》上，中央文献出版社 2019 年版，第 739 页。

② 《习近平党校十九讲》，中共中央党校出版社 2014 年版，第 228 页。

导实践。"① 这是练就"看家本领"的功夫所在，也是上好"必修课"的奥秘所在。

在习近平看来，"马克思主义就是我们共产党人的'真经'，'真经'没念好，总想着'西天取经'，就要贻误大事！"②他特别提出："广大党员、干部特别是高级干部要学好用好《共产党宣言》等马克思主义经典著作，坚持学以致用、用以促学，原原本本学，熟读精思、学深悟透，熟练掌握马克思主义立场、观点、方法，不断提高马克思主义理论素养。"理论联系实际，在深化马克思主义经典著作研究阐释中，"推进经典著作宣传普及，让理论为亿万人民所了解所接受，画出最大的思想同心圆。"③

"要以科学的态度对待科学，以真理的精神追求真理，不断赋予马克思主义以新的时代内涵。"④ 无论是在学习马克思主义经典著作的过程中，还是在以马克思主义指导中国特色社会主义的实践中，习近平都强调马克思主义是颠扑不破的真理。马克思主义的真理性，体现于马克思主义深刻揭示了自然界、人类社会、人类思维发展的普遍规律，为人类社会发展进步指明了方向；也体现于马克思主义是随着时代、实践、科学发展而不断发展的开放的理论体系，它并没有结束真理，而是开辟了通向真理的道路；还体现于一个半多世纪以来历史和现实都证明马克思主义是科学的理论，迄今依然有着强大生命力。

2018 年，在庆祝改革开放 40 周年大会的讲话中，习近平提出："坚持理论联系实际，及时回答时代之问、人民之问，廓清困扰和束缚实践发展的思想迷雾，不断推进马克思主义中国化时代化大众化，

---

①　《十九大以来重要文献选编》上，中央文献出版社 2019 年版，第 434 页。
②　《习近平关于社会主义文化建设论述摘编》，中央文献出版社 2017 年版，第 67 页。
③　习近平：《论党的宣传思想工作》，中央文献出版社 2020 年版，第 316 页。
④　习近平：《论党的宣传思想工作》，中央文献出版社 2020 年版，第 315 页。

不断开辟马克思主义发展新境界。"① 与时代同步伐，与人民共命运，关注和回答时代和实践提出的重大课题，是马克思主义与中国改革开放一路相行，使中国化时代化马克思主义永葆生机活力的精髓所在，升华了马克思主义科学原理和科学精神认识的新境界。

关于大历史观、取马克思主义"真经"、秉持"真理的精神"这三个方面重要论述，是习近平从历史、理论和现实的结合上对马克思主义科学智慧和理论力量的阐释。这些阐释不仅是对百年来马克思主义中国化时代化的历史写真和经验总结，也是赋予 21 世纪马克思主义以新的时代精神和崇高境界。

四、坚守中国共产党的建党精神

2022 年 7 月，在党的二十大召开之前，习近平在省部级主要领导干部专题研讨班的讲话中提出："拥有马克思主义科学理论指导是我们党鲜明的政治品格和强大的政治优势。"② 三个月之后，习近平在党的二十大报告中提出："拥有马克思主义科学理论指导是我们党坚定信仰信念、把握历史主动的根本所在。"③ 这两个"拥有"凸显的"鲜明的政治品格"和"强大的政治优势"、"坚定信仰信念"和"把握历史主动"的思想内涵，是对"马克思主义是我们立党立国、兴党兴国的根本指导思想"精髓的深刻概括，阐明了中国化时代化马克思主义具有的理论力量和思想智慧之所在，彰显了中国化时代化马克思主义具有的思想性、政治性和学理性、哲理性深透结合之所在。

两个"拥有"具有内在统一性，构成理解马克思主义中国化时

① 《十九大以来重要文献选编》上，中央文献出版社 2019 年版，第 731 页。
② 《高举中国特色社会主义伟大旗帜　奋力谱写全面建设社会主义现代化国家崭新篇章》，载于《人民日报》2022 年 7 月 28 日。
③ 《习近平著作选读》第一卷，人民出版社 2023 年版，第 14 页。

代化的全部理论的基础和逻辑起点。

党的鲜明的政治品格，集中体现于中国共产党百年奋进中凝练而成的伟大建党精神之中，贯通于党在百年奋进中锤炼而成的精神谱系之中。在庆祝中国共产党成立一百周年大会的讲话中，习近平指出："一百年来，中国共产党弘扬伟大建党精神，在长期奋斗中构建起中国共产党人的精神谱系，锤炼出鲜明的政治品格。"在对伟大建党精神内涵的概括时，习近平指出："中国共产党的先驱们创建了中国共产党，形成了坚持真理、坚守理想，践行初心、担当使命，不怕牺牲、英勇斗争，对党忠诚、不负人民的伟大建党精神，这是中国共产党的精神之源。"①

与鲜明的政治品格相联系，"坚持真理、坚守理想"凸显了中国共产党是一个以马克思主义为指导的并以实现共产主义为崇高理想的无产阶级政党，这是这一政治品格具有的根本宗旨；"践行初心、担当使命"昭示了中国共产党一直坚持以中华民族伟大复兴为主题，始终以人民对美好生活的追求为奋斗目标，这是这一政治品格具有的坚定立场；"不怕牺牲、英勇斗争"彰显了中国共产党"革命理想高于天"的坚强意志，为有牺牲多壮志、敢教日月换新天，这是这一政治品格具有的坚定信念；"对党忠诚、不负人民"昭示了中国共产党的政治情怀，"人民性是马克思主义的本质属性，党的理论是来自人民、为了人民、造福人民的理论，人民的创造性实践是理论创新的不竭源泉"②，这是这一政治品格具有的基本特征。

强大的政治优势，是中国共产党以马克思主义科学理论为指导的特有的政治禀赋。中国共产党自成立以来，一直坚持以马克思主义为理论旗帜，作为认识世界、改造世界的思想武器，作为认识时代、认

---

① 《习近平著作选读》第二卷，人民出版社 2023 年版，第 480 页。
② 《习近平著作选读》第一卷，人民出版社 2023 年版，第 16 页。

识世界、认识中国的科学指南，由此而凝聚起党的最先进的政治力量。回眸党的百年奋斗历程，《中共中央关于党的百年奋斗重大成就和历史经验的决议》指出："党之所以能够领导人民在一次次求索、一次次挫折、一次次开拓中完成中国其他各种政治力量不可能完成的艰巨任务，根本在于坚持解放思想、实事求是、与时俱进、求真务实，坚持把马克思主义基本原理同中国具体实际相结合、同中华优秀传统文化相结合，坚持实践是检验真理的唯一标准，坚持一切从实际出发，及时回答时代之问、人民之问，不断推进马克思主义中国化时代化。"① 这种政治优势成为中国共产党不断奋进的巨大的精神力量。在擘画全面建设社会主义现代化国家蓝图时，习近平强调："当今世界正在经历百年未有之大变局，实现中华民族伟大复兴正处于关键时期。越是接近目标，越是形势复杂，越是任务艰巨，越要发挥中国共产党领导的政治优势和中国特色社会主义的制度优势，把各方面智慧和力量凝聚起来，形成海内外中华儿女心往一处想、劲往一处使的强大合力。"②

坚持信仰信念，是中国共产党以中国化时代化马克思主义为理论指导的必然结果。中国共产党以马克思主义为根本的理论遵循，习近平在谈到坚守马克思主义科学原理和科学精神时，把涵养正气、升华境界和勇于斗争、淬炼思想作为坚持信仰信念的实践坚守，凸显"把实现共产主义作为党的最高理想和最终目标，义无反顾肩负起实现中华民族伟大复兴的历史使命"③ 的思想自觉。

坚持历史主动，也是中国共产党以中国化时代化马克思主义为理论指导的必然结果。《中共中央关于党的百年奋斗重大成就和历史经验的决议》指出："今天，中国人民更加自信、自立、自强，极大增强了志气、骨气、底气，在历史进程中积累的强大能量充分爆发出

---

① 《十九大以来重要文献选编》下，中央文献出版社 2023 年版，第 534 页。
② 《十九大以来重要文献选编》中，中央文献出版社 2021 年版，第 207 页。
③ 《十九大以来重要文献选编》上，中央文献出版社 2019 年版，第 10 页。

来，焕发出前所未有的历史主动精神、历史创造精神，正在信心百倍书写着新时代中国发展的伟大历史。"① 百年奋进、百年辉煌，中国共产党致力于为中国人民谋幸福、为中华民族谋复兴，致力于为人类谋进步、为世界谋大同，就是党具有历史主动底气的根本所在，也是党所秉持的历史主动的根据所在。党的二十大站在更高的历史起点上，掌握历史主动，坚守历史自信，焕发历史自觉，书写全面建设社会主义现代化国家的新的历史伟业。

要把党的政治品格和政治优势、坚持信仰信念和历史主动等各方面，作为马克思主义理论教育的基本内容和高校思政课的教学要求，在根本上就是要把伟大建党精神列为教育内容和教学要求。百年奋发、砥砺前行，伟大建党精神在中国革命、建设、改革的历史进程中不断地得到弘扬和发展，展现了中国共产党鲜明的政治品格，也展现了党的理想和追求、情怀和品质、担当和牺牲、奉献和忠诚，铸就了中国共产党红色血脉最鲜亮的底色。

伟大建党精神，是马克思主义理论教育和思想政治教育最宝贵的资源、最深刻的内容。要赓续红色血脉、升华教育理念，用党的奋斗历程和伟大成就教育学生，树立正确的人生观和价值观；要启迪智慧、砥砺品格，用党的光荣传统坚定理想、信念和品质；要结合实际、丰富教育方式，深化中国共产党精神谱系教育，培育时代精神，增强建设中国特色社会主义强国的自觉性和主动性。

第二节　"五个必由之路"的理论力量和思想智慧

"五个必由之路"，即"坚持党的全面领导是坚持和发展中国特

---

① 《十九大以来重要文献选编》下，中央文献出版社 2023 年版，第 531 页。

色社会主义的必由之路，中国特色社会主义是实现中华民族伟大复兴的必由之路，团结奋斗是中国人民创造历史伟业的必由之路，贯彻新发展理念是新时代我国发展壮大的必由之路，全面从严治党是党永葆生机活力、走好新的赶考之路的必由之路"的重要理论，是习近平在 2022 年 3 月"两会"期间首次提出的；在党的二十大，习近平对这一理论再次作出阐释，更加凸显了这一理论所凝聚的十八大以来十年奋进实践中积累的根本经验的真理性，所彰显的推进全面建设社会主义现代化强国的指导性。"五个必由之路"的重要理论，是全面建设社会主义现代化国家伟大进程中要"倍加珍惜、始终坚持"的创新性理论，也是新时代中国化时代化马克思主义的理论结晶。

一、新时代十年奋进取得的举世瞩目成就和根本经验凝练

党的十八大以来，中国特色社会主义进入新时代。面对中华民族伟大复兴战略全局和世界百年未有之大变局，以习近平同志为核心的党中央以巨大的历史自信、历史主动与政治勇气、政治胆略，强有力地推进着中国特色社会主义各项事业成功发展，攻克了许多长期没有解决的问题、办成了许多事关长远的大事要事。"五个必由之路"深刻地揭示了新时代十年奋进中我们为什么能够成功的思想内涵和理论蕴意。

坚持党的全面领导是坚持和发展中国特色社会主义的必由之路。党的十八大以来，我们全面加强党的领导，旗帜鲜明地坚持中国特色社会主义最本质的特征是中国共产党领导、中国特色社会主义制度的最大优势是中国共产党领导、中国共产党是最高政治领导力量，坚持党中央集中统一领导是最高政治原则，极其有力地夯实了新时代中国特色社会主义的根本政治基础，极其有力地增强了新时代中国特色社会主义的根本政治保证。

十年奋进、十年辉煌，新时代党中央权威和集中统一领导得到有

力保证，习近平同志党中央的核心、全党的核心地位得到确立，习近平新时代中国特色社会主义思想的指导地位得到确立，全党思想上更加统一、政治上更加团结、行动上更加一致，在完善党的领导制度体系上采取一系列重大举措。全党增强了"四个意识"，确保党发挥总揽全局、协调各方的领导核心作用，党的政治判断力、政治领悟力、政治执行力不断提高，走出了新时代坚持和发展中国特色社会主义的辉煌之路。

中国特色社会主义是实现中华民族伟大复兴的必由之路。党的十八大以来，以习近平同志为核心的党中央统揽伟大斗争、伟大工程、伟大事业、伟大梦想，明确"五位一体"总体布局和"四个全面"战略布局，推动新时代中国特色社会主义全面发展，展现了中华民族从站起来、富起来到强起来的伟大飞跃的辉煌业绩和美好前景。中国特色社会主义植根于中国大地，适应当代中国和时代发展潮流的要求，反映中国最广大人民群众的最根本的愿望，是通向中华民族伟大复兴的唯一正确的道路。

团结奋斗是中国人民创造历史伟业的必由之路。党的十八大以来，以习近平同志为核心的党中央团结带领全党全军全国各族人民，自信自强、守正创新，党的团结统一达到新的高度，党心军心民心空前凝聚振奋，中华民族共同体意识成为凝聚各民族团结奋斗的精神支柱，团结奋斗成为中国人民创造新的历史伟业的最坚强的力量。

十年砥砺前行、十年团结奋斗，根本上就在于以人民为中心的发展思想得到深入贯彻。习近平指出："江山就是人民、人民就是江山，打江山、守江山，守的是人民的心。"① "人民的心"，是人民团结奋斗的基础和力量源泉，"我们党来自人民、植根人民、服务人民，党的根基在人民、血脉在人民、力量在人民。失去了人民拥护和

---

① 《习近平著作选读》第二卷，人民出版社 2023 年版，第 482 页。

支持，党的事业和工作就无从谈起。"① 进入新时代，我们能够坚持精准扶贫、尽锐出战，历史性地解决绝对贫困问题，打赢人类历史上规模最大的脱贫攻坚战，创造世界历史伟业，就是全体人民团结奋斗的中国精神的真实写照。十年的辉煌成就证明，党和人民取得的一切成就都是团结奋斗的结果，团结奋斗是中国共产党和中国人民最强大的精神力量。

贯彻新发展理念是新时代我国发展壮大的必由之路。2015 年 10 月，习近平在提出新发展理念问题开始时就指出：首先要把树立什么样的发展理念搞清楚，"发展理念搞对了，目标任务就好定了，政策举措跟着也就好定了。"② 在党的二十大，习近平提出，新发展理念"着力推进高质量发展，推动构建新发展格局，实施供给侧结构性改革，制定一系列具有全局性意义的区域重大战略，我国经济实力实现历史性跃升。"③ 在新发展理念中，创新发展注重的是解决发展动力问题，协调发展注重的是解决发展不平衡问题，绿色发展注重的是解决人与自然和谐问题，开放发展注重的是解决发展内外联动问题，共享发展注重的是解决社会公平正义问题。

十年奋进的伟大成就证明，新发展理念"不是凭空得来的，是我们在深刻总结国内外发展经验教训的基础上形成的，也是在深刻分析国内外发展大势的基础上形成的，集中反映了我们党对经济社会发展规律认识的深化，也是针对我国发展中的突出矛盾和问题提出来的。"④新发展理念成为新时代的发展思路、发展方向、发展着力点，对新时代中国的发展壮大发挥着战略性、纲领性、引领性的作用。坚持贯彻新发展理念，成为关系我国发展全局的一场深刻变革，成为事关我国发展壮大的根本性大事。

---

① 《十八大以来重要文献选编》上，中央文献出版社 2014 年版，第 309 页。
②④ 《十八大以来重要文献选编》中，中央文献出版社 2016 年版，第 825 页。
③ 《习近平著作选读》第一卷，人民出版社 2023 年版，第 7 页。

全面从严治党是党永葆生机活力、走好新的赶考之路的必由之路。党的十八大以来，以习近平同志为核心的党中央把全面从严治党纳入"四个全面"战略布局，以前所未有的政治勇气全面从严治党，以史无前例的政治胆略开展反腐败斗争。以习近平同志为核心的党中央，以"得罪千百人、不负十四亿"的使命担当祛疴治乱，不敢腐、不能腐、不想腐一体推进，"打虎""拍蝇""猎狐"多管齐下，反腐败斗争取得压倒性胜利并全面巩固，消除了党、国家、军队内部存在的严重隐患，确保党和人民赋予的权力始终用来为人民谋幸福。全面从严治党成为新时代党永葆生机活力、走好新的赶考路上的制胜锐器。

"五个必由之路"是十年奋进的经验总结和基本遵循，是新时代中国共产党人坚定的历史自信和强烈的时代担当的理论结晶，深刻揭示了新时代我们为什么能够成功、未来我们为什么必然继续能够成功的根本原因。

二、对重大时代课题探索的理论创新和理论创造挈要

党的十九届六中全会通过的《中共中央关于党的百年奋斗重大成就和历史经验的决议》，从党的百年奋斗的历史高度，依据党的十九大以来习近平新时代中国特色社会主义思想的新发展，把党的十九大提出的这一思想回答"新时代坚持和发展什么样的中国特色社会主义、怎样坚持和发展中国特色社会主义"的重大时代课题，升华为回答"新时代坚持和发展什么样的中国特色社会主义、怎样坚持和发展中国特色社会主义，建设什么样的社会主义现代化强国、怎样建设社会主义现代化强国，建设什么样的长期执政的马克思主义政党、怎样建设长期执政的马克思主义政党"三个重大时代课题。在对三个重大时代课题的探索中，习近平新时代中国特色社会主义思想作为中国化时代化马克思主义新的形态得以形成；"五个必由之

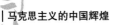

路"则作为习近平新时代中国特色社会主义思想中至关紧要的规律性认识得以升华。

首先，在对"新时代坚持和发展什么样的中国特色社会主义、怎样坚持和发展中国特色社会主义"重大时代课题的探索中，中国共产党坚定信心、锐意创新，赋予中国特色社会主义是实现中华民族伟大复兴的必由之路、团结奋斗是中国人民创造历史伟业的必由之路以新的时代内涵，谱写了坚持和发展中国特色社会主义历史伟业的崭新篇章。

中国特色社会主义是改革开放以来党的全部理论和实践的主题，是党和人民历经千辛万苦、付出巨大代价取得的根本成就。新时代坚持和发展什么样的中国特色社会主义、怎样坚持和发展中国特色社会主义这一时代课题，着重在于回答中国社会发展的本质要求和根本路向的重大问题。

回眸党在十九大以来五年奋进历程，党中央统筹中华民族伟大复兴战略全局和世界百年未有之大变局，以奋发有为的精神把新时代中国特色社会主义推向前进。一方面，我们坚持加强党的全面领导和党中央集中统一领导，全力推进全面建成小康社会进程，着力推动高质量发展，蹄疾步稳推进改革，扎实推进全过程人民民主，积极发展社会主义先进文化，突出保障和改善民生，集中力量实施脱贫攻坚战，大力推进生态文明建设，坚决维护国家安全，保持社会大局稳定，大力度推进国防和军队现代化建设，坚决维护台海和平稳定，全方位开展中国特色大国外交。另一方面，在应对严峻复杂的国际形势和接踵而至的巨大风险挑战，特别是面对突如其来的新冠疫情，我们坚持人民至上、生命至上，开展抗击疫情人民战争、总体战、阻击战，最大限度保护了人民生命安全和身体健康，统筹经济发展和疫情防控取得世界上最好的成果。我们依照宪法和基本法有效实施对特别行政区的全面管治权，制定实施香港特别行政区维护国家安全法，牢牢把握香港大局。面对国际局势急剧变化，在斗争中维护国家尊严和核心利益，牢牢掌握了我国发展和安全主动权。

党的十八大以来的十年奋进历程，我们遭遇的风险挑战风高浪急，有时甚至是惊涛骇浪，各种风险挑战接踵而至，其复杂性严峻性前所未有。我们坚定信心、迎难而上，一仗接着一仗打。我们取得的一切成就，都是党和人民一道奋斗出来的。因事而化、因时而进、因势而新，习近平在党的二十大强调："新时代十年的伟大变革，在党史、新中国史、改革开放史、社会主义发展史、中华民族发展史上具有里程碑意义。"① 只有坚持和发展中国特色社会主义才能实现中华民族伟大复兴，只有坚持全国各族人民的团结奋斗才能创造中华民族伟大复兴的历史伟业。

其次，在对"建设什么样的社会主义现代化强国、怎样建设社会主义现代化强国"时代课题的回答中，中国共产党踔厉奋发、勇毅前行，赋予贯彻新发展理念是新时代我国发展壮大的必由之路以新时代的内涵，对中国式现代化作出新的探索和瞻望。

新发展理念是一个系统，从思想指南和实施方略上回答了发展的目的、动力、方式、路径等一系列理论和实践问题，阐明了党关于发展的政治立场、价值导向、发展模式、发展道路等重大政治问题。习近平提出的"全党必须完整、准确、全面贯彻新发展理念"② 的新要求，是从立场、观点和方法上对新发展理念的精粹和实质作出的新的阐释。要在完整、准确、全面贯彻新发展理念上，坚守适合于中国发展壮大实际、切实推进社会主义现代化强国建设要求的"必由之路"。

中国式现代化的理论和道路，是新发展理念在新发展阶段的必

---

① 《习近平著作选读》第一卷，人民出版社 2023 年版，第 3 页。
② 习近平：《论把握新发展阶段、贯彻新发展理念、构建新发展格局》，中央文献出版社 2021 年版，第 479 页。

然选择，是对"建设什么样的社会主义现代化强国、怎样建设社会主义现代化强国"时代课题的新的探索，赋予社会主义现代化以更加鲜亮的中国特色，赋予社会主义现代化强国以更加显著的中国底蕴。在党的二十大，习近平指出："中国式现代化，是中国共产党领导的社会主义现代化，既有各国现代化的共同特征，更有基于自己国情的中国特色。"① 习近平对中国式现代化作出新的阐释，凸显了中国式现代化五个方面的特征和特色、中国式现代化的本质要求，对中国式现代化目标内涵作出进一步的战略擘画。

最后，在对"建设什么样的长期执政的马克思主义政党、怎样建设长期执政的马克思主义政党"重大时代课题的回答中，中国共产党不忘初心、顽强斗争，赋予坚持党的全面领导是坚持和发展中国特色社会主义的必由之路，全面从严治党是党永葆生机活力、走好新的赶考之路的必由之路以新的时代内涵。

中国共产党要成为长期执政的马克思主义政党，在理论上要以马克思主义为立党立国的根本指导思想、为党的灵魂和旗帜；在实践上要团结带领中国人民，坚持以人民为中心的发展思想，坚忍不拔地推进中国式现代化的发展。在中国特色社会主义前进道路上，全党要坚持全心全意为人民服务的根本宗旨，树牢群众观点，贯彻群众路线，尊重人民首创精神，坚持一切为了人民、一切依靠人民，始终保持同人民群众的血肉联系，始终接受人民批评和监督，始终同人民同呼吸、共命运、心连心。

全面建设社会主义现代化国家，实现新时代新征程各项目标任务，关键在党。我们党是世界上最大的马克思主义执政党，要巩固长期执政地位、始终赢得人民衷心拥护，必须永葆"赶考"的清醒和坚定。管党治党一刻也不能放松，必须常抓不懈、紧抓不放，决不能

---

① 《习近平著作选读》第一卷，人民出版社 2023 年版，第 8 页。

有松劲歇脚、疲劳厌战的情绪，必须持之以恒推进全面从严治党，深入推进新时代党的建设新的伟大工程，以党的自我革命引领社会革命。

勇于自我革命是中国共产党区别于其他政党的显著标志。以党的自我净化、自我完善、自我革新、自我提高为主旨的"自我革命"，揭示了中国共产党治国理政的强大的创造力、凝聚力和战斗力的根源。只要我们不断清除一切损害党的先进性和纯洁性的因素，不断清除一切侵蚀党的健康肌体的病毒，就一定能够确保党不变质、不变色、不变味。以伟大的自我革命引导伟大的社会革命，在新的历史进程中，党始终是领导我们事业发展的核心力量，始终坚守长期执政的马克思主义政党的初心使命。

三个重大时代课题探索在"五个必由之路"上的理论升华，"五个必由之路"则成为三个重大时代课题回答中"至关紧要的规律性认识"的科学概括。

三、对核心要义和基本方略等规律性认识的理论结晶

"五个必由之路"不仅体现于习近平思想对新时代三个重大时代课题探索之中；而且还同新时代党的创新理论一脉相承，对习近平新时代中国特色社会主义思想的主要内容作出了新的概括，达到"追求真理、揭示真理、笃行真理"的新的境界，使得"五个必由之路"成为"在长期实践中得出的至关紧要的规律性认识"，成为中国共产党"必须倍加珍惜、始终坚持"的遵循。

在党的二十大，习近平指出："十八大以来，国内外形势新变化和实践新要求，迫切需要我们从理论和实践的结合上深入回答关系党和国家事业发展、党治国理政的一系列重大时代课题。我们党勇于进行理论探索和创新，以全新的视野深化对共产党执政规律、社会主义建设规律、人类社会发展规律的认识，取得重大理论创新成果，集

中体现为新时代中国特色社会主义思想。十九大、十九届六中全会提出的'十个明确'、'十四个坚持'、'十三个方面成就'概括了这一思想的主要内容，必须长期坚持并不断丰富发展。"① "五个必由之路"就是在对习近平思想的"主要内容"贯通融汇、系统理解中实现的理论升华。

坚持党的全面领导是坚持和发展中国特色社会主义的必由之路，深刻阐明的是坚持党的全面领导是中国特色社会主义最重要准则和最根本遵循的真理所在。在"十个明确"中，第一个"明确"就是明确中国特色社会主义最本质的特征是中国共产党领导，中国特色社会主义制度的最大优势是中国共产党领导，中国共产党是最高政治领导力量，全党必须增强"四个意识"、坚定"四个自信"、做到"两个维护"。

中国特色社会主义是实现中华民族伟大复兴的必由之路，深刻阐明的是中国特色社会主义始终要以中华民族伟大复兴为主题和为圭臬的真理所在。在"十个明确"中，第二个"明确"就是，明确坚持和发展中国特色社会主义，总任务是实现社会主义现代化和中华民族伟大复兴，在全面建成小康社会的基础上，分两步走在本世纪中叶建成富强民主文明和谐美丽的社会主义现代化强国，以中国式现代化推进中华民族伟大复兴。

团结奋斗是中国人民创造历史伟业的必由之路，深刻阐明的是团结奋斗是我们一切事业取得胜利的最强大的精神力量的真理所在。在"十四个坚持"的基本方略中指出：坚持以人民为中心。人民是历史的创造者，是决定党和国家前途命运的根本力量。必须坚持人民主体地位，坚持立党为公、执政为民，践行全心全意为人民服务的根本宗旨，把党的群众路线贯彻到治国理政全部活动之中，把人民对美

---

① 《习近平著作选读》第一卷，人民出版社 2023 年版，第 14 页。

好生活的向往作为奋斗目标，依靠人民创造历史伟业。在十九届六中全会对"中国共产党百年奋斗的历史经验"概括中再次提到："坚持人民至上。党的根基在人民、血脉在人民、力量在人民，人民是党执政兴国的最大底气。民心是最大的政治，正义是最强的力量。"① 党的最大政治优势是密切联系群众，党执政后的最大危险是脱离群众。党代表中国最广大人民根本利益，没有任何自己特殊的利益，从来不代表任何利益集团、任何权势团体、任何特权阶层的利益，这是党百折不挠始终立于不败之地的根本所在，也是中国共产党能够凝聚人心团结奋斗的根本所在。

贯彻新发展理念是新时代我国发展壮大的必由之路，深刻阐明的是新发展理念是我们最显著的发展标识的真理。在"十个明确"中，第七个"明确"就是，明确必须坚持和完善社会主义基本经济制度，使市场在资源配置中起决定性作用，更好发挥政府作用，把握新发展阶段，贯彻创新、协调、绿色、开放、共享的新发展理念，加快构建以国内大循环为主体、国内国际双循环相互促进的新发展格局，推动高质量发展，统筹发展和安全。

全面从严治党是党永葆生机活力、走好新的赶考之路的必由之路，深刻阐明的是全面从严治党是保证中国共产党始终是马克思主义执政党的最重要的治理方式的真理。在"十个明确"中，最后第十个"明确"就是，明确全面从严治党的战略方针，提出新时代党的建设总要求，全面推进党的政治建设、思想建设、组织建设、作风建设、纪律建设，把制度建设贯穿其中，深入推进反腐败斗争，落实管党治党政治责任，以伟大自我革命引领伟大社会革命。这些战略思想和创新理念，是党对中国特色社会主义建设规律认识深化和理论创新的重大成果。

---

① 《十九大以来重要文献选编》下，中央文献出版社2023年版，第534页。

"五个必由之路"对新时代坚持和发展中国特色社会主义中领导核心和发展路向、根本道路和时代主题、精神状态和根本动力、发展理念和战略目标、自我革命和从严治党等一系列理论和实践问题及其内在联系上，作出的"以科学的态度对待科学，以真理的精神追求真理"的创新性探索，是对新时代治国理政实践的新概括、新提升，极大地深化了对共产党执政规律、社会主义建设规律和人类社会发展规律的认识。

四、全面建设社会主义现代化强国奋斗历程的跃升

"五个必由之路"是习近平新时代中国特色社会主义思想对新发展阶段重大时代课题探索得出的至关紧要的规律性认识，是对中国化时代化马克思主义理论的创新性贡献，是新时代全面建设社会主义现代化强国必须倍加珍惜、必须始终坚持的理论指南。在党的二十大，习近平指出："全面建设社会主义现代化国家，是一项伟大而艰巨的事业，前途光明，任重道远。"[①] "五个必由之路"也将因时而进、因势而新，以其理论伟力和思想智慧，对中华民族伟大复兴的新的历史进程发生深远的影响和深刻的感召。

首先，要从自信自立的"时"和"势"上，深刻理解和把握"五个必由之路"的"进"和"新"。第二个一百年的奋斗目标是中国特色社会主义的全新的事业，过去我们在走向中华民族伟大复兴的进程中，从来就没有靠什么教科书，更没有什么现成答案；我们靠"自信自立"，在党的领导下依靠自身力量，独立自主探索开辟出来的。贯穿这一"必由之路"的基本点就是：中国的问题必须从中国基本国情出发，由中国人自己来解答。面对第二个一百年奋斗目标，"时"和"势"都发生了深刻的变化，我们要坚持对马克思主义的坚

① 《习近平著作选读》第一卷，人民出版社 2023 年版，第 21 页。

定信仰、对中国特色社会主义的坚定信念，坚定道路自信、理论自信、制度自信、文化自信，不能刻舟求剑、封闭僵化，也不能照抄照搬、食洋不化，要以更加积极的历史担当和创造精神，开创"必由之路"的"进"和"新"上的中国道路和中国智慧。

其次，要从我国社会主要矛盾已经转化为人民日益增长的美好生活需要和不平衡不充分的发展之间的矛盾的"时"和"势"上，深刻理解和把握"必由之路"的"进"和"新"。在新时代社会主要矛盾中，发展的不平衡、不充分显著地表现为矛盾的主要方面，成为处理和解决好社会主要矛盾的基本环节的根本出路。处理和解决好社会主要矛盾，要统筹推进"五位一体"总体布局，协调推进"四个全面"战略布局；社会主义现代化强国的奋斗目标与总体布局和战略布局相统一、相呼应，从根本上跃升了"必由之路"在"进"和"新"中具有的根本特征和鲜明特色。

再次，要从"问题意识"和"问题导向"的"时"和"势"上，深刻理解和把握"必由之路"的"进"和"新"。问题是时代的声音，回答并指导解决问题是科学理论的根本任务。在全面建设社会主义现代化国家的历史进程中，新一轮科技革命和产业变革深入发展，国际上经济政治文化军事力量对比深刻调整，我国发展面临着新的战略机遇。同时，世界范围内疫情影响深远，逆全球化思潮抬头，单边主义、保护主义明显上升，世界经济复苏乏力，局部冲突和动荡频发，全球性问题加剧，世界进入新的动荡变革期。在实现第二个一百年奋斗目标的进程中，我们要增强问题意识，聚焦实践遇到的新问题，坚持问题导向，更加精准地扣住新发展阶段的根本问题，在求"进"和务"新"中进一步走好不断奋进中的"必由之路"。

最后，要从"忧患意识"的"时"和"势"上，深刻理解和把握"五个必由之路"的"进"和"新"。随着我国社会主要矛盾变化和国际力量对比深刻调整，在全面建设社会主义现代化的过程中，各种可以预见和难以预见的风险因素会明显增多。战略机遇和风险挑战并存，各种"黑天鹅""灰犀牛"事件随时可能发生。我们要提升解决和处理社会主要矛盾的主导意识，增强辩证分析能力和总体意识，坚持底线思维，做到居安思危、未雨绸缪，准备经受风高浪急甚至惊涛骇浪的重大考验。把困难估计得更充分一些，把风险思考得更深入一些，提升在探寻"必由之路"中谋"进"、谋"新"的勇气和智慧，夺取社会主义现代化强国建设的新胜利。

在党的二十大，习近平对全面建设社会主义现代化国家提出了必须牢牢把握的"五个重大原则"问题，这不仅是新时代新征程中实现中国共产党的使命任务的"重大原则"，也是新时代新征程中继续坚持和发展"五个必由之路"的"重大原则"。

一是"坚持和加强党的全面领导"的重大原则，增强"必由之路"的根本政治保证。要始终坚守"五个必由之路"中坚持中国共产党领导的特征和底色，坚决维护党中央权威和集中统一领导，把党的领导落实到党和国家事业各领域各方面各环节，使党始终成为风雨来袭时全体人民最可靠的主心骨，确保我国社会主义现代化建设正确方向，确保拥有团结奋斗的强大政治凝聚力、发展自信心，集聚起万众一心、共克时艰的磅礴力量。

二是"坚持中国特色社会主义道路"的重大原则，坚守"五个必由之路"中坚持和发展中国特色社会主义根本方向的基本方略，坚持以经济建设为中心，坚持四项基本原则，坚持改革开放，坚持独立自主、自力更生，坚持道不变、志不改，既不走封闭僵化的老路，也不走改旗易帜的邪路，坚持把国家和民族发展放在自己力量的基点上，坚持把中国发展进步的命运牢牢掌握在自己手中。

三是"坚持以人民为中心的发展思想"的重大原则，坚持"五个必由之路"中人民至上的圭臬，维护人民根本利益，增进民生福祉，不断实现发展为了人民、发展依靠人民、发展成果由人民共享，让现代化建设成果更多更公平惠及全体人民。

四是"坚持深化改革开放"的重大原则，激发"五个必由之路"的内在动力和生机活力，深入推进改革创新，坚定不移扩大开放，着力破解深层次体制机制障碍，不断彰显中国特色社会主义制度优势，不断增强社会主义现代化建设的动力和活力，把我国制度优势更好转化为国家治理效能。

五是"坚持发扬斗争精神"的重大原则，开创"五个必由之路"的新境界，增强全党全国各族人民的志气、骨气、底气，不信邪、不怕鬼、不怕压，知难而进、迎难而上，统筹发展和安全，全力战胜前进道路上各种困难和挑战，依靠顽强斗争，取得全面建设社会主义现代化强国奋斗目标的新胜利。

第三节　马克思主义本质特征和科学体系的新探索

一、科学原理与科学精神的时代意蕴

不断赋予马克思主义以新的时代内涵，在根本上就是要运用好发展好马克思主义科学原理和科学精神。在谈到《共产党宣言》的时代意义时，习近平要求"把《共产党宣言》蕴含的科学原理和科学精神运用到统揽伟大斗争、伟大工程、伟大事业、伟大梦想的实践中去，不断谱写新时代坚持和发展中国特色社会主义新篇章。"[1] 这里所讲的"科学原理"，就是马克思主义的基本原理、基本理论；这里所讲的"科学精神"，主要就是马克思主义与时俱进的理论品质，还有就是马克思主义的"斗争精神、批判精神、革命

---

① 习近平：《论党的宣传思想工作》，中央文献出版社2020年版，第312页。

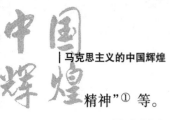

精神"① 等。

马克思主义是由一系列科学原理构成的，这些科学原理是支撑马克思主义理论体系的基本构件，是理解马克思主义的最重要的入门之处，也是坚持和发展马克思主义的起点和基础。没有科学原理，就没有理论体系；不坚持和发展科学原理，就不能坚持和发展这一理论体系。马克思主义的科学原理同它的科学精神是不可须臾分开的，是紧密地联系在一起的。因此，科学原理的运用，既是马克思主义基本原理在与中国实际结合中的具体运用，也是马克思主义与时俱进的科学精神的具体体现。在这一意义上，可以认为，马克思主义中国化实际上就是马克思主义科学理论在中国具体运用的过程，马克思主义中国化时代化就是坚持弘扬马克思主义科学精神的过程。②

中国共产党的百年历程，是马克思主义的时代内涵不断丰富的过程，也是马克思主义中国化时代化不断演进的过程，还是当代中国马克思主义理论体系不断发展的过程。在纪念马克思诞辰 200 周年大会和庆祝改革开放 40 周年大会上，习近平基于对马克思主义科学原理和科学精神的运用和发展，结合马克思主义中国化新的历史性飞跃的进程，对马克思主义理论体系作出新的探索。

二、马克思主义理论体系的逻辑层次

在马克思诞辰 200 周年之际，习近平对马克思主义本质特征作出新的概括。他提出："马克思主义的命运早已同中国共产党的命运、中国人民的命运、中华民族的命运紧紧连在一起"，马克思主义所具有的"科学性和真理性""人民性和实践性""开放性和时代性"三个方面的本质特征，在中国得到了充分检验、贯彻和彰显。从改革开

---

① 习近平：《论党的宣传思想工作》，中央文献出版社 2020 年版，第 307 页。
② 顾海良：《"马克思主义中国化"与马克思主义的科学原理和科学精神》，载于《武汉大学学报》（哲学社会科学版）2005 年第 1 期。

放之初"真正的马克思主义"的提出，到新时代对马克思主义本质特征的概括，体现了 40 年间中国共产党对马克思主义理论内涵理解和思想伟力认识的深化。

基于对马克思主义本质特征的理解，习近平进一步对马克思主义的"一般原理"及其体系作出概括，提出了当代马克思主义理论体系三个逻辑层次的新观点。这三个逻辑层次，一是马克思主义世界观及其要义的"两个坚持"，即坚持和运用辩证唯物主义和历史唯物主义的世界观和方法论；坚持和运用马克思主义立场、观点、方法。"两个坚持"是对马克思主义的哲学基础和理论特征的概括。二是体现马克思主义基本原理的"四大规律"，即关于世界的物质性及其发展规律，关于人类社会发展的自然性、历史性及其相关规律，关于人的解放和自由全面发展的规律，关于认识的本质及其发展规律。"四大规律"是对马克思主义科学内涵和核心要义的概括。三是体现马克思主义理论中关于认识世界和改变世界的"五大观点"，即实践观、群众观、阶级观、发展观和矛盾观。这是马克思主义科学智慧和基本方法的集中体现。这里的"方法"，是指恩格斯所说的"马克思的整个世界观不是教义，而是方法。它提供的不是现成的教条，而是进一步研究的出发点和供这种研究使用的方法"[1] 中的"方法"。

马克思恩格斯在《德意志意识形态》手稿中指出："一切划时代的体系的真正内容都是由于产生这些体系的那个时期的需要而形成的。所有这些体系都是以本国过去的整个发展为基础的，是以阶级关系的历史形式及其政治的、道德的、哲学的以及其他的后果为基础的。"[2] 习近平对马克思主义理论体系的三个逻辑层次的阐释也是这样的。

---

① 《马克思恩格斯文集》第 10 卷，人民出版社 2009 年版，第 691 页。
② 《马克思恩格斯全集》第 3 卷，人民出版社 1960 年版，第 544 页。

改革开放之初，提出"真正的马克思主义"，凸显的是对马克思主义要"准确地完整地理解它的体系"，但对这一"体系"的时代特征和科学内涵，我们还没有能作出中国化马克思主义的回答。改革开放40年间，"真正的马克思主义"呈现出马克思主义中国化的新的标格，这就是由邓小平理论、"三个代表"重要思想和科学发展观等重大战略思想构成的中国特色社会主义理论体系的形成和发展，在"准确地完整地理解"马克思主义理论体系上，实现了马克思主义中国化的历史性飞跃。习近平提出的当代马克思主义理论体系及三个逻辑层次，是对改革开放40年间，"准确地完整地理解"马克思主义理论体系的第一次概括，是基于马克思主义在21世纪中国和世界新发展的新的概括，也是习近平新时代中国特色社会主义思想推进马克思主义中国化历史性飞跃的集中体现。

三、马克思主义理论体系的新概括

在纪念马克思诞辰200周年大会的讲话中，习近平指出："马克思主义思想理论博大精深、常学常新。新时代，中国共产党人仍然要学习马克思，学习和实践马克思主义，不断从中汲取科学智慧和理论力量，在统筹推进'五位一体'总体布局、协调推进'四个全面'战略布局中，更有定力、更有自信、更有智慧地坚持和发展新时代中国特色社会主义，确保中华民族伟大复兴的巨轮始终沿着正确航向破浪前行。"[①] 习近平从马克思主义理论体系与马克思主义中国化最新发展的结合上，对马克思主义理论体系作出九个方面思想的新概括。

一是关于人类社会发展规律的思想。马克思科学揭示了人类社会最终走向共产主义的必然趋势。马克思恩格斯坚信，未来社会

---

① 《十九大以来重要文献选编》上，中央文献出版社2019年版，第428页。

"将是这样一个联合体，在那里，每个人的自由发展是一切人的自由发展的条件"，"无产者在这个革命中失去的只是锁链。他们获得的将是整个世界"①。只要人民成为自己的主人、社会的主人、人类社会发展的主人，共产主义理想就一定能够在不断改变现存状况的现实运动中一步一步实现。

马克思主义奠定了共产党人坚定理想信念的理论基础。对于21世纪马克思主义来说，"我们要全面掌握辩证唯物主义和历史唯物主义的世界观和方法论，深刻认识实现共产主义是由一个一个阶段性目标逐步达成的历史过程，把共产主义远大理想同中国特色社会主义共同理想统一起来、同我们正在做的事情统一起来，坚定中国特色社会主义道路自信、理论自信、制度自信、文化自信，坚守共产党人的理想信念，像马克思那样，为共产主义奋斗终身。"②

二是关于坚守人民立场的思想。人民性是马克思主义最鲜明的品格。"历史活动是群众的活动"，马克思恩格斯在1844年撰写的《神圣的家族》中就提出："历史什么事情也没有做，它'不拥有任何惊人的丰富性'，它'没有进行任何战斗'！其实，正是人，现实的、活生生的人在创造这一切，拥有这一切并且进行战斗。并不是'历史'把人当做手段来达到自己——仿佛历史是一个独具魅力的人——的目的。历史不过是追求着自己目的的人的活动而已。"③

让人民获得解放是马克思毕生的追求。对于21世纪马克思主义来说，"我们要始终把人民立场作为根本立场，把为人民谋幸福作为根本使命，坚持全心全意为人民服务的根本宗旨，贯彻群众路线，尊重人民主体地位和首创精神，始终保持同人民群众的血肉联系，凝聚起众志成城的磅礴力量，团结带领人民共同创造历史伟

---

① 《马克思恩格斯文集》第2卷，人民出版社2009年版，第63页、第66页。
② 《十九大以来重要文献选编》上，中央文献出版社2019年版，第428～429页。
③ 《马克思恩格斯文集》第1卷，人民出版社2009年版，第287页、第295页。

业。这是尊重历史规律的必然选择，是共产党人不忘初心、牢记使命的自觉担当。"①

三是关于生产力和生产关系的思想。物质生产力是全部社会生活的物质前提，同生产力发展一定阶段相适应的生产关系的总和构成社会经济基础。生产力是推动社会进步最活跃、最革命的要素，"人们在自己生活的社会生产中发生的一定的、必然的、不以他们的意志为转移的关系，即同他们的物质生产力的一定阶段相适合的生产关系。"②

生产力和生产关系、经济基础和上层建筑相互作用、相互制约，支配着整个社会发展进程。对于21世纪马克思主义来说，"解放和发展社会生产力是社会主义的本质要求，是中国共产党人接力探索、着力解决的重大问题"；"我们要勇于全面深化改革，自觉通过调整生产关系激发社会生产力发展活力，自觉通过完善上层建筑适应经济基础发展要求，让中国特色社会主义更加符合规律地向前发展。"③

四是关于人民民主的思想。马克思恩格斯指出，"无产阶级的运动是绝大多数人的，为绝大多数人谋利益的独立的运动"④，"工人阶级一旦取得统治权，就不能继续运用旧的国家机器来进行管理"，必须"以新的真正民主的国家政权来代替"⑤。国家机关必须由社会主人变为社会公仆，接受人民监督。

社会主义政治建设要坚持人民民主和国家政权民主管理。对于21世纪马克思主义来说，"我们要坚定不移走中国特色社会主义政治发展道路，在坚持党的领导、人民当家作主、依法治国有机统一中推

---

① 《十九大以来重要文献选编》上，中央文献出版社2019年版，第429页。
② 《马克思恩格斯文集》第2卷，人民出版社2009年版，第591～592页。
③ 《十九大以来重要文献选编》上，中央文献出版社2019年版，第429～430页。
④ 《马克思恩格斯文集》第2卷，人民出版社2009年版，第42页。
⑤ 《马克思恩格斯文集》第3卷，人民出版社2009年版，第110～111页。

进社会主义民主政治建设，不断加强人民当家作主的制度保障，加快推进国家治理体系和治理能力现代化，充分调动人民的积极性、主动性、创造性，更加切实、更有成效地实施人民民主。"①

五是关于文化建设的思想。马克思认为，在不同的经济和社会环境中，人们生产不同的思想和文化，思想文化建设虽然决定于经济基础，但又对经济基础发生反作用。恩格斯指出："一个民族要站在科学的最高峰，就一刻也不能没有理论思维。"② 先进的思想文化一旦被群众掌握，就会转化为强大的物质力量；反之，落后的、错误的观念如果不破除，就会成为社会发展进步的桎梏。

理论自觉、文化自信，是一个民族进步的力量；价值先进、思想解放，是一个社会活力的来源。国家之魂，文以化之，文以铸之。对于 21 世纪马克思主义来说，"我们要立足中国，面向现代化、面向世界、面向未来，巩固马克思主义在意识形态领域的指导地位，发展社会主义先进文化，加强社会主义精神文明建设，把社会主义核心价值观融入社会发展各方面，推动中华优秀传统文化创造性转化、创新性发展，不断提高人民思想觉悟、道德水平、文明素养，不断铸就中华文化新辉煌。"③

六是关于社会建设的思想。马克思恩格斯设想，在未来社会中，"生产将以所有的人富裕为目的"④，"所有人共同享受大家创造出来的福利"⑤。结合《共产党宣言》《哥达纲领批判》《资本论》等著作中一系列理论观点，恩格斯提出，在社会主义条件下，社会应该"给所有的人提供健康而有益的工作，给所有的人提供充裕的物质生

---

①③ 《十九大以来重要文献选编》上，中央文献出版社 2019 年版，第 430 页。
② 《马克思恩格斯文集》第 9 卷，人民出版社 2009 年版，第 437 页。
④ 《马克思恩格斯文集》第 8 卷，人民出版社 2009 年版，第 200 页。
⑤ 《马克思恩格斯文集》第 1 卷，人民出版社 2009 年版，第 689 页。

活和闲暇时间，给所有的人提供真正的充分的自由。"①

人民对美好生活的向往就是我们的奋斗目标。对于 21 世纪马克思主义来说，"我们要坚持以人民为中心的发展思想，抓住人民最关心最直接最现实的利益问题，不断保障和改善民生，促进社会公平正义，在更高水平上实现幼有所育、学有所教、劳有所得、病有所医、老有所养、住有所居、弱有所扶，让发展成果更多更公平惠及全体人民，不断促进人的全面发展，朝着实现全体人民共同富裕不断迈进。"②

七是关于人与自然关系的思想。马克思认为，"人靠自然界生活"③，自然不仅给人类提供了生活资料来源，如肥沃的土地、渔产丰富的江河湖海等，而且给人类提供了生产资料来源。自然物构成人类生存的自然条件，人类在同自然的互动中生产、生活、发展，人类善待自然，自然也会馈赠人类，但"如果说人靠科学和创造性天才征服了自然力，那么自然力也对人进行报复"④。

自然是生命之母，人与自然是生命共同体，人类必须敬畏自然、尊重自然、顺应自然、保护自然。对于 21 世纪马克思主义来说，"我们要坚持人与自然和谐共生，牢固树立和切实践行绿水青山就是金山银山的理念，动员全社会力量推进生态文明建设，共建美丽中国，让人民群众在绿水青山中共享自然之美、生命之美、生活之美，走出一条生产发展、生活富裕、生态良好的文明发展道路。"⑤

八是关于世界历史的思想。马克思恩格斯指出："各民族的原始封闭状态由于日益完善的生产方式、交往以及因交往而自然形成的

---

① 《马克思恩格斯全集》第 28 卷，人民出版社 2018 年版，第 652 页。
②⑤ 《十九大以来重要文献选编》上，中央文献出版社 2019 年版，第 431 页。
③ 《马克思恩格斯文集》第 1 卷，人民出版社 2009 年版，第 161 页。
④ 《马克思恩格斯文集》第 3 卷，人民出版社 2009 年版，第 336 页。

不同民族之间的分工消灭得越是彻底，历史也就越是成为世界历史。"①马克思恩格斯当年的这个预言，现在已经成为现实，历史和现实日益证明了这个预言的科学价值。

当代人类交往的世界性比过去任何时候都更深入、更广泛，各国相互联系和彼此依存比过去任何时候都更频繁、更紧密。一体化的世界就在那儿，谁拒绝这个世界，这个世界也会拒绝他。万物并育而不相害，道并行而不相悖。对于 21 世纪马克思主义来说，"我们要站在世界历史的高度审视当今世界发展趋势和面临的重大问题，坚持和平发展道路，坚持独立自主的和平外交政策，坚持互利共赢的开放战略，不断拓展同世界各国的合作，积极参与全球治理，在更多领域、更高层面上实现合作共赢、共同发展，不依附别人、更不掠夺别人，同各国人民一道努力构建人类命运共同体，把世界建设得更加美好。"②

九是关于马克思主义政党建设的思想。马克思认为，"在无产阶级和资产阶级的斗争所经历的各个发展阶段上，共产党人始终代表整个运动的利益"，"他们没有任何同整个无产阶级的利益不同的利益"③；而是要"为绝大多数人谋利益"④，为建设共产主义社会而奋斗。共产党要"在全世界面前树立起可供人们用来衡量党的运动水平的里程碑"⑤。

始终同人民在一起，为人民利益而奋斗，是马克思主义政党同其他政党的根本区别。对于 21 世纪马克思主义来说，"我们要统揽伟大斗争、伟大工程、伟大事业、伟大梦想，增强政治意识、大局意识、

---

① 《马克思恩格斯文集》第 1 卷，人民出版社 2009 年版，第 540～541 页。
② 《十九大以来重要文献选编》上，中央文献出版社 2019 年版，第 432 页。
③ 《马克思恩格斯文集》第 4 卷，人民出版社 2009 年版，第 324 页。
④ 《马克思恩格斯文集》第 2 卷，人民出版社 2009 年版，第 42 页。
⑤ 《马克思恩格斯文集》第 3 卷，人民出版社 2009 年版，第 426 页。

核心意识、看齐意识，持之以恒推进全面从严治党，坚持把党的政治建设摆在首位，坚持和加强党的全面领导，坚决维护党中央权威和集中统一领导，做到坚持真理、修正错误，永远保持共产党人政治本色，把党建设成为始终走在时代前列、人民衷心拥护、勇于自我革命、经得起各种风浪考验、朝气蓬勃的马克思主义执政党！"①

四、马克思主义理论体系新概括的特征

这一概括中的九个方面思想，凸显了马克思主义理论体系中实现的科学原理和科学精神结合的三个方面的显著特征：

一是清晰了马克思主义科学原理和科学精神历史发展的"源"和"流"的关系。在关于坚守人民立场思想中，马克思主义的理论之"源"在于：人民性是马克思主义最鲜明的品格，马克思以"历史活动是群众的活动"为圭臬，让人民获得解放是他毕生的追求。马克思这一思想之"源"，汇聚成马克思主义中国化理论之"流"就在于："要始终把人民立场作为根本立场，把为人民谋幸福作为根本使命，坚持全心全意为人民服务的根本宗旨，贯彻群众路线，尊重人民主体地位和首创精神，始终保持同人民群众的血肉联系，凝聚起众志成城的磅礴力量，团结带领人民共同创造历史伟业。"这一"源"和"流"的关系，"决不是以这个或那个世界改革家所发明或发现的思想、原则为根据的"，而是"我们眼前的历史运动的真实关系的一般表述"。坚守人民立场是贯穿于马克思主义历史发展始终的科学理论，它集中体现的是："尊重历史规律的必然选择，是共产党人不忘初心、牢记使命的自觉担当。"马克思主义理论的"源"和"流"关系所体现的与时俱进的科学精神，赋予马克思主义科学原理以新的时代内涵。

---

① 《十九大以来重要文献选编》上，中央文献出版社 2019 年版，第 432～433 页。

二是深化了马克思主义科学原理和科学精神的内在关系。在马克思主义关于人民民主思想中，体现的科学原理的要义在于，马克思恩格斯坚持认为：无产阶级的运动是绝大多数人的、为绝大多数人谋利益的独立的运动，工人阶级一旦取得统治权就不能继续运用旧的国家机器来进行管理；必须以新的真正民主的国家政权来代替，国家机关必须由社会主人变为社会公仆，接受人民监督。在中国特色社会主义政治发展道路上，与时俱进，中国特色社会主义民主政治建设理论创新的要点在于，"不断加强人民当家作主的制度保障，加快推进国家治理体系和治理能力现代化，充分调动人民的积极性、主动性、创造性，更加切实、更有成效地实施人民民主。"从民主政治建设中的"管理""监督"，到当代中国民主政治建设的"制度保障""治理体系""治理能力"的思想升华，深刻地展示了马克思主义人民民主思想的历史性飞跃的特征。马克思主义科学原理和科学精神的内在统一性，是以中国特色社会主义政治建设和改革的实践为基础的；马克思主义的新的时代内涵，是改革开放伟大实践的理论结晶和思想升华。

三是阐明了中国化马克思主义对马克思主义科学原理和科学精神发展的内在联系。在关于世界历史的思想中，马克思恩格斯在《德意志意识形态》中指出："各民族的原始封闭状态由于日益完善的生产方式、交往以及因交往而自然形成的不同民族之间的分工消灭得越是彻底，历史也就越是成为世界历史。"马克思恩格斯关于"世界历史"思想的"预言"，在马克思主义中国化的最新发展中已经成为现实，"历史和现实日益证明这个预言的科学价值"。"世界历史"思想的新时代的创新就在于："要站在世界历史的高度审视当今世界发展趋势和面临的重大问题，坚持和平发展道路，坚持独立自主的和平外交政策，坚持互利共赢的开放战略，不断拓展同世界各国的合作，积极参与全球治理，在更多领域、更高层面上实现合作共赢、共同发展，不依附别人、更不掠夺别人，同各国人民一道努力构建人类命运共同体，把世界建设得更加美好。"习近平关于"构建人类命运共同体"的理论创新，赋予马克思主义世界历史思想以新的时代内涵。

习近平从"学习和实践"的马克思主义高度所作的论述，刻画了当代中国马克思主义发展的根本特征，彰显了马克思主义在 21 世纪的科学智慧与理论力量，赋予马克思主义以新时代的特质和内涵。

五、马克思主义"行"的"归根到底"的道理

习近平在党的二十大凸显了"中国化时代化的马克思主义行"所具有的"归根到底"的作用和意义，提出"马克思主义是我们立党立国、兴党兴国的根本指导思想。实践告诉我们，中国共产党为什么能，中国特色社会主义为什么好，归根到底是马克思主义行，是中国化时代化的马克思主义行。"① 习近平对"中国化时代化的马克思主义行"这一"归根到底"真谛的阐释，极大地开拓了马克思主义中国化和时代化的意境。

首先，"中国化时代化的马克思主义行"，是由党的百年奋斗的实践过程和历史史实所证明的科学道理，特别是由十八大以来十年间党在严峻复杂的新的奋斗历程的实践中所证明的科学道理。

党的十八大后，党中央面对那些影响党长期执政、国家长治久安、人民幸福安康的突出矛盾和问题，审时度势、果敢抉择，锐意进取、攻坚克难，团结带领全党全军全国各族人民撸起袖子加油干、风雨无阻向前行，义无反顾地进行具有许多新的历史特点的伟大斗争。十年奋进，在党的二十大报告对这十年取得的伟大成就的阐释中，习近平从"归根到底"的意义上指出："十年来，我们坚持马克思列

---

① 《习近平著作选读》第一卷，人民出版社 2023 年版，第 14 页。

宁主义、毛泽东思想、邓小平理论、'三个代表'重要思想、科学发展观，全面贯彻新时代中国特色社会主义思想，全面贯彻党的基本路线、基本方略，采取一系列战略性举措，推进一系列变革性实践，实现一系列突破性进展，取得一系列标志性成果，经受住了来自政治、经济、意识形态、自然界等方面的风险挑战考验，党和国家事业取得历史性成就、发生历史性变革，推动我国迈上全面建设社会主义现代化国家新征程。"[①]

其次，"中国化时代化的马克思主义行"，是在对新时代三个重大时代课题的探索中，在围绕三个重大课题展开的十个"明确"的理论和实践过程中得到证实，是习近平新时代中国特色社会主义思想的理论力量和真理魅力的证明。

在三个重大时代课题中，坚持和发展中国特色社会主义重大时代课题，凸显必须坚持以人民为中心的发展思想，发展全过程人民民主，推动人的全面发展、全体人民共同富裕取得更为明显的实质性进展的思想，进一步明确为人民谋幸福的着力点，对于凝聚人心、推进中华民族伟大复兴，对于团结奋进、夯实党长期执政基础，都有着重大的现实意义和历史意义。建设社会主义现代化强国重大时代课题，赋予中国式现代化以更加鲜亮的中国特色，对社会主义基本经济制度作出深入阐释。建设长期执政的马克思主义政党的重大时代课题，提出中国特色社会主义最本质的特征是中国共产党领导，中国特色社会主义制度的最大优势是中国共产党领导，中国共产党是最高政治领导力量；全面从严治党的战略方针，新时代党的建设总要求以伟大自我革命引领伟大社会革命。这些显示中国化时代化马克思主义的道理和学理，成为中国共产党"能"的指导思想，成为中国特色社会主义"好"的行动指南，也在"归根到底"意义上，成为

---

① 《习近平著作选读》第一卷，人民出版社 2023 年版，第 5 页。

习近平新时代中国特色社会主义思想"行"的根由。

再次，"中国化时代化的马克思主义行"，不仅是习近平对马克思主义在中国百年发展特质和作用探讨的理论成果，而且也是贯穿于党的十八大以来中国化时代化马克思主义"新的飞跃"过程的结晶，深透着对中国化时代化马克思主义的学理阐释。

党的十八大以来，习近平对马克思主义在当代中国和世界发展的一系列根本性问题作出中国共产党人的回答。"世界社会主义实践的曲折历程告诉我们，马克思主义政党一旦放弃马克思主义信仰、社会主义和共产主义信念，就会土崩瓦解。"习近平强调："在举什么旗、走什么路的问题上，全党一定要保持清醒头脑。"① 对马克思主义的信仰，是共产党人的政治灵魂；马克思主义的与时俱进、守正创新，是共产党人秉持的马克思主义理论品格。坚持马克思主义，就必须以科学的态度对待马克思主义，在根本上就是要紧密结合中国具体实际和时代特征不断丰富和发展马克思主义。马克思主义是颠扑不破的科学真理，任何时候都要坚持，否则就会因为没有正确的理论基础和思想灵魂而迷失方向，就会归于失败。同时，任何时候也都要坚持实事求是、与时俱进、守正创新，以我们正在做的事情为中心，着眼于马克思主义理论的运用，着眼于对实际问题的理论思考，着眼于新的实践和新的发展，不断推进理论创新，用发展着的马克思主义指导新的实践。在庆祝中国共产党成立 100 周年大会的讲话中，习近平在"归根到底"意义上作出的概括就是："马克思主义是我们立党立国的根本指导思想，是我们党的灵魂和旗帜。中国共产党坚持马克思主义基本原理，坚持实事求是，从中国实际出发，洞察时代大势，把握历史主动，进行艰辛探索，不断推进马克思主义中国化时代

---

① 习近平：《在全国党校工作会议上的讲话》，人民出版社 2016 年版，第 8 页。

化，指导中国人民不断推进伟大社会革命。"①

最后，"中国化时代化的马克思主义行"，深刻地蕴含着习近平新时代中国特色社会主义思想的世界观和方法论的哲理。

习近平在党的二十大报告中指出："继续推进实践基础上的理论创新，首先要把握好新时代中国特色社会主义思想的世界观和方法论，坚持好、运用好贯穿其中的立场观点方法。"② 要坚持运用辩证唯物主义和历史唯物主义，做到知其言更知其义、知其然更知其所以然，切实理解和把握"中国化时代化的马克思主义行"的哲理。

习近平对党的十八大以来马克思主义中国化时代化"新的飞跃"中的世界观和方法论及其贯穿其中的立场观点方法作出科学阐释，提出了坚持人民至上、坚持自信自立、坚持守正创新、坚持问题导向、坚持系统观念和坚持胸怀天下的"六个坚持"的观点。"六个坚持"充分体现了在新时代中国化时代化马克思主义"新的飞跃"中，辩证唯物主义和历史唯物主义的全面运用和理论创新，是对这一"新的飞跃"同时也是第一次对这一"新的飞跃"中凸显的"中国化时代化的马克思主义行"的"道理""学理"特别是"哲理"作出的深刻阐释。

---

① 《习近平著作选读》第二卷，人民出版社2023年版，第483页。
② 《习近平著作选读》第一卷，人民出版社2023年版，第16页。